Dirk Chr. Siedler · Annette de Fallois · Jörgen Klußmann (Hg.)
(K)eine Chance für den Dialog?

*Dirk Chr. Siedler*
*Annette de Fallois · Jörgen Klußmann (Hg.)*

# (K)eine Chance für den Dialog?

Christen und Muslime in der pluralen Gesellschaft
Beiträge zu kontroversen Themen

Mit Aufsätzen von
Peter Antes · Heiner Bielefeldt · Elsayed Elshahed
Hans G. Kippenberg · Bertold Klappert · Manfred Kock
Hamideh Mohagheghi · Jürgen Schmude
und anderen

Alektor Verlag Berlin 2007

Bibliografische Information Der Deutschen Bibliothek: Die Deutsche Bibliothek verzeichnet diese Publikation in der Deutschen Nationalbibliografie; detaillierte bibliografische Daten sind im Internet über http://dnb.ddb.de abrufbar.

Bibliographic information published by Die Deutsche Bibliothek: Die Deutsche Bibliothek lists this publication in the Deutsche Nationalbibliografie; detailed bibliographic data are available in the Internet at http://dnb.ddb.de.

Information bibliographique de Die Deutsche Bibliothek: Die Deutsche Bibliothek a répertorié cette publication dans la Deutsche Nationalbibliografie; les données bibliographiques détaillées peuvent être consultées sur Internet à l'adresse http://dnb.ddb.de

Das Titelbild ist aus einer Projektwoche des Albert-Martmöller-Gymnasiums in Witten zum Thema »Viele Kulturen – Eine Welt« hervorgegangen.

© Alektor Verlag GmbH, An der Buche 20, 13465 Berlin
E-Mail: post@alektor.de · Internet: www.alektor.de
Berlin 2007
Alle Rechte vorbehalten
Gesetzt mit pdfLaTeX $2_\varepsilon$ / KOMA-Skript
Layout: Claus P. Wagener
Gesamtherstellung: Druckerei Press Group, s.r.o., SK-97401 Banská Bystrica
ISBN 978-3-88425-087-7

# Inhaltsverzeichnis

*Wilfried Neusel*
Vorwort . . . . . . . . . . . . . . . . . . . 9

*Annette de Fallois · Dirk Chr. Siedler*
Einleitung . . . . . . . . . . . . . . . . . . 15

## I   Grundlegungen

*Jürgen Schmude*
Klarheit und gute Nachbarschaft –
Zur Handreichung des Rates der Evangelischen Kirche in Deutschland
zum Verhältnis von Christen und Muslimen . . . . . . . . . 33

*Ulrich Dehn*
Dialog quo vadis?
Zu den Schwierigkeiten des deutschen Protestantismus,
einen Standpunkt zum Islam zu finden . . . . . . . . . . . 43

*Horst Kannemann*
Verheißung für den anderen
Theologische Gesichtspunkte des Miteinanders
von Juden, Christen und Muslimen . . . . . . . . . . . 55

## II   Jesus Christus, das eine Wort Gottes –
Barmen I und der Dialog mit dem Islam

Die erste These der Barmer Theologischen Erklärung . . . . . . . . 81

Manfred Kock
In der Wahrheit bleiben, damit der Dialog gelingt
Predigt über die erste These
der Barmer Theologischen Erklärung von 1934 . . . . . . . . . . 83

Hamideh Mohagheghi
Die Barmer Theologische Erklärung
Eine muslimische Betrachtung . . . . . . . . . . . . . . . 89

Bertold Klappert
Abraham eint und (unter)scheidet.
Begründungen und Perspektiven eines nötigen Trialogs
zwischen Juden, Christen und Muslimen . . . . . . . . . . . 101

III  Gottesstaat – Säkularismus – Laizismus?
     Das Verhältnis der christlichen und islamischen
     Religionsgemeinschaften zum Staat

Die fünfte These der Barmer Theologischen Erklärung . . . . . . 143

Hamideh Mohagheghi
Die schiitische Sicht des Verhältnisses von Staat und Religionsgemeinschaft
Ein Kommentar zur fünften These der Barmer Theologischen Erklärung . 145

Wolfgang Heyde
Perspektiven des Verhältnisses
zwischen Staat und Kirche aus evangelischer Sicht . . . . . . . . 155

Heiner Bielefeldt
Religionspolitik im säkularen Rechtsstaat
Anmerkungen zur aktuellen Integrationsdebatte . . . . . . . . . 173

IV  Islamismus und christlicher Fundamentalismus

Peter Antes
Was ist eigentlich Fundamentalismus bzw. Islamismus? . . . . . . 193

Elsayed Elshahed
Gibt es eine Theologie des Islamismus? . . . . . . . . . . . . 201

*Hans G. Kippenberg*
Christlicher Fundamentalismus in den USA – ein neuer Kreuzzug? . . . 215

*Frank Kürschner-Pelkmann*
Christlicher Fundamentalismus in Ländern der Dritten Welt . . . . . 235

*Reinhard Hempelmann*
Sind Evangelikalismus und Fundamentalismus identisch? . . . . . . 247

## V  Aspekte des islamischen Erbes Europas

*Behzad Khamehi*
Wechselwirkungen zwischen Orient und Okzident in der Philosophie . 265

*Musan Ahmetasevic*
Islam in Bosnien und Herzegowina –
Der Weg der Mitte in einem Land mitten in Europa . . . . . . . . 277

*Kerstin Tomenendal*
Imago Turci anno 1683 und seine Auswirkungen
auf das Türkenbild in Österreich anno 2005 . . . . . . . . . . . 287

*Jörgen Klußmann*
Epilog . . . . . . . . . . . . . . . . . . . . . . . . . . 305

Die Autorinnen und Autoren . . . . . . . . . . . . . . . 311

# Vorwort

Wilfried Neusel

Aus christlichen Gemeinden – in der Evangelischen Kirche im Rheinland und darüber hinaus – wird immer häufiger und auch dringlicher die Frage nach dem Verhältnis des christlichen zum muslimischen Glauben gestellt.

In vielen Städten stellt sich aufgrund der direkten Nachbarschaft die Frage nach dem institutionellen Verhältnis von Kirche und Moschee. Auch die Beauftragten für das christlich-islamische Gespräch fragen immer wieder nach einer kirchlichen Positionsbestimmung. Die durch die Medien provozierten schnellen Antworten sind selten hilfreich.

Dieses Buch will die Erträge eines Diskussionsprozesses der letzten drei Jahre sichern, in denen die Beratungsstelle für christlich-islamische Begegnung der Evangelischen Kirche im Rheinland in Kooperation mit anderen kirchlichen Einrichtungen, zuletzt unter Federführung der Evangelischen Akademie im Rheinland in Kooperation mit dem Zentralrat der Muslime, Tagungen zu zentralen kontrovers diskutierten Themen durchgeführt hat. Die nun gebündelten Vorträge machen deutlich, dass Klarheit und gute Nachbarschaft nur durch gründliche Reflexion und Diskussion erreicht werden können.

Unsere Kirche führt diesen Dialog nicht aus humanitären Gründen oder gesellschaftspolitischem Kalkül, sondern aufgrund evangelischer theologischer Bindung an die heilige Schrift, die Quelle und Orientierung unseres Glaubens ist, wie es Bertold Klappert, langjähriger Professor an der Kirchlichen Hochschule in Wuppertal, schon häufiger dargelegt hat: Gott lässt Ismael durch Beschneidung und Segen an der Verheißung für Abraham beteiligt sein. Klappert kommt zu dem Schluss, dass der Abraham-Segen von Juden, Muslimen und Christen nur gemeinsam empfangen und nur gemeinsam an die Menschheit weitergegeben werden kann. Es wird für die weitere Debatte sehr hilfreich sein, dass seine Darlegungen in ihrer ursprünglichen ausführlichen Fassung – leicht redaktionell überarbeitet – in diesem Band wiedergegeben sind.

Diese theologische Einsicht ist allerdings in den traditionsreichen Ursprungsgebieten unseres Glaubens verdrängt worden, von wenigen glücklichen Jahrhunderten friedlichen Zusammenlebens in Spanien oder Bosnien einmal abgesehen. Offenbar gibt es in unseren Glaubensüberlieferungen trotz des Bekenntnisses zum Gott des Friedens und des Erbarmens ein aggressives Potential, das sich in verschiedenen Stadien unserer gemeinsamen Geschichte grausam entladen hat, schändlicherweise sogar im Zeichen des Kreuzes. Niemand von uns kann leugnen, dass exklusive Wahrheitsansprüche aus religiöser Überzeugung soziale, wirtschaftliche und kulturelle Konflikte verschärft und zu verheerenden Massakern und Kriegen geführt haben. In der kirchlichen Rückschau zeigt sich, dass die Protagonisten eines säkularen Staates, von Glaubensgemeinschaften oft als Häretiker oder gar Zerstörer des Glaubens beschimpft, diejenigen waren, die das aggressive Potential der Frommen in die Schranken wiesen und an die Güte Gottes erinnerten. Für die Evangelische Kirche im Rheinland kann ich jedenfalls sagen, dass das Erbe der Aufklärung geholfen hat, die eigene Überlieferung des Glaubens im Licht der Bibel kritisch zu betrachten und uns so auch zu öffnen für die Bedeutung der jüdischen und islamischen Tradition.

In den Vorträgen dieses Bandes wird der Brückenschlag versucht, ausgehend vom christlichen Bekenntnis der Barmer Theologischen Erklärung von 1934 die gegenwärtig kontrovers diskutierten Fragen im Miteinander von christlichen, jüdischen und muslimischen Gläubigen weiterzuentwickeln. Die fünfte These stellt die Frage nach dem Verhältnis der Religionsgemeinschaften zum säkularen Staat. Die Idee des säkularen Staates, insbesondere in der deutschen Prägung einer religionsfreundlichen Neutralität, ist für uns alle eine heilsame Herausforderung und bietet die Chance, den eigenen Glauben ohne Machtansprüche zu leben. Wir müssen diese Chance durch unsere Dialogbereitschaft mit Leben füllen. Es gibt Politiker, die die ca. zehn Prozent praktizierender Gläubiger der drei Religionen für die größten Verhinderer eines menschlichen Umgangs miteinander halten und für eine strikte Trennung zwischen Kirche und Staat nach französischem Muster plädieren.

Eine andere Fragestellung, die angesichts von Terroranschlägen und der Gewalt im Nahen Osten und im Irak vielen Menschen hierzulande keine Ruhe lässt, zielt auf die Formen und Ursachen des Fundamentalismus im Islam. Zu leicht werden dabei die Gefahren des christlichen Fundamentalismus übersehen. Der Aufsatz von Hans G. Kippenberg ist hier mit Blick auf die USA überaus erhellend. Es ist verführerisch, auf die wirtschaftlichen, sozialen und ökologischen Krisen der Globalisierung, die so viele Menschen entwurzelt, fundamentalistisch zu reagieren. Aber dies hilft nicht weiter, weil es die Ursachen der Entwurzelung und Verunsicherung nicht analysiert und korrigiert.

Im Jahr 2005 hatte ich Gelegenheit, mit Repräsentanten der großen indonesischen islamischen Verbände *Nadhlatul Ulama* und *Muhamadiyya* zu reden, die jeweils mehr als 30 Millionen Mitglieder haben. Beide Verbände sind heute froh, dass sie die Idee eines islamischen Staates nicht durchsetzen konnten. Die realen Erfahrungen mit »Gottesstaaten« haben sie davon abgebracht.

In Indonesien und z. B. auch Tansania sehe ich trotz mancher Probleme im alltäglichen Zusammenleben, wie wohltuend der respektvolle Umgang mit Menschen anderen Glaubens sein kann. Da stellt sich auch nicht die Frage nach einer »Leitkultur«. Die Religionsgemeinschaften entwickeln in Treue zu ihrer staatlichen Verfassung und in wachsamer Auseinandersetzung mit den Folgen der Globalisierung Nachbarschaften in sehr flexiblen kulturellen Formen.

Insbesondere die Beiträge von Hamideh Mohagheghi zeigen den interpretatorischen Spielraum, der in islamischer Theologie möglich ist, um auf die Fragen einer freiheitlich-demokratischen Gesellschaft an den Islam hierzulande zu antworten. Ein notwendiger Bestandteil der Dialoge ist, solche theologischen Einsichten in jeder Moschee bekannt zu machen.

Die jüngste Handreichung der Evangelischen Kirche in Deutschland setzt sich im Titel für »Klarheit und gute Nachbarschaft« ein. Voraussetzung guter Nachbarschaft ist die Kenntnis voneinander. Deshalb hat die Arbeitsgemeinschaft Christlicher Kirchen erfreulicherweise das Programm »Weißt du, wer ich bin?« aufgelegt. Das ist eine Grundfrage des Dialoges. Es ist auch eine Grundfrage, die Klarheit befördert. Aber vor allem ist es die Frage an den Nachbarn und die Nachbarin, die mir nahe sind, im Wohnhaus, im Kiez, in der Schule, am Arbeitsplatz oder auch im Altenheim, wie die Nachbarschaft wirklich gut werden kann. Genauer voneinander zu wissen, wer man ist, kann gerade in Konflikten helfen. Aufgrund eigener Erfahrungen – ich habe sieben Jahre in einem afrikanischen Land gelebt und gearbeitet – steht mir sehr deutlich vor Augen, dass in kritischen Situationen für unumstößlich gehaltene Gemeinsamkeiten und Standards der Kommunikation zerbröseln wie fruchtbarer Mutterboden im Wüstenwind.

Die Normalität eines auskömmlichen Lebens für alle in einer offenen Weltgesellschaft, in der jeder und jede nach seiner und ihrer Facon selig werden kann, ist eine gern gepflegte Fiktion, die sich angesichts scheinbar unbedeutender Auseinandersetzungen schnell als Trugschluss erweisen kann, weil der Dialog im Alltag herausfordert.

Wir mussten diese Erfahrungen anlässlich des »Karikaturenstreits« machen: Wer hätte gedacht, dass ein paar schwarze Linien auf dem Papier Millionen von Menschen in einen bitteren Religionsstreit und Kulturkampf hineinreißen können? Die Frage: »Weißt du, wer ich bin?« gewinnt angesichts dieser Situation einen ungeahnten Ernst und eine neue Bedeutung.

Wir müssen uns nach der Vertreibung aus dem Paradies nicht noch einmal verhalten wie Adam und Eva, wie Kain und Abel. Wir haben durch Gottes Wort die Chance, aufeinander zuzugehen mit dieser Frage: »Weißt du, wer ich bin?« In dieser relativ offenen Gesellschaft der Bundesrepublik Deutschland haben wir auch keine politischen Hindernisse, aufeinander zuzugehen mit der Frage: »Kannst Du mir helfen, meine Identität zu entdecken? Kannst Du mir helfen, sie neu zu entdecken, jenseits vorgegebener Machoallüren und vorgetäuschter Selbstsicherheit?«

Die tiefste Dimension dieser Frage gründet in unserer christlichen Glaubensüberlieferung selbst. Nach unserer christlichen Überzeugung verfügen wir Menschen nicht über eine feststellbare Identität. In Psalm 8 fragt der Sänger David erstaunt: »Wenn ich sehe die Himmel, deiner Finger Werk, den Mond und die Sterne, die du bereitet hast! Was ist der Mensch, dass du seiner gedenkst, und des Menschen Kind, dass du dich seiner annimmst?« In 1. Korinther 13, dem sogenannten Hohelied der Liebe, sagt der Apostel Paulus: »Wir sehen jetzt durch einen Spiegel ein dunkles Bild; dann aber von Angesicht zu Angesicht. Jetzt erkenne ich bruchstückhaft, dann aber (in der neuen Welt Gottes) werde ich erkennen, wie ich erkannt bin.«

Die letzten vier Worte sind für uns Christen, aber ich denke auch für unsere älteren jüdischen und jüngeren muslimischen Geschwister, der entscheidende Ausgangspunkt unseres Dialogs und unseren gemeinsamen Handelns: »Wir sind von Gott erkannt, und das heißt im biblischen Sinne: von Gott umfangen wie Mann und Frau im ehelichen Akt!« Unsere Identität ist darin begründet, dass Gott uns bei unserem Namen ruft, wie es beim Propheten Jesaja heißt: »Fürchte dich nicht, denn ich habe dich erlöst; ich habe dich bei deinem Namen gerufen; mein bist du!« (Jes 43,1)

Was in erster Linie Israel, dem erwählten Volk dessen galt und gilt, der sich in seinem Namen »Ich werde für Euch da sein« offenbarte, gilt nach unserer Überzeugung durch Jesus Christus der ganzen Völkerwelt. Unsere Identität, unsere Bestimmung, unser Lebensweg ist ein Prozess mit vielen Wandlungen, mit guten und bösen Überraschungen. Aber wir sind umfangen von der Fürsorge und Treue Gottes, wie Paulus im Römerbrief schreibt: »Denn wenn wir mit Gott versöhnt worden sind, durch den Tod seines Sohnes, als wir noch Feinde waren, um wie viel mehr werden wir selig werden durch sein Leben, nachdem wir nun versöhnt sind!« (Röm 6,10).

Als so mit Gott Versöhnte können wir eine Koalition der Sanftmütigen bilden, denn Jesus sagt: »Selig sind die Sanftmütigen, denn sie werden das Erdreich besitzen.« (Mt 5,5). Das Geheimnis der Sanftmütigen ist, dass sie nicht krampfhaft an ihrer eigenen Identität basteln, sondern auf ihre Mitmenschen zugehen mit der Frage: »Wie kann ich mit meinem Leben dir gerecht werden?« Darin ist die gute Tradition begründet, auf Menschen zuzugehen, die mir zunächst einmal fremd sind, die andere Interessen und Überzeugungen haben. Die Kirche Jesu Christi hat, wenn sie auf der Höhe ihrer Berufung gelebt hat und lebt, das alte Motto »Gleich und gleich gesellt sich gern« überwunden und Menschen versammelt, die von Hause aus nichts miteinander zu tun hatten.

*Vorwort*

In diesem Bewusstsein sucht unsere Kirche das Gespräch mit Menschen anderen Glaubens ohne die Unterschiede zu übersehen. Dieses Buch spiegelt wesentlich auch die engagierte Arbeit vieler Synodalbeauftragter der Kirchenkreise wider, die diese Tagungen vorbereitet und sich auf ihnen der Diskussion gestellt haben. Die Themen des Bandes deuten an, welche Kontroversen im Dialog zu diskutieren sind. Es wird auch deutlich, dass es keine schnellen Antworten geben wird. Ich wünsche dem Buch, dass es den kritischen und doch gegenseitig wertschätzenden Dialog zwischen Christen und Muslimen fördert, indem es Antworten anbietet, die dem Miteinander und der Integration der Menschen verschiedener Herkünfte in unsere Gesellschaft dienen. So behält der Dialog auf Dauer seine Chance!

Die Evangelische Kirche im Rheinland möchte auf den verschiedenen Ebenen ihres Handelns dazu beitragen, dass die Ehrfurcht vor dem Gott Abrahams Menschen aller Völker zum Segen wird. Dazu gehört auch das Eintreten für einen säkularen Staat, der Raum gibt für den Beitrag der Religionsgemeinschaften zu einem gesellschaftlichen Zusammenleben in Frieden und Gerechtigkeit, in Freiheit und Würde, der aber gleichzeitig die in die Schranken weist, die mit Berufung auf ihre religiöse Überzeugung geschlossene Parallelgesellschaften bilden und Toleranz als dekadent betrachten.

# Einleitung

Annette de Fallois · Dirk Chr. Siedler

Köln 2007: ein Kirchentag der Gegensätze! Eben noch debattierten der Vorsitzende des Koordinierungsrates und des Zentralrates der Muslime, Axel A. Köhler, sowie der Dialogbeauftragte der DITIB, Bekir Alboga, mit dem Vorsitzenden des Rates der Evangelischen Kirche in Deutschland (EKD), Bischof Wolfgang Huber, über die Goethe entlehnte und abgewandelte Frage: »Wie hältst du's mit der Religionsfreiheit?«. Die Resonanz auf diese Diskussion war groß. Die Medien sprachen vom »spannungsgeladenen Dialog«[1] sowie von »Sätzen, die wie Pfeile fliegen«[2].

Köhler hatte in seinem Eingangsstatement darauf hingewiesen, dass gerade die Abwehr nichtchristlicher Religionen und der Bruderkrieg unter Christen »wesentlicher Teil der europäischen Geschichte und Kultur« seien und »Europa eine Blutspur in der Welt hinterlassen habe«[3]. Angesichts der historischen Erfahrung der Mühen, mit denen die Religionsfreiheit in Europa errungen worden sei, hätten sich die muslimischen Verbände von den Protestanten mehr Verständnis für ihre Situation in Deutschland erhofft. Aufgrund der Lehren der europäischen Geschichte und aufgrund der eigenen Erfahrungen hierzulande gelte für Muslime in Deutschland: »Die Religionsfreiheit ist in der Idee der Menschenwürde als Teil der nichtrelativierbaren Menschenrechte begründet und festgeschrieben. Religions- und Gewissensfreiheit sind Teil der Menschrechte und betreffen die Würde des Menschen. Muslime, die in Deutschland bzw. in Europa das historische Gedächtnis an den Kampf um diese individuellen und bürgerlichen Frei-

---

1. die tageszeitung, Ausgabe Nordrhein-Westfalen, S. 7; im Internet: http://www.taz.de/dx/2007/06/08/a0088.1/text.ges,1 [11. Juni 2007].

2. Süddeutsche Zeitung, 9./10. Juni 2007, S. 2.

3. Dieses und die folgenden Zitate aus: Ayyub Axel Köhler, Impulsreferat auf dem Kölner Kirchentag am 7. Juni 2007 zur Frage »Wie hältst du's mit der Religionsfreiheit?«, zit. n.: http://islam.de/8503.php [11. Juni 2007].

heitsrechte in sich tragen, gehören deswegen zur ersten Reihe derer, die diese Grundwerte entschieden verteidigen. Menschenrecht und Menschenwürde sind unteilbar!« An die Stelle von Unterstützung in einer Situation, in der Muslime immer wieder um die Gewährung der Religionsfreiheit ringen müssten, trete mit der neuesten Handreichung der EKD eine »Sprache der Abgrenzung und eigenen Profilierung«, die das Misstrauen gegenüber Muslimen in Deutschland und die Islamophobie in unserer Gesellschaft verstärke.

Der EKD-Ratsvorsitzende, Wolfgang Huber, kritisierte in seinem anschließenden Statement, dass das Recht auf Religionswechsel infolge des Einspruchs islamisch geprägter Staaten genauso wenig in den »Internationalen Pakt über staatsbürgerliche und politische Rechte«, der den Allgemeinen Menschenrechten Rechtsverbindlichkeit verlieh, aufgenommen werden konnte wie die Ablehnung der Todesstrafe als Konzession an die USA. Beides schränke die Menschenrechte in verhängnisvoller Weise ein. Auch wenn der Zentralrat in der von ihm verfassten Islamischen Charta das Recht »akzeptiere«, »die Religion zu wechseln, eine andere oder gar keine Religion zu haben« [4], so wagten in Deutschland lebende ehemalige Muslime immer noch nicht, »ihren Übertritt zum christlichen Glauben öffentlich erkennbar zu machen, weil sie sich vor Repressalien fürchten« [5]. In der anschließenden Diskussion kritisierte Huber die Männer und Frauen trennende Sitzordnung in Moscheen als diskriminierend und lehnte Äußerungen ab, die den Islam für nicht interpretierbar erklärten. Gerade auch die Debatten über den Moscheebau in Köln-Ehrenfeld zeigten den Diskussionsbedarf, den der Islam in unserer Gesellschaft noch provoziere.

Ganz anders die Atmosphäre im »Begegnungszentrum Christen und Muslime« in der Luther-Notkirche in Köln-Mülheim. Dort wurden die konkreten Fragen des christlich-muslimischen Gespräches intensiv in den Blick genommen: Menschen, die vom Christentum zum Islam sowie vom Islam zum Christentum konvertiert sind, erzählten sehr persönlich von ihren Gründen, den damit verbundenen Glaubenserfahrungen und den Reaktionen des sozialen Umfeldes. Christliche und muslimische Theologinnen und Theologen diskutierten über das Schriftverständnis und über die Rolle der Frau in Koran und Bibel sowie in der alltäglichen Praxis in Kirche und Moschee. Feministische Theologinnen beider Religionen tauschten sich darüber aus, wie sie mit dem Wahrheitsanspruch der eigenen Religion umgehen und welche Auswirkung ihr Wahrheitsverständnis

---

4. Islamische Charta. Grundsatzerklärung des Zentralrats der Muslime in Deutschland (ZMD) zur Beziehung der Muslime zum Staat und zur Gesellschaft (2002); zit. n.: http://www.islam.de/3035.php [11. Juni 2007].

5. Wolfgang Huber, Impulsreferat zur Veranstaltung »Wie hältst du's mit der Religionsfreiheit?« am 7. Juni 2007; zit. n.: http://www.kirchentag2007.de/presse/dokumente/dateien/PMU_1_1676.pdf [11. Juni 2007].

für den christlich-islamischen Dialog hat. Ein nordafrikanisches Teehaus bot die von vielen genutzte Möglichkeit zu zwanglosen Gesprächen. Am Ende verabschiedete das Zentrum Begegnung mit Muslimen mit deutlicher Mehrheit eine Resolution, die die EKD auffordert, »sich für die Teilhabe von Muslimen an pluralistisch zusammengesetzten, demokratischen Interessenvertretungen, z. B. für eine Vertretung in Rundfunkräten«[6] einzusetzen. Die Resolution betont, dass kritikwürdiges Verhalten aus falscher Rücksichtnahme nicht tabuisiert werden dürfe, zugleich wendet sie sich aber auch grundsätzlich gegen eine »Schärfung des protestantischen Profils durch Abgrenzung gegenüber einer anderen Religion« und konstatiert, dass »Überlegenheitsansprüche« nicht dem Dialog mit Muslimen dienten, sondern vielmehr »das Vertrauen, das an vielen Orten gewachsen ist« gefährdeten.

Der Dialog mit Muslimen konnte auf dem Kölner Kirchentag ganz unterschiedlich erlebt werden. Das veranschaulichen diese Schilderungen. Auf den verschiedenen Ebenen kirchlichen Handelns agieren EKD, Landeskirchen, Kirchenkreise und Kirchengemeinden ganz unterschiedlich. Es scheint so, dass die konstruktiven und vertrauensvollen Erfahrungen in den Kirchengemeinden und -kreisen gerade auch in Hinblick auf die Diskussion strittiger Themen kaum kirchenleitende Äußerungen beeinflussen. In diesem Zusammenhang verwundert es, dass es überhaupt bis zum Jahr 2006 dauern musste, bis der Dialog auch die Spitzenebene der evangelischen Kirchen erreichte. Es scheint notwendig, einige Einsichten des christlich-islamischen Gespräches für die weitere Diskussion zu sichern und in die Debatte einzubringen. Diesem Zweck soll dieser Band dienen.

Die vorliegende Sammlung von Aufsätzen dokumentiert einen Diskussionsprozess, den die Beauftragten für das christlich-islamische Gespräch der Evangelischen Kirche im Rheinland und der Evangelischen Kirche von Westfalen in Zusammenarbeit mit Einrichtungen beider Landeskirchen in den zurückliegenden drei Jahren (seit 2005) geführt haben. Die Herausgeber wollen mit diesem Band die Diskussionen bündeln und einen Beitrag zur Meinungsbildung und Positionsfindung im Bereich der evangelischen Kirchen leisten. Auf den dokumentierten Tagungen wurden gerade jene Fragen diskutiert, die aktuell auf der Agenda des Dialoges ganz oben stehen: das Verhältnis des christlichen Bekenntnisses und des muslimischen Glaubens, das Verbindende und Trennende zwischen Judentum, Christentum und Islam, die Einzigkeit Christi und der Dialog, das Verhältnis der Religionsgemeinschaften zum säkularen Staat und die Möglichkeiten einer islamisch-theologischen Begründung einer säkularen Gesellschaftsform so-

---

6. Resolution des 31. Deutschen Evangelischen Kirchentages »Als Muslima und Muslim in Deutschland leben« vom 9. Juni 2007; zit. n.: http://www.kirchentag2007.de/presse/resolutionen/31DEKT_RES_2001.pdf [11. Juni 2007].

wie die Herausforderungen unserer Weltgesellschaft durch muslimischen und christlichen Fundamentalismus. Wir wissen: Kurze und bündige Antworten sind oft kurzschlüssig. Deshalb verstehen wir diesen Band als einen konstruktiven Beitrag zur Versachlichung der Diskussion, in der auch islamische Sichtweisen und Interpretationen wahrzunehmen und zu berücksichtigen sind.

Indem wir hier Tagungen dokumentieren, die wesentlich durch kreiskirchliche Beauftragte des christlich-islamischen Gespräches vorbereitet und getragen wurden, kommt auch eine lange Dialoggeschichte der Kirchen mit Muslimen zur Darstellung, die teilweise seit Jahrzehnten durch kreiskirchliche Beauftragte getragen wird. Diese Dialogerfahrungen zu reflektieren, wird für das Nachdenken über die Ziele des Dialoges und seine zukünftige Gestaltung sehr hilfreich sein können.

Wer die aktuelle Debatte nicht nur auf dem Kirchentag verfolgt hat, weiß, dass diese Diskussion innerhalb der evangelischen Kirchen sowie im Gespräch mit Muslimen momentan mit großer Intensität geführt wird. Die unterschiedlichen theologischen Positionen und Auffassungen zu gesellschaftlichen und kulturellen Fragen, die schon immer Gegenstand des Gespräches waren, erhalten durch die sog. »Spitzentreffen« der EKD und des Koordinierungsrates der Muslime eine hohe mediale Resonanz.

Die in diesem Band enthaltenen Vorträge nehmen zahlreiche Fragestellungen auf, die auch in den Reaktionen auf die Handreichung der EKD »Klarheit und gute Nachbarschaft«[7] zu Kontroversen geführt haben. In diesem Buch werden zu einzelnen Fragestellungen bewusst auch muslimische Perspektiven berücksichtigt. Damit steht dieser Band in einer beispielhaften Dialogtradition der rheinischen und westfälischen Kirche, die immer auch in der Darstellung und Formulierung der Probleme dialogisch orientiert war. Deshalb seien wesentliche Stationen dieses Dialoges im Rheinland und in Westfalen kurz genannt:

- Im Dezember 2005 konnte die Evangelische Kirche im Rheinland gemeinsam mit der Evangelischen Kirche von Westfalen noch das zwanzigjährige Bestehen ihrer Beratungsstelle für christlich-islamische Begegnung in Wuppertal feiern.[8] Am 1. März 1985 hatte Gerhard Jasper als »Berater für Islamfragen«

---

7. Klarheit und gute Nachbarschaft. Eine Handreichung der EKD, Hannover o.J. [2006], EKD-Texte 86, S. 115; im Internet: http://www.ekd.de/download/ekd_texte_86.pdf [4. Mai 2007]. Die Debatte, die die Handreichung provoziert hat, ist zusammengestellt in: epd-Dokumentation Nr. 24 vom 5. Juni 2007, Christen und Muslime: Eine EKD-Handreichung in der Kritik. Die Reaktion des Koordinierungsrates der Muslime »Profilierung auf Kosten der Muslime« und ist auch im Internet abrufbar unter: http://islam.de/8443.php [11. Juni 2007].

8. Anlässlich dieses Jubiläums ist erschienen: Bernd Neuser (Hg.), Dialog im Wandel. Der christlich-islamische Dialog. Anfänge – Krisen – Neue Wege, Neukirchen-Vluyn 2005. Eine Darstellung der Geschichte der Beratungsstelle gibt dort Gerhard Jasper, 20 Jahre Beratungsstelle: Wie alles begann, ebd., S. 17–29.

jene Arbeit begonnen, aus der sich dann die Beratungsstelle entwickelte, die nun durch die beiden Landeskirchen zum Ablauf des Jahres 2007 geschlossen wird. Der Dialog reicht aber im Rheinland noch weiter zurück. Jasper nennt das Jahr 1972 als das Anfangsjahr. Seit über drei Jahrzehnten gibt es also im Rheinland und in Westfalen christlich-islamische Begegnungen der Kirchen mit Muslimen auf ihren verschiedenen Ebenen. Am tiefsten sind diese in den Kirchengemeinden und Kirchenkreisen verankert. Eine wesentliche Rolle spielten und spielen immer noch die Schulreferate, weil an den Schulen die sozialen, kulturellen und religiösen Konflikte in der Regel zuerst »ankommen« und Lehrerinnen und Lehrer schon nach Lösungen suchen müssen, wenn die Politik das Problem noch leugnet.

- Die rheinische Kirche hat mit ihren Orientierungshilfen wichtige Beiträge zur theologischen Begründung des Dialoges geleistet. Hervorzuheben ist der Text »Christen und Muslime nebeneinander vor dem einen Gott«[9] aus dem Jahr 1998, der vergriffen und bisher nicht wieder aufgelegt worden ist. Diese Schrift war für Gesprächskreise in vielen Gemeinden und Kirchenkreisen über die rheinische Landeskirche hinaus ein wichtiger Orientierungspunkt. Im Herbst 2001 veröffentlichte die rheinische Kirche eine Ausarbeitung ihres Arbeitskreises Christen und Muslime zum Thema »Mission und Dialog in der Begegnung mit Muslimen«, einem Thema, das fünf Jahre später ganz oben auf der Agenda in den EKD-weiten Diskussionen um den christlich-muslimischen Dialog steht. Nicht ohne Grund setzt die jüngste Handreichung der EKD »Klarheit und gute Nachbarschaft« genau mit diesem Thema ein: »Die Wahrheit und die Toleranz der christlichen Mission« – versäumt aber nach Auffassung vieler eine Definition des Missionsbegriffes entsprechend der aktuellen missionstheologischen Debatte. Die rheinische Schrift zum Thema Mission und Dialog wurde von der Beratungsstelle auf einem Studientag Ende September 2001, den sie gemeinsam mit der Arbeitsstelle interreligiöses Lernen an der Universität Duisburg-Essen durchführte, öffentlich zur Diskussion gestellt.[10]

- Der September 2001 hatte für die Dialogsituation in Deutschland tiefgreifende Veränderungen zur Folge: Die Terroranschläge in den USA und die nachfolgenden internationalen Ereignisse führten zu einer neuen Fokussierung. Die Beschäftigung mit dem Islam und mit Fragen des Zusammenlebens von Christen und Muslimen erhielt in der Wahrnehmung vieler Dringlichkeit

---

9. Im Internet noch zu finden unter: http://www.chrislages.de/beteekir.htm [30. Mai 2007].
10. Diese Tagung ist dokumentiert in: Dirk Chr. Siedler/Holger Nollmann (Hg.), »Wahrhaftig sein in der Liebe!« Christliche und islamische Perspektiven zum interreligiösen Dialog, Berlin 2002. Dort ist nicht nur der ansonsten vergriffene Text enthalten, sondern auch eine kritische Analyse von Andreas Feldtkeller ›Mission und Dialog in der Begegnung mit Muslimen‹ – kritische Lektüre und ergänzende Überlegungen, ebd., S. 27–38.

und Brisanz. Daraus resultierte, dass zeitweilig eine breitere Öffentlichkeit Dialogveranstaltungen besuchte. Aber nach einiger Zeit ist das allgemeine Interesse an der Begegnung mit Muslimen wieder zurückgegangen. Die Mehrheit scheint sich infolge der medialen Vermittlung der Konflikte ihre Meinung gebildet zu haben.

Auch in der rheinischen Kirche gehen die Diskussionen weiter. Die Synodalbeauftragten für das christlich-islamische Gespräch der rheinischen und westfälischen Kirche haben in den zurückliegenden Jahren unterstützt durch die Beratungsstelle für christlich-islamische Begegnung und in Zusammenarbeit mit dem Arbeitskreis Christen und Muslime der Evangelischen Kirche im Rheinland sowie der Evangelischen Akademie Rheinland ( Bad Godesberg ) Studientagungen durchgeführt. Diese drei Tagungen im Januar 2005, Februar 2006 und März 2007 werden in diesem Band dokumentiert. Da die Fragen des christlichen Standpunktes und der eigenen christlichen Identität in der pluralen Gesellschaft immer deutlicher ins Zentrum des Dialoges gerückt sind, orientierten sich die ersten beiden Tagungen an einem für die evangelische Kirche entscheidenden und identitätsstiftenden Schlüsseltext des vergangenen Jahrhunderts, der »Theologischen Erklärung zur gegenwärtigen Lage der Deutschen Evangelischen Kirche« vom Mai 1934, der sog. Barmer Theologischen Erklärung.

Zu dem Thema, das die erste Barmer These aufgriff, *Jesus Christus, das eine Wort Gottes – Barmen I und der Dialog mit dem Islam* versammelten sich im Januar 2005 in der Ökumenischen Werkstatt in Wuppertal u.a. Islambeauftragte und Muslime. Es ging um eine theologische Standortbestimmung des Dialogs insbesondere in der rheinischen und westfälischen Kirche. Es ist ein intensiver und längerer Diskussionsprozess zur Klärung dieser Frage nötig, der sich auch mit dem kritischen Einwand auseinandersetzen muss, ob der Dialog mit der nötigen Konfliktbereitschaft geführt wurde. Manche sehen in den Islambeauftragten »Lobbyisten« der Muslime innerhalb der Kirche und unterstellen damit eine Relativierung des christlichen Bekenntnisses im Dialog. Nur wenn unter »Lobbyismus« verstanden wird, dass Islambeauftragte Kenntnisse über ihre »Lobby« in ihre Kirche vermitteln und so zu einer sachgerechten und wertschätzenden Diskussion beitragen, mag dieser Begriff seine Berechtigung haben.

In manchen Gemeinden im Rheinland und in Westfalen wird der Dialog seit über drei Jahrzehnten geführt. Dabei haben viele Dialogbeteiligte gelernt, das christliche Profil so zu vertreten, dass gegenseitiges Kennenlernen und Verständigen ermöglicht wird. Dies schließt das Bemühen ein, die Glaubensvorstellungen des anderen auch aus dessen Selbstverständnis heraus zu begreifen, und ebenso die Bereitschaft, auch auf die eigene christliche Religion mit dem Blick des anderen zu schauen. Solche gegenseitige Empathie ist eine Voraussetzung des christlich-muslimischen Gespräches und wechselseitigen Verstehens und ist da-

*Einleitung*  21

mit das Gegenteil dessen, was Wolfgang Huber pauschalisierend mit dem Begriff »interreligiöser Schummelei«[11] diskreditiert hat.

Dieser Vorwurf hat viele Aktive im Dialog verletzt und verärgert, zumal es in den rheinischen und westfälischen Gemeinden ein weithin praktizierter Grundsatz ist, im Dialog bei allen Bemühungen um Verständigung auch das eigene Profil zu vertreten. So heißt es in der rheinischen Orientierungshilfe von 1998: »Christen und Muslime beten zu dem einen Gott, den sie freilich verschieden glauben und bekennen. Dementsprechend sollte man darauf verzichten, eine möglichst große Schnittmenge gemeinsamer Überzeugungen von Muslimen und Christen zu suchen und dabei Unterschiede beiseite zu schieben.«[12] Das wird auch hinsichtlich gemeinsamer Gottesdienste ausgeführt: »Christen und Muslime stehen zwar vor demselben, dem einen Gott, zusammen mit den Juden [...], aber ihr Gottesverständnis ist von ihren Gotteserfahrungen her so verschieden, dass ein von allen in allem mitgetragener Gottesdienst um der Ehrlichkeit voreinander und vor Gott willen nicht möglich ist.«[13]

Demgegenüber trägt der Rat der Evangelischen Kirche in Deutschland (EKD) mit der bereits erwähnten aktuellen Handreichung nicht immer zur Klarheit bei. Einerseits behauptet er beispielsweise, dass »ein gemeinsames Gebet in dem Sinne, dass Christen und Muslime ein Gebet gleichen Wortlauts zusammen sprechen, [...] nach christlichem Verständnis nicht möglich«[14] sei. Auf der selben Seite werden dann aber viele Gemeinsamkeiten im Gebetsverständnis als »Anbetung, Lob, Dank, Klage, Freude, Betroffenheit und Fürbitten« und auch im »Bewusstsein von der Gottbezogenheit des Menschen, der Würde des Lebens«[15] u. a. m. genannt, und schließlich darauf hingewiesen: »Wenn Christen und Muslime gemeinsam beten oder eine gemeinsame religiöse Feier begehen, ist eine gemeinsame ausführliche Vorbereitung mit der Verständigung über Gemeinsamkeiten eine unverzichtbare Voraussetzung.«[16] Auch die abschließenden Ausführungen zu »Zielen und Inhalten interreligiöser Zusammenarbeit« (S. 106–118) stehen teilweise im Gegensatz zu den Konsequenzen, die die Handreichung in den vorangehenden Ausführungen nahelegt.

Bei der Diskussion um das gemeinsame Beten geht es wie bei vielen anderen

---

11. Focus vom 22. November 2004.

12. Christen und Muslime vor dem einen Gott. Zur Frage gemeinsamen Betens. Eine Orientierungshilfe, Düsseldorf 1998 (vergriffen), S. 31, Fußnote 9.

13. Ebd., S. 36.

14. S. o., Fußnote 1, S. 15 in diesem Band.

15. Ebd.

16. Ebd., S. 115 f.

theologischen Fragen im Dialog im Kern um die Frage nach Übereinstimmungen und Unterschieden des christlichen und islamischen Glaubens und speziell ihres Gottesbildes sowie deren jeweiliger Gewichtung. Um diese Problematik weiter zu klären, nahm die erste Tagung im Januar 2005 ihren Ausgangspunkt bei der ersten These der Barmer Theologischen Erklärung von 1934. *Manfred Kock*, früherer Präses der Evangelischen Kirche im Rheinland und ehemaliger Vorsitzender des Rates der EKD, legte in seiner Predigt in der Gemarker Kirche – also an historischer Stätte – das Potential einer christlichen Positionsbestimmung im Anschluss an Barmen I für das christlich-muslimische Gespräch dar: Ausgehend vom Hauptsatz der ersten These – »Jesus Christus, wie er uns in der Heiligen Schrift bezeugt wird, ist das eine Wort Gottes, dem wir im Leben und im Sterben zu vertrauen und zu gehorchen haben.« – entwickelte Kock seine Position zum christlich-muslimischen Gespräch. Jede ernsthafte Kritik anderer Religionen setze die Fähigkeit zur Selbstkritik der christlichen Religion voraus. Weil sich Jesus allen Menschen zugewendet habe, werde unsere Achtung gegenüber anderen Religionen gestärkt. Den Absolutheitsanspruch des Christentums versteht Kock als ein großzügiges Angebot, denn wenn Jesus Christus das eine Wort Gottes sei, dann würden durch dieses Wort auch Räume für alle anderen eröffnet: »Bei Gott ist Platz für alle. Niemand muss zu einem Wettlauf um Gottes Gunst antreten zulasten anderer. Keine Religion erreicht dadurch Gottes Nähe, dass sie andere verdrängt.« An den Begriff der Konvivenz anschließend fordert Kock, dass die Religionen sich selbst ernst nähmen und ihre Wahrheitsansprüche nicht aufgeben dürften. Zur Ernsthaftigkeit der eigenen Religiosität und des Dialogs gehöre auch, das immer noch vorhandene Informationsdefizit zwischen den Angehörigen der jeweiligen Religion zu beheben.

Möglicherweise erstmals wurde an diesem Abend die Theologische Erklärung von Barmen durch *Hamideh Mohagheghi* einer islamisch-theologischen Annäherung und Interpretation unterzogen. Sie hat sich dabei nicht allein auf die erste These beschränkt, sondern die gesamte Erklärung berücksichtigt, sodass ihr Vortrag zu einer grundsätzlichen Darstellung von Trennendem und Verbindendem zwischen christlichem und muslimischem Glauben wurde. Es sei unumgänglich, im Dialog offen und ehrlich auch Trennendes anzusprechen. Ziel des Dialoges könne keine Vereinheitlichung der Religionen sein: »Jede Religion hat ihre Besonderheiten und Einzigartigkeiten, die zu pflegen und zu bewahren sind.« Sie befragt den in der ersten These zum Ausdruck kommenden Absolutheitsanspruch des Christentums, der Anhänger anderer Religionen ausschließe: »Wie ist ein Dialog mit Dieben, Mördern und Unseligen möglich? Kann es einen Dialog in gleicher Augenhöhe geben, wenn die anderen, die nicht an Jesus als Sohn Gottes [...] glauben, als Menschen betrachtet werden, denen man nicht trauen kann? Sind diese Aussagen nicht ein Hindernis, den anderen als gleichwertigen Menschen anzusehen?« Insbesondere ihre Ausführungen zur fünften Barmer

These fanden große Aufmerksamkeit, weil sie neue Anknüpfungspunkte für das christlich-muslimische Gespräch zum Thema Islam und Demokratie boten: »Die Begriffe Demokratie und Säkularismus sind nicht in den islamischen Quellen zu finden, da sie neuzeitliche Begriffe sind. Es ist die Aufgabe der Muslime, zu überprüfen, ob der Islam mit diesen Formen der Staatsführung zu vereinbaren ist. Es gibt Gelehrte, die den Garanten für die Durchführung der islamischen Prinzipien in einem Staat in der Trennung zwischen Religion und Staat sehen.« Die an ihren Vortrag anschließende Diskussion sah genau in dieser Fragestellung das für die Zukunft des Dialoges und auch für die Integration des Islams in die säkulare Gesellschaft entscheidende und weiterführende Thema, sodass eine Anschlusstagung in Angriff genommen und im Februar 2006 durchgeführt wurde.

Die Diskussionen über die EKD-Leitlinien »Christlicher Glaube und nichtchristliche Religionen«[17] und die Arbeit am Beschlusstext der rheinischen Synode im Januar 2005 »Zur Erneuerung des Verhältnisses von Christen und Juden. Würdigung des Beschlusses und der Thesen der Landessynode von 1980 nach 25 Jahren«[18] zeigten, wie notwendig es ist, den christlich-islamischen Dialog vor dem Hintergrund der Erfahrungen und Einsichten des christlich-jüdischen Dialogs zu führen. Deshalb verdient der Beitrag von *Bertold Klappert* besondere Beachtung, in dem er in fünf Thesen darlegt, wie der Abrahamssegen nur von Juden, Christen und Muslimen gemeinsam ergriffen und im gemeinsamen Dienst an der einen Menschheit weitergegeben werden könne. Seine Ausführungen veranschaulichen, wie der Gott Abrahams auch der Gott Isaaks, Ismaels und der Völker ist. Diese Ausführungen haben deshalb heute eine neue Brisanz und Aktualität, weil immer häufiger kirchenleitende Theologen diese Position bestreiten, da sie die Gegensätze und Unterschiede einebneten »wie dies z. B. in dem nutzlosen Gerede von den abrahamitischen Wurzeln der monotheistischen Religionen gar dem Unfug des ›abrahamischen Betens‹ der Fall ist.«[19] Gerade dieser Haltung gegenüber ist weiterhin grundlegend darzulegen, inwiefern Abraham eint *und* unterscheidet. Klappert tut dies, indem er sich mit den drei klassischen Modellen der Exklusivität, der Überlegenheit des Christentums und der relativistischen Religionstheologie, wie sie aus der Aufklärung entstanden ist, auseinandersetzt

---

17. EKD-Text 77 (2003), im Internet: http://www.ekd.de/download/Texte_77.pdf [4. Mai 2007].

18. Die Erklärung ist im Internet zugänglich unter: http://www.ekir.de/ekir/dokumente/LS2005-04 AnlageIV-DS02-Christen-und-Juden.pdf [4. Mai 2007]. Sie schließt mit dem Satz: »Anders als noch 1980 müssen wir heute das Zeichen der Treue Gottes nicht nur nach innen in unseren Kirchen und im Dialog mit jüdischen Gemeinden vertreten, erläutern und begründen, sondern auch nach außen gegenüber anderen Religionsgemeinschaften, besonders dem Islam, und gegenüber politischen Kräften, die im Nahost-Konflikt ihre unterschiedlichen Interessen haben.«

19. Peter Steinacker, Absolutheitsanspruch und Toleranz. Systematisch-theologische Beiträge zur Begegnung der Religionen, Frankfurt a. M. 2006, S. 16.

und diese kritisiert. Er bevorzugt ein Dialogmodell, das von der »Mehrdimensionalität der Segensverheißung an Abraham« ausgeht und die nichtchristlichen Religionen in diese Verheißung miteinbezieht.

Für die Synodalbeauftragten für das christlich-islamische Gespräch zielte diese Tagung auch auf eine neue Orientierung, wie der christlich-muslimische Dialog in der rheinischen Kirche weiterentwickelt werden könnte: Wie kann ein kritischer und gleichzeitig wertschätzender Dialog in den Kirchen etabliert werden? Wie können gelungene Dialogerfahrungen sowie die Erfahrungen und Kenntnisse der Synodalbeauftragten für zukünftige Äußerungen und Positionierungen der Kirchen fruchtbar gemacht werden? Diese Fragen standen im Mittelpunkt des abschließenden Gespräches mit Oberkirchenrat *Wilfried Neusel,* dem Leiter der Abteilung für Ökumene im Landeskirchenamt der rheinischen Kirche. Er stellte fest, dass es noch immer an einer grundlegenden »theologischen Orientierung« zum Islam für die Evangelische Kirche im Rheinland fehle. Dies sei ein »echtes Defizit«. Dabei seien »kirchen- und gesellschaftspolitische Gesichtspunkte« zu berücksichtigen und eine rein »religionsgeschichtliche Perspektive« abzuwehren. Für die rheinische Kirche blieben seiner Ansicht nach die vielfältigen Dialogerfahrungen in den Kirchenkreisen und Gemeinden durch ihre Synodalbeauftragten von hoher Bedeutung. Sie seien intensiver abzurufen und in die kirchliche Arbeit einzubeziehen.

Die Folgetagung im Februar 2006 – diesmal in Kooperation mit dem Institut für Kirche und Gesellschaft in Iserlohn durchgeführt – hielt an der Barmer Theologischen Erklärung als Ausgangspunkt des Dialoges fest und stellte die fünfte These in das Zentrum der Debatte. Das Thema der Tagung *Gottesstaat – Säkularismus – Laizismus? Das Verhältnis der christlichen und islamischen Religionsgemeinschaften zum Staat als Herausforderung für gelingende Integration* gewann infolge verschiedener öffentlicher Ereignisse wie dem sog. »Karikaturen-Streit« eine besondere Aktualität. Umso hilfreicher war es, dass insbesondere in den beiden muslimischen Beiträgen die Möglichkeiten dargelegt wurden, die islamische Traditionen bieten, um säkulare Gesellschaftsformen im Einklang mit den Quellen und Auslegungstraditionen des Islams zu begründen.

Auch auf den Podien des Kölner Kirchentages 2007, die sich mit dem Islam befassten, wurden Vertreter der muslimischen Verbände in Deutschland aufgefordert, sich gegenüber dem säkularen Rechtsstaat zu erklären und über die Islamische Charta hinaus ihr Verhältnis zur freiheitlich-demokratischen Grundordnung des Grundgesetzes deutlich zu machen. Deshalb dürften die Ausführungen der Juristin und muslimischen Theologin *Hamideh Mohagheghi* über das Verhältnis von Staat und Religionsgemeinschaften aus schiitischer Sicht besondere Aufmerksamkeit verdienen. Sie bezog sich darauf, dass es in der Geschichte des Islams ganz verschiedene Staatsformen gegeben habe, in denen die Religion eine ganz unterschiedliche Rolle gespielt habe. Der Islam als Staatsform sei überhaupt erst eine Entwicklung des 19. Jahrhunderts als Reaktion der islamischen Welt auf das kolonialistische Europa. Mohagheghi referierte aktuelle reformerische Positionen, die gegenwärtig im Iran vertreten würden und an die von der Orthodoxie verdrängte Rechtsschule der Muʿtaziliten anknüpften. Sie begründeten das theologische Prinzip, dass »die Unterscheidung zwischen Gut und Schlecht aufgrund des menschlichen Verstandes vollzieht und nicht aufgrund göttlicher Befehle, Verbote und Gebote«, weil auch der Koran als Weisungsbuch aus seiner Geschichte zu verstehen sei. Kritisch setzte sie sich mit dem Missbrauch des Islams durch politische Herrscher und Despoten auseinander.

Diese Sichtweise aus dem schiitischen Islam wurde auf der Tagung ergänzt durch Ausführungen des Bonner Islamwissenschaftlers *Mohammed Al-Hashash* über das Verhältnis von Staat und Religionsgemeinschaften aus der Sicht sunnitischer Rechtsschulen, denen heute in Deutschland die meisten Muslime angehören. Da er ohne Manuskript referierte, sollen die wichtigsten Aussagen seines Vortrages hier kurz zusammengefasst werden: Grundlegend sei die islamische »Rechtsquellenlehre«, d.h. die Lehre, die darlege, aus welchen Quellen muslimisches Recht abgeleitet werde. Der Koran sei die absolute Grundlage des Rechts und Mohammed sei Gesetzeslehrer. Allerdings habe sich schon bald nach Mohammeds Tod unter den Ommayaden die Notwendigkeit ergeben, Rechtsfälle zu lösen, die durch die überlieferten Rechtsquellen nicht gelöst werden konnten. Die Quellen wurden kodifiziert und sogar die Überlieferungskette der Hadithe dokumentiert. So habe sich folgende Reihenfolge der Wertigkeit der Rechtsquellen ergeben: der Koran, die Sunna des Propheten, der Konsens der Rechtsgelehrten und Analogiebildungen, also die rationale Übertragung von Rechtsregeln auf neue Rechtsfragen in veränderten Kontexten.

Die Frage nach der Anerkennung säkularer Gesellschaftsformen stelle sich in besonderer Weise in nichtislamischen Ländern: Hier gelte der Grundsatz, dass sich ein Muslim in die dort geltende Rechtsordnung einzufügen habe. Dies gelte insbesondere in einem demokratischen Land, denn die Demokratie »ist der Scharia am nächsten«. Ein Muslim habe die Pflicht, an der Verteidigung auch eines fremden Landes mitzuwirken, in dem er wohne. Die islamische Gemeinschaft solle in einem nichtmuslimischen Land beachten, dass es offensichtlich Gottes Wille gewesen sei, dass er die Menschen und Gruppen verschieden erschaffen habe ( vgl. Sure 49,13). Auch gelte im Islam die Religionsfreiheit »in reinster Form«; denn im Koran selbst heiße es: »Es gibt keinen Zwang in der Religion.« ( Sure 2,256). Deshalb müsse der Islam auch akzeptieren, dass ein Moslem vom Islam abfallen könne. Jene Verse im Koran, die dazu aufrufen, einen Apostaten zu töten, gelten als »beschränkte Verse« und seien nur auf jene bestimmte historische Situation der Offenbarung bezogen.

In den beiden Vorträgen von Mohagheghi und Al-Hashash wurde deutlich, dass der Islam in Deutschland noch eine längere Wegstrecke zurückzulegen hat, um diese theologischen Traditionen in die breite Basis der Moscheevereine und Verbände zu vermitteln und sie hierzulande zur Geltung zu bringen, damit auf ihnen gründend die aktuellen Fragen nach der Stellung der Muslime zum säkularen Rechtsstaat islamisch-theologisch fundiert beantwortet werden können.

Christliche Theologie im Abendland hat sich seit mehreren Jahrhunderten auf den Weg gemacht, sich die Einsichten der Aufklärung anzueignen. Detailliert beschreibt *Wolfgang Heyde* in seinem Beitrag zur evangelischen Perspektive auf den säkularen Rechtsstaat einzelne Etappen des Prozesses der Säkularisierung unserer Gesellschaft. Heyde, Ministerialdirektor a.D., ist als Mitverfasser des »Handbuches des Verfassungsrechts der Bundesrepublik Deutschland«[20] nicht nur ein ausgewiesener Fachmann zum Thema, sondern aufgrund verschiedener kirchlicher Ämter auch mit den innerkirchlichen Debatten bestens vertraut. Er diskutiert die wesentlichen Aspekte, die im Staat-Kirche-Verhältnis zu beachten sind, wie die strikte aber nicht beziehungslose Trennung von Staat und Kirche, die gebotene weltanschaulich-religiöse Neutralität des Staates, die Religionsfreiheit, das Selbstbestimmungsrecht der Religionsgemeinschaften sowie die uneingeschränkte Geltung der Grund- und Menschenrechte. Er macht darauf aufmerksam, dass all diese Gesichtspunkte von der EKD erst 1985 in der Demokratie-Denkschrift[21] ausführlich und detailliert dargelegt wurden und zeichnet nach, welche Präzisierungen dieser Text durch Handreichungen und Gemeinsame Worte mit der Deutschen Bischofskonferenz in der Folgezeit erfahren hat.

Privatdozent *Heiner Bielefeldt,* Direktor des Deutschen Instituts für Menschenrechte, verdeutlicht in seinem Aufsatz, wie bedeutsam eine klare Unterscheidung von interreligiösem, interkulturellem und politischem Dialog im Rahmen des gesellschaftlichen Diskurses über den Islam in Deutschland ist. Der Staat könne mit islamischen Vertretern ausschließlich einen politischen Dialog führen. Diese Trennschärfe werde seitens staatlicher Vertreter nicht immer eingehalten. So könne die häufig anzutreffende Betonung des christlichen Kulturerbes im Rahmen eines solchen Dialoges schleichend dazu führen, dass sich der Staat mit der christlichen Tradition identifiziere, also einen eigenen religiösen Standpunkt einnehme und damit die grundgesetzlich gebotene religiös-weltanschauliche Neutralität des Staates nicht mehr gewährleistet sei. Der Dialog mit dem Islam gerate auf diese Weise »kategorial in die Dialektik des ›Eigenen und des Fremden‹. Der intendierte Brückenschlag mit dem Islam beginne dann damit, dass man Muslime, bildhaft gesprochen, auf dem anderen Ufer verorte – was ironischerweise exakt dem Selbstverständnis islamistischer Gruppierungen entspräche. Damit werde

---

20. Berlin ²1994.
21. Evangelische Kirche und freiheitliche Demokratie. Der Staat des Grundgesetzes als Angebot und Aufgabe, Gütersloh 1985.

die integrationspolitische Absicht, den Islam im Dialog als selbstverständlichen Bestandteil der Gesellschaft anzuerkennen, gerade konterkariert.«

Die dritte und letzte Tagung, die dieser Band dokumentiert, trug den Titel *Islamismus und christlicher Fundamentalismus – Herausforderungen der Moderne?* und wurde gemeinsam mit dem Zentralrat der Muslime und der Beratungsstelle für christlich-islamische Begegnung unter Federführung der Evangelischen Akademie Rheinland in Bad Godesberg veranstaltet.[22] Beinahe alle Referenten kritisierten die unpräzise Verwendung des Begriffes Fundamentalismus in der öffentlichen Debatte.

Der Hannoveraner Religionswissenschaftler und Theologe *Peter Antes* zeigte, dass nicht deutlich genug zwischen Islamismus und Fundamentalismus, zwischen Extremismus und Fanatismus, zwischen religiösem Wahn und Terrorismus unterschieden werde. Der Begriff des Islamismus sei zudem deswegen problematisch, weil ihm in der westlichen Welt so unterschiedliche Strömungen wie die der gemäßigten Tugendpartei des türkischen Ministerpräsidenten Recep Tayyip Erdoğan, die Traditionalisten des saudi-arabischen Wahhabismus oder die extremistischen Dschihadisten zugerechnet würden.

*Elsayed Elshahed*, Direktor der Islamischen Religionspädagogischen Akademie in Wien (IRPA), verdeutlichte, dass in der islamischen Welt durch die Bezüge auf den Konservativismus (*salafiya*) und die Begrifflichkeit der traditionellen Gelehrten z.T. ein anderes Verständnis von Islamismus existiere, sodass der Begriff dort eine deutlich positivere Konnotation habe. In der Auseinandersetzung mit den verschiedenen fundamentalistischen Ausprägungen im Islam sei die beste Antwort eine hermeneutische Theologie, die sich kritisch mit dem Koran befasse.

Im Vortrag von *Hans G. Kippenberg*, Fellow am Max-Weber-Kolleg in Erfurt, wurde eine ganze Reihe von Parallelen zwischen christlichem und islamischem Fundamentalismus deutlich. In der heilsgeschichtlichen Fixierung auf Israel setze beispielsweise der Prämillenarismus wichtiger evangelikaler Bewegungen auf eine wörtliche Auslegung der Offenbarung des Johannes. Die Heraufbeschwörung einer apokalyptischen Endschlacht finde sich in ähnlicher Form auch bei islamistischen Extremisten wieder. Fatal wirke sich der zunehmende Einfluss christlich-fundamentalistischer Kreise auf die US-amerikanische Politik aus. Seit Ronald Reagan sei er kontinuierlich gewachsen und habe mit den Reaktionen auf die Attentate vom 11. September 2001 eine Entsäkularisierung eingeleitet, die in der islamischen Welt als »Kreuzzug« wahrgenommen werde.

---

22. Die folgende Zusammenfassung der Tagung beruht auf einer ausführlichen Pressemitteilung des verantwortlichen Studienleiters der Akademie Jörgen Klußmann. Vgl. auch die epd-Dokumentation zum Thema »Fundamentalismus-Alarm?« (Nr. 22 / 2006), die eine Tagung an der Evangelischen Akademie Loccum dokumentiert.

Fundamentalismus wurde sowohl im Islam als auch im Christentum als eine Reaktion auf die Moderne gekennzeichnet: Die Globalisierung mit der Liberalisierung der Weltmärkte habe die Lücke zwischen Arm und Reich besonders in den ärmsten Entwicklungsländern Afrikas, Asiens und Lateinamerikas vergrößert, so der Publizist *Frank Kürschner-Pelkmann*.

*Reinhard Hempelmann* von der Evangelischen Zentralstelle für Weltanschauungsfragen in Berlin wies schließlich darauf hin, dass Religion pervertierbar sei. Dabei handele es sich um Prozesse, die auch umkehrbar seien. Die Fluktuation bei Fundamentalisten sei hoch, weil die ersehnten Antworten und Perspektiven nicht immer den Erwartungen entsprächen.

Eine profunde Theologie, die sich wieder stärker mit den Heiligen Schriften beschäftigen müsse, sei der richtige Weg, um sich mit der apologetischen Rhetorik von Fundamentalisten klar und fundiert auseinander zu setzen. Der Generalsekretär des Zentralrates der Muslime, *Aiman Mazyek* betonte in der abschließenden Podiumsdiskussion, dass es zum Dialog sowohl innerhalb als auch zwischen den Religionsgemeinschaften keine Alternative gebe. Er wünschte sich unter den deutschen Muslimen mehr Mut dazu. Peter Antes gab zu bedenken, dass für das aufgeklärte europäische Christentum in der Auseinandersetzung mit dem Islam auch eine Chance liege, sich wieder daran zu erinnern, dass das Christentum eigentlich eine Religion und keine Wissenschaft sei. Der Islam hingegen könne vom kritischen und analytischen Umgang mit der Bibel lernen.

Die derzeitige öffentliche Debatte zum christlich-muslimischen Gespräch macht sich wesentlich an der bereits erwähnten Handreichung des Rates der EKD »Klarheit und gute Nachbarschaft« fest. Deshalb wird dieser Band durch einen Vortrag des Kommissionsvorsitzenden *Jürgen Schmude* eröffnet, der die Handreichung erläutert. Mit dieser Darstellung der Handreichung korrespondiert der Vortrag des Hamburger Missionswissenschaftlers *Ulrich Dehn,* den er als Festvortrag zum Jubiläum der Wuppertaler Beratungsstelle im Dezember 2005 gehalten hat. Unter dem Titel »Dialog quo vadis?« beschreibt er die Schwierigkeiten, in denen der deutsche Protestantismus steckt, um einen gemeinsamen Standpunkt zum Islam zu finden.

»Verheißung für den anderen« lautet der programmatische Titel des Aufsatzes von *Horst Kannemann*. Darin kritisiert er die aktuelle EKD-Schrift, da sie die eigene christliche Identität durch Abgrenzung vom anderen kenntlich zu machen versuche: »Die damit verbundenen Versuche, evangelisches Profil zu erweisen, gehen aber hinter die für Dialog notwendige Grundentscheidung zurück, den anderen in seinem Anderssein zu bejahen.« Im Gegenzug markiert er theologische Anknüpfungspunkte zwischen jüdischem, christlichem und islamischem Glauben und findet in den Heiligen Schriften Hinweise für ein Verständnis des anderen »als eine *andere* Glaubensgemeinschaft, die aus eigenem Recht besteht«.

Das abschließende Kapitel *Aspekte des islamischen Erbes Europas* weitet den

Blickwinkel und fragt nach Impulsen für das Zusammenleben von Christen und Muslimen, die sich aus der Perspektive auf den europäischen Kontext ergeben. Diese Vorträge wurden wiederum im Rahmen einer Tagung der Evangelischen Akademie Rheinland gehalten. *Behzad Khamehi* wies in seinem Vortrag auf die jahrhundertealte Verflochtenheit der europäischen Geistesgeschichte mit islamischen Gelehrten hin. Doch nicht nur auf dem indirekten geistesgeschichtlichen Wege, sondern ganz praktisch – als gelebte und praktizierte Religion – sei der Islam schon über viele Jahrhunderte Teil Europas: Darauf wies auch *Musan Ahmetasevic* hin: Er beschreibt beispielhaft die Geschichte und Gegenwart des Islams in Bosnien und lädt zum Nachdenken darüber ein, was von Bosnien zu lernen sei, wenn es um die Frage des Zusammenlebens der Religionen und um Formen der Institutionalisierung des Islams in anderen europäischen Ländern geht.

Am Ende des Bandes steht ein Blick in das Nachbarland Österreich: Die rechtliche Verankerung des Islams in Österreich als anerkannter Religionsgemeinschaft verbunden mit dem Recht und der Praxis des Religionsunterrichtes an öffentlichen Schulen, deren Lehrerinnen und Lehrer an einer Islamischen Religionspädagogischen Akademie in Wien ausgebildet werden, sei vorbildlich. Den Ausführungen von *Kerstin Tomenendal* zufolge reiche die rechtliche Anerkennung des Islams als Religionsgemeinschaft nicht allein, um ein tolerantes Klima frei von Ressentiments zwischen Christen und Muslimen zu gewährleisten. Sie nimmt in der österreichischen Bevölkerung tiefsitzende Vorurteile und Abneigungen gegenüber den Muslimen wahr.

Schließlich möchten die Herausgeber ganz herzlich danken: den Verfasserinnen und Verfassern dafür, dass sie ihre Manuskripte für die Veröffentlichung zur Verfügung gestellt und sie dafür teilweise noch einmal kurzfristig überarbeitet haben. Dank gilt Horst Kannemann für manche redaktionelle Hilfestellung sowie in ganz besonderer Weise dem Landespfarrer Bernd Neuser, der von 2003 bis 2007 die Beratungsstelle für christlich-islamische Begegnung geleitet hat und die hier dokumentierten Tagungen wesentlich mitgestaltet hat.

# Teil I

# Grundlegungen

# Klarheit und gute Nachbarschaft –
# Zur Handreichung des Rates der Evangelischen Kirche in Deutschland zum Verhältnis von Christen und Muslimen

Jürgen Schmude [1]

In Thema und Inhalt orientieren sich diese Ausführungen an der Handreichung des Rates der Evangelischen Kirche in Deutschland, die im November 2006 veröffentlicht worden ist. Sie ist seitdem in der Diskussion und hat sowohl Zustimmung wie auch deutliche Kritik gefunden.

Warum nimmt sich die evangelische Kirche dieses Themas an? Was haben Christen in so besonderer Weise mit Muslimen zu schaffen? Diese Frage ist eigentlich schon durch eine langjährige Entwicklung beantwortet. Denn seit Jahrzehnten wenden sich die evangelische Kirche und ihre Gemeinden den Muslimen zu. Gute Beziehungen bestehen zwischen vielen Kirchengemeinden und örtlichen Moscheevereinen. In mehreren Diskussionsforen treffen Christen und Muslime zusammen. Auf der Ebene der Evangelischen Kirche in Deutschland (EKD) und der Landeskirchen finden Gespräche mit den Verbänden statt.

Besondere Ereignisse haben Christen und Muslime wiederholt in gottesdienstlichen Feiern zusammen geführt, etwa nach dem New Yorker Mordanschlag am 11. September 2001.

Grundsätzlich geht es bei Gesprächen und Begegnungen stets mehr oder weniger um die Frage, was die Religionsgemeinschaften und was ihre Glieder zum Zusammenleben der Menschen in unserer Gesellschaft beitragen können. Für die Kirchen selbst gibt es inzwischen in zahlreichen Schriften, z. B. in Denkschriften und Handreichungen aus der evangelischen Kirche – und oft auch aus der katholischen – Antworten zu fast allen wichtigen Themen des öffentlichen Lebens in Deutschland. Mehrfach haben beide großen Kirchen sich gemeinsam geäußert,

---

[1]. Vortrag, gehalten am 27. März 2007 in der Evangelischen Gemeinde zu Düren.

etwa zur wirtschaftlichen und sozialen Lage (1997) und zu den Tugenden in der Demokratie (2006).

Ob die Vertreter großer Gruppen von Muslimen sich zu ähnlichen Stellungnahmen bereit finden können? Vielleicht auch mal gemeinsam mit den Kirchen? Bedarf daran gibt es.

Immer wieder wird in der Öffentlichkeit über islamischen Fundamentalismus diskutiert, durchaus aber auch über Fundamentalismus anderer Art. Beunruhigt blicken selbst Christen in Europa auf die Rolle konservativer christlicher Eiferer in den USA und ihren politischen Einfluss. Da ist es dann bei kritischen Betrachtern aller Religionen nicht mehr weit bis zu den gelegentlichen Kommentaren, Religiosität sei grundsätzlich unberechenbar und riskant. Man müsse den Einfluss und auch das Auftreten der Religionen aus dem öffentlichen Bereich heraus halten. Sie seien gefährlich für den freiheitlich demokratischen Staat.

Darauf gemeinsame Antworten zu formulieren, die den Besorgnissen widersprechen und das Interesse gläubiger Menschen an einem auch öffentlichen Auftreten wahren, wäre ein großer Gewinn.

Unter anderem darum geht es der evangelischen Kirche bei den mit ihrer Handreichung vorgelegten Denkanstößen zum Verhältnis von Christen und Muslimen. Wer Probleme gemeinsam angehen und übereinstimmende Antworten finden will, braucht ein geregeltes, konstruktives Verhältnis zwischen den Religionsgemeinschaften, also die im Titel der Handreichung ausdrücklich genannte gute Nachbarschaft. In diesem Geist soll der Dialog zur Verständigung und schließlich zu gemeinsamen Antworten geführt werden.

Über drei Millionen Muslime leben in Deutschland, viele seit Jahren und Jahrzehnten. Sie sind entweder selbst eingewandert oder stammen aus Einwandererfamilien. Viel zu viele von ihnen sind bisher nur unzureichend auch in die Gesellschaft eingewandert und haben jene Integration erreicht, die sich im problemlosen Miteinander in allen Lebensbereichen und vor allem im Berufsleben bewährt. Obwohl es sich eben nicht um Christen handelt, setzen sich die Kirchen für ihr Wohl und für gerechte Teilhabe auch zu ihren Gunsten ein. Die kirchlichen Stellungnahmen zum Asylrecht, zum Aufenthaltsrecht, aber auch zu sozialen und Bildungsfragen enthalten dazu eine deutliche Sprache.

So für andere einzutreten und zugleich die Verständigung mit ihnen anzustreben, folgt der Einsicht, dass es zum friedlichen Zusammenleben der Zuwanderer und der Alteingesessenen, der Muslime und der Christen, keine vernünftige Alternative gibt. Mit einem Nebeneinander, mit dem Leben in parallelen Welten, ist es nicht getan. Das Miteinander ist unaufgebbares Ziel.

Wenn das alles so ist, warum denn jetzt eine evangelische Handreichung zu »Klarheit und guter Nachbarschaft«, die in ihrer Deutlichkeit vielfach Lob gefunden hat, aber auch als schroffes Abgrenzungspapier kritisiert worden ist? Man könnte sagen, es läuft doch alles mit den vielen Dialogen auf unterschiedlichen Ebenen; und Schriften, die das begleiten, gebe es doch schon genug.

Der Islam und auch die Haltung der Muslime in Deutschland sind Gegenstände einer regen Berichterstattung in den Medien und intensiver öffentlicher Diskussion. Sie hat Gründe. Nicht von außen wird der Islam bei Aufsehen erregenden Terroranschlägen und Gewalttaten ins Gespräch gebracht, sondern durch die Verlautbarungen der Täter selbst, die aus ihrem Glauben ihr Verhalten rechtfertigen wollen. Die Reaktionen anderer Muslime sind unterschiedlich.

Da gibt es Schweigen oder ausweichende Äußerungen, wo man eindeutige Verwerfung erwartet. Vielleicht sollen so politische Kontroversen vermieden werden oder auch der Anschein einer Unterstützung von Staaten und Kräften, deren Vorgehen man politisch zutiefst missbilligt.

Andererseits haben gerade in Deutschland die großen muslimischen Verbände ihre Verurteilung des Terrors und ihre Distanz zur Gewaltanwendung sehr klar zum Ausdruck gebracht. Sie haben damit leider oft nicht die öffentliche Aufmerksamkeit gefunden, die für Verdächtigungen der Muslime stets leichter zu mobilisieren ist. Davon sollten sich die Verbände nicht entmutigen lassen, sondern ihre Klarstellungen wiederholen und theologisch möglichst solide begründen (S. 42 ff.).

Jedenfalls entsteht durch die geschilderte Entwicklung und auch durch Berichte über familiäre Konflikte immer wieder neuer Klärungsbedarf. Ihn um der Harmonie willen zu ignorieren, könnte zu keiner guten, sondern höchstens zu einer trügerischen Nachbarschaft führen. Es dient dem gedeihlichen Zusammenleben nicht, die offenen Fragen auf sich beruhen zu lassen und Freundlichkeiten auszutauschen. Wenn denn die Kirche und ihre Gremien diesen Weg nicht als unzulänglich erkennen würden, gäbe es genügend Gemeindeglieder und auch mehr als genug Kritiker von außen, die fragen würden, ob nicht doch die sogenannte Blauäugigkeit das kirchliche Verhältnis zu den Muslimen bestimmt.

Im grundsätzlichen Dialog zwischen der EKD und den muslimischen Verbänden sind Fragen offen geblieben. Sie wurden gestellt und erörtert und dann doch nur für die Zukunft zur weiteren Klärung vorgesehen. Gibt es einen Konflikt zwischen dem grundsätzlich verbindlichen Ziel, einen islamischen Staat mit weiterreichender Regelung der Bürger durch die Scharia anzustreben, und den Grundlagen und Erfordernissen des säkularen demokratischen Staates? Die vom Zentralrat der Muslime in Deutschland 2002 vorgelegte Islamische Charta bietet einen Ansatzpunkt für die Antwort, doch ist sie damit nicht abschließend gegeben; eine Vertiefung und Ergänzung der Aussagen der Islamischen Charta hat nicht stattgefunden. Und so kehren die Fragen immer wieder, in der Deutschen Islamkonferenz Bundesinnenminister Schäubles im September 2006 z. B. oder in einem fundierten Zeitungskommentar des Limburger Bischofs Franz Kamphaus vom 2. Februar 2007 und natürlich in der ganzen Fülle der Literatur zu dem Thema.²

Hinzu kommen einzelne Vorhaben, die von den Muslimen selbst ins Gespräch gebracht werden, deren Behandlung dann aber grundsätzliche Klärung erfordert, z. B. beim islamischen Religionsunterricht oder bei der Verleihung des Status einer Körperschaft öffentlichen Rechts an muslimische Verbände.

Es hört sich gut an, wenn Kritiker der kirchlichen Handreichung darauf verweisen, der Dialog sei doch bereits auf erfreulichen Wegen, was man denn noch zusätzlich wolle? Aber es ist gar nicht befriedigend, wenn in diesem Dialog, teils höflichkeitshalber, teils der Umstände wegen, Fragen immer wieder vertagt und verschoben werden. Ein neuer Anlauf, sie zu bündeln und zur Diskussion zu stellen, ist in einer solche Lage nicht nur sinnvoll, sondern geradezu erforderlich.

An den einzelnen Themen, um die es in der kirchlichen Handreichung wie in der öffentlichen Diskussion geht, lässt sich anschaulich machen, dass es auf kirchlicher Seite an gutem Willen gegenüber den Muslimen nicht fehlt. Ja, guter Wille und Entgegenkommen gehen so weit, dass sie trotz ihrer gewichtigen Gründe von vielen Menschen in der Kirche verständnislos und kritisch aufgenommen werden. So besteht kirchlicher Klärungsbedarf eben nicht nur gegenüber den Muslimen, sondern auch gegenüber den eigenen Kirchengliedern und Teilen der Öffentlichkeit.

Es ist Ausdruck kirchlicher Aufgeschlossenheit und positiver Erwartungen, wenn die Muslime eingeladen werden, gemeinsam mit der evangelischen Kirche der wachsenden Skepsis und den immer wieder geäußerten Vorurteilen gegenüber allen Religionen entgegenzutreten (23, 31). Die evangelische Kirche hätte es wohl leichter, für sich selbst um öffentliches Vertrauen und Ansehen zu werben und sich dazu von den anderen, den Muslimen, abzugrenzen, um die eigenen Vorzüge besser ins Licht zu setzen. Das aber wäre nicht nur kurzsichtig, es wäre auch eine unangemessene Vernachlässigung des guten Willens und der für die Gesellschaft hilfreichen Potentiale, die bei der großen Mehrheit der Muslime und bei den meisten Verbänden in Deutschland bestehen.

So betont die EKD unter Hinweis auf ihre Dialogerfahrung ihre weitere Dialogbereitschaft und bietet sich den muslimischen Vertretern als Partnerin ausdrücklich an (119 f.).

Dass die Religionsfreiheit für alle gleichermaßen gelten muss, ist gefestigte evangelische Überzeugung. Wo muslimische Repräsentanten oder Verbände Einflussmöglichkeiten in mehrheitlich islamischen Ländern haben, in denen Christen die Religionsfreiheit ganz oder weitgehend verweigert wird, wollen wir die

---

2. Franz Kamphaus, Ein Dialog mit dem Islam, in: Frankfurter Allgemeine Zeitung vom 2. Februar 2007, S. 9, im Internet zu finden unter: http://www.faz.net [9. Juni 2007].

Muslime durchaus bitten, auf die für diese Zustände Verantwortlichen einzuwirken. Aber in Deutschland durch Rechtsverweigerung entsprechenden Druck auszuüben, kommt auch als Wunschvorstellung nicht in Frage.

Die Religionsfreiheit unterliegt zwar keinen im Grundgesetz ausdrücklich genannten Vorbehalten, aber sie trifft dort auf Grenzen, wo die Art ihrer Ausübung gleichwertige Rechte und Freiheiten anderer beeinträchtigt. Dass jeder ungehindert seine Religion wechseln darf und dass Menschen sich ohne Benachteiligung für eine gänzlich areligiöse Lebensauffassung entscheiden dürfen, ist unaufgebbarer Bestandteil der Freiheit des religiösen Bekenntnisses. Auch dafür treten Christen ein, und zwar um ihres Glaubens willen. (28 f.).

Bauvorhaben für muslimische Gotteshäuser, für Moscheen, sind fast überall umstritten. Moscheevereine oder andere muslimische Verbände haben wahre Hindernisläufe vor sich, wenn sie eine Moschee errichten wollen. Auch christliche Gemeindeglieder wehren sich dagegen. Die Gründe sind verschieden, aber fast immer wird gesagt, es passe nicht zu einer traditionell christlichen Region und Stadt, dass eine Moschee dort stehe.

Die evangelische Kirche tritt, auch in der Handreichung der EKD, nachdrücklich für das Recht der Muslime ein, für ihre Gottesdienste und Begegnungen Moscheen zu errichten. Und das ist nicht nur eine Grundsatzaussage. Durchweg stehen Kirchenvertreter in konkreten Streitigkeiten um die Bauvorhaben an der Seite der Muslime, bemühen sich um Vermittlung und um Besänftigung des Widerstandes. Das ist oft nicht leicht: Aufgebrachte Kirchenmitglieder fühlen sich von ihrer Kirche im Stich gelassen und kritisieren deren Großzügigkeit. Sie ist aber nicht beliebig, sondern hat handfeste Gründe. Wer für freie Religionsausübung der neuen Bürger unseres Landes eintritt, der muss auch ihr Recht auf ein Gotteshaus bejahen (66).

Unterschiedlich wird in der evangelischen Kirche der – in der Praxis seltene – Wunsch von Muslimen beurteilt, Gebetsrufe durch Lautsprecher vom Minarett der Moschee auszusenden. Diese Rufe treffen zumeist auf starkes Befremden in der Bevölkerung, die sich irritiert und gestört fühlt, so dass die einschlägigen Rechtsvorschriften ebenso wie das Bemühen um friedliches Miteinander Beschränkungen an Lautstärke und Häufigkeit geradezu erfordern.

Der Meinung, grundsätzlich müsse der Gebetsruf ebenso zulässig sein wie das kirchliche Glockenläuten, stimme ich nicht zu. Das Glockengeläut ist in Deutschland seit Jahrzehnten Streitgegenstand vor Gericht und auch deshalb inzwischen erheblich reduziert worden. Die Aussendung biblischer Texte per Lautsprecher von Kirchtürmen könnte, wo sie nicht einvernehmlich mit allen Betroffenen erfolgt, eine neue und für die Kläger sehr aussichtsreiche Streitwelle auslösen. Die weitere Entwicklung könnte dann als Beispiel dafür dienen, dass Forderungen nach Gleichbehandlung zu in Wahrheit nicht gleichen Vorgängen letztlich ihre Erfüllung darin finden, dass allen Religionsgemeinschaften einschließlich der Kirchen die jeweiligen Äußerungs- und Betätigungsmöglichkeiten genommen werden.

Empörung auch bei Kirchengliedern hat die von Muslimen beim Bundesverfassungsgericht erklagte Zulassung des rituellen Schächtens bei der Schlachtung von Tieren ausgelöst. Die evangelische Kirche sieht hier eine »schwierige Situation des Widerstreits unterschiedlicher Rechtsgüter« (70) und begrüßt den Interessenausgleich, der durch einschränkende Normen erreicht wird. Dabei spielt es natürlich eine Rolle, dass die Zulassung des besonderen Schlachtens entsprechend dem jüdischen Ritus in Deutschland längst erfolgt ist (70).

Solche und andere Beispiele kirchlichen Verhaltens zeigen, dass die gelegentlich geäußerte Vermutung kirchlicher Konkurrenzangst gegenüber den Muslimen gegenstandslos ist. Es geht vielmehr darum, dass Wirkungsmöglichkeiten für Verkündigung und Seelsorge erhalten und gesichert bleiben, nicht aber durch unangemessene, die Öffentlichkeit befremdende Praktiken in die Gefahr der Beschränkung oder Abschaffung geraten. Beim Status der Körperschaft öffentlichen Rechts, den die Kirchen in Deutschland traditionell haben, lässt sich das gut zeigen.

Nicht nur die Kirchen, auch andere Glaubens- und Weltanschauungsgemeinschaften haben diesen Rechtsstatus erhalten, ohne dass dem von kirchlicher Seite widersprochen worden ist. Worauf es ankommt, ist vielmehr, dass alle Antragsteller die erforderlichen Voraussetzungen für die Gewährung dieser rechtlichen Wirkungsmöglichkeit bieten. Gesetzestreue und Verfassungsloyalität gehören dazu. Auch auf die Bereitschaft zur Förderung des gedeihlichen Zusammenlebens der Menschen in unserer Gesellschaft sollte geachtet werden. Und natürlich muss ein Verband oder eine Gemeinschaft da sein, die sich als Körperschaft organisieren lässt. Eine definierbare und erkennbare Mitgliedschaft in einer Religionsgemeinschaft muss es geben, damit klar ist, wer den mit dem Körperschaftsstatus verliehenen Rechten unterliegt und wer nicht.

Spätestens dabei wird sich ergeben, für wieviele der über drei Millionen Muslime in Deutschland die Verbände wirklich sprechen können. Zunehmend gibt es bei einzelnen Muslimen heftigen Widerspruch gegen die Gleichsetzung *der* Muslime mit den Verbänden. Im übrigen bedarf es für den Status nicht der Zusammenfassung von Muslimen in einer Art Kirche; eine ganze Reihe deutscher Körperschaften sind nicht Kirchen. Aber auf Klarheit bei den rechtlichen Folgen darf nicht verzichtet werden, wenn nicht wichtige Fragen offen bleiben und Ärgernisse entstehen sollen, bei denen eine neuerliche Diskussion über kirchliche Rechte in Deutschland zu deren Abschaffung führen könnte (79).

Ähnliches gilt für den Religionsunterricht. Ob er an öffentlichen Schulen noch zeitgemäß ist, wird gelegentlich bezweifelt, und einige Bundesländer nutzen rechtliche Möglichkeiten für eigene Wege. Beide großen Kirchen in Deutschland sprechen sich seit langem dafür aus, auch für Muslime einen Religionsunterricht an öffentlichen Schulen einzuführen. Vor allem an den Muslimen selbst liegt es, die dafür nach dem Grundgesetz erforderlichen Voraussetzungen zu schaffen: Eine Religionsgemeinschaft muss da sein, mit deren Grundsätzen die Inhalte des Religionsunterrichts in Übereinstimmung gebracht werden können, nicht nur ein religiöser Interessenverband. Wird stattdessen ohne Rücksicht auf die Grundsätze einer wirklichen Religionsgemeinschaft ein Religionsunterricht in staatlicher Regie von Experten entwickelt, dann ist das mit dem Wesen des in Artikel 7 des Grundgesetzes vorgesehen Religionsunterrichts nicht vereinbar und für die Kirchen nicht akzeptabel (61).

Erwähnt werden soll noch, dass sich die Aufgeschlossenheit der evangelischen Kirche für Muslime nicht nur in Worten, sondern auch in der Tat zeigt. Evangelische Kindergärten und Kindertagesstätten stehen zumeist auch muslimischen Kindern offen. Davon wird Gebrauch gemacht, soweit dem nicht praktische Probleme bei den Familien entgegenstehen (59). Ebenso findet das Zusammenleben von Christen und Muslimen in Dienst und Einrichtungen der Diakonie statt. Dabei bemüht sich die Diakonie, etwa in Krankenhäusern die besonderen Bedürfnisse und Wünsche der Muslime zu berücksichtigen. Ohne sie in der Ausübung religiöser Pflichten durch das christliche Werk Diakonie ausdrücklich zu unterstützen, wird Wert darauf gelegt, dass sie selbst Gelegenheit haben, z. B. ihre Gebetszeiten und die Speisevorschriften einzuhalten (72 f.).

Die Reihe der Beispiele dafür, dass die evangelische Kirche die gute Nachbarschaft zwischen Christen und Muslimen anstrebt und in vielfältigen Beziehungen bereits tatsächlich pflegt, ließe sich fortsetzen. Jedenfalls kann keine Rede davon sein, dass die EKD in ihrer neuen Handreichung auf Abgrenzung bedacht ist, indem sie das Erfordernis der Klarheit betont. Beides, Klarheit und gute Nachbarschaft, ist gewollt, und beides gehört zusammen. Beides geht auch ineinander über. Die EKD strebt mit den Muslimen und ihren Verbänden ein gemeinsames öffentliches Eintreten für den Frieden weltweit ebenso wie innerhalb der deutschen Gesellschaft an (20 f.).

Dabei verschweigt die Kirche nicht, dass es auch in der eigenen kirchlichen Vergangenheit Irrwege und schuldhaftes Versagen gegeben hat, wo die Kirche eben nicht friedfertig und auch nicht mutig in der Ablehnung von Unrecht und Gewalt gewesen ist. Sie hat die Übel manchmal sogar gefördert.

Wenn die kirchliche Schrift in diesem Zusammenhang betont, solche Irrtümer und Fehlhaltungen seien selbstkritisch und öffentlich aufgearbeitet worden, dann will sie sich damit nicht rühmen und vorteilhaft von den Muslimen abheben. Es gilt aber, eine klare Antwort auf die Vorhaltungen zu geben, die Kirche möge sich mit ihrem Drängen auf Friedfertigkeit und mit ihrer Verurteilung der Gewalt um ihrer eigenen Geschichte willen zurückhalten und von anderen nicht fordern, was sie selbst früher versäumt hat. In dieses ›früher‹ soll es bei uns in Deutschland auch durch die Zuwanderung von Angehörigen anderer Religionen und aus Rücksicht auf sie kein Zurück geben. Übergangszeiten, in denen die hier bei uns überholten Irrwege nun um der Integration willen bei anderen toleriert werden müssten, wären Schritte rückwärts.

Integration findet statt in die Gesellschaft, wie sie hier ist. Sie zum Besseren zu verändern, lässt die Demokratie zu. Von ihrem Entwicklungsstand Abstriche zu machen, um anderen auf dem Integrationswege entgegen zu kommen, kann nicht in Betracht kommen. Und das kann auch nicht das Ziel der Menschen sein, die sich für dieses heutige Deutschland als ihren Wohnsitz entschieden haben (24).

Eben deshalb geht die evangelische Kirche noch einen Schritt weiter und wünscht, dass die auf Dauer hier lebenden Muslime und ihre Verbände ihre Bejahung des säkularen, demokratischen Rechtsstaats ausdrücklich und im Zusammenhang darlegen (25). Einzelerklärungen führender Verbandsvertreter weisen in die richtige Richtung. Zusammenhängende theologisch begründete Darstellungen aber liegen damit noch nicht vor, auch nicht mit den älteren Erklärungen des Islamrats und des Zentralrats der Muslime in Deutschland. Die Kirchen selbst haben sich mehrfach in Grundsatzerklärungen wie der Demokratie-Denkschrift [3] und gemeinsamen Worten mit der Deutschen Bischofskonferenz für die Demokratie und für die Wahrnehmung von Verantwortung in ihr ausgesprochen.[4] Es ist nicht unzumutbar, von neuen Religionsgemeinschaften mit dauerhafter Perspektive in Deutschland wenigstens im Ansatz entsprechende Klärungen zu erwarten.

Es sollte doch z. B. möglich sein, fundiert darzulegen, wie es sich mit dem schon erwähnten Verhältnis des aus Glaubensgründen angestrebten islamischen Staates zur Demokratie des Grundgesetzes verhält (26f.). Und was die zum islamischen Staat gehörende Scharia bedeutet, wäre dabei zu klären. Nicht im Hinblick auf Vorschriften für die Lebensführung und religiöse Praxis. Sehr wohl aber, soweit dieses religiös begründete Recht Auswirkungen auf Rechtsgebiete hat, die bei uns ausschließlich durch demokratisch legitimierte Gesetzgeber, niemals aber durch religiöse Instanzen bestimmt werden (34).

Ebenfalls zum muslimischen Verständnis der Menschen- und Minderheitenrechte mahnt die kirchliche Schrift Klarheit an. Die Kairoer Menschenrechtserklärung der »Organisation der islamischen Konferenz« von 1990 ordnete alle Rechte und Freiheiten der islamischen Scharia unter (35). Ein solches Verständ-

---

3. Evangelische Kirche und freiheitliche Demokratie. Der Staat des Grundgesetzes als Angebot und Aufgabe, Gütersloh 1985.
4. Vgl. hierzu den Aufsatz von Wolfgang Heyde »Das Verhältnis von Staat und Kirche aus evangelischer Sicht« S. 155 in diesem Band.

nis, dem in vielen mehrheitlich islamischen Ländern eine entsprechende Praxis folgt, hat höchst unerfreuliche Konsequenzen für religiöse Minderheiten (36) und für diejenigen, die sich vom Islam abwenden (32.37).

Die volle Gleichberechtigung der Frauen ist Menschenrechts- und deutsches Verfassungsgebot, zu dem seit gut zwölf Jahren noch die staatliche Verpflichtung zur tatsächlichen Durchsetzung dieser Gleichberechtigung hinzu gekommen ist. Es war mühsam und langwierig, das zu erreichen. In der Praxis bestehen immer noch große Defizite bei der Umsetzung des Verfassungsgebots. Abstriche aber darf es davon nicht geben, auch nicht, um religiös begründeten Forderungen entgegen zu kommen.

Die kirchliche Schrift formuliert dazu eine Reihe von Bedenken und Fragen zu den Rechts- und Machtverhältnissen in den muslimischen Familien (39ff.) und zu den rechtlichen Risiken bei christlich-muslimischen Ehen (55ff.).

Soweit solche Fragen als ungehörig kritisiert werden, führt das nicht weiter. Wer Zusammenarbeit und Förderung anbietet und praktiziert, muss Rahmenbedingungen kritisch ansprechen dürfen. Soweit das mit falschen Darstellungen geschehen sein sollte, ist Widerspruch dazu willkommen. Solche sachbezogene Antworten ermöglichen die Selbstprüfung und bei Bedarf die Korrektur.

Zwischen Partnern ist ein derartiger kritischer Dialog nicht nur zulässig. Er ist sogar unerlässlich. Die Kirche muss selbst erläutern können, warum sie sich den Muslimen als Partnerin und Verbündete anbietet und entsprechend handelt. Ihre muslimischen Partner können ihr dabei helfen. Sie sollten es auch tun. Es fördert und verstetigt die gute Nachbarschaft, wenn zwischen den Nachbarn Klarheit herrscht.

# Dialog quo vadis?
## Zu den Schwierigkeiten des deutschen Protestantismus, einen Standpunkt zum Islam zu finden

Ulrich Dehn [1]

## 1 Vorbemerkung

Für Johannes von Damaskus war unbestreitbar, dass der Islam eine christliche Häresie sei, nachdem Mohammed sich von einem arianischen Mönch hätte dazu beeinflussen lassen, die Gottheit Jesu zu leugnen. Er konnte, schon von Johannes, mit den Argumenten widerlegt werden, die man den Arianern oder Nestorianern entgegenhielt. Auf dieser Linie liegt die Rezeption des Islams und des Korans bis in das 18. Jahrhundert hinein. Auch Luther konnte, als er den Koran wohl 1542 erstmalig in lateinischer Übersetzung im Original zur Kenntnis nehmen konnte, nur sein Urteil bestätigt finden, dass er in seinen Lehren irre, also christlich-häretisch sei, und »welch faul schendlich buch« er sei.[2] Luthers Ansichten über die Türken sind weithin bekannt. Erst der katholische Theologe Johann Adam Möhler (1796–1838) entdeckte zu Beginn des 19. Jahrhunderts den Koran als eigenständige religiöse Urkunde und bescheinigte ihm eine Spiritualität *sui generis*. Wer weiterhin Mohammed für einen Betrüger und falschen Propheten halte, werde die Entstehung des Korans nicht erklären können. 1830 schreibt er: »Viele Millionen Menschen nähren und pflegen aus dem Koran ein

---

[1] Der Vortrag wurde 2005 anlässlich der Festveranstaltung zum 20jährigen Bestehen der Beratungsstelle für christlich-islamische Begegnung der Evangelischen Kirche von Westfalen und der Evangelischen Kirche im Rheinland in Wuppertal gehalten.

[2] Martin Luther, Vom kriege widder die türcken, 121,31–122,2., zitiert in: Ludwig Hagemann, Christentum contra Islam, Darmstadt 1999, S. 92.

achtungswertes religiös sittliches Leben und man glaube nicht, daß sie aus einer leeren Quelle schöpfen.«[3] Erst im Gefolge dieser Anerkennung des Korans und des Islams als einer wirklich anderen Form der Spiritualität konnte auch ein Dialog blühen. Aus diesem Grunde sehe ich die neuerlichen Versuche etwa von Karl-Heinz Ohlig[4], in Anlehnung an die Thesen von Christoph Luxenberg[5] die Entstehung des Korans wieder viel stärker auf syrisch-aramäisch-christliche Wurzeln zurückzuführen, als eine versteckte Rückbiegung in das alte Missverständnis, eigentlich sei der Islam doch im Grunde nur ein anderer christlicher Weg, und in der Tendenz sehe ich diese Versuche eher als dialogbehindernd. Denn ich vermute, am Anfang gelungener Begegnung steht der Respekt vor der Andersheit eines Weges, die Anerkennung einer wirklich anderen Art von Gotteserfahrung. Oft jedoch ist eher das Problem des anderen Extrems zu beobachten: die Charakterisierung des Islams als götzenanbetende arabische Stammesreligion, die den mekkanischen Mondgott Allah zum Verehrungsgegenstand macht, oder die Behauptung, der Islam stelle in erster Linie eine politische Ideologie dar, die das Christentum nicht zu einer Begegnung auf gleicher Augenhöhe herausfordere, sondern die vielmehr auf der Ebene des zivilgesellschaftlichen Diskurses bzw. der Beobachtung durch die Verfassungsschutzämter anzusiedeln sei. Ich möchte jedoch, um heute mit Ihnen nicht ein allzu weites Feld beackern zu müssen, meine Überlegungen auf die seriöseren und einer rationalen Argumentation zugänglichen Positionen beschränken, die wir aus dem Bereich der Landeskirchen bzw. der EKD kennen, und einige Themen und Positionen markieren.

## 2 Wie führt die evangelische Kirche den Dialog?

Broschüren wie »Moslems in der Bundesrepublik« (1974) und »Muslime, unsere Nachbarn« (1977) und ihre hohen Auflagen zeigen, dass der Bedarf an Informationen früh gespürt wurde, auch zu einer Zeit, als noch weit unter einer Million Muslime in Deutschland lebten. »Zusammenleben mit Muslimen – Eine Handreichung«, so lautet der Titel einer Veröffentlichung der EKD vom Februar 1980. Sie erschien zu einer Zeit, zu der in der damaligen Bundesrepublik ca. 1,5 Mio. Muslime lebten, davon etwa 1,25 Mio. Türken, der öffentliche Diskurs wurde noch im Jargon »Vorurteile gegenüber Gastarbeitern abbauen« geführt, und so konnte diese vom Kirchlichen Außenamt in Frankfurt durch einen Ausschuss erstellte

---

3. Zitiert in: Hartmut Bobzin, Der Koran. Eine Einführung, München ²2000, S. 17.

4. Karl-Heinz Ohlig, Weltreligion Islam. Eine Einführung, Mainz/Luzern 2000; Karl-Heinz Ohlig/Gerd-Rüdiger Puin (Hg.), Die dunklen Anfänge. Neue Forschungen zur Entstehung und frühen Geschichte des Islam, Berlin 2005.

5. Christoph Luxenberg, Die syro-aramäische Lesart des Koran. Ein Beitrag zur Entschlüsselung der Koransprache, o. O. ²2004.

Handreichung sehr unaufgeregt über die muslimischen Nachbarn informieren. Was aus der Sicht unserer Tage fehlte, sind einerseits die Behandlungen »heißer Eisen« wie das Verhältnis Staat-Religion, die Frage des Kopftuchs, der Status von Frauen, das Recht auf Konversion vom Islam weg u. ä., andererseits aber auch theologische Auseinandersetzungen jeglicher Art. Die Handreichung steht ganz im Zeichen einer ethnographisch-kulturellen Hermeneutik des anderen und will um Verständnis werben, indem sie das andere nach bestem Wissen und Gewissen erklärt, nicht ohne, wenn auch gutgemeint, auf so manches Klischee über den orientalischen Menschen zurückzugreifen und auf das, was heute in der Ethnologie und Kommunikationsforschung als Orientalismus bezeichnet wird. Muslime waren in beratender Funktion einbezogen. Eine solche Beteiligung kam später allenfalls nur noch punktuell oder unterschwellig zum Tragen, insbesondere aus Anlass der Herausgabe der Handreichung fast gleichen Namens im Jahre 2000 war die unzureichende Kooperation mit Muslimen eine wesentliche Kritik.[6]

Bis heute gut benutzbar und nach wie vor bemerkenswert frei von der litaneiartigen Rezitation der mutmaßlichen »Problemfelder« ist das Buch »Was jeder vom Islam wissen muss«[7], entstanden aus einer Faltblattserie seit 1982 unter der Federführung eines Arbeitskreises der VELKD, das in die gemeinsame Verantwortung der EKD und der VELKD übernommen wurde. Dieses Buch, das mit der Fülle seiner gut aufgearbeiteten Informationen bereits eine Art »kleines Handbuch« darstellt, bietet erstmalig auch eine kurze theologische Auseinandersetzung, die Christentum und Islam wie auch das Judentum in einer gemeinsamen theologischen Tradition sieht. Im Duktus des Zweiten Vatikanums und von Äußerungen aus dem Ökumenischen Rat der Kirchen wird der gemeinsame Glaube zu ein- und demselben Gott bekannt, eine Position, die, wenn auch ein gutes Stück versteckter formuliert, auch in der Handreichung von 2000 zu finden ist.[8] Überhaupt können diese beiden Bücher in einem Zusammenhang gesehen werden, das eine fußt auf dem anderen, welches gelesen werden will, bevor dieses ganz zum Zuge kommen kann.

In den 1980er und frühen 1990er Jahren waren die Grundlagen und die Stimmung für eine würdige und faire Begegnung von evangelischen Christen und Muslimen bei uns vorhanden, die gefühlten Realitäten in Stadtteilen mit hohem Migrantenanteil wurden brisanter, aber prägten noch nicht die Atmosphäre des öffentlichen Diskurses. Auch hatte das Genre des Islam-Skandaljournalismus noch nicht Raum gegriffen. Populärwissenschaftliche Informationsveröffentli-

---

6. Zusammenleben mit Muslimen in Deutschland. Gestaltung der christlichen Begegnung mit Muslimen, eine Handreichung des Rates der EKD, Gütersloh 2000.

7. VELKD/EKD (Hg.), Was jeder vom Islam wissen muss, Gütersloh $^6$2001 ($^1$1990).

8. Was jeder vom Islam wissen muss, $^5$1996, 216; Zusammenleben mit Muslimen in Deutschland S. 25–27.

chungen kamen auf den Markt, wie auch in erster Auflage 1983 das Werk »Der Islam in der Gegenwart« von Werner Ende und Udo Steinbach. 1987 erschien erstmalig die wissenschaftlich verantwortbare und gut lesbare Koranübersetzung von Adel Khoury.[9]

Im Geiste dieser frühen Offenheit ist auch das erstmals 1988 erschienene EMW-Arbeitsheft »Die Begegnung von Christen und Muslimen« zu sehen, das neben einer kleinen Einführung zur Begegnungssituation in erster Linie didaktisches Material für Schule und Erwachsenenbildung bietet. Die Einstellung von muslimischen Erzieherinnen in evangelischen Kindergärten, Beteiligung von muslimischen Eltern in Entscheidungsgremien, ggf. das Zur-Verfügung-Stellen von Gebetsräumen durch Kirchengemeinden, möglicherweise von Kirchengebäuden, die nicht mehr genutzt werden, diese Anliegen trägt die Broschüre vor und wünscht auch, dass Christen sich zu Fürsprechern eines gleichberechtigten Vorkommens von Muslimen in der deutschen Gesellschaft machen mögen. Manche dieser Anliegen sind von der Wirklichkeit überholt worden z. B. durch die Schaffung von zahlreichen gut sichtbaren oder auch verborgenen Moscheen und Gebetsräumen, manche sind unter den Bedingungen einer verschärften Dialogatmosphäre verblieben. Das Anliegen, als Christen zu Fürsprechern der Rechte der Muslime in der deutschen Gesellschaft zu werden, wird heute von Islamkritikern ironisiert: Es widerspreche unseren eigenen Interessen in einer Zeit, in der das Christentum um seinen eigenen Einfluss zu fürchten habe.[10]

Der aufgeschlossene Grundton, den wir in dem EMW-Heft und bis tief in die 1990er Jahre hinein finden, ist noch nicht dem kulturalistischen Versuch gewichen, in Deutschland lebende Muslime haftbar zu machen für Zustände in ihren Herkunftsländern, und sie als Muslime zu identifizieren mit sozio-kulturellen Eigentümlichkeiten ihrer Heimatkulturen. Diese letztere Tendenz nahm interessanterweise in Zeiten zu, in denen sich unsere muslimischen Nachbarn zunehmend mental und biographisch von ihren »Herkunftsländern« entfernten, insbesondere die Angehörigen der hier geborenen »zweiten Generation«, die deshalb auch diese Diskursdynamik mit wachsendem Unverständnis beobachten mussten.

## 3 Wer ist die evangelische Kirche?

Wir leben mit der Tatsache, dass die evangelische Kirche nicht mit einer Stimme spricht und von dem Recht Gebrauch macht, heute etwas anderes zu sagen als

---

9. Werner Ende/Udo Steinbach (Hg.), Der Islam in der Gegenwart, München ³2005 (¹1984); Der Koran. Übersetzung von Adel Theodor Khoury, Gütersloh 1987.

10. So u.a. Ursula Spuler-Stegemann, ... denn sie wissen, was sie tun – Zum Verhältnis der Muslime in Deutschland zu den christlichen Kirchen, in: Dies. (Hg.), Feindbild Christentum im Islam, Freiburg i. Br. 2004, S. 173–183, hier S. 178.

gestern. Dies führte zum einen dazu, dass heute und hier veröffentlichte Äußerungen sich morgen und dort anders anhören können, es führte weiterhin dazu, dass im Jahre 1997 die Lausanner Bewegung/Deutscher Zweig der Fertigstellung der in Arbeit befindlichen neuen EKD-Handreichung zuvorkam mit der Veröffentlichung ihrer Schrift »Christlicher Glaube und Islam«. Zahlreiche Einsichten und Empfehlungen aus EMW- oder EKD-Äußerungen werden hier ausdrücklich konterkariert. Von der Einstellung muslimischer Erzieherinnen in ev. Kindergärten und der Überlassung von kirchlichen Räumen an muslimische Gruppen wird abgeraten, ebenso von der Schließung christlich-muslimischer Ehen; denn der Islam betrachte die Ehe »grundsätzlich nicht als lebenslanges Treueverhältnis«.[11]. Die Unvereinbarkeit von Christentum und Islam wird zusammengefasst: »Aufgrund dieser zentralen Unterschiede ist offensichtlich, dass der Glaube an den von der Heiligen Schrift bezeugten einen allmächtigen Schöpfer und Vater Jesu Christi nicht mit der Unterwerfung unter den vom Koran gemeinten Gott vereinbar ist« (13). Ob hier auf Grenzgängerei zwischen Christentum und Islam angespielt ist oder das Thema der Selbigkeit oder Nicht-Selbigkeit Gottes gemeint ist, sei jetzt dahingestellt. Heinz Klautke bemerkt zu Recht: »Die Darstellung des Zusammenlebens und der dabei geübten Haltungen ist von unterschwelligen Ablehnungen und Vorbehalten durchzogen«[12]. Einen gewissen Gipfelpunkt stellt folgender Satz dar: »Christen werden in der Verantwortung vor Gott dem Schöpfer dem sozialen Frieden in der Gesellschaft große Bedeutung beimessen und alles ihnen Mögliche dafür tun. Sozialer Friede ist aber kein ›letzter Wert‹ für das ewige Heil der Menschen. Deshalb hat die Verkündigung des Evangeliums an Muslime grundsätzlich Vorrang vor der Sicherung des sozialen Friedens« (29).[13]

Die Erklärung leitete immerhin einen Trend ein, der sicherlich zu begrüßen ist: die Stärkung eines christlichen Profils als Ausgangspunkt für den Dialog, der auch erst dann ein Dialog wird, wenn er Identitäten in die ehrliche Begegnung miteinander bringt. Diese Rationale stand grundsätzlich auch im Hintergrund der Handreichung, die die EKD endlich im September 2000 an die Öffentlichkeit

---

11. Christlicher Glaube und Islam. Erklärung der Lausanner Bewegung, Deutscher Zweig in Verbindung mit der Deutschen Evangelischen Allianz und der Arbeitsgemeinschaft Missionarische Dienste in der EKD, Stuttgart 1997, S. 26 f.
12. Heinz Klautke, Islam-Handreichung der EKD: Zusammenleben mit Muslimen in Deutschland, in: Ulrich Dehn/Klaus Hock (Hg.), Jenseits der Festungsmauern (FS Olaf Schumann), Neuendettelsau 2003, S. 260–280, hier S. 262.
13. Dieser Abschnitt ist in der derzeitigen Online-Version des Textes geändert worden: »Christen werden in der Verantwortung vor Gott dem Schöpfer dem sozialen Frieden in der Gesellschaft große Bedeutung beimessen und alles ihnen Mögliche dafür tun. Noch wichtiger ist ihnen aber das ewige Heil des Menschen. Deshalb können sie auf die Verkündigung des Evangeliums an Muslime nicht verzichten, auch wenn dies möglicherweise als Störung des sozialen Friedens empfunden wird« (http://www.lausannerbewegung.de/index.php?p=32, Abschnitt 3.1.3. [14. Dezember 2005]).

geben konnte. Immer wieder war moniert worden, dass die Stärke muslimischer Gesprächspartner gerade darin bestand, authentisch und profiliert zu argumentieren, während die christlichen Dialogfreunde tendenziell eher die Rundungen als die Ecken zu betonen schienen – ein Vorwurf, der auch zum Klischee gerann und zumal das Problem hintanstellt, dass die innerchristliche, besonders die innerevangelische Verständigung bei weitem nicht so weit ist, dass sie das eine geronnene christliche Grundverständnis in die zeugnishafte Begegnung einbringen könnte. Insbesondere das Stichwort »Trinität« als Chiffre der Unterscheidung bedarf mehr denn je der theologischen Aktualisierung, die über die altkirchlichen Auseinandersetzungen hinausdenken müsste. Damit ist eine große Schwierigkeit bezeichnet, die den Protestantismus in seiner Positionierung gegenüber dem Islam hemmt.

## 4 Optionen und Positionen: Der eine Gott, das Gebet

Ich rufe einige Marksteine in Erinnerung. Nicht nur das Zweite Vatikanische Konzil, nicht nur der Ökumensiche Rat der Kirchen, auch einige Landeskirchen und die EKD haben sich zur Selbigkeit des einen Gottes der Christen und Muslime und auch der Juden bekannt. »Zwischen Gott und Gottesbildern ist zu unterscheiden. Auch wenn Menschen und Religionen verschieden von Gott reden, schafft die Vielzahl von Gottesbildern und Religionen keine Vielzahl von Göttern. Gott ist nach christlichem Bekenntnis einer und einzig (Dtn 6, 4.5; Mk 12, 28). Neben ihm gibt es keine anderen Götter. Es ist ein Gott, der an Christen und Muslimen, ja an allen Menschen handelt, auch wenn sie ihn verschieden verstehen und verehren, ihn ignorieren oder ablehnen«. Es heißt weiter: »Wird ernst genommen, daß Gott Schöpfer und Herr der ganzen Welt ist, dann muß auch sein Handeln an und in den anderen Religionen akzeptiert werden«, nachzulesen in der Orientierungshilfe »Christen und Muslime nebeneinander vor dem einen Gott – Zur Frage gemeinsamen Betens« der rheinischen Kirche von 1997.[14] Bemerkenswert an diesem Text ist, dass die Argumente um die Selbigkeit des einen Gottes sich nicht auf die Eigenansprüche der betenden Christen und Muslime beziehen, sondern strikt aus dem christlich-theologischen Fundus, aus der Gotteslehre heraus sprechen: Es handelt sich also nicht um eine *captatio benevolentiae* gegenüber den muslimischen Gesprächspartnern, Gott selbst kann nur als der eine geglaubt werden, der sich sowohl an Christen wie auch an Muslimen und allen anderen erweist, damit aber auch unterschiedliche Erfahrungen auslöst. Für dieses Denken wird zu Recht auf die Studie »Religionen, Religiosität und christlicher Glaube« (1991) verwiesen, die von hier aus allgemein die

---

14. Düsseldorf 1997, S. 23 f.

*Dialog quo vadis?*

Beziehungsklärung zu den anderen Religionen vornimmt. So heißt es noch einmal dezidiert: »Christen und Muslime stehen zwar vor demselben, dem einen Gott, zusammen mit den Juden – es gibt nur ihn« (36), der Text fährt aber fort mit dem Hinweis, dass in Anbetracht der unterschiedlichen Gotteserfahrungen keine gemeinsam verantworteten gottesdienstlichen Handlungen möglich seien, sondern der jeweils andere nur im Status des stillen Gastes anwesend sein könne. Dies würde bei wechselweiser Aktivität zum multireligiösen anstelle des interreligiösen Gebets führen, wobei wir uns in einen Bereich von Unterscheidungen begeben, die im Diskurs leichter und feingliedriger zu zeichnen sind als in den Situationen realer Begegnungen. So weist die theologische Einleitung der kürzlich vom EMW veröffentlichten Orientierungshilfe darauf hin, dass »aus einem ›Andächtig-zugegen-sein‹ bei dem Gebet der Andersgläubigen ein ›In-das-Gebet-hineingenommen-werden‹ werden kann«. Über das Eingehen oder Nichteingehen dieses Risikos jedoch könne niemand für andere entscheiden.[15] Jedoch ist hier neben der Option für den einen und selben Gott ein anderer Markstein bezeichnet: Die Befürwortung multireligiöser Gebete anstelle von interreligiösen, auch dies eine Position, die sich durch die neuere Geschichte der evangelischen Stellungnahmen hindurchzieht.

## 5 Zusammenleben mit Muslimen in Deutschland (2000)

Die Geschichte evangelischer Positionen zum Islam, bis hierher und ein wenig selektiv wahrgenommen, zeigt also durchaus Gradlinigkeiten und Orientierungsmöglichkeiten. Jedoch verschärfte sich zunehmend der öffentliche Diskurs zum Islam, die muslimische Bevölkerung wurde durch die Gründung der Dachverbände und ihre öffentlichen Artikulationen stärker sichtbar, und die EKD sah sich zunehmend unter dem Druck, nicht mehr Pionier zu diesem Thema zu sein, sondern Flügel miteinander zu vermitteln. Nach der Einsetzung einer Kommission zur Erarbeitung einer Islam-Handreichung 1992 gingen volle acht Jahre ins Land, bevor nach fast beispiellosen Korrekturvorgängen zwischen dem Rat der EKD und der Kommission am 11. September 2000 die Schrift der Öffentlichkeit übergeben werden konnte.[16] In der Tradition früherer Äußerungen steht hier die evangelisch-christliche Selbstvergewisserung im Vordergrund, und auch die Grundaussage des Glaubens an den einen und einzigen Gott wird durchgehalten, wenn auch in gewundenen Formulierungen. Muslime, so heißt es, bekennen sich, wenn sie zu Christen werden, zu keinem anderen Gott als dem, der auf

---

15. EMW/NMZ (Hg.), Christlich-islamische Andachten und Gottesdienste – Eine Orientierungshilfe, Hamburg März 2005, S. 10.
16. S. o. Anm. 6, S. 45 in diesem Band; zum Entstehungsprozess und zur allgemeinen Würdigung Klautke, Islam-Handreichung der EKD s. o. Anm. 12, S. 47 in diesem Band.

arabisch *allah* heißt, auch wenn ihnen nun durch Jesus Christus und den Heiligen Geist ein neues Gottesverhältnis eröffnet werde (26). Die Handreichung ist gewiss, dass sowohl die Gebete der Muslime als auch die von uns Christen vom dreieinen Gott erhört werden (45).[17] In der schließlich höchst umstrittenen Frage der Einstellung von muslimischen Erzieherinnen in evangelischen Kindergärten konnte sich der Text im Unterschied zu der Schrift von 1980 nur noch zu orientierenden Formulierungen durchringen, die die Verantwortung an die einzelnen Träger weitergibt (75). Neben der Grundtendenz, dem Zusammenleben mit Muslimen im Kontext der Bundesrepublik für Christen eine konstruktive Grundlage zu bieten, ist die Handreichung in einem ausführlichen Abschnitt zum Toleranzgebot von dem unterschwelligen Verständnis getragen, die Anerkennung des demokratischen Staatswesens stelle im Prinzip für Muslime ein Problem dar. Die Scharia wird offenbar pauschal als ein mit dem Grundgesetz nicht vereinbares Korpus begriffen, ja als ein Gebilde, das überhaupt mit einer Staatsverfassung in Kompatibilität treten möchte (47 f.).

Muslimische Gesprächspartner wurden in der ersten Phase der Kommission eingeladen und um Korrekturen und Kommentare gebeten. Ihrem Anliegen, kontinuierlich mitzuwirken, wurde nicht stattgegeben. Dies wurde mit der hermeneutischen Vorgabe begründet, es gehe darum, eine evangelische Selbstklärung vorzunehmen, die sich an innerkirchliche Adressaten richte. Sicherlich hätten die Muslime auch nicht die Absicht gehabt, in die theologische Orientierung des ersten großen Abschnitts einzugreifen, ein anderes wäre es gewesen, ihnen die Sachaussagen zum Islam abschließend zur prüfenden Kenntnis zu geben.

## 6 Evangelische Standortverwirrungen

Allein die Tatsache, dass die Erklärung der Lausanner Bewegung und die EKD-Handreichung fast in Konkurrenz zueinander im Abstand von drei Jahren erschienen[18], zeigt an, dass die innerkirchliche Diskurslage, aber auch das gesamtgesellschaftliche Klima zum Thema Islam sich deutlich gegenüber den siebziger und achtziger Jahren geändert hatten. Die Evangelische Allianz, die ursprünglich auch in die EKD-Kommission integriert war, hatte den Islam als ein wichtiges Thema entdeckt und widmet ihm seit einigen Jahren ein Institut, der Pressedienst

---

17. Vgl. auch Andreas Renz/Stephan Leimgruber, Christen und Muslime – Was sie verbindet, was sie unterscheidet, München 2004, S. 97–99.
18. Die Erklärung »Christlicher Glaube und Islam« konnte rein optisch auch das Missverständnis veranlassen, aus der EKD zu stammen.

idea enthält fast täglich eine Meldung zum Islam, jedoch selektiert in einer Weise, die nicht zur Förderung des Dialogs gedacht sein kann.[19]

Der 11. September 2001 und die unermüdliche Beschwörung dessen, dass nichts mehr so sei wie vorher, haben die protestantische Positionierung nicht erleichtert. Das Stichwort des »naiven« oder »blauäugigen Dialogs«[20] zwang diejenige, die nach wie vor mit Aufgeschlossenheit und Hörbereitschaft die Begegnungen aufrechterhalten wollten, in die Defensive. Ein weithin wahrgenommener Spiegel-Artikel vom Dezember 2001 unter dem Titel »Der verlogene Dialog« markierte diese Stimmung trefflich und heizte sie im von vielen gewünschten Maße weiter auf. Mancher erstaunte Beobachter mag ins Grübeln darüber gekommen sein, was der an vielen Orten auf unterschiedlichsten Ebenen bis dahin erfreulich vertrauensvoll geführte Dialog mit muslimischen Gesprächspartnern einerseits und die Terroranschläge in den USA und an anderen Orten andererseits miteinander zu tun haben mochten oder wie der Gang der Geschichte hätte anders verlaufen können, hätte der Dialog anders ausgesehen. Aber die Zeit seit dem 11. September 2001 ist nicht die Zeit der rational nachvollziehbaren Verknüpfungen gewesen, in der innerkirchlichen Diskussion zum Thema Islam so wenig wie in der amerikanischen Außenpolitik. Die Kopftuchdebatte tat das ihre dazu, die Diskussionslage zum Islam vollends zu irrationalisieren und in Stellvertreterkonflikte hinein zu stilisieren. Von dieser Versuchung blieben auch viele und ranghohe Stimmen der evangelischen Kirche nicht verschont, während es der Deutschen Bischofskonferenz in dieser Zeit gelang, die sehr informative und leidenschaftslos abwägende Arbeitshilfe »Christen und Muslime in Deutschland« zu veröffentlichen.[21]

Im Unterschied dazu ging es der EKD in ihrer Handreichung »Klarheit und gute Nachbarschaft« (2006), die eigentlich als aktualisierende Fortschreibung der Veröffentlichung von 2000 gemeint war, in erster Linie um eine Integration evangelikaler Argumente und um die Demonstration von Staatsnähe. Die problemorientierte Auseinandersetzung mit Muslimen nimmt deutlich mehr Raum ein als die Vertrauensvorschuss bietende Begegnung. Es werden Kontraste kon-

---

19. Vgl. hierzu Lothar Bauerochse, Ein gefährliches Zerrbild – Wie »idea« über den Islam berichtet, in: unterwegs 2/2000, S. 27–29.
20. Johannes Kandel, »Lieber blauäugig als blind«? Anmerkungen zum »Dialog« mit dem Islam, in: Materialdienst der EZW 5/2003, S. 176–183; Ulrich Dehn, Wie naiv ist unser Dialog? Anmerkungen zu Johannes Kandel: »Lieber blauäugig als blind«? in: Materialdienst der EZW 6/2003, S. 228–231.
21. DBK (Hg.), Christen und Muslime in Deutschland (Arbeitshilfen Nr. 172), Bonn, 23. September 2003.

struiert und theologische Schärfen formuliert, die die Offenheit hinterschreiten, die noch die Handreichung von 2000 signalisiert hatte.[22]

Jedoch haben die Schwierigkeiten des Protestantismus im Gegenüber zu Muslimen auch etwas mit dem Gesprächspartner zu tun – allerdings anders, als meist suggeriert wird. »Als komplexe, vielgestaltige und auch widerspruchsvolle religiöse Lebenswelt entzieht sich der Islam immer wieder den Systematisierungen und läßt sich nie als ganzer auf den Begriff und unter ein Urteil bringen. Sich mit ihm und seiner Beziehung zum Christentum auseinanderzusetzen verlangt eine Auswahl von Perspektiven und Zugängen«, so (der allerdings katholische) Hans Zirker.[23] Diese Komplexität wahrzunehmen und gefühlte, von den Medien erzeugte Realitäten unterscheiden zu können von dem, was die muslimische Wirklichkeit an Facetten zu bieten hat, wäre eine Kompetenz einer die Geistesgeschichte der Aufklärung für sich in Anspruch nehmenden westlichen Kirche zumal dann, wenn sie unablässig »dem Islam« eine aufklärerische Reifungsgeschichte anempfiehlt. Allerdings hatte selbst der große Ernst Bloch einstmals in seinem »Prinzip Hoffnung« geschrieben: »Islam, Ergebung wurde die Religion Mohammeds genannt, jedoch das Bekenntnis dieser Ergebung war hier wie nirgends schärfer Dschihad, heiliger Krieg. [...] Religion ist Ergebung in Allahs Willen, doch eben als kriegerischer Fanatismus der Ergebung«[24], und Helmut Thielicke meinte zu wissen, dass »der Islam durch seine theoretische Identifizierung von Religion und Politik« keinen ernsthaften Spielraum für Dialog kenne, sondern »nur die Alternative Konformismus und Unterwerfung«[25].

Der Protestantismus hat sich traditionell mit etwas mehr Verve als der Katholizismus auf die Aufklärung berufen, die bekanntlich eine Geistesbewegung gegen die Kirche war. Elisabeth von Thadden erinnert daran, dass eine der Tugenden, die wir von der Aufklärung lernen können, sei, »sich in die Perspektive des anderen zu versetzen, seine Überzeugung als eine gleichrangige zu verstehen«, ohne dass deshalb andere Wahrheitsansprüche emotional nachvollzogen werden müssen. In Lessings »Nathan« geht es bekanntlich nicht nur darum, die gleiche Würde anderer Wahrheitsansprüche anzuerkennen. Die tiefen Verbindungen und

---

22. Klarheit und gute Nachbarschaft. Christen und Muslime in Deutschland – Eine Handreichung des Rates der EKD, Hannover 2006.

23. Hans Zirker, Islam. Theologische und gesellschaftliche Herausforderungen, Düsseldorf 1993, S. 12.

24. Ernst Bloch, Das Prinzip Hoffnung, Frankfurt/Main 1959, 1506f. Blochs Charakterisierung richtete sich allerdings nicht nur an den Islam, sondern allgemein an monotheistische Religionen und wirkt in gewisser Hinsicht wie eine Vorwegnahme der Schlussfolgerungen Jan Assmanns (Moses der Ägypter, München 1998; Herrschaft und Heil, Darmstadt 2000; Die Mosaische Unterscheidung, München 2003).

25. Helmut Thielicke, Theologie des Geistes (Der evangelische Glaube. Grundzüge der Dogmatik Bd. III), Tübingen 1978, 502, zitiert in Zirker, Islam (s. o. Anm. 23), S. 225f.

Verknüpfungen sind wahrzunehmen, die es verbieten, allzu scharfe menschliche Grenzen zu ziehen, selbst wenn die Profile und Identitäten des Glaubens bestehen bleiben.[26]

Die Einsicht in die Gleichzeitigkeit des Ungleichzeitigen lehrt, dass »die Befürwortung der Moderne und deren Ablehnung sozial und regional verschieden ausgeprägt«[27] sind. Wer Ehrenmorde als islamisches Phänomen anprangert[28], vergisst, dass sie im christlichen Nordmittelmeerraum noch vor wenigen Jahrzehnten weit verbreitet waren, Zwangsverheiratungen, auch »arrangierte« Hochzeiten genannt, sind ein in asiatischen und afrikanischen Kulturen bekanntes Phänomen und auch dem alten ländlichen oder adligen Europa nicht fremd. Eine Kulturgeschichte des Kopftuchs erspare ich Ihnen jetzt. Aufklärung ist, bevor sie zu einer Forderung an andere wird, eine eigene Bringeschuld.

## 7 Abschließende Wünsche

Abschließend möchte ich einige Empfehlungen aussprechen, wie der Protestantismus seine Schwierigkeiten in der Positionsfindung gegenüber dem Islam überwinden könnte:

1. *Traditionstreue:* Ich würde mir wünschen, dass Positionen und theologische Grundlagen, die in den vergangenen drei Jahrzehnten erarbeitet und artikuliert wurden, nicht zurückgenommen, sondern jetzt umso mutiger vorgetragen werden. Dazu gehört das Bekenntnis zu dem einen und selben Gott, der Einsatz für multireligiöse Gebete und für Islamischen Religionsunterricht u. a.
2. *Theologischer Dialog:* Juden, Christen und Muslime stehen in einer *Traditionsgemeinschaft* und können dies für fruchtbare Gespräche nutzen, die sowohl dem Eruieren von Gemeinsamkeiten als auch dem deutlichen Profilieren von Unterschieden dienen. Mit einer vorschnellen Harmonisierung ist niemandem gedient, so wie bereits deutliche theologische Profilunterschiede zwischen Christentum und Judentum bei gemeinsamer Benutzung der hebräischen Bibel bestehen.

---

26. Vgl. Karl-Josef Kuschel, Vom Streit zum Wettstreit der Religionen. Lessing und die Herausforderung des Islam, Düsseldorf 1998; Karl-Josef Kuschel, Lessings »Nathan der Weise« als Grundlage einer Friedenserziehung heute, in: WCRP Informationen Nr. 61/2002, S. 4–17.
27. Elisabeth von Thadden, »Tolerant aus Glauben« – Referat zur Einführung in das Schwerpunktthema (EKD-Synode November 2005, Berlin), in: epd-Dokumentation 48/2005, S. 13–22, hier S. 15.
28. Immerhin im gleichen Atemzug erwähnte Hermann Gröhe Ehrenmorde und Islamismus in seinem Votum vor der gleichen EKD-Synode (»Tolerant aus Glauben« – Einbringungsrede zum Kundgebungsentwurf, in: epd-Dokumentation 48/2005, S. 9–13, hier S. 11).

3. Muslime als *Gesprächspartner auf gleicher Augenhöhe* ernstnehmen: Unter Bedingungen der Asymmetrie von Religionsgemeinschaften kann es für die Integration des Islams in Deutschland nur sinnvoll sein, ihn gleichberechtigt in die Öffentlichkeit hineinzuholen und am gesellschaftlichen Diskurs zu beteiligen. Wenn die Kirchen sich zu fast jedem Thema in den Medien äußern, sollten auch muslimische Verbandsvertreter ihre Stimme hörbar machen zu Themen der allgemeinen öffentlichen Debatte, nicht nur dann, wenn sie unmittelbar in ihren religiösen Belange betroffen sind.
4. Zugleich hat der Protestantismus das Recht und die Aufgabe, vertrauensvolle Begegnungssituationen auch für die *Thematisierung von Problemen* zu nutzen. Dies sollte jedoch nicht aufgrund einer pauschalen Hermeneutik des Verdachts, sondern orientiert an konkreten Vorkommnissen passieren, die benannt und bearbeitet werden können und grundsätzlich auf Gegenseitigkeit beruhen. Gleiche Augenhöhe heißt, dass Muslime und Christen sich in einem solidarischen Boot um eines gemeinsamen Anliegens willen finden können.
5. Ich wünsche mir vom Protestantismus einen guten *Begegnungsstil*, der von *Höflichkeit und Hörfähigkeit* geprägt ist. Ich wünsche mir das Ablegen des umgekehrten Fundamentalismus, der die Muslime zu behaften versucht bei dem, was sie entgegen ihren eigenen Beteuerungen »eigentlich« vom Koran her doch meinen müssten.

Ob ein solcher Dialog dann naiv oder blauäugig wäre, vermag ich nicht zu beurteilen, vermute aber, dass viele, die diese Kritik erheben, selbst nicht aus der Erfahrung des Dialogs reden oder mit dem Stichwort der Naivität in Wirklichkeit etwas anderes meinen bzw. die Legitimität des Dialogs als solche bezweifeln. Wenn integrativer, einbindender, vertrauensvoller Dialog naiver Dialog ist, betrachten Sie mich bitte als temperamentvollen Befürworter einer protestantischen aufgeklärten Naivität.

# Verheißung für den anderen
# Theologische Gesichtspunkte des Miteinanders von Juden, Christen und Muslimen

Horst Kannemann

> Einst beredeten sich die, die den Ewigen fürchteten, miteinander. Der Ewige vernahm und hörte es, und es wurde verzeichnet im Buch des Gedächtnisses vor ihm für die, welche den Ewigen fürchteten und seinen Namen achteten.
> (Maleachi 3,16 – Haftara für Schabbat ha-Gadol)
>
> (Die *Tora* nach der Übersetzung von Moses Mendelssohn mit den Prophezeiungen)

Wer aktuelle Entwicklungen im Verhältnis der jüdischen, christlichen und islamischen Glaubensgemeinschaften beobachtet, kann zwei gegenläufige Tendenzen zur gleichen Zeit wahrnehmen: Es gab und gibt in diesen Glaubensgemeinschaften große Bemühungen um Öffnung für den anderen, um besseres Verstehen und um den Dialog zu Glaubensinhalten wie zu gemeinsamen Anliegen. Aber gleichzeitig zeigen sich verstärkt Wünsche nach Profilierung der eigenen Identität mit einer Abgrenzung vom anderen. Solche Wünsche wollen den Dialog in die Schranken weisen, die die jeweils eigene Identitätsbestimmung setzt.

Für den, der in dieser Lage nach einer Fundierung des Dialogs sucht, ist es hilfreich, zurückzuschauen in eine Zeit des Aufbruchs. Das macht die Anliegen und Möglichkeiten deutlicher, die die drei beteiligten Gemeinschaften einbringen.

## 1 Keine Glaubensidentität ohne den anderen – frühe Antworten auf das Zweite Vatikanische Konzil

»Wem gehörst du an? Wo gehst du hin? Und wessen sind diese vor dir her?« Esau wird diese Fragen an seinen Zwillingsbruder Jakob richten. Jedenfalls erwartet das der Bruder, der sich von Esau bedroht sieht bis zur Vernichtung (Genesis 32, 18).

Für *Joseph Ber Soloveitchik* (1903–1993), in den USA als ›The Rav‹ Autorität der jüdischen *Modernen Orthodoxie*, waren das im Jahre 1964 die Fragen, die Glaubensgemeinschaften aneinander richten: Welchem historischen Geschick bist du verpflichtet? Welcher Zukunft hast du dich geweiht? Was ist dein Ziel? Wer ist dein Gott? Wonach lebst du? Aber auch die auf Nutzen zielende Frage nach den vor Jakob herziehenden Geschenken: Was bringst du in diese Gesellschaft ein? Der Vortrag braucht nicht auszusprechen, was seine Hörerschaft weiß: Jakob ist *Israel* und Esau steht in der jüdischen Tradition für Edom, Rom und das *Christentum*. Israel kommt sehr weit auf Esau zu – aber es bleibt zugleich in einer Distanz, denn es gehört in einer einmaligen und einzigartigen Bundesgemeinschaft allein Gott. Ebenso ist Abraham zugleich ›Fremder‹ und ›Beisasse‹: ein in Kanaan Lebender eigener Berufung und doch zugleich ein ganz beteiligter, verbündeter Bürger, der hier auch seine Grabstätte kauft (Genesis 23, 4). Ebenso ist es schließlich schöpfungsgemäßes Geschick des Menschen, konfrontiert mit dem anderen wahrnehmenden Menschen, mit dem ebenfalls erkennenden Subjekt, was die Bibel von Mann und Frau sagt: Der andere wird *'eser k$^e$negdô*: ›Gegenüber‹ und ›Hilfe‹, zugleich in der Fremdheit des Andersseins und in der Partnerschaft und Nähe des Aufeinanderbezogenseins (Genesis 2, 18)[1].

Der Vortrag des ›Rav‹ ist geprägt von der durch alle Zeiten hindurch erfahrenen Verachtung gegenüber dem Judentum. Er spricht aus: Es kann fruchtbare »Konfrontation« von Judenheit und Christenheit nur geben bei gleichem Recht und voller Religionsfreiheit. Jede Begegnung, in der die Minderheit Objekt der Beobachtung, des Urteils oder der Bewertung durch die Mehrheit wird, fällt hinter die biblisch an Mann und Frau beschriebene Begegnung zurück in ein Herrschaftsverhältnis von Subjekt und Objekt. Israel hat eine bleibende und unaufgebbare doppelte Identität. Es ist im Noahbund der gesamten von Gott gerufenen Menschheit verpflichtet und im Mosebund in einer einzigartigen Gottesbeziehung gebunden. So ist Israel sich selbst und allen anderen eine Warnung vor jeder assimilierenden, verallgemeinernden Form der Universalisierung. Eine

---

1. Vgl. Joseph B[er] Soloveitchik, Confrontation, in: Tradition. A Journal of Orthodox Thought 6, 1964, Nr. 2, S. 5–29; auch in: A Treasury of »Tradition«, ed. Norman Lamm / Walter S. Wurzburger, New York 1967, S. 55–78 (online: Boston College, Center for Christian-Jewish Learning, http://www.bc.edu/research/cjl/meta-elements/texts/cjrelations/resources/articles/soloveitchik [24. März 2007]).

solche Gemeinschaft distanziert sich von jeder Sicht, in der die eine Gemeinschaft nur der anderen den Weg bereitet, bevor sie abgelöst wird.

In dieser konkreten Bestimmung war der Vortrag für die *centrist orthodoxy* der Durchbruch zum Dialog – unbeschadet der Einschränkung, die die *Soloveitchik-Linie* vollzieht, es dürfe nur ein Dialog geführt werden über den Beitrag der Gemeinschaften zur menschlichen Gesellschaft, nicht aber über ihren Glauben. Einige Schüler des ›Rav‹ und ihm kritisch nahestehende Leser sind überzeugt, dass die Einschränkung seinen eigenen benannten Voraussetzungen und seiner eigenen Praxis nicht entspricht [2].

Am 28. Oktober 1965 verabschiedete das Zweite Vatikanische Konzil die »Erklärung über das Verhältnis der Kirche zu den nichtchristlichen Religionen ›Nostra Aetate‹«. Sie spricht im letzten Artikel von einer Absage an Diskriminierung und Gewalt wegen »Rasse«, »Farbe«, Stand oder Religion, ordnet davor das Gemeinsame von Christen und Juden, und davor jeweils nach der geistlichen Nähe zur Kirche Islam, Hinduismus und Buddhismus sowie alle Völker zwischen Schöpfung und Vollendung. Die Erklärung nennt den »Stamm[...] Abrahams«, »alle Christgläubigen als Söhne Abrahams dem Glauben nach« und die Muslime, die sich mühen, auch den »verborgenen Ratschlüssen« Gottes »sich mit ganzer Seele zu unterwerfen, so wie Abraham sich Gott unterworfen hat« [3].

Im Januar 1966 veröffentlichte *Abraham Joshua Heschel* (1907–1972), der sich später dem *Konservativen Judentum* zuwandte, seine Antrittsvorlesung am Union Theological Seminary. Wie J. B. Soloveitchik spricht er als »ein aus dem Feuer gerissenes Scheit«, ein der Vernichtung gerade noch Entgangener. A. J. Heschel, der sich der ganz anderen »ökumenischen Bewegung« des Nihilismus entgegenstellen will, stand dem Konzil durch Begegnungen im Vatikan als engagierter Gesprächspartner zur Verfügung. Seine Vorlesung widmet sich ebenfalls vor allem dem Dialog mit dem Christentum, bezieht aber im Schlussteil auch den Islam ein.

Auch er betont: Israel, das Zeugnis für den Gott Abrahams und für das Licht der Mosetora, kann nicht ersetzt werden. Eine Welt ohne Israel wäre eine Welt ohne den Gott Israels. Andererseits sind für Juden mit *Moshe ben Maimon* (*Rambam*, *Maimonides*, 1135–1204) Christentum und Islam als »Teil von Gottes Erlösungsplan für alle Menschen« anzusehen. Nach *Jacob Emden* (1697–1776)

---

2. Zur Diskussion vgl. aus der Dokumentation des Boston College Center for Christian-Jewish Learning (http://www.bc.edu/research/cjl/meta-elements/texts/center/conferences/soloveitchik) etwa die Beiträge von Michael Wyschogrod und David Rosen sowie Marshall J. Breger in: Studies in Christian-Jewish Relations – The electronic journal of the Council of Centers on Jewish-Christian Relations 1, 2005–2006, S. 151–169 (http://escholarship.bc.edu/cgi/viewcontent.cgi?article=1017& context=scjr [10. April 2007]).

3. in: Lexikon für Theologie und Kirche [Ergänzungsbd.], hg. Heinrich Suso Bechter u.a., Freiburg i. Br. ²1967, S. 488–495.

bestehen sie jeweils als »Gemeinschaft um des Himmels willen« und werden – anders als die Sabbatianer – »bleiben bis zum Ende«. Es ist Aufgabe von Juden und Christen, trotz ihrer Unterschiede aus ihrer je eigenen Bindung eine religiöse Basis für den Dialog zu finden. Dieser wird auf moralischem und geistlichem Gebiet geführt. »Glaube« ist die erste Voraussetzung, der er entspringt. Dialog hat die Dimensionen der Lehre, des Glaubens, des Handelns und der transzendenten Bindung etwa in der Bundesgemeinschaft. Juden und Christen entdecken sich in ihrer »Furcht« und ihrem »Zittern«, als gerufen zum »Lob Gottes und zum notwendigen Tun«. Zwischen ihnen sind die Begriffe der ›Geschwisterschaft‹ angebracht, denn Kindschaft Gottes und Geschwisterschaft hängen nicht ab von »Fleisch und Blut«, sondern vom Hören auf den Vater und von der Tat seiner Ehre. Aber Christen und Juden sind auch verbunden durch die Botschaft der biblischen Propheten, wenn sie beide der Gefahr des Hochmuts absagen. Mit den Propheten stehen sie dazu: »Religion ist ein Mittel, nicht das Ziel«. Die Gleichsetzung von Religion und Gott ist Götzendienst. Gott will in diesem Äon eine Verschiedenheit der Religionen. Die letzte Wahrheit kann von menschlicher Sprache nicht angemessen ausgedrückt werden. Die eine Wahrheit, auch in Gestalt der Tora, kann Menschen nur in einer Vielfalt des Verstehens erreichen. So ist Glaube nie angekommen, sondern bleibt auf einem Pilgerweg. Anfang und Ende alles religiösen Denkens ist die Demut. Sie ist der Test des Glaubens. Es gibt keine Gewissheit ohne Buße. Mit den biblischen Propheten haben dabei die jüdischen Weisen auch Menschen anderer Religionen und Traditionen Gottesfurcht, Heiligkeit und Anteil am Heil zugesprochen [4].

Als islamischer Partner nahm auch der Historiker *Mohamed Talbi* auf das Zweite Vatikanische Konzil hin intensiv die Chance des Gesprächs auf. Sein früher Beitrag »Islam und Dialog« [5] geht auf einen Vortrag in Rom zurück und wurde erstmals 1972 in seiner tunesischen Heimat in französischer Sprache veröffentlicht. Auch er drückt die Einsicht aus: »Es gibt nur eine Wahrheit, aber unsere Fähigkeiten zu verstehen sind zahlreich« (20). Kein »Glaube an Gott hat heute

---

4. Vgl. Abraham Joshua Heschel, No Religion is an Island, in: Union Theological Seminary Quarterly Review 21, Nr. 2/1 1966, S. 117–134; auch in: Disputation and Dialogue. Readings in the Jewish-Christian Encounter, ed. Frank Ephraim Talmage, New York 1975, S. 343–359; auch in: Christianity through Non-Christian Eyes, ed. Paul J. Griffiths, Maryknoll 1990, S. 26–40; auch in: No Religion is an Island: Abraham Joshua Heschel and Interreligious Dialogue, ed. Harold Kasimow / Byron L. Sherwin, Maryknoll 1991, S. 3–22; auch in: Abraham Joshua Heschel, Moral Grandeur and Spiritual Audacity: Essays, ed. Susannah Heschel, New York 1996, S. 233–250 (online: Alan Creak, University of Auckland, Department of Computer Science, http://www.cs.auckland.ac.nz/~alan/chaplain/Heschel.html [27. März 2007]).

5. Vgl. Mohamed Talbi, Islam und Dialog, in: Moslems und Christen – Partner? hg. Michael Fitzgerald / Adel Th[eodor] Khoury / Werner Wanzura, Graz / Wien / Köln 1976, S. 143–177; leicht bearbeitet und gekürzt als: Muhammad Talbi, Islam und Dialog. CIBEDO-Dokumentation Nr. 10, 1981 (hiernach wird zitiert).

eine andere Wahl, als das Wagnis des Dialogs zu riskieren« (25). Dialog bewirkt für Muslime die Neubelebung ihres Glaubens, denn das ewige Wort Gottes ist »immer und überall hörbar, gegenwärtig und beständig neu«. Es muss »unaufhörlich durch ein immer neues Infragestellen realisiert werden, [...] mit den Ohren von heute« gehört werden. Ist es nicht die natürliche Berufung einer Religion, fortwährend in der Krise zu sein, der »Spannung und ihrer Überwindung«, die sich dabei ergeben (26)? Das den Islam bewegende »Geheimnis des Konkretwerdens des Wortes Gottes, das wesenseins mit dem göttlichen Sein ist – also ewig – und dennoch herabgekommen (*tanzîl*) in die Welt der Zufälligkeit und des Irdischen«, ist nicht weniger schwierig als das ihm im christlichen Glauben entsprechende Geheimnis der Menschwerdung Christi und der Erlösung (24). Obwohl M. Talbi eine solche theologische Parallele nicht scheut, sieht auch er – weniger strikt als J. B. Soloveitchik – für den Beginn des Dialogs größere Chancen bei praktischen als bei theologischen Fragen.

Nach *Sura An-Naḥl* 16, 125 und *Al-ʿAnkabût* 29, 46 sind sowohl Dialog als auch Mission Pflicht der Muslime. Die Pflichten lassen sich vereinen »mit dem Respekt vor dem anderen Menschen und den anderen Konfessionen« (4). Dialog ist dabei keine »Kunst des Kompromisses«. Er verlangt »von jedem, ganz [er] selbst zu sein, ohne Streitsucht aber auch ohne Nachgiebigkeit« (12). Koexistenz ist »die Zusammenarbeit ohne Selbstaufgabe, ohne Verzicht auf die eigene Überzeugung« (13). Entscheidende Antwort auf ›Nostra Aetate‹ ist die Einsicht: Die dialogische Haltung setzt eine theologische Erneuerung voraus, die dem anderen nicht im Vorhinein das Heil bestreitet. Der Islam behauptet zwar mit *Sura Âl-ʿImrân* 3, 81–89 »ohne Zweideutigkeit die Universalität seines Wegs zum Heil und lädt alle Menschen dazu ein« (18). Dennoch stellen Korangelehrte von *Abû Ḥâmîd al-Ghazzâlî* (1058–1111) zu *Muḥammad ʿAbdûh* (1849–1909) und *Rashîd Riḍâ* (1865–1935) klar: Für *Sura Al-Baqara* 2, 62 werden alle, die an Gott und den Jüngsten Tag glauben und tun, was recht ist, vor Gott nicht traurig sein. Hier fordert der Koran keine Anerkennung des Prophetentums Muhammads (15). Gott kann nicht verwehrt werden, in seiner Gerechtigkeit, Barmherzigkeit und Liebe den Rahmen einer Gemeinschaft zu überschreiten. »Nur außerhalb eines aufrichtigen, glaubenden Herzens« führt solche Einsicht zum Risiko einer Relativierung aller Religionen (19).

Vertreter eines missionarischen Islams aufgrund von *Sura An-Naḥl* 16, 125 war auch *Syed Zainul Abedin* (1928–1993). Er wurde im noch ungeteilten Indien geboren, lebte vor allem in den USA und gründete 1979 in London das *Institute of Muslim Minority Affairs*. Er formulierte in einem Beitrag von 1991 die Notwendigkeit, dass Christen und Muslime – bei vorrangigem Beibehalten ihrer religiösen Identität – einander auf religiöse Weise »in gleicher Würde und Achtung« anerkennen. So können sie ein Ziel verfolgen, das die gegenseitige Bestätigung ihrer religiösen Legitimität verlangt. Gegenseitiges Vertrauen kann nur gefördert werden, wenn beide verlässlich wissen, dass sie den anderen nicht unter einem noch so gut gemeinten Zweck oder Muster sehen. Den Schritt des Zweiten Vatikanischen Konzils zum Dialog sieht S. Z. Abedin dabei »als einen der bedeutendsten Marksteine der Religionsgeschichte der Welt« an. Die dialogische Antwort auf ihn ist islamisch in dreifacher Weise begründet: 1. Für den Islam hat der Mensch als Mensch gleiche Würde. 2. Der eine Gott sendet eine einzige Botschaft durch alle Propheten an alle Völker und der Koran ist eine »Bestätigung« (*Sura Yûnus* 10, 36), keine Bestreitung der vorangegangenen Offenbarungen. 3. Schließlich ist Hilfe unter Menschen nach *Sura Âl-'Imrân* 3, 110 Glaubenspflicht und Glaubensvoraussetzung für den Islam, für die »beste Gemeinschaft«. Da der Islam festhält, dass niemand für einen anderen glauben und vor Gott stehen kann, ist deutlich, dass *da'wa*, die ›Mission‹, zwar die Aufgabe von Menschen ist, dass aber die ›Bekehrung‹, das Gewinnen des Herzens, allein Gottes Bereich ist. Die muslimische »Verantwortung endet mit dem Bringen der Botschaft. Bekehrung kann nicht das feststellbare oder messbare Ziel der *da'wa* sein«. Für Praxis und Apologetik auch der islamischen Religionsgemeinschaft ist entscheidend: Gott garantiert allein die Unversehrtheit des Koran, keinesfalls das Verhalten der Glaubenden. So ist allein der Koran Kriterium der Unterscheidung (*al-furqân*[6]) zwischen Gutem und Bösem. S. Z. Abedin stellt es als vorbildlich für Muslime dar, wie das Christentum in der Neuzeit seine Kräfte der Kulturkritik und Aufklärung entwickelt hat, vermisst aber auf christlicher Seite die missionstheologische Klarheit, die seiner Einsicht entspricht[7].

## 2 Den anderen mit Gott erkennen – die Aufgabe des Dialogs

Die ausgewählten, sich mehrfach inhaltlich begegnenden jüdischen und islamischen Stimmen einer bis auf *M. Talbi* bereits abgetretenen Generation benennen Grundlagen des Dialogs.

Diesen Stimmen ist bewusst: Tragfähig kann nur ein Dialog zwischen eigenständigen Gemeinschaften sein, der jeder beteiligten Gemeinschaft geboten ist aus den Quellen ihres eigenen Glaubens und der von ihr selbst nicht nur pragmatisch, sondern als Vollzug und Gebot ihres Glaubens begründet wird. Das bedeutet, dass jeder Partner den anderen anerkennt: Als Glaubensgemeinschaft – also

---

6. Vgl. *Sura Al-Furqân* 25, 1; außerdem 2, 53; 21, 48 (zur Offenbarung durch Mose und Aaron); 2, 185; 3, 4; 8, 29.41. Nach Theodor Nöldeke/Friedrich Schwally, Geschichte des Qorâns I., ²1909, Nachdruck Hildesheim 1961, S. 34, bedeutete das Wort im Aramäischen das Targum ›Befreiung, Erlösung‹.

7. Vgl. Syed Z[ainul] Abedin, Believers and Promotion of Mutual Trust, in: Munawar Ahmad Anees/Syed Z. Abedin/Ziauddin Sardar, Christian-Muslim Relations. Yesterday, Today, Tomorrow. London 1991, 36–53.

darin mir gleich –, aber als eine *andere* Glaubensgemeinschaft, die aus eigenem Recht besteht. Gott erkennt die andere Gemeinschaft an. Er hat eine Verheißung für sie wie für mich. Und ich kann aus meiner Wurzel den anderen in seinem Anderssein bejahen.

Jede Gemeinschaft hat so für die andere Gemeinschaft einen Platz im eigenen Glauben. Doch sie vereinnahmt die andere nicht in einem Schema, das dieser als fremdes aufgelegt wird, etwa im Schema der Vorläuferrolle [8], die von der Erfüllung abgelöst und überboten wird. Umgekehrt nehmen wir wahr: Was wir glauben, hat Auswirkungen für das Leben der anderen. Gottes Wort ruft uns auch in dieser Hinsicht zur Selbstprüfung.

Dies stellt in der Tat die Neigung in Frage, Absolutheit für sich selbst zu behaupten. Es setzt in Beziehung zum anderen, weil ich mit meiner Gemeinschaft Gott *diene* und mich so nicht mit Gott *verwechseln* kann. Es fordert mich vielmehr heraus zu der gelebten Praxis, dass ich nur mit dem anderen den freien, dankbaren Dienst an Gottes Geschöpfen leben kann.[9]

Juden, Christen und Muslime bringen in ihrem Glauben gemeinsam und auf je eigene Weise die Voraussetzungen für ein solches Verständnis mit. Denn alle drei vernehmen Gott in seinem *Wort*. Er spricht zu ihnen und ruft sie zur Antwort durch Gebet und Leben. Im Hören auf das Wort Gottes erfahren sich alle drei in unterschiedlicher Weise insbesondere als Kinder Abrahams und als Erben der Zusage, die Abraham empfing.

Israel, die jüdische Gemeinschaft, bringt die Unterscheidung der Bundesschlüsse Gottes mit: Es ist im Schöpfungs- und Noahbund vor Gott allem Leben verpflichtet und empfängt zugleich im Mosebund eine unverwechselbar eigene Erwählung durch Gott. Israel weiß, dass das Heil aller Völker mit der *Tora* verknüpft ist, dass Gott aber nicht alle Völker ruft, Teil Israels zu werden. Wenn Israel die *Tora* lehrt, wird es daran erinnert, dass es kein Lehren ohne Lernen gibt. Das Wissen dieses Volkes von seinem Ursprung im Auszug aus der Fremdheitserfahrung der Sklaverei verweist es schon durch die Bibel hindurch an alle Fremden.

Die christliche Ökumene bringt das Wissen mit: Sie hat ihre Wurzel nicht in sich selbst. Sie ist so nicht erste Empfängerin der Verheißung, von der sie lebt. Sie ist vielmehr Miterbin mit Israel. Sie folgt dem Messias Israels als Heiland der Welt und empfängt das Wort Gottes als zuerst durch die Schriften Israels

---

8. Ahmed Shafaat, in: Islam in a World of Diverse Faiths, ed. Dan Cohn-Sherbok. Houndsmill/Basingstoke, Hampshire 1990, S. 188–200, hier S. 189 f, verweist für ein Verhältnis von »preparation« und »confirmation« unter den Propheten auf Koranstellen, die nur von dem zweiten genannten Element sprechen.

9. »The dialogue is more than but never less than a mutual recognition of each other's religious legitimacy« (David Novak, Jewish-Christian Dialogue, New York/Oxford 1989, S. 56).

bezeugt. Sie kann daher ihren Glauben und ihre Sendung recht verstanden nur als Teilhaberin im Bund mit Israel leben. Ihre Zugehörigkeit zum gekreuzigten und noch in Herrlichkeit erwarteten Jesus Christus verweist an unter Fremdheit und Diskriminierung Leidende und erinnert sie daran, dass sie selbst auf dem Weg ist.

Die islamische *'umma* bringt das Zeugnis mit: Der eine Gott hat durch alle Propheten die eine Botschaft bereits zuvor Gemeinschaften gegeben. Die *'umma* hat die Einheit der bestätigenden Botschaft empfangen in Erfahrung und Wissen von der Vielheit. Sie ist besonders nachdrücklich gerufen, die Einheit gegen alle Separation zu leben. Die Erfahrung der Fremdheit, die Abraham, Jesus und alle Propheten machten, kennt sie als ihre eigene Urerfahrung in der Einsamkeit und Verfolgung des Propheten Muhammad in Vaterhaus, Verwandtschaft und Vaterstadt.

## 3 Identität und Orientierung suchen – Entwicklungen im evangelischen Deutschland

In Deutschland haben sich die evangelischen Kirchen und die institutionelle Gestalt ihrer Gemeinschaft, die Evangelische Kirche in Deutschland (EKD), durch Erarbeitungen auf unterschiedlicher Ebene den Fragen des Dialogs von Juden, Christen und Muslimen gestellt. Die Entwicklung der Stellungnahmen gibt dabei Beispiel für die eingangs genannte Beobachtung: Es steht neu zur Debatte, ob die Identität des christlichen Glaubens durch Dialog wächst und an Erkennbarkeit gewinnt oder ob im Gegenteil dem Bedürfnis zu folgen ist, Identität durch Abgrenzung zu profilieren.

Seit den Deutschen Evangelischen Kirchentagen von 1961 an, der ersten von drei vom Rat der EKD herausgegebenen Studien »Christen und Juden« im Jahr 1975 und dem Synodalbeschluss der Evangelischen Kirche im Rheinland im Jahr 1980 haben sich fast alle Gliedkirchen auf synodaler oder kirchenleitenden Ebene mit ihrer christlichen Identität im Verhältnis zu Israel auseinandergesetzt. Nur zwei weitere Kirchen folgen dabei mit ihren Formulierungen der im rheinischen Text entscheidenden Einsicht, »daß die Kirche durch Jesus Christus in den Bund Gottes mit seinem Volk hineingenommen ist« (These 4 [4]) [10]. Im Unterschied zum Vaticanum II bezieht keine dieser Erklärungen das Verhältnis zum Islam ein. Erstmals haben nun 2004 und 2006 drei Landessynoden eigene Stellungnahmen zum christlich-islamischen Dialog vorgelegt. Die lippische Synode betont, Glaube befürchte nicht »Eigenes aufzugeben« und könne deshalb »Dialog verwirklichen,

---

10. Die Evangelisch-reformierte Kirche und die Evangelische Kirche der Pfalz (die statt des Bundes von der »Verheißungsgeschichte« spricht); vgl. Wolfgang Kraus, in: »... um Seines NAMENs willen«, hg. Katja Kriener / Johann Michael Schmidt, Neukirchen-Vluyn 2005, S. 12–25.

der den Partner in seinem Anderssein ernst nimmt«[11]. Die in intensiverem Prozess erarbeitete Sicht der nordelbischen Landessynode begründet diesen Dialog im »Gebot der Nächstenliebe« und der kirchlichen »Verantwortung gegenüber der Gesellschaft«, sowie mit der »Möglichkeit, sowohl den Glauben unserer muslimischen Nachbarinnen und Nachbar besser zu verstehen, als auch zu unserem christlichen Glauben neue Zugänge zu gewinnen und uns der eigenen Identität zu vergewissern«[12]. Die württembergische Synode zitiert das Bibelwort »Seid allezeit bereit zur Verantwortung vor jedermann, der von euch Rechenschaft fordert über die Hoffnung, die in euch ist, und das mit Sanftmut und Gottesfurcht [...]« zusammen mit der Weisung »Suchet der Stadt Bestes«[13].

Ein Feld, auf dem sich die Kirche fast täglich der Auseinandersetzung mit anderen Religionsgemeinschaften stellt, ist der schulische Religionsunterricht. 1994 reihte sich die EKD unter dem Thema »Identität und Verständigung« in die hier vorgestellten Stimmen des Glaubens zum Dialog ein. Sie betont vom Religionsunterricht: »Seine theologische Identität und seine ökumenische Offenheit haben ein und dieselbe Wurzel.« Dass evangelische Identität und Offenheit so voneinander untrennbar sind wie zwei Stämme aus einer Wurzel, beruht auf Grundanschauungen der Reformation:

Glaube ist Gottes Werk. Das ist die Begründung der Glaubensfreiheit. Menschliche Beurteilungen des Glaubens können sie nicht berühren. Das Wort Gottes, das den Glauben weckt, muss jederzeit neu verkündet werden. Das schließt unerlässlich die neue Interpretation, das Verständlichmachen für jede Gegenwart ein. Die Kirche erkennt sich als ein Geschöpf des Wortes Gottes, aber gerade so verwechselt sie sich nicht mit dem Wort Gottes. In ihrer konkreten Existenz und gelebten Ausformung des Glaubens ist sie zugleich »fehlbares geschichtliches Werk des Menschen«. Das Bekenntnis ist zuerst die an Gott gerichtete Antwort auf die Verkündigung[14]. Bekennen drückt im Aufeinanderprallen von Überzeugungen die Gültigkeit von Glaubenserfahrungen aus, aber Formen des Wahrheitsanspruchs, die offen oder verdeckt Macht behaupten, würden seinem Wesen widersprechen.

Die Grundsätze der Religionsgemeinschaft, mit denen der erteilte Religionsunterricht nach Artikel 7 (3) Grundgesetz übereinzustimmen hat, bedeuten für

---

11. Lippische Landeskirche, Gemeinsames finden – Verschiedenes achten, Detmold 2004, S. 7.

12. In guter Nachbarschaft. Dokumentation der Synode der Nordelbischen Evangelisch-Lutherischen Kirche zum Thema »Christlich-islamischer Dialog« im Februar 2006, hg. Hans-Christoph Goßmann, Hamburg 2006, S. 83.

13. Miteinander leben lernen. Evangelische Christen und Muslime in Württemberg. Erklärung der 13. Landessynode vom 14. Juli 2006, hg. Evangelisches Medienhaus GmbH, Stuttgart 2006, S. 4.

14. Auch für Juden und Muslime gilt, dass der erste Ort ihres Glaubenszeugnisses das Gebet ist.

die evangelische Kirche, dass sie sich in der genannten Weise »unter Gott beugt und ihm allein in Jesus Christus die Ehre gibt«[15].

Am 11. September 2000 legte die EKD nach Abschluss eines mühsamen Weges eine Handreichung »Zusammenleben mit Muslimen in Deutschland«[16] vor. Sie bezieht sich mit Zitaten und durchgehenden Stichworten auf die Denkschrift »Identität und Verständigung« und deren Konzept. Für die Handreichung gehört »dialogische Existenz [...] zu den Triebkräften christlichen Bekenntnisses«. »Die Begegnung mit Andersgläubigen ist« für sie »im Kirchesein selbst verankert und findet ihre Grundlegung in Jesus Christus«. Der Text will »Grund und Art der Begegnung« mit anderen Religionen »im Herzen des christlichen Glaubens selbst« ansiedeln und tut dies in einer auf das islamische Glaubenszeugnis bezogenen lebendigen Auslegung der trinitarischen Lehre. Christen werden gegenüber Muslimen »glaubwürdigere Zeugen und Dialogpartner« sein, je stärker die Begegnung mit diesen sie an das erste Gebot erinnert, damit auch an die Katechismuserklärung *Martin Luthers* (1483–1546): »Woran du dein Herz hängst und worauf du dich verlässt, das ist eigentlich dein Gott« (23–26).

2003 legte die Kammer für Theologie der EKD »Theologische Leitlinien« unter dem Titel »Christlicher Glaube und nichtchristliche Religionen« vor. Vorwort und Text verweisen auf die Terroranschläge vom 11. September 2001 und darauf, dass das Verhalten der Angehörigen der »anderen Religionen [...] in unserer Gesellschaft als *fremdartig* wahrgenommen wird«. Nach der Gottvergessenheit der säkularen Gesellschaft trete »Christen und Gemeinden [...] nun auch noch eine *konzentrierte religiöse Infragestellung* ihres Glaubens gegenüber« (5). Die bisherigen Veröffentlichungen »Christen und Juden« sowie »Zusammenleben mit Muslimen« »bedürfen einer sie ergänzenden, sich auf die Fundamente richtenden Perspektive«, um »den Gemeinden mit Orientierungen in diesem Verhältnis zu helfen« (7). Die theologischen Aussagen kommen dabei ohne die in drei Studien »Christen und Juden« benannten gemeinsamen Wurzeln des einen Gottes, der Schrift, des Volkes Gottes, des Gottesdienstes, der Gerechtigkeit und Liebe, der Geschichte und Vollendung aus. Ebenso verzichten sie auf die Erwähnung der Bundsetzungen Gottes, der bleibenden Erwählung Israels und der im Dialog gewonnenen Einsichten, die die Studien erarbeitet hatten. Der Glaube begrüßt nun ausschließlich noch »das Dasein jedes Geschöpfes Gottes und damit auch das Dasein jedes Menschen einer anderen Religion« (12). Im übrigen nimmt

---

15. Identität und Verständigung. Standort und Perspektiven des Religionsunterrichts in der Pluralität. Eine Denkschrift der Evangelischen Kirche in Deutschland, hg. Kirchenamt der EKD, Gütersloh 1994, S. 61–65, hier S. 61.62.63.

16. Zusammenleben mit Muslimen in Deutschland. Gestaltung der christlichen Begegnung mit Muslimen. Eine Handreichung des Rates der Evangelischen Kirche in Deutschland, hg. Kirchenamt der EKD, Gütersloh 2000.

die Christenheit Religionen deshalb »in der Atmosphäre des Evangeliums« wahr, weil Gott »sich seine Geliebten nicht durch die menschlichen Religionen wegnehmen« lässt. Die »Gestalten der praktischen Frömmigkeit von Menschen anderer Religionen [...] sind ja faktisch Ausdruck einer anderen Gotteserfahrung und eines anderen umfassenden Verständnisses der Wirklichkeit« (18). »Die bleibend schmerzende Urform« des Gegensatzes »zu anderen Religionen [...] ist die Ablehnung Jesu Christi als [...] Ereignis der Wahrheit im *Judentum*« (14) [17].

Auch 2006 möchte der Rat der EKD mit seiner Handreichung »Klarheit und gute Nachbarschaft« noch einmal gegenüber der vorangegangenen Handreichung »Zusammenleben mit Muslimen in Deutschland« und nun unter Aufnahme der genannten Leitlinien »im Hinblick auf das spezifisch evangelische Profil einer Theologie, die sich dem Islam zuwendet, weitere Akzente« setzen (12). Denn es sind »weitergehende und vertiefende Orientierungen notwendig« (Vorwort, 8). Die genannten weiteren Akzente bestehen offenbar darin, dass der Text sich zum »absolute[n] Wahrheitsanspruch einer Religion« bekennt. Die Kirche kann nicht »die Wahrheit Gottes relativieren [.,.] Das bedeutet aber: Während Christen andere Menschen zu der Anerkennung der Wahrheit des dreieinigen Gottes werbend einladen, präsentieren andere Religionen einen anderen Entwurf ihrer Gotteserfahrung und Gottesverehrung. Gott duldet das, indem er den Religionen, die seiner Zuwendung zu uns Menschen in Jesus Christus widersprechen, Raum und Zeit gibt, um seine Liebe kennen zu lernen [...] Wahrhafte Toleranz gedeiht nach evangelischer Bezeugung nur im Vertrauen auf die konkrete Wahrheit Gottes« (16f). M. Luthers genannte Katechismuserklärung wird erneut zitiert, jetzt jedoch mit der inhaltlich nicht weiter erläuterten Feststellung: Christen werden ihr Herz »schwerlich an einen Gott hängen können, wie ihn der Koran beschreibt und wie ihn Muslime verehren« (19) [18].

Der Aufbau der beiden letztgenannten Texte zeigt: Ihr wesentliches Interesse sind Anfragen an Muslime auf dem Hintergrund beklagter Mängel in der gesellschaftlichen Integration. Wieweit die Anfragen eine hilfreiche Reaktion auf die Erschütterung durch den internationalen Terrorismus sind, wird nicht erörtert. Die damit verbundenen Versuche, evangelisches Profil zu erweisen, gehen aber hinter die für Dialog notwendige Grundentscheidung zurück, den anderen *in seinem Anderssein zu bejahen*. Die bleibende ›Urform‹ der dialogischen *Überwindung* von zerstörenden Gegensätzen zeigt sich schon in der Entscheidung *Dietrich Bonhoeffers* (1906–1945), das mehrheitliche und »schmerzende«

---

17. Christlicher Glaube und nichtchristliche Religionen. Theologische Leitlinien. Ein Beitrag der Kammer für Theologie der Evangelischen Kirche in Deutschland, EKD-Text 77, hg. Kirchenamt der EKD, Hannover 2003.

18. Klarheit und gute Nachbarschaft. Christen und Muslime in Deutschland. Eine Handreichung des Rates der EKD. EKD-Text 86, hg. Kirchenamt der EKD, Hannover o.J. [2006].

jüdische ›Nein‹ zum Christus Jesus zu *bejahen*[19] zu können. Die »wahrhafte Toleranz« an das eigene Bekenntnis zu binden sowie einen in den genannten Texten sonst nicht erhobenen [20] absoluten Wahrheitsanspruch nun an die eigene Gemeinschaft zu binden, verlässt dieselben Entscheidungen. M. Luthers mutig gewagte Formulierung, dass Vertrauen und Glaube sowohl *Gott* »machen und konstituieren« als auch das *Idol*, den Abgott[21], kann zurückfallen auf den, der sie gegen andere richtet.

2005 jährte sich zum 40sten mal die Veröffentlichung der Erklärung »Nostra Aetae«. Jüdischer Redner bei der Feier des Jubiläums im Vatikan war der orthodoxen Rabbiner *David Rosen*, Mitglied des *American Jewish Committee* in Jerusalem. Die Gesellschaften für christlich-jüdische Zusammenarbeit machten 2007 einen seiner Vorträge in deutscher Sprache zugänglich und folgten damit nicht dem neuen Versuch, Identität durch Abweisung des anderen zu stärken.

D. Rosen distanziert sich von der Vor-Moderne, die Dialog ablehnt, »da es sowieso nur eine Wahrheit gebe, in deren Besitz man selbst sei«, ebenso von der verbreiteten kulturellen Arroganz der Moderne, »zu behaupten, wir seien im Kern alle gleich« und vom post-modernistischen Ansatz, es »sei ein interreligiöser Dialog unmöglich, weil die Beteiligten niemals die gleiche Sprache sprechen«. Stattdessen erneuert D. Rosen die Aufgabe, »uns gegenseitig im Lichte unseres je eigenen religiösen Erbes und unserer je eigenen religiösen Lehre zu betrachten«. Lernen heißt »fähig sein, unsere Verschiedenheit sowohl zu würdigen als auch von ihr zu lernen«. Es bedarf zugleich »theologischer Demut« und »Hoffnung«. Die Aufgabe für beide Gemeinschaften heißt sogar, »nicht nur davon auszugehen, dass es einen göttlichen Plan und Zweck in unserer Komplementarität gibt, sondern auch zu verstehen, was Gott uns damit sagen will!« Denn die Bibel spricht von der göttlichen Gegenwart in der Welt und »lehrt uns, dass die Begegnung mit dem Anderen letztlich eine Begegnung mit dem Göttlichen darstellt«[22].

---

19. »Der Jude hält die Christusfrage offen« (Dietrich Bonhoeffer, Werke, Bd. VI, München 1992, S. 95).
20. Nach den »Theologischen Leitlinien« der Kammer für Theologie der EKD sind Christen davon entlastet, einen solchen Anspruch zu erheben. Ihre Lehre und ihr Leben sind nur »der Versuch, der Erfahrung der Wahrheit Gottes menschlich zu entsprechen« (s. o. Anm. 17 [S. 65 in diesem Band], S. 14 f, hier S. 15).
21. »facere et constituere« (Die Bekenntnisschriften der evangelisch-lutherischen Kirche, Göttingen $^7$1976, S. 560).
22. David Rosen, Learning From Each Other – A Jewish Perspective, in: International Council of Christians and Jews: Jewish-Christian Relations, http://www.jcrelations.net/en/?id=2369 [12. April 2007]; deutsch: Voneinander lernen – Gedanken aus jüdischer Sicht, in: Redet Wahrheit. Sacharja 8, 16, Themenheft 2007, hg. Gesellschaften für christlich-jüdische Zusammenarbeit – Deutscher Koordinierungsrat e. V., S. 36–38.

## 4 Verheißung für den anderen – Hinweise aus den Schriften

Das auf hohem theologischen Niveau geführte Religionsgespräch am Übergang vom Mittelalter zur Neuzeit nutzte als gemeinsame Sprache aller drei Gemeinschaften die aristotelische Philosophie. Es ist implizit und explizit bereits ausgesprochen: Heute gründet die Aufgabe, die eigene Identität gerade in der Wahrnehmung der Identität des anderen neu zu finden, in Bibel und Koran. Damit ist allen Gemeinschaften die Aufgabe der Auslegung gegeben.[23] Sie erfordert Entscheidungen sowohl zum ursprünglichen Sinn einer Aussage als auch zu seiner heutigen Bedeutung. Es entspricht den Schriften, dass die Gemeinschaften sich als heutige Voraussetzung die Anerkennung der Menschenrechte setzen, gemeinsam mit dem Recht der Gesellschaften, in denen sie leben. Sie können ihren Einsatz für Rechtsgleichheit und Überwindung der Herrschafts- und Gewaltverhältnisse nicht aufgeben. Auch den Nihilismus sah schon A. J. Heschel unter den Feinden, für die Gottes Verheißung keine Auferstehung kennt. Er schließt den heute ebenfalls globalen Terrorismus ein.

Aus christlicher Sicht ist es lohnend, auf die Schriften zu verweisen, aber auch auf jüdische und islamische Stimmen ihrer Auslegung. Die christliche theologische Debatte wird an dieser Stelle nicht entfaltet. Alle Verweise können nur selektiv sein. Sie wollen die unterschiedliche Sendung der Gemeinschaften wahrnehmen mit Hilfe der biblischen Unterscheidung und Zuordnung der Bundesschlüsse[24].

### 4.1 Die *Tora* und Israel – Licht der Völker

Mit dem Wort »So sollt ihr von allen Völkern mein Eigentum sein; denn mein ist die ganze Erde« (Exodus 19, 5) nimmt Israel nach *Mischna Berakhot* 2, 2 zuerst das *Joch des Himmelreiches* auf, nämlich das Zeugnis vom einen Gott in der

---

23. Aussagen und Deutung der Schriften sind: Die *Tora* ist »nicht im Himmel« (Deuteronomium 30, 12; vgl. Römer 10, 6–8). Die *Tora* ist im Himmel (vgl. *Mischna Sanhedrin* X 1). Die *Tora* »ist nicht im Himmel«, sie »ist bereits vom Berge Sinaj her verliehen worden« (b *Baba Mezia* 59b; Ziel dieser Aussage ist, dass die *Halakha*, die gültige Auslegung und mündliche *Tora*, auf Erden geschieht; vgl. Jonathan Sacks, The Dignity of Difference. Revised Edition London/New York 2003, S. 66). Der Koran ist vom Herrn der Welten herabgesandt, vom vertrauenswürdigen Geist dem Propheten ins Herz gegeben, in deutlicher arabischer Sprache und ist bereits in den Schriften der Früheren (vgl. *Sura Ash-Shu'arâ'* 26, 192–196). Der Koran ist nicht Gott. Er ist göttliches Wort in menschlicher Sprache, zu bestimmter Zeit an bestimmtem Ort herabgesandt und für menschliche Untersuchung offen (vgl. M. Talbi, in: Ders./Maurice Bucaille, Réflexions sur le Coran, Paris 1989, S. 48 f). Er ist in Wahrheit herabgesandt, aber nur Gott entscheidet zwischen dem, worin seine Diener uneins sind (vgl. *Sura Az-Zumar* 39, 2.41.46).

24. Differenziert entfaltet bei Bertold Klappert, in: Ders., Miterben der Verheißung, Neukirchen-Vluyn 2000, S. 348–370; und in: Treue zur Tradition als Aufbruch in die Moderne, hg. Werner Licharz/Wieland Zademach, Waltrop 2005, S. 188–263.

Heiligung seines NAMENS, daraufhin dann auch das *Joch der Tora*. Dieser Mosebund aber bestätigt den Abraham- und den Noahbund. Jede neue Bundeszusage wird ebenfalls die ergangenen bewahren, aufrichten und vollenden, nicht aber aufheben oder ablösen.

Der Noahbund und die *Tora*

Gott hat mit dem gottesfürchtigen Noah und seiner Familie einen Bund geschlossen »zwischen Gott und allem lebenden Wesen und in allem Fleisch, das auf der Erde ist« (Genesis 9,16, vgl. 1–17). »Der Bund soll Zeichen für eine neue Welt sein, die ein Segen werden wird« [25]. Diese gesegnete Welt aber ist für die biblische Urgeschichte (Genesis 1–11) keine »universale menschliche Ordnung«, in der »eine einzige Tradition für jedermann verbindlich sein sollte«. Biblisches Denken leitet vielmehr an, »Pluralismus, Vielfalt und Unterschied höher zu schätzen als Einförmigkeit und Gleichheit und [...] die Einmaligkeit von verschiedenartigen Gemeinschaften zu respektieren« [26]. Während die Turmbauer von Babel den ersten totalitären Staat errichten wollen, schafft der eine Gott auf Erden Vielheit. So sehr Israel sich selbst als Einheit sieht, muss es doch selbst – wie die ganze Menschheit – nach der Auslegung von *Naftali Zvi Yehudah Berlin* (*Netziv*, 1817–1893) Raum für Vielheit bieten [27].

Auch nach der Erwählung im Sinaibund lebt Israel mit Angehörigen anderer Völker zusammen, später als Minderheit unter anderen. Diese Minderheit kann ihre Umgebung anerkennen und den Grundsatz beachten: »Das Staatsgesetz [ist] das Gesetz« (b *Baba Bathra* 54b) – das Gesetz des Staates, in dem Juden leben.

Sie entwickelt ihre Auslegung der mündlichen *Tora* über Jahrtausende unter dem Druck von Spaltung, Missionsbemühung, Diskriminierung und Gewalt, kommt aber ihrerseits nicht zur Verwerfung, sondern zu der Einsicht: »Menschen aus der Völkerwelt sind nicht der ganzen Tora unterworfen, sondern allein den sieben Noachidischen Geboten« [28]. Das Judentum kennt eine theologische Nachbarschaft und eine von der Zugehörigkeit zu Israel unabhängige Gerechtigkeit von Menschen der Völker. Die Gerechten aus den Völkern haben Anteil

---

25. Ernst Ludwig Ehrlich, in: Noah – Allianz unter dem Regenbogen? hg. Ulrich Dehn, EZW-Texte 163, 2002, S. 3–4, hier S. 4.

26. Suzanne Last Stone, in: Ökumenische Rundschau 52, 2003, S. 296-318, hier S. 301.308.

27. Vgl. J. Sacks, A Clash of Civilizations? http://www.chiefrabbi.org/dd/A_clash_of_civilisations.pdf [29. Oktober 2004] S. 59–61; A. J. Heschel, ed. F. E. Talmage, S. 353, legt Genesis 11, 1–9 ähnlich aus. Dem entspricht die umfassende exegetische Untersuchung von Christoph Uehlinger: Weltreich und »eine Rede«, Fribourg/Göttingen 1990; Ders., in: Bibel und Kirche 58, 2003, S. 37–42; vgl. Magdalene L. Frettlöh, Theologie des Segens, Gütersloh ³1999, S. 291 f.

28. Volker Haarmann, in: Trumah 13, 2003, S. 155–173, hier S. 168.

an der kommenden Welt²⁹. Ein Beitritt in die jüdische Gemeinschaft wird von ihnen nicht erwartet. Muslime und Christen sind keine Götzendiener. Ihre Gemeinschaften sind für *Yehuda Ha-Levi* (1075–1141) sogar nur »Vorbereitung und Einleitung für den zu erwartenden Messias [...] Wenn sie ihn aber anerkennen, dann wird alles ein Baum. Dann werden sie den Ursprung verehren, den sie vordem gering geachtet hatten«³⁰.

In der christlich-jüdischen Begegnung haben selbst durch Zeiten der Diskriminierung hindurch immer wieder jüdische Stimmen Christen gewürdigt. Für *Jon Douglas Levenson* sind Christen eine besondere Gruppe von Kindern Noahs, da ihr Glaube, insofern er »auf den Gott Israels gerichtet ist [...] eine abrahamische Dimension widerspiegelt«³¹. Der Frage darf nicht ausgewichen werden, ob das Entsprechende nicht auch vom Islam zu sagen ist.

### Der Abrahambund und die *Tora*

Die eine aus der Menschheit erwählte Abrahamfamilie wird für die Bibel zu den Müttern und Vätern Israels, zum Volk der Verheißung Gottes, deren Perspektive alle Familien des Erdbodens einschließt. Für *Jonathan Magonet* ist Abraham der »Vater eines ganz bestimmten Volkes und zugleich das Urbild einer universalen Menschheit«³². Abraham, in der Bibel der Segen in Person (Genesis 12,2), ist zudem auch der »Vater eines Gewimmels von Völkern« (Genesis 17,4). Auch Nachbarfamilien, Verwandte empfangen Verheißung und Segen in großer Nähe zum Bund mit dem Volk Gottes. Abrahams Familienangehörige vollziehen als Fremde im Land in weitgehendem Maße Konvivenz und Dialog ohne trennenden religiösen Gegensatz unter den Verwandten.

Abraham steht für die Wahrung des Bundes (Exodus 32,13–14). Doch kennt die Hebräische Bibel auch die mögliche Kritik an einer Berufung auf Abraham. Bereits der Prophet Ezechiel vollzieht sie gegenüber Nichtdeportierten, im Land Verbliebenen (Ezechiel 33,24).

Für die Mehrheit der Rabbinen, die sich dabei auf *einen* Vers (Genesis 26,5) beruft, hat Abraham gleichsam als orthodoxer Jude die schriftliche und münd-

---

29. *Tosefta Sanhedrin* 13,2 (nach Psalm 9,18); b *Sanhedrin* 105a; vgl. b *Avoda Zara* 64b. *Moshe ben Maimon, Mishne Tora, Melakhim* 8,11, geht darüber hinaus, Gerechte aus den Völkern allein aus dem Noahbund zu verstehen, indem er die Wahrung der noachidischen Gesetze mit einer anerkennenden Beziehung zur *Tora* verbindet.
30. Das Buch Al-Chazarî, hg. Hartwig Hirschfeld, 1885, Reprint Wiesbaden 2000, S. 214.
31. Jon D. Levenson, in: The Idea of Biblical Interpretation, ed. Hindy Najman/Judith H. Newman. Leiden/Boston MA 2004, S. 5–29, hier S. 34.
32. Jonathan Magonet, in: Ders., Die subversive Kraft der Bibel, Gütersloh 1998, S. 35–59, hier S. 58.

liche *Tora* gehalten³³. Doch gibt es zugleich Stimmen, nach denen sich seine Gebotstreue auf die *noachidischen Gebote* bezog, oder auch eine Stimme, die seinen *Glauben* in den Mittelpunkt stellt ³⁴.

Der bestätigte und erneuerte Bund

Der in den prophetischen Schriften (2. Samuel 23, 5; 2. Chronik 13, 5; 21, 7; Jesaja 55, 3; Jeremia 33, 18–22) und im Psalm 89 (4.29.35.40) wörtlich ausgesprochene Bundesschluss Gottes mit David als König und mit Levi als Priester sagt Israel ewigen Bestand zu.

Die Prophetie Israels verheißt dem Gottesvolk: »Bald wird mein Heil kommen und meine Gerechtigkeit sich offenbaren« (Jesaja 56, 1). Sie hat also den Mut, in Zeiten eines beschwerlichen Neubeginns Gott *ganz nah* in seinem Volk und in seiner Schöpfung zu erwarten und gleichzeitig ihn *ganz offenbar* zu erwarten. Gottes Gemeinschaftsgerechtigkeit offenbart sich, zentraler Inhalt des Abrahambunds (vgl. Genesis 18, 19) wie des Mosebunds vom Sinai (vgl. Deuteronomium 6, 25). In der Ausgießung des Geistes sagt prophetisches Wort einen neuen Bund zu. Er bedeutet eine Neuschöpfung des Menschen im Bund, ein nicht aufhebbares Gottesverhältnis und eine unüberholbare Zukunft (Jeremia 31, 31–34, vgl. Ezechiel 36)³⁵. Psalmenfrömmigkeit und jüdische Erneuerungen leben aus entsprechend erfahrener Gewissheit. Gerade als Juda und Israel unterzugehen drohen, nimmt die prophetische Sicht – kritisch für das Gottesvolk – wahr, wie alle Völker im Namen ihres Gottes wandeln (Micha 4, 5). Der Gott Israels steht in einer Beziehung zu den Völkern (Amos 9, 7) und sein Name ist bei allen groß (Maleachi 1, 11). Die Zukunft des Reiches Gottes schließt ein: Alle Völker werden auf die Weisung Gottes vom Zion hören. Sie werden mit *einer* Stimme den einen Gott Israels verehren. So beziehen sie sich auf den Mosebund für Israel und vollziehen ihrerseits Noahbund und Abrahambund (Jesaja 2, 1–4 u.a.; Zefanja 3, 9; Sacharja 14, 9)³⁶.

---

33. Vgl. Raschis Pentateuchkommentar, hg. Selig Bamberger, Basel ⁴1994, z. St.

34. Vgl. b *Yoma* 28b; *J. D. Levenson* (s. o. Anm. 31, S. 69 in diesem Band) nennt einerseits Raschis Enkel *Samuel ben Meir* (S. 23.30.33), andererseits die *Mekilta* des Rabbi *Ishmael Beshallach* (S. 7).

35. Vgl. Werner H. Schmidt, in: Ernten, was man sät, hg. Dwight R. Daniels / Uwe Gleßmer / Martin Rösel, Neukirchen-Vluyn 1991, S. 161–181, hier S. 180 f.

36. Vgl. M. Wyschogrod, in: Das Reden vom einen Gott bei Juden und Christen, hg. Clemens Thoma / Michael Wyschogrod. Bern / Frankfurt am Main / New York 1984, S. 29–48.

## 4.2 Das Neue Testament und der Leib Christi aus den Völkern

### Noahs Kinder und Gerechte aus den Völkern

Die Unterscheidung der Bundessschlüsse erinnert Christen daran, dass sie als Kinder Noahs dem Bund zwischen Gott und allem lebenden Wesen angehören, den Gott durch seine Strafgerichte hindurch bewahrt. Das warnt sie vor dem Irrweg, den *Gotthold Ephraim Lessing* (1729-1781) benannt hat: »Ihr Stolz ist: Christen sein; nicht Menschen« [37].

Das Neue Testament nennt in der Begegnung mit einem Gottesfürchtigen die Erfahrung aus dem Geist, »dass Gott die Person nicht ansieht, sondern in jedem Volk, wer ihn fürchtet und recht tut, der ist ihm angenehm« (Apostelgeschichte 10, 35). Gleichzeitig hält dieselbe neutestamentliche Schrift in der anderen Herausforderung, bei erfahrener Bedrohung von Wahrheit und Leben zum Bekenntnis zu stehen, von Jesus Christus fest: »In keinem anderen ist das Heil« (4, 12).

### Abraham, Israel und die Völker

Paulus erfährt auf der Grundlage des Abrahambunds, wie Menschen aus dem Gewimmel von Völkern tatsächlich Anteil gewinnen an der Verheißung und dem Segen. »Mit dem gläubigen Abraham« (Galater 3, 9) sind Juden, die dem Glauben Abrahams folgen (Römer 4, 12) und an den Christus Jesus Glaubende aus den Völkern (Römer 4, 11; Galater 3, 29) »Abrahams Kinder«. Sie empfangen die Verheißung (Römer 4, 13; Galater 3, 29), den Segen (Galater 3, 9.14), den Geist (Galater 3, 14) und als Kinder ein Erbe (Römer 4, 13; Galater 3, 18.29).

Die Evangelien und Paulus vollziehen ebenso die prophetische Kritik an der Berufung auf die Abrahams- und Isaakskindschaft (Matthäus 3, 9; Lukas 3, 8; Johannes 8, 33–41; Römer 9, 6–13). Auch Paulus betont mit Genesis 15, 6 – unter der Gefahr des Missbrauchs – *einen* biblischen Vers für sein Abrahambild. Es ist das Bild dessen, dem allein sein Glaube von Gott zur Gerechtigkeit angerechnet wird – *vor* der Gabe der *Tora* und ohne sie. Zugleich kennt aber auch das Neue Testament mit dem Jakobusbrief (2, 14–26) eine Sicht, die dem jüdischen Abrahambild näher steht [38].

### Israels Sinaibund, der Christus Jesus und die erwartete Gottesherrschaft

Das Aposteldekret der Apostelgeschichte (15, 19–21.28f; 21, 25) greift für das Zusammenleben von Juden und Nichtjuden in einer messianischen Völkergemeinde

---

37. Gotthold Ephraim Lessing, Nathan der Weise, II.1.
38. Vgl. D. J. Levenson (s. o. Anm. 31, S. 69 in diesem Band), S. 28f.

auf die Bestimmungen für die in Israel lebenden »Fremden« (Leviticus 17–18) zurück [39].

Im Horizont des Davids- und Levibundes und des erneuerten Bundes steht Jesu zeichenhafter Weg mit der Tempelreinigung, mit seiner Bezugnahme auf den Menschensohn als Repräsentanten Israels und des Gottesreiches und mit der vorweggenommenen Mahlgemeinschaft am Zion. Im selben Horizont steht auch die Erfahrung der Geistausgießung auf die judenchristliche Gemeinde am Zion zum Fest der Gabe der *Tora*. Die christliche Gemeinde reiht sich ein in das biblische Beziehungsverhältnis von Israel und den Völkern. Sie tut das mit ihrem Christusbekenntnis, mit ihrer Aufnahme der *Tora* in Bergpredigt und Liebesgebot, im Hören auf die *Tora* des Geistes (Römer 8,2) und die *Tora* des Christus (Galater 6,2) und mit ihrer Aufnahme der Psalmen und der prophetischen Schriften [40].

Der Jude Paulus ist überzeugt von Israels Empfang der Bundesschlüsse. Nachdem er seit 1. Thessalonicher 2,14–16 einen Weg des Lernens hinter sich haben mag, steht er nun ausdrücklich zu der Erwartung, die später auch die *Mischna* zum Ausdruck bringt: »Ganz Israel wird gerettet werden« (vgl. Römer 9,1–5; 11,26; *Mischna Sanhedrin* XI 1). Er ringt mit dem Rätsel, dass Israel mehrheitlich nicht Jesus annimmt, der doch für ihn als Messias Israels der Heiland der Welt ist. Er hält dabei fest: Alle Völker werden zum Zion kommen, um dem Gott Israels zu dienen. Dazu ist seine eigene messianische Völkermission ein Beitrag.

### 4.3 Der Koran und die bezeugende Gemeinschaft der Mitte (*Sura Al-Baqara* 2,143)

*Sura Al-Aḥzâb* 33,7 lautet in der Übertragung von Ibn Rassoul: »Und dann gingen Wir mit den Propheten den Bund (*mîthâqahum*) ein und mit dir und mit Noah und Abraham und Moses und mit Jesus, dem Sohn der Maria. Und Wir gingen mit ihnen einen gewaltigen Bund (*mîthâqan ghalîza*) ein, auf daß Er die Wahrhaftigen nach ihrer Wahrhaftigkeit befrage.«

Unter den unterschiedlichen Reihenfolgen, in denen der Koran Propheten und Gesandte nennt, kann er die biblische Reihenfolge zusammenbringen mit dem Begriff der ›Verpflichtung‹, des ›Beschlusses‹, des ›Bundes‹. Das Verb y-th-q heißt beim ältesten Vorkommen in *Sura Al-Fajr* 89,26 ›festbinden‹, ›fesseln‹, eine Bedeutung, die auch als Herkunft für den biblischen $b^e rît$ (›Verpflichtung‹, ›Bund‹) diskutiert wurde. Die insgesamt 37 Vorkommen verschiedener Formen von *mîthâq* sind sonst in großer Mehrzahl substantivisch und der Bibel entsprechend sowohl von Beziehungen unter Menschen gebraucht wie von Beziehungen

---

39. Vgl. Klaus Müller, Tora für die Völker. Berlin 1994, S. 137–174.

40. Vgl. B. Klappert, in: Ders. u. a., Jesusbekenntnis und Christusnachfolge. München 1992, S. 65–95; Matthias Loerbroks, Weisung vom Zion, Berlin 2000.

zu Gott. In einem solchen *mîthâq*, der von Menschen gebrochen werden kann, steht Gott außer mit den Propheten auch mit der islamischen Gemeinschaft (*Sura Al-Mâ'ida* 5,7), mit Israel (5,12f; vgl. 2,83f), mit der Christenheit (5,14), mit allen Schriftempfängern (*Âl-'Imrân* 3,187; 7,169) oder mit Menschen ohne Nennung einer Zugehörigkeit (*Ar-Ra'd* 13,20.25). Auch der etwas häufigere und bis heute mehr alltagssprachliche Begriff *'ahd* für ›Bund‹, ›Entscheidung‹ wird für den Bund Gottes verwendet, so für den Bund mit Abraham (*Al-Baqara* 2,124).

Das Verhältnis von Schöpfung und Bund wird auch von jüdischer und christlicher Theologie bleibend erörtert. Ebenso ist bei der Auslegung des Koran zu diskutieren: Wie weit werden beim sehr verbreiteten Verständnis des Islams als einer zeitlosen Botschaft und Philosophie des Seins [41] wichtige geschichtlichworthafte Anteile des Korans übergangen?

Der freie Mensch in der Schöpfung

Die ältesten Offenbarungen des Korans prägt: Die Welt in Reichtum und Vielfalt enthält *Zeichen* Gottes. Wie für S. L. Stone als Jüdin entspricht auch für die muslimische Autorin *Halima Krausen* »der Einheit Gottes« die »Vielfalt in der Schöpfung, speziell der Menschheit ([...] auch in den religiösen Ansichten und Ausdrucksformen), die uns ermöglicht, [...] mit Respekt und Verständnis miteinander umzugehen und womöglich ein Vertrauen zu entwickeln, das unerlässlich ist, wenn wir unsere gemeinsame Verantwortung für diese eine Welt erfüllen wollen«[42].

Die Menschheit ist aus *einem* Wesen erschaffen. Aus oder mit ihm ist dessen Partner erschaffen, damit viele Männer und Frauen sich daraus verbreiten (*Sura An-Nisâ'* 4,1; vgl. *Al-A'râf* 7,189). Die gesamte Schöpfung ist in *Paaren* geschaffen (*Adh-Dhâriyât* 51,49). Auch in der jenseitigen Welt soll keiner ohne seinen Gefährten sein (*Al-Baqara* 2,25)[43].

---

41. Betont von Christian W. Troll, in: CIBEDO-Beiträge 1/2006, S. 9–15, mit einer Tendenz, das christliche Verständnis als Synthese zu sehen, die Gegensätze des jüdischen und islamischen aufhebe. Gedanken, die Anliegen des hier vorgelegten Beitrags entsprechen, deutet *Halima Krausen* an, indem sie nach einem Verweis auf die Schöpfung mit der Erwählung Adams und Noahs, der Familie Abrahams und der Familie *'Imrâns* (vgl. *Sura Âl-'Imrân* 3,33 f) von einem »Ansatz zu einer Theologie der Religionen« spricht mit den Schritten der Einheit Gottes, des Prophetentums und der Begegnung mit Gott und Seinem Gericht (in: E. L. Ehrlich [s. o. Anm. 25, S. 68 in diesem Band], S. 19–29, hier S. 24 f.).

42. H. Krausen, ebd.

43. Vgl. 3,15; 4,57; 13,23; 36,54–56; 37,21f; 43,69f, jeweils mit dem Wort *zauj*; zum ganzen Abschnitt vgl. Amina Wadud-Muhsin, Qur'an and Woman, Kuala Lumpur 1992, S. 17–28; hier S. 54–57. Auch A. *Wadud* geht nicht davon aus, dass nur Musliminnen und Muslime in der jenseitigen Gottesgemeinschaft sind, auch nicht davon, dass Paare rein muslimisch oder rein christlich gebildet werden.

Die Menschen legen Rechenschaft vor Gott ab. Der Koran stellt einen Urvertrag vor. Bei der Entstehung menschlicher Nachkommenschaft fragt Gott den Menschen: »Bin ich nicht euer Herr?« So können sie ihr freies Ja bezeugen und sind bereits auf den Tag der Auferstehung vorbereitet (*Sura Al-A'râf* 7, 172; vgl. 36, 60 f: '*ahd*). Hier ist die Freiheit geradezu »die Berufung des Menschen selbst«. M. Talbi sieht sie als »die Religionsfreiheit«. Der Mensch ist bereit, von Gott die *amâna* anzunehmen, das ›Treuhänderamt‹, so sehr das auch »frevelhaft und unverständig« erscheint (*Sura Al-Aḥzâb* 33, 72). Es entspricht der Schöpfung und Berufung des Menschen, auf Gott gerichtet zu sein als *ḥanîf*, als ›aus innerstem Wesen Glaubender‹. Die ›rechte Religion‹ entspricht Gottes Schöpfung (*Sura Ar-Rûm* 30, 30). Der Mensch ist »Treuhänder der Souveränität«, die bei Gott liegt. »Die Freiheit des Menschen ist nach dem religiösen Verständnis in dem Auftrag der Statthalterschaft Gottes begründet« [44].

Der ideale islamische Staat wird nach der Überzeugung, die M. Talbi und *Smail Balić* (1920–2002) vertreten, als »Nomokratie« vom Gesetz regiert [45]. Das islamische Recht kennt die Grundsätze der ›Billigkeit‹ und der ›Erleichterung‹ für den Menschen. Es nimmt das Recht der Völker als ›Brauch‹ ('*urf*) und ›Gewohnheitsrecht‹ ('*âda*) auf.

Zahlreiche Worte des Korans erkennen: Glaubende der Völker, die ›Recht tun‹, ›Güte‹ und ›Glauben‹ leben, sind von Gott angenommen[46]. Gott erwartet von Juden, Christen und Sabäern »Glauben« – nämlich an Gott und den Jüngsten Tag – und »Gutes tun« (*Sura Al-Baqara* 2, 62).

## Die Religion Abrahams

Frühe koranische Offenbarungen beziehen sich auf die »früheren Blätter« (*ṣuḥuf*) des Abraham und Mose (*Sura Al-Ghâshiya* 87, 18–19), offensichtlich in Mekka nicht unbekannt. Abraham verkündet nicht Gericht, wie es die anderen Propheten tun. Wie Muhammad ist er auch nicht zu einem bestimmten Volk gesandt. Auch die jüdische *Haggada* und der Koran entsprechen mit ihrem Abrahambild *einem* Vers der hebräischen Bibel, denn nach Josua 24, 2 verließ Abraham die Welt der Götzen und folgte dem Einen. Abraham, der mit seinen Nachkommen und den Nachkommen Israels Rechtgeleitete und Erwählte

---

44. M. Talbi, in: Freiheit der Religion, hg. Johannes Schwartländer, Mainz 1993, S. 242–260, hier S. 252–260; Zitate S. 252; vgl. S. 260; Smail Balić, in: Ders.: Islam für Europa. Köln / Weimar / Wien 2001, S. 21–28, Zitat S. 22.

45. Vgl. M. Talbi, ebd., S. 397–399; Smail Balić, ebd., S. 59–67, hier S. 66.

46. Vgl. 2, 112; 3, 113–115; 4, 122.124 f; 5, 65; 49, 13. Unter den Gemeinschaften, die sich nicht dem Islam anschließen, werden Gruppen von der Mehrheit unterschieden, die »besonnen sind«: 15, 66.

(*Sura Al-Baqara* 2, 130; *Âl-'Imrân* 3, 33–34; *Maryam* 19, 58), ist eine *'umma* (*Sura An-Naḥl* 16, 120). Er ist also in seiner Person die neue Gemeinschaft in der Welt.
Muhammad ruft als Prophet Mekka zur Umkehr. Seine Botschaft bestärkt gerade nicht die stolze Abstammung Mekkas von Abraham [47]. Er kann erst in Medina als Apostel des einen Gottes eine Gemeinschaft aufbauen. Dort bekommen Abraham und Ismael als Gründer des Heiligtums ihre Bedeutung und der Islam ist »die Religionsgemeinschaft eures Vaters Abraham« (*Sura Al-Ḥajj* 22, 78: *millata abîkum Ibrâhîma*).

Die Herabsendung des Korans und die anderen Wege und Richtungen

Wie Paulus kämpft der Prophet und Gesandte Muhammad mit der Erfahrung, dass die älteren Glaubensgemeinschaften der Botschaft mehrheitlich nicht folgen. Es bestehen Spaltungen und Streit, obwohl es *ein* und derselbe Gott ist und *eine* Botschaft durch alle Propheten *bestätigt* wurde. Nachdem zuvor Offenbarungen äußerten, dass Gott die Entscheidung nur für eine Frist aufgeschoben hat (*Sura Ash-Shûra* 42, 14; *Al-An'âm* 6, 25), werden in der *Sura Al-Mâ'ida* (5) mehrere Wege anerkannt: »Für jeden unter euch haben wir Richtung (*shir'a*) und Weg (*minhâj*) geschaffen. Wenn Gott gewollt hätte, hätte er euch zu einer einzigen Gemeinschaft gemacht. Doch er will euch in dem, was er euch gegeben hat, prüfen. So wetteifert um die guten Dinge! Zu Gott kehrt ihr allesamt zurück. Da tut er euch kund, worin ihr stets uneins gewesen seid« (5, 48).
Bei diesem Wort bleibt es allerdings nicht. Bestimmte jüdische und christliche Lehren sind nicht tragbar. Die neue Abrahamgefolgschaft distanziert sich von den schon bestehenden: »Abraham war weder Jude noch Christ, sondern *ḥanîf*, Muslim (= gottergeben). Er gehörte nicht zu denen, die Gott Partner beigeben« (*Sura Âl-'Imr'an* 3, 67) [48].
Die Auslegung steht vor der Frage, was gilt. Ist die bereits genannte Anerkennung derer in allen Gemeinschaften, die glauben und recht tun, *aufgehoben*? Für eine Mehrheit islamischer Auslegung ist sie in der Tat aufgehoben durch die Offenbarung: »Wer nach einer anderen Religion als dem Islam [...] trachtet, von dem wird sie nicht angenommen werden« (*Sura Âl-'Imrân* 3, 85). Für diese Sicht sind so durch den Koran »alle vorausgegangenen Bücher Gottes [...] automatisch aufgehoben« [49].
Doch hat schon der frühe Exeget und Historiker *Abu Ja'far Muḥammad ibn*

---

47. Vgl. Willem A. Bijlefeld, in: The Muslim World LXXII, 1982, 81–94, S. 93 f.
48. Vgl. *Fazlur Rahman* (1919–1988), in: The Muslim World LXXII, 1982, S. 1–13, hier S. 1–5.
49. *Sayyid Abu-'l-Ala Maududi* (1903–1979), Weltanschauung und Leben im Islam, München 1414 / 1994, S. 115; ähnlich Yakub Zaki, in: Islam in a World of Diverse Faiths (s. o. Anm. 8, S. 61 in diesem Band), S. 41–54, hier S. 50 f.

*Jarîr aṭ-Ṭabarî* (839–922/923 n. Chr.) klargestellt: Es werden nur Rechtsverpflichtungen aufgehoben und außer Kraft gesetzt, keine Zusagen Gottes [50]. Nach den bereits erwähnten Einsichten von M. ʿAbdûh und R. Riḍâ bis zu dem ägyptischen Juristen *Muḥammad ʿImâra* besteht die koranische Zusage ausdrücklich auch nach erfolgter Verkündigung des Islams, da sich der Koran positiv über Juden und Christen äußert [51]. Oder es ist zu erwägen, dass mit Islam »alle Religionen [gemeint sind], die sich seit Adam, dem ersten Menschen und Propheten, an die Offenbarung anlehnen« [52].

Der Koran betrachtet sich »nicht als die Schrift [...] welche die jüdisch-christliche Offenbarung außer Kraft setzt« [53]. Er »bestätigt alle früheren Offenbarungsschriften, [...] vor allem die Tora und das Evangelium« [54]. Er kritisiert, dass Menschen die Botschaft »verrückt« haben (*Sura Al-Mâ'ida* 5, 13). So geht er kritisch ein auf solche Erfahrungen mit Christen und ihrer Lehre, die islamischer Erkenntnis untragbar erscheinen. Er bezeichnet dabei die christologisch-trinitarische Lehre als Übertreibung (*An-Nisâ'* 4, 171), wahrt also im Vergleich zur Sprache der Ablehnung des Polytheismus eine Nähe. Die Kritik kann keine Rücknahme der Zusagen und Offenbarungen Gottes erzwingen. Alle Begriffe des ›Überholens‹, der ›Ablösung‹, der ›Rücknahme‹, der ›Außerkraftsetzung‹, der ›Aufhebung‹, der ›Annullierung‹, mit denen islamische Auslegung auch an christliche Aussagen zum Judentum anknüpft, sind zu hinterfragen. *Sura Al-Mâ'ida* (5, 46.48) ergänzt das Wort ›bestätigen‹ (*muṣaddiq*) mit ›Gewissheit geben‹ (*muhaymin*), einem Ausdruck von der Treue Gottes, der biblischem Sprachgebrauch nahe steht.

### Kennt der Islam das Anliegen von David- und Levibund und die neue Zusage der Zukunft Gottes?

Wie den Gottesbund mit Israel kennt der Koran auch die Landgabe an Israel und gebraucht dazu ebenso wie die Bibel einmal die Bezeichnung »Heiliges Land« (vgl. Sacharja 2, 12; *Sura Al-Mâ'ida* 5, 21). Er benutzt hierzu den Wortstamm,

---

50. nach Abdulaziz Sachedina, in: Concilium (D) 30, 1994, S. 260–265, hier S. 262.

51. Vgl. Der Koran. Arabisch-Deutsch. Übersetzung und wissenschaftlicher Kommentar von Adel Theodor Khoury, Bd. I, Gütersloh 1990, S. 282–290; M. Talbi, Dialog (s. o. Anm. 5, S. 58 in diesem Band), S. 15–19; A. T. Khoury/Ludwig Hagemann, Christentum und Christen im Denken zeitgenössischer Muslime, Altenberge 1986, S. 183.

52. Yaşar Nuri Öztürk, 400 Fragen zum Islam. 400 Antworten, Düsseldorf 2000, S. 11.

53. A. Sachedina (s. o. Anm. 50, S. 76 in diesem Band), S. 264; Für M. Talbi, Dialog, S. 19, verwirft Gott nicht, »die in aller Aufrichtigkeit und im guten Glauben [...] andere Wege nehmen, um ihr Heil zu erlangen«.

54. A. T. Khoury, in: Der Koran (s. o. Anm. 51, S. 76 in diesem Band), S. 6, zu 5, 48.

der nicht für den islamischen ›abgetrennten‹ Bezirk oder den ›ehrwürdigen‹ Koran verwendet wird, sondern der dem biblischen Wort für das ›Heilige‹ entspricht, wie es ausgehend vom Allerheiligsten und dem Tempel bestimmt wird. Der Wortstamm gibt der Stadt *Al-Quds* (Jerusalem) ihren Namen. Weitere Stellen sprechen vom »gesegneten Land« [55]. A. J. Heschel kann Erinnerungen an die praktisch-politisch vollzogene Anerkennung dieser Landgabe vor dem modernen Konflikt nennen. Das frühe Wissen um die göttliche Erwählung dieses Ortes ist erkennbar: Er ist die »erste der beiden Gebetsrichtungen [vgl. *Sura Al-Baqara* 2, 142–150], zweite der beiden Kultstätten, dritter nach den beiden Heiligen Bezirken«. Der Prophet erlebte hier nach der durch *Sura Al-Isrâ'* 17, 1 angedeuteten Nachtreise seine Himmelreise. Die hier errichtete muslimische Gebetsstätte ersetzte nicht wie in Damaskus die bestehende und zentral gelegene christliche: In islamischer Gebetsrichtung gesehen liegt sie parallel zur Grabeskirche. Sie vollzieht mit dieser den Grundriss des Tempels Israels nach.

Ein Teil der Überlieferung sieht hier den Ort der Bindung des Sohnes Abrahams. *Sura Al-Ḥadîd* 57, 13 als Gotteswort und die »Kette Salomos« im so genannten »Kettendom« als Zeichen der Frömmigkeit bezeugen jeweils: Es handelt sich um einen Ort der Entscheidung und des Erbarmens Gottes [56].

Die Botschaft, die der Islam empfängt, ist eine Gabe des »heiligen Geistes« (*Sura An-Naḥl* 16, 102), oder des »vertrauenswürdigen Geistes« (*Ash-Shuʻarâ'* 26, 193). Der heilige Geist hat *Jesus* bestimmt (*Al-Baqara* 2, 87.253; *Al-Mâ'ida* 5, 110) und Jesus ist von Gottes Geist (*An-Nisâ'* 4, 171). ›Mission‹, ›Heilsweg‹ und sich realisierende Gottesherrschaft findet der Islam in der *'umma* der Glaubenden als einer geistlichen Gemeinschaft, die die ganze Menschheit meint, hervorgerufen durch das Wort und vereint im Gebet [57].

So wie es für Juden und Christen eine Herausforderung des Glaubens ist, den Koran als Gabe des Geistes Gottes und Wort Gottes anzunehmen, ist es für Muslime eine Herausforderung, nicht schon den bestehenden Islam allein als die Vollendung anzusehen, sondern sich selbst zusammen mit anderen in das bleibend Israel verheißene Gottesreich einzureihen.

---

55. 17, 1; 21, 71.81; 34, 18; 7, 137; zur Landgabe vergleiche außerdem 10, 93.
56. Vgl. A. J. Heschel, Israel – Echo der Ewigkeit, Neukirchen-Vluyn 1988, S. 106–109; Andreas Feldtkeller, Die ›Mutter der Kirchen‹ im ›Haus des Islam‹, Erlangen 1998, S. 28–93; hier S. 51; Georg Röwekamp, Jerusalem, Freiburg im Breisgau 1997, S. 105–114; zur Bindung des Sohnes Abrahams: Reuven Firestone, Journeys in Holy Lands, Albany NY 1990, S. 107–151.
57. M. Talbi, in: Hören auf sein Wort, hg. Andreas Bsteh, Mödling 1992, S. 119–150.

## 5 Alltag und Ziel

Die Hinweise auf die Schriften machen deutlich: Die Minderheitenreligion Judentum und die Mehrheitsreligionen Christentum und Islam stehen nicht in symmetrischen Beziehungen zueinander. Vielmehr setzen sie einander voraus. Jede Gemeinschaft, die die Offenbarung vor einer anderen empfangen hat, erlebt die nachfolgende gern als Kränkung. Die nachfolgende ist für sie kein notwendiger Weg mehr, denn für jede Gemeinschaft ist Gott genug. Dennoch kann die frühere Gemeinschaft anerkennen: Auch die neue gibt das Zeugnis weiter vom einen Gott Israels und von der Weisung der Gerechtigkeit unter allen Völkern. Und alle drei sind überzeugt, dass vor Gott ein zeitliches Vor- und Nacheinander nicht das Entscheidende ist.

Die nachfolgende Gemeinschaft glaubt gern, aus dem Wort, das sie vernimmt, schon alles über die vorangegangenen zu wissen. Ein unbegreifliches Rätsel ist es für den Apostel Paulus und den *rasûl* Muhammad, dass die Gemeinschaften, die die Offenbarung empfangen haben, sich mehrheitlich der neuen, vollendenden Geisterfahrung verschließen. Glaubende, die ihrem Zeugnis folgen, brauchen trotz der von beiden gegebenen Antworten schon weit über ein Jahrtausend für die Erkenntnis: Wir selbst können nicht sein ohne Gottes Wort an die, die uns jetzt anders erscheinen. Wir können es nicht sein bis in die Auslegung des Wortes, das wir hören, und bis in unsere gottesdienstliche Gemeinschaft. Wir können selbst nicht unserem Weg folgen ohne den lebendigen Weg, den diese anderen bis heute gehen. Denn die andere Gemeinschaft empfängt auch heute ohne Vorbehalt Gottes Erwählung und Sendung zu ihrem Weg.

*Mahmoud Ayoub*[58], geboren im Libanon, dem kleinen Land der vielen Religionen, macht deutlich, wie schwierig, wenn nicht praktisch unmöglich es ist, die Aufgabe des Dialogs zu erreichen. Doch umso deutlicher bleibt er dabei, das ›Langzeitziel‹, die erkannte Aufgabe, zu formulieren: die gegenseitige Anerkennung der Legitimität und Authentizität der religiösen Tradition des anderen – der für sich selbst spricht – als göttlich inspirierter Glaube.

Seine Gedanken nennen zuerst den Dialog des Lebens, in dem die Kinder dreier Abrahamfamilien mit dem gemeinsamen abrahamischen, prophetischen Ethos und geistlichen Erbe den alltäglichen und gesellschaftlichen Problemen der veränderten modernen Welt begegnen. M. Ayoub verschmäht nicht den akademischen Dialog. Aber er wünscht ihn sich verwandelt auch in einen Dialog des Glaubens. In solchem Dialog teilen Frauen und Männer persönlichen Glauben auch durch Gottesdienst, geistliches Leben und den persönlichen Kampf mit und in Gott. Denn ihre Gemeinschaften sind auf dem Weg zu Gott, der ihr letztes Ziel ist.

---

58. Mahmoud Ayoub, in: The Muslim World 94, 2004, S. 313–403.

# Teil II

# Jesus Christus, das eine Wort Gottes – Barmen I und der Dialog mit dem Islam

# Die erste These der Barmer Theologischen Erklärung

»*Ich bin der Weg und die Wahrheit und das Leben; niemand kommt zum Vater denn durch mich*« *(Joh. 14, 6 )*.

»*Wahrlich, wahrlich, ich sage euch: Wer nicht zur Tür hineingeht in den Schafstall, sondern steigt anderswo hinein, der ist ein Dieb und ein Mörder. Ich bin die Tür; so jemand durch mich eingeht, der wird selig werden*« *(Joh. 10, 1.9 )*.

Jesus Christus, wie er uns in der Heiligen Schrift bezeugt wird, ist das eine Wort Gottes, das wir zu hören, dem wir im Leben und im Sterben zu vertrauen und zu gehorchen haben.

Wir verwerfen die falsche Lehre, als könne und müsse die Kirche als Quelle ihrer Verkündigung außer und neben diesem einen Worte Gottes auch noch andere Ereignisse und Mächte, Gestalten und Wahrheiten als Gottes Offenbarung anerkennen.

*Erste These der »Theologischen Erklärung zur gegenwärtigen Lage der Deutschen Evangelischen Kirche« der ersten Reichssynode der Bekennenden Kirche, die vom 29. bis 31. Mai 1934 in Barmen-Gemarke tagte.*[1]

1. Zitiert nach: Kirchen- und Theologiegeschichte in Quellen, Bd. V, Neukirchen-Vluyn 1999, S. III.

# In der Wahrheit bleiben, damit der Dialog gelingt
# Predigt über die erste These
# der Barmer Theologischen Erklärung von 1934

Manfred Kock [1]

I.

Liebe Gemeinde!

»Jesus Christus, wie er uns in der Heiligen Schrift bezeugt wird, ist das eine Wort Gottes, dem wir im Leben und im Sterben zu vertrauen und zu gehorchen haben.«

So lautet der erste Hauptsatz der ersten These der Theologischen Erklärung von Barmen. Er fasst die reformatorische Entdeckung zusammen und ist zugleich Abgrenzung zum Verrat der Deutschen Christen. Jesus Christus ist die Wahrheit, die Halt gibt und Trost – auch dann, wenn wir selbst gar nichts mehr zu erwarten haben. In dieser Wahrheit eröffnet sich die Freiheit der Kinder Gottes, die uns geschenkt ist. Wir kommen heraus aus dem Teufelskreis der Selbstrechtfertigung, der Schuld und der Schuldzuweisung, der Angst und der Gewalt.

»Jesus Christus, wie er uns in der Heiligen Schrift bezeugt wird, ist das eine Wort Gottes [...]«

Keine andere Quelle, keine anderen Mächte und Ereignisse, Gestalten und Wahrheiten sind daneben als Gottes Offenbarung anzuerkennen. Wir haben für unseren Glauben allein das Wort vom gekreuzigten und lebendigen Jesus Christus. Er ist der einzig wahre und Leben schaffende Weg!

[1]. Die Predigt wurde am 21. Januar 2005 in der Evangelischen Kirche in Barmen-Gemarke (Wuppertal) gehalten. Grundgedanken gehen auf eine Predigt am 1. Oktober 2000 am selben Ort zurück.

## II.

Drei Fragen werden uns Christen gestellt, wenn wir Jesus so im Mittelpunkt sehen.

Die *erste Frage* lautet:

> *Ist es nicht anmaßend, zu behaupten, Jesus sei das eine Wort Gottes, neben dem nichts anderes gilt, was den Zugang zu Gott erschließen könnte?*

Die so fragen, räumen ein, in der Nazizeit habe man das wohl so sagen müssen, weil die damalige Ideologie offensichtlich religiöse Machtansprüche vertrat – mit verbrecherischen Zielen. Inzwischen aber wisse man, wie vielfältig und tiefgründig andere Weltreligionen sind; wie ernsthaft ihre Anhänger ihren Glauben leben! Deren Wahrheitsansprüche dürfe man heute doch nicht bestreiten.

Zu antworten ist: Der christliche Anspruch auf Wahrheit in der Barmer Erklärung ist nicht als Abgrenzung zu den Weltreligionen formuliert. Die Barmer Erklärung ist zunächst ein deutliches Wort an die christliche Kirche selbst. Sie warnt vor der Gefahr, eigene Gottesbilder vor den Christus zu rücken. Unser Land ist zwar von christlicher Tradition geprägt worden, dennoch sind wir in der Versuchung, uns auf die Götter dieser Welt zu verlassen: auf Geld und Prestige, auf Macht und Eitelkeit. Diese Ersatz-Götter unserer Zeit locken zur Anbetung mit Habgier und Egoismus, mit Kälte und Gleichgültigkeit. Sie spalten die ganze Welt. Wer angesichts dieser Realität den Christus als das eine Wort Gottes erkennt, findet zur wichtigsten Form der Kritik, nämlich zur Selbstkritik, ohne die keine ernsthafte christliche Kritik an den Religionen möglich ist. Wir wissen, dass Jesus sich *allen* Menschen zuwendet. Das stärkt unsere Achtung gegenüber anderen Religionen und denen, die ihren Glauben ernst nehmen.

Die Achtung vor dem ernsten Glauben anderer hilft uns, nicht nur Gemeinsamkeiten, sondern auch die Unterschiede zu erkennen. Das ist deshalb so wichtig, weil Verständigung mit anders Glaubenden nur gelingt, wenn wir den eigenen Standort kennen und ihn deutlich benennen können. Das ist für die Zukunft unseres Landes so ungemein wichtig, damit wir auch in der nächsten Generation in Frieden miteinander leben können. Mit oberflächlicher Gleichgültigkeit in den Fragen des Glaubens wird der drohende Fundamentalismus in unseren Religionen nicht verhindert.

Die *zweite Frage* lautet:

> *Ist der christliche Absolutheitsanspruch nicht überholt? Hat er angesichts der Vielfalt unserer Welt, angesichts der Fülle von geistigen Angeboten nicht längst seine Kraft verloren?*

Darauf ist zu antworten: Die Kraft der Christusbotschaft erweist sich gerade nicht, wenn sie sich auf starke Truppen stützt. Das Beispiel der ersten Christengemeinden zeigt: Sie haben dann ihre stärksten Glaubensimpulse erhalten, wenn ihre Sache äußerlich am Ende zu sein schien. Damals im Römischen Reich, in den Städten und Dörfern Kleinasiens, in Griechenland und in Rom selber begegneten die Christen einer Staatsmacht, die totale Unterordnung forderte. Jeder musste seine Knie beugen vor der Gottheit, die sich im Kaiser repräsentierte. Daran wurde die Zuverlässigkeit der Staatsbürger gemessen. Wer sich weigerte, die Knie vor dem Bild des Kaisers zu beugen, wurde verfolgt und getötet.

Gerade unter diesem Druck sahen Christen den Himmel offen. Johannes, der Seher, bekennt im Buch der Offenbarung Christus als den, der das All in Händen hält. Gerade der, den man am Kreuz ermordet hatte, den sieht er in der strahlenden Welt Gottes. Der keinen Ort hatte, wohin er sein Haupt legen sollte, hält die Sterne des Alls in den Händen.

Solche Sicht aus Zeiten äußerster Bedrängnis kommt uns vielleicht überschwänglich vor. Es ist aber gerade das Leid, das den Blick öffnet für die Herrlichkeit Gottes. Wir wünschen uns solche Leidenszeit nicht herbei. Aber wir sollten ein Gespür entwickeln für die Leiden unserer Gegenwart. Dann werden auch wir offen für solche Gottesschau.

- Lassen wir uns ein auf das Leid der Mütter und Kinder, der jungen Männer und Mädchen in Afrika, die unter der AIDS-Katastrophe zugrunde gehen! – Lassen wir uns ein auf das Leid der Alten, der Frauen und der Kinder, die erschossen oder von Minen zerfetzt werden, weil Waffenhändler ihre Geschäfte machen! – Lassen wir uns ein auf das Leid der Fremden (und Ausländer) in unserem Land, die wegen ihrer Hautfarbe oder ihrer Sprache bedroht, geschlagen und getötet werden! – Lassen wir uns ein auf das Leid derer, die bei Naturkatastrophen ihre Angehörigen und ihre Existenzgrundlagen verloren haben.
- Lassen wir uns auch ein auf das Leid der jungen Leute, die sich zu Gewalttaten hinreißen lassen! Sie haben kein Selbstgefühl entwickeln können, darum brauchen sie Sündenböcke, um ihren Hass abzureagieren.

Wenn wir in ihnen allen das Leid des Gekreuzigten erkennen, und wenn wir teilhaben am Leid in dieser Welt, werden wir das Bild des Gekreuzigten deutlicher als den einzigen Trost im Leben und im Sterben sehen.

Die *dritte Frage* lautet:

> *Jesus, der Einzige – was hat er uns eigentlich zu bieten? Ist seine Botschaft, die wir zu hören und der wir »im Leben und im Sterben zu vertrauen und zu gehorchen haben«, mit ihrem Anspruch nicht überholt?*

Hierauf Antwort zu finden ist am schwierigsten. Denn das Leiden dieser Welt führen wir uns wohl vor Augen. Wir erkennen vielleicht auch den Christus darin. Aber was müsste alles getan werden! Allein sind wir oft zu schwach und werden schnell entmutigt. Zudem sind wir mit unserem Lebensstil schuldhaft in die Elendsstrukturen verwickelt. Selbst die jugendlichen Gewalttäter, die jüdische Friedhöfe schänden oder Moscheen beschmieren und anzünden, sind ja unsere Kinder und Enkel.

Statt sich mit dem Leid zu konfrontieren, suchen Menschen heute nach Trost. Viele fühlen sich, als würden ihnen alle Kräfte des Körpers und des Geistes ausgesaugt. Von der Botschaft des Gekreuzigten müsste eher Entspannung ausgehen, sagen sie, eher Freude am Leben, als sich ständig das Elend vor Augen zu führen.

Viele wollen der Last der Verantwortung für kommende Generationen entrinnen. Sie wollen lieber jetzt befreit leben und wollen jetzt genießen.

Eine Religion, die sofortige Erlösung anbietet, käme vermutlich heute besser an. Der Weg Jesu aber ist mühselig. – Er hat seine Nachfolgerinnen und Nachfolger aufgefordert, das Kreuz auf sich zu nehmen. Andererseits hat er auch versprochen, seine Last sei leicht. Wer sich wirklich einlässt auf dieses »*eine Wort Gottes*«, den Christus, auf seinen Trost und seine Weisungen, kann erleben, was viele erleben: Befreiung von Bedrängnis und Verzweiflung. Was so anstrengend wirkt, kann auch befreiend sein. Viele erleben, wenn sie zu helfen versuchen, eine große Befriedigung. Die Freude eines einzigen Kindes, das Hilfe erfährt, spiegelt zurück auf die, die geholfen haben. Die kleinen Schritte der Hilfe sind wie die Funken des Lichtes, die das Dunkel erträglich machen. Wer sich auf Jesus einlässt, kann erleben, wie die eigene Hoffnungslosigkeit überwunden wird.

Der Absolutheitsanspruch, der zunächst ausgrenzend scheint, ist in Wahrheit ein großzügiges Angebot, das allen gilt. Wenn wir Christen Ihn als das eine Wort Gottes bezeichnen, dann eröffnet das Räume für alle anderen. Jesus sagt: Im Hause meines Vaters sind viele Wohnungen. Bei Gott ist Platz für alle. Niemand muss zu einem Wettlauf um Gottes Gunst antreten zulasten anderer. Keine Religion erreicht dadurch Gottes Nähe, dass sie andere verdrängt.

»*Du bist der Christus*«, d. h., du bist das Eine Wort der göttlichen Liebe, das diese Welt rettet. Das soll in unserer Kirche lebendig sein, dann ist alles genug.

## III.

Wie aber kann das Zusammenleben im Lande gelingen, wenn wir Christen den Wahrheitsanspruch Jesu nicht nur nicht aufgeben, sondern ihn anderen auch bezeugen?

Hilfe und Unterstützung ist die Religionsfreiheit, die in der Verfassung unseres Staates verankert ist. Religionsfreiheit ist nicht nur das Recht des Individuums auf eigenen Glauben, sondern auch die Freiheit, Religion gemeinschaftlich ausüben zu können. Die Religions- und Weltanschauungsgemeinschaften selbst sind in die Garantie der Religionsfreiheit aufgenommen. Die Verfassung und die Rechtsprechung in Deutschland haben dieses in klarer und unmissverständlicher Weise herausgestellt. Erfahrungen aus der Geschichte unserer Kirche und unseres Landes, die wir zu ganz wesentlichen Teilen der Reformation und der Auseinandersetzung mit der Aufklärung verdanken, haben wir in die Gespräche mit anderen Religionen, das sind in unserem Land vor allem die Muslime, einzubringen und in ihren kulturellen und rechtlichen Konsequenzen von denen, die hier leben wollen, auch einzufordern.

Inzwischen leben etwa 15 Millionen Muslime in Europa; in Deutschland sind es mehr als drei Millionen. Der Dialog ist der einzige vorstellbare Weg in die Zukunft. Wir haben in unserem Land keine Alternative zum Aufbau einer Kultur des Zusammenlebens. Wir benutzen für die theologische Dimension des religiösen Zusammenlebens und Austausches gerne den Begriff der »Konvivenz«. Die Frage ist, wie dieses Zusammenleben konkret zu gestalten ist und wie ein Dialog geführt werden kann. Ein Zusammenleben, das mehr als ein Nebeneinanderleben ist, hat auch zur Voraussetzung, dass die Religionen sich selbst ernst nehmen und ihre Wahrheitsansprüche nicht aufgeben. Allerdings wissen viele, die im christlichen Kulturkreis aufgewachsen sind, viel zu wenig über ihre geistige Herkunft.

Ebenso mangelt es weitgehend an ausreichenden Kenntnissen über andere Religionen. Die Achtung vor dem Glauben anderer erfordert aber die Bereitschaft, deren Glauben kennen zu lernen, Gemeinsamkeiten herauszufinden und zugleich auch Fremdartiges und für uns Unverständliches zu akzeptieren. Trotz der Anstrengungen auch der Kirchen in den zurückliegenden Jahrzehnten, über die in Deutschland anwesenden anderen Religionen zu informieren, sind hier große Defizite zu verzeichnen. Ebenso ist umgekehrt davon auszugehen, dass Muslime in Deutschland ausreichend Informationen über den christlichen Glauben haben müssen, um ihrerseits Missverständnisse zu vermeiden und unsere Grundüberzeugungen zu verstehen.

Zusätzlich müssen Grundsätze unserer Verfassung im Gespräch mit dem Islam zur Sprache kommen. Dazu gehören die Anerkennung des staatlichen Gewaltmonopols und die Befürwortung der organisatorischen Trennung von Kirche und Staat. In unserem Land ist in der Partnerschaft von Staat und Kirche ein bewährtes Modell gefunden, das der Freiheit des Glaubens dient und zugleich der Gesellschaft Nutzen bringt. Dazu gehört ferner, dass die Freiheit des Einzelnen immer mit der Bereitschaft zur Verantwortung verbunden sein muss. Die Gleichstellung von Männern und Frauen darf nicht bestritten werden.

Christus, der die Wahrheit ist und die Freiheit schenkt, wird seine Kirche weiter tragen. Gerade in dieser Zeit, in der Menschen unterschiedlicher Religionen sich enger und häufiger begegnen als je zuvor. Christus ist die Mitte der Heiligen Schrift und die Mitte unseres Kirchenverständnisses.

Seine Botschaft bietet das Entscheidende:

1. Christus gibt uns ein realistisches Menschenbild. Er kennt die Versäumnisse und die abgründigen Irrwege. Wir müssen nichts vertuschen.
2. Niemand ist auf sich allein gestellt. Auch wenn bisweilen die Gemeinden kleiner geworden sind und verzagen, mindestens einer bleibt, zu dem wir sprechen können – Christus.
3. Die Finsternis hat nicht das letzte Wort, in dieser Welt nicht, in jedem einzelnen Menschenleben nicht. Das Leben wird stärker sein als der Tod.

# Die Barmer Theologische Erklärung
# Eine muslimische Betrachtung

Hamideh Mohagheghi

## 1 Vorbemerkung

Als Muslima kann ich das christliche Verständnis für die Bedeutung dieses Dokuments nur annähernd erfassen. Die Barmer theologische Erklärung ist in einem historisch-politischen Kontext entstanden, in dem es notwendig erschien, das Glaubenszeugnis in einer besonderen Weise zu bekunden, das zugleich ein politisches Signal war. Der Verfasser Karl Barth reagierte damit auf die Aufforderung, seine Vorlesungen mit einem Hitlergruß zu beginnen. Der Aufbau des Dokuments ist die Bestätigung seiner Bedeutung für den Widerstand gegen Despoten: Jede These beginnt mit Zitaten aus der Bibel, die kurz kommentiert werden. Am Schluss der These verwirft sie die »falsche Lehre« und lehnt sie endgültig ab.

Sie ist ein wichtiges und mutiges Dokument gegen die Instrumentalisierung der Religion für politische Zwecke. Somit ist sie nicht nur ein theologisches und religiöses Bekenntnis. Wenn auch keine Aussagen in der Erklärung die Absicht aufzeigen, sich gegen das Naziregime zu stellen, setzt sie Zeichen für Widerstand und Ablehnung. Auch die Aussagen der Unterzeichner und ihre Kommentare, dass dieses Dokument nicht als »eine politische Manifestation des Widerstandes« und nicht primär an die Öffentlichkeit gerichtet, sondern ein innerkirchliches Bekenntnis sei, kann nicht an die politische Wirkung der Erklärung zweifeln lassen.

Die Frage ist, aus welchem Grund beabsichtigte die Kirche, diese Erklärung als ein »innerkirchliches Bekenntnis« und nicht als eine öffentliche und klare Zeichensetzung zu verstehen. Liegt es nicht im Verantwortungsbereich der gläubigen Menschen, sich individuell und gemeinschaftlich gegen die Ungerechtigkeiten und das Verbrechen gegen die Menschheit zu erheben? Was hinderte die Unterzeichner dieses Dokuments, in ihm mit aller Klarheit gegen die Entwicklung der Naziverbrechen Position zu beziehen? Es ist sicherlich nicht immer klug und effektiv, eine öffentliche Widerstandsposition einzunehmen, um die Mächtigen von ihrem verbrecherischen Vorhaben abzubringen. Wäre aber nicht der Zeitpunkt 1934 angebracht gewesen, um Schlimmeres zu verhindern? Sah die Kirche dies nicht als ihre Aufgabe, oder hatte sie keine Möglichkeit, den Lauf der Geschichte zu beeinflussen?

Im Christentum spricht man von einer Trennung zwischen Staat und Religion, der »Kaiser« ist zuständig für die weltlichen und die Kirche für die religiösen Angelegenheiten. Ob eine wirkliche Trennung zwischen diesen beiden Bereichen möglich ist, bleibt weiterhin gesellschaftlich-politisches sowie religiöses Diskussionsthema. Die Religion ist Lebensweise und Weisung, die das Denken und Tun der Menschen lenkt und nicht nur seine Beziehung zu Gott ordnet, sondern auch alle Beziehungen innerhalb einer Gesellschaft.

Die Religiosität ist eine Verantwortung, eine Verpflichtung, sich für eine Welt einzusetzen, in der die Menschen in Würde leben und handeln können. Eine Welt, in der die Entscheidungsfreiheit des Einzelnen garantiert ist und jeder sich selbst verpflichtet, in Solidarität und Verbundenheit mit anderen zu leben. Die weltliche Aufgabe des Menschen als Statthalter ist es, sich für Gerechtigkeit und Frieden einzusetzen und diese zu pflegen. Die Religionen haben das Potenzial, dies zu fordern und zu fördern. Eine fehl gedeutete Religiosität hat aber auch die Macht, die Menschen zu verleiten und sie in die Gegenrichtung zu lenken.

Gottesdienst besteht nicht ausschließlich darin, zu gewissen Zeiten zu beten und bestimmte Rituale durchzuführen, jeder Dienst an der Menschheit und die Bewahrung der Schöpfung ist ein Gottesdienst. Es ist eine gottesdienstliche Handlung, aufmerksam und bedacht aber diskret am Leben der Mitmenschen teilzuhaben und ihnen zu helfen, wenn sie in Not und Drangsal sind. Die Verbrechen in der Menschheitsgeschichte können größtenteils verhindert werden, wenn es Menschen gibt, die ihnen mit Entschiedenheit und kompromisslos entgegentreten.

Alle Religionen warnen vor egozentrischen Lebensformen, sie sehen die Menschen als Glieder einer Gemeinschaft, in der alle aufeinander angewiesen sind. Die Solidarität und Ethik des Helfens sind elementare Bestandteile der Religionen, die Gewaltanwendung und das Verbrechen verabscheuen. Die Bekundung der Religionen gegen Gewalt und Verbrechen ist elementar für die Erziehung der Menschen sich von diesen fernzuhalten. Aktuell erleben wir die Notwendigkeit dieser Bekundung, damit nicht die Religion für die eigennützigen Zwecke instrumentalisiert wird.

Während die Barmer theologische Erklärung den Zweck ihrer Zeit erfüllte, die Kirche vor der Einflussnahme des Naziregimes zu bewahren und auch in ihrer Wirkungsgeschichte die Menschen ermutigte, sich zu erheben, ist zu überlegen, welche Bedeutung ihr Bekenntnis heute haben kann, und wo sie eine Unterstützung ist und ob sie im Dialog zwischen Christen und Muslime eine konstruktive Rolle spielen kann. In einigen Aspekten besteht Diskussionsbedarf, um Missverständnisse auszuräumen.

Meine Überlegungen setzen die Barmer theologische Erklärung in eine Beziehung zum christlich-muslimischen Dialog und zeigen, in welchen Punkten mir eine theologische Annäherung nicht möglich scheint und welche für eine gemeinsame Basis für ein Zusammenleben zwischen Christen und Muslimen herangezogen werden können. Im Dialog ist es unentbehrlich, offen und ehrlich über die Differenzen zu sprechen, das Selbstverständnis der anderen wahrzunehmen und die Unterschiede mit Respekt und Anerkennung stehen zu lassen. Das Ziel des Dialoges kann nicht eine Vereinheitlichung der Religionen sein, jede Religion hat ihre Besonderheiten und Einzigartigkeiten, die zu pflegen und zu bewahren sind.

## 2 Erste These

*»Ich bin der Weg und die Wahrheit und das Leben; niemand kommt zum Vater denn durch mich.« (Joh. 14,6)*

*»Wahrlich, wahrlich ich sage euch: Wer nicht zur Tür hineingeht in den Schafstall, sondern steigt anderswo hinein, der ist ein Dieb und ein Mörder. Ich bin die Tür; so jemand durch mich eingeht, der wird selig werden.« (Joh. 10, 1.9)*

Jesus Christus, wie er uns in der Heiligen Schrift bezeugt wird, ist das eine Wort Gottes, das wir zu hören, dem wir im Leben und Sterben zu vertrauen und zu gehorchen haben.

Wir verwerfen die falsche Lehre, als könne und müsse die Kirche als Quelle ihrer Verkündigung außer und neben diesem einen Worte Gottes auch noch andere Ereignisse und Mächte, Gestalten und Wahrheiten als Gottes Offenbarung anerkennen.

Die erste These beinhaltet eine wichtige theologische Differenz zwischen Christen und Muslimen, die im Dialog zu strittigen Diskussionen über die Christologie in den beiden Religionen führen kann. Die Aussage aus dem Johannes-Evangelium 14,6 »Ich bin der Weg und die Wahrheit und das Leben, niemand kommt zum Vater denn durch mich« ist Anspruch und zugleich eine Verpflichtung mit zentraler Bedeutung für die Christen. Verpflichtung liegt darin, dass die Christen in die Pflicht genommen werden, den Weg Jesus zu gehen und seinem Beispiel in ihrem Leben zu folgen.

Als Anspruch kann sie Probleme hervorrufen und Verhaltens- und Handlungsweisen legitimieren, die nicht im Sinne der Lehre von Jesus sind: die Gläubigen aller Religionen können für sich den Anspruch erheben, den eigenen Weg als den Richtigen zu bezeichnen. Es ist nicht unrecht, wenn man von der eigenen

Religion in diesem Sinne überzeugt ist, im Gegenteil verleiht diese Überzeugung die Beständigkeit und ist eine wichtige Grundlage für die Religiosität. Der Anspruch wird zum Problem, wenn man den eigenen Weg als den einzig richtigen und verbindlich für alle versteht und die anderen als nicht würdig für die uneingeschränkte Gnade und Barmherzigkeit Gottes erklärt. Wenn der zweite Teilsatz »niemand kommt zum Vater denn durch mich« in diesem Sinne verstanden wird, wie die Formulierung aussagt, bedeutet dies für mich: jemand, der nicht im christlichen Verständnis an Jesus Christus glaubt, hat keinen Zugang zu Gott. So schließt diese Aussage die Mehrheit der Menschen aus und schränkt die Gnade Gottes und seine Erreichbarkeit eindringlich ein. Gott wird vereinnahmt und reserviert für eine bestimmte Gruppe der Menschen. Diese Auffassung kann dazu verleiten, dass man den eigenen Weg als die alleinige Wahrheit und sich selbst als Auserwählten wahrnimmt, seine Lebensaufgabe darin sieht, den anderen mit allen Mitteln zum »rechten Weg« zu führen. Wir wissen, dass diese Annahme zu Überlegenheitsansprüchen führte und großes Unheil in der Menschheitsgeschichte angerichtet hat. Mag sein, dass Ausschließung und Abgrenzung gegenüber anderen für die Stärkung des Selbstbewusstseins in besonderen Situationen unvermeidbar sind. Wenn sie aber Bestandteil der Religion werden, der die Bekämpfung und gar Ausrottung der anderen legitimiert, ist dies nicht zu tolerieren und darf in keiner Weise geduldet werden.

Die Ausschließung wird verstärkt durch den weiteren Satz »Wer nicht zur Tür hineingeht in den Schafstall, sondern steigt anderswo hinein, der ist ein Dieb und ein Mörder. Ich bin die Tür; so jemand durch mich eingeht, der wird selig werden.« Wir sprechen heute vom Dialog der Religionen und von der Annäherung und vom Verständnis füreinander. Wir leben in einer Welt, in der die Menschen immer näher zueinander rücken und das Zusammenleben zwischen unterschiedlichen Religionen nicht mehr vermeidbar ist. Wie ist ein Dialog mit Dieben, Mördern und Unseligen möglich? Kann es einen Dialog in gleicher Augenhöhe geben, wenn die anderen, die nicht an Jesus als Sohn Gottes, sondern als Herausragender und Auserwählter Gottes glauben, als Menschen betrachtet werden, denen man nicht trauen kann, denn Diebe und Mörder sind keine vertrauenswürdigen Menschen! Sind diese Aussagen nicht ein Hindernis, den anderen als gleichwertigen Menschen anzusehen? Wenn diese die Kernaussagen des Christentums sind, würden sie nicht für einen Christ theologische Bedenken verursachen, auf andere zuzugehen und sich mit ihnen auf der gleichen Ebene zu sehen? Geht aus dieser Aussage nicht ein Überlegenheitsgefühl aus, das in Begegnungen mit anderen immer wieder zum Vorschein kommen kann?

Für die Muslime ist Jesus ein herausragender Prophet und Verkünder der göttlichen Lehre. Er wird im Koran als ein Wort Gottes genannt, nicht »das eine Wort Gottes«. Darin liegt der Unterschied: er ist ein besonderer Mensch, einzigartig und Träger besonderer Fähigkeiten, neben ihm gibt es aber weitere Gesandte und

Persönlichkeiten, die von Gott auserwählt waren und deren Lehren genauso für die Menschheit bedeutend ist. Er wurde durch das Wort Gottes erzeugt und war Träger des Heiligen Geistes (Koran, Sure 4,171), hatte die Ermächtigung, Kranke zu heilen und Wunder zu vollbringen. Er erhielt von Gott eine Offenbarung, die als »Weisheit und Licht für die Menschheit« gilt (Koran, Sure 5, 46).

Die Gesandten und Propheten im Islam waren keine Übermenschen, sondern von Gott Auserwählte, die besondere Gaben und Möglichkeiten besaßen. Sie waren vor allem Menschen, die mitten in der Gemeinschaft sich für Gerechtigkeit und Frieden einsetzten. Sie waren alle Gottes Geschöpfe und seine Diener, sie stehen im Koran gleich nebeneinander ohne eine Wertung in der Ranghöhe. Daher kann die Aussage »das eine Wort Gottes« in der ersten These als Herabstufung der anderen Propheten und Auserwählten Gottes verstanden werden.

Könnte diese These nicht gerade im Jahr 1934 als eine Bestätigung instrumentalisiert werden, dass man doch zu »besseren Menschen« gehört?

Die Verwerfung in dieser These akzentuiert, dass kein anderes Wort als Wort Gottes für die Kirche verbindlich ist. Sie wehrt alle Mächte ab, die versuchen die Kirche für sich zu vereinnahmen.

Der Mensch hat den Hang zur Selbstherrlichkeit und Willkür, die für die Menschheit Leid und Desaster bringt. Hierfür wurden im Laufe der Geschichte die Religionen für die Legitimierung der menschlichen Taten instrumentalisiert. Es ist ein wichtiger Auftrag, unaufhörlich zu betonen, dass die Menschen ihre Gräueltaten eben nicht im Namen Gottes begehen und die Religionen keine Legitimation für diese Verbrechen liefern. Es liegt in der Verantwortung der Gläubigen der jeweiligen Religion, die Religionen vor derartigem Missbrauch zu bewahren.

## 3 Zweite These

*»Jesus Christus ist uns gemacht von Gott zur Weisheit und zur Gerechtigkeit und zur Heilung und zur Erlösung« (1. Kor. 1, 30)*

Wie Jesus Christus Gottes Zuspruch der Vergebung aller unserer Sünden ist, so und mit gleichem Ernst ist er auch Gottes kräftiger Anspruch auf unser ganzes Leben; durch ihn widerfährt uns frohe Befreiung aus den gottlosen Bindungen dieser Welt zu freiem, dankbarem Dienst an seinen Geschöpfen.

Wir verwerfen die falsche Lehre, als gäbe es Bereiche unseres Lebens, in denen wir nicht Jesus Christus, sondern anderen Herren zu eigen wären, Bereiche, in denen wir nicht der Rechtfertigung und Heilung durch ihn bedürfen.

Die Erlösung durch den Tod Jesu am Kreuz ist ein Diskussionsschwerpunkt im theologischen Diskurs zwischen Christen und Muslimen. Für die Muslime ist die

Vorstellung der Menschwerdung Gottes, um das Leid der Menschen zu erfahren, fremd. Auch die Vorstellung, dass Jesus durch Leid und Tod am Kreuz die Menschen von ihren Sünden befreit und erlöst hat, stößt auf Unverständnis. Im islamischen Verständnis ist Gott der wissende Schöpfer, der die kleinsten Einzelheiten der physischen und psychischen Zustände seiner Geschöpfe kennt. Er steht ihnen nah und Sein Geist schenkt Leben in jedem einzelnen, und somit ist er der ständige Begleiter in allen Lebensbereichen. Seine umfassende Kenntnis und Sein Wissen gehört zu Seinen Attributen; er bedarf es nicht, nach menschlichem Verständnis »physisch« zu erleben, wie der Mensch leidet. Die Vermenschlichung Gottes, wie die Muslime im Christentum wahrnehmen, ist eine essentielle Trennlinie zwischen Christentum und Islam. Im islamischen Verständnis ist es dem Menschen nicht möglich, das Wesen Gottes zu erfassen; dies liegt jenseits der menschlichen Möglichkeiten. Daher können die Muslime das Bild Jesu als Gott in der Gestalt eines Menschen am Kreuz und ebenso auch die herrschende christliche Auffassung, dass Gott durch Selbstopferung die Menschen von ihren Sünden befreit hat, nicht mittragen. Damit wird Gott personifiziert, er bekommt ein Gesicht und eine Gestalt und wird bildhaft dargestellt, insgesamt also auf die menschliche Sinneswahrnehmung reduziert.

An dieser Stelle ist ein Grundsatz im Dialog zu erwähnen: Ein gelungener Dialog zeigt die Grenzen, die die Religionen voneinander unterscheiden. Es ist erforderlich, diese Grenzen zu erkennen, auszuhalten und achtungsvoll gewähren zu lassen.

Die Menschen können nicht durch die Interpretation ihrer jeweils eigenen Religion den Anspruch erheben, die Wahrheit Gottes vollständig erkannt zu haben.

Die Erlösung ist im Islam durch Gnade und Barmherzigkeit Gottes und die eigene Handlungs- und Verhaltenweise zu erreichen. Jeder Mensch ist für sich selbst verantwortlich, und es sind seine bewussten und aus freiem Willen durchgeführten Taten, die ihn der Erlösung näher bringen oder auch ihn von ihr entfernen. Die Hoffnung auf die Gnade Gottes ist unbeschreiblich groß, sodass der Mensch sich direkt an Gott wendet und um Vergebung für sein Fehlverhalten bittet. Niemand kann die »Sünden« der anderen auf sich nehmen und niemand ist berechtigt, die Entscheidung zu treffen, die nur Gott zugeschrieben ist, nämlich die Sünden zu vergeben. Jeder Mensch wird frei von »Sünden« geboren und bleibt »sündenfrei«, bis er mündig ist, bewusst und frei handeln kann. Jedes Individuum trägt mit Gnade und Zuspruch Gottes und der Kraft der eigenen Fähigkeiten und Möglichkeiten die Verantwortung für das, was er denkt und tut.

Die zweite These in der Barmer theologischen Erklärung ist meines Erachtens eine klare Absage an Bindungen zu anderen »Herren« und Mächten außer Gott und Jesus. Wenn auch die Aufhebung der Autorität der Nazimachthaber nicht ausdrücklich in der Erklärung genannt wird, ist diese These eine klare Absage und kann Mut und Zuversicht schenken, sich dagegen zu stellen. Sie kann ein wichtiges Dokument des Widerstandes sein und die Aufgabe erfüllen, die die Religionen in diesem Bereich zu erfüllen haben. Durch die Bindung und Hingabe zu einem einzigen Gott wird der Mensch befreit von anderen Bindungen, die ihn verleiten. Wenn auch diese Bindung an Gott in unserer Zeit verdrängt oder gar vergessen ist, bleibt sie ein wichtiger Bestandteil des Lebens und eine positive Antriebskraft der menschlichen Handlungsweise. Gerade in unserer Zeit ist es wichtig, dass die Religionen die Kraft dieser Bindung besonders herausstellen und die Menschen ermutigen, ihr Urbedürfnis nach einer Beziehung zu einer höheren Kraft, die allen weltlichen Mächten zugrunde liegt, zu bekunden.

## 4 Dritte These

»*Lasst uns aber rechtschaffen sein in der Liebe und wachsen in allen Stücken an dem, der das Haupt ist, Christus, von welchem aus der ganze Leib zusammengefügt ist.*« (*Eph. 4, 15. 16*).

Die christliche Kirche ist die Gemeinde von Brüdern, in der Jesus Christus in Wort und Sakrament durch den Heiligen Geist als der Herr gegenwärtig handelt. Sie hat mit ihrem Glauben wie mit ihrem Gehorsam, mit ihrer Botschaft wie mit ihrer Ordnung mitten in der Welt der Sünde als die Kirche der begnadigten Sünder zu bezeugen, dass sie allein sein Eigentum ist, allein von seinem Trost und von seiner Weisung in Erwartung seiner Erscheinung lebt und leben möchte.

Wir verwerfen die falsche Lehre, als dürfe die Kirche die Gestalt ihrer Botschaft und ihrer Ordnung ihrem Belieben oder dem Wechsel der jeweils herrschenden weltanschaulichen und politischen Überzeugungen überlassen.

Die Gemeinschaft hat in allen Religionen eine wichtige Stellung. Sie beeinflusst die Identitätsbildung, nimmt den Menschen auf, gibt ihm Sicherheit und Geborgenheit. In ihr lebt und wirkt der Mensch und lernt, nicht nur den individuellen Interessen nachzugehen, sondern diese auch zurückzustellen, wenn diese das allgemeine Wohl der Gemeinschaft beeinträchtigen. Der Mensch braucht die Gemeinschaft, sonst verfällt er in Einsamkeit, Isolation und egozentrische Lebensweise ohne Bindungen, die ihn auf seinem Lebensweg unterstützen.

Die Gemeinschaft kann aber auch zum Hindernis für die menschliche Entwicklung werden, wenn sie mit Dogmen und unzumutbaren Regeln nicht zulässt, dass der Mensch als Individuum den eigenen Lebensweg beschreitet. Besonders die religiösen Gemeinschaften können diesbezüglich ein Verhängnis werden, wenn sie durch Autorität und Strenge statt Liebe und Hingabe den Menschen in die Gemeinschaft einbinden. Es ist eine wichtige Aufgabe, dass die religiöse

Gemeinschaft tatsächlich Trost bietet und eine Weisung ist. Dafür müssen die essentiellen religiösen Werte in der Gestaltung der Gemeinschaft Einfluss haben, zugleich müssen sie dem Menschen die Möglichkeit verschaffen, innige Zuwendung durch Erfahren und Erleben zu finden.

Die Personen, die die Gemeinschaft zusammenführen, haben eine große Verantwortung, der sie durch ihre Handlungen gerecht werden müssen; sie gelten als »Vorbilder«, auf sie schauen die Menschen mit großer Erwartung. Der wahre Glaube schenkt der Gemeinschaft die Kraft, die sie für ihr Handeln und Wirken benötigt. Ein Glaube, der die Menschen verbindet; sie in Liebe und Achtsamkeit vereinigt. In dieser Gemeinschaft stehen nicht die uneingeschränkten Freiheiten der Einzelnen im Mittelpunkt, sondern das Wohlergehen aller ist die Grundlage der Handlungsweise der einzelnen. Die Menschen sorgen füreinander und sind wachsam für die Nöte der anderen.

Die Verwerfung in dieser These verstehe ich als eine Absage an eine Ordnung, die die Kirche vereinnahmen will. Die Kirche verteidigt ihre Werte gegenüber der weltlichen Herrschaft und verkündet ein selbständiges Agieren. Die Frage ist, ob damit die Kirche sich jeglichem politischen Diskurs verschließt oder es als ihre Aufgabe sieht einzuwirken, wenn die Herrschenden die ethischen und prinzipiellen Werte der Gemeinschaft vernachlässigen oder sie systematisch aushöhlen. Liegt das Intervenieren im Bereich der kirchlichen Verantwortlichkeit, wenn die weltliche Macht von Tyrannen und Despoten ausgeübt wird?

## 5 Vierte These

»Ihr wisst, dass die weltlichen Fürsten herrschen, und die Oberherren haben Gewalt. So soll es nicht sein unter euch; sondern so jemand will unter euch gewaltig sein, der sei euer Diener.« (Mt. 20, 25f.).

Die verschiedenen Ämter in der Kirche begründen keine Herrschaft der einen über die anderen, sondern die Ausübung des der ganzen Gemeinde anvertrauten und befohlenen Dienstes.

Wir verwerfen die falsche Lehre, als könne und dürfe sich die Kirche abseits von diesem Dienst besondere, vom Herrschaftsbefugnissen ausgestattete Führer geben oder geben lassen.

Der Inhalt dieser These ist, außer seiner Bedeutung für die kirchlichen Ämter, indirekt an die Machthaber gerichtet und ist eine Ermahnung, die Herrschaft als einen Dienst und nicht als ein Privileg zu sehen. In der Entstehungszeit dieser Erklärung ist dies ein politisches Signal, nicht die Herrschaft für die Sicherung und Erweiterung der Macht zu verwenden, sondern im Dienste der Menschen.

Der Herrschende hat einen Auftrag und eine Verpflichtung gegenüber der Gemeinschaft, und diese ist verpflichtet, sich an die Bestimmungen des Herrschenden zu halten, solange er selbst sich an die Gesetze und Regeln hält und nicht seine Macht und Vorzüge missbraucht. In einer Gemeinschaft ist es von enormer Bedeutung, dass unterschiedliche Kompetenzen sich gegenseitig unterstützen und durch gerechte und zweckdienliche Aufgabenteilungen das Zusammenleben gestalten. Das Volk vertraut den Herrschenden seine Angelegenheiten an, gewährt ihnen die Freiheit, im Sinne der Interessen des Allgemeinwohls zu handeln und erwartet, dass sie ihre Aufgabe in bestmöglicher Form erfüllen.

Darüber hinaus sind in dieser These die religiösen Führer im Christentum, die Inhaber der kirchlichen Ämter, ausdrücklich ermahnt, nur im Dienste der Menschen zu handeln. Die Menschheitsgeschichte bietet zahlreiche Beispiele von Gräueltaten, die unmittelbar oder indirekt durch die religiösen Führer verursacht wurden, insbesondere wenn sie politische Macht beansprucht haben. Die religiösen Persönlichkeiten können ein wichtigen Beitrag leisten und den Extremismus jeglicher Art aufhalten, wenn sie ihre Ächtung und Abweisung deutlich und öffentlich kundtun.

Der Dienst an die Menschheit gilt im Islam als Gottesdienst, und diesen hat nicht nur der Herrscher zu leisten, sondern auch die einzelnen Menschen in der Gemeinschaft. Die Lebens- und Handlungsweise jedes einzelnen hat positive oder negative Folgen für alle Mitgeschöpfe. Daher liegt die Intention der religiösen Lebensweise darin, bewusst und bedacht zu handeln und die Konsequenzen der Taten langfristig zu überdenken. Die kurzfristig gewinnbringenden Handlungen, die das Leben der Menschen und die Schöpfung beeinträchtigen, sind im religiösen Verständnis nicht vertretbar. Jeder Dienst an die Menschheit ist ein Gottesdienst, ob diese vom Staat oder von den Einzelnen ausgeführt wird.

## 6 Fünfte These

»*Fürchtet Gott, ehret den König!*« ( *1. Petr. 2, 17* ).

Die Schrift sagt uns, dass der Staat nach göttlicher Anordnung die Aufgabe hat, in der noch nicht erlösten Welt, in der auch die Kirche steht, nach dem Maß menschlicher Einsicht und menschlichen Vermögens unter Androhung und Ausübung von Gewalt für Recht und Frieden zu sorgen. Die Kirche erkennt in Dank und Ehrfurcht gegen Gott die Wohltat dieser seiner Anordnung an. Sie erinnert an Gottes Reich, an Gottes Gebot und Gerechtigkeit und damit an die Verantwortung der Regierenden und Regierten. Sie vertraut und gehorcht der Kraft des Wortes, durch das Gott alle Dinge trägt.

Wir verwerfen die falsche Lehre, als solle und könne der Staat über seinen besonderen Auftrag hinaus die einzige und totale Ordnung menschlichen Lebens werden und also auch die Bestimmung der Kirche erfüllen. Wir verwerfen die falsche Lehre, als solle und könne sich die Kirche über ihren besonderen Auftrag hinaus staatliche Art, staatliche Aufgaben und staatliche Würde aneignen und damit selbst zu einem Organ des Staates werden.

Die Unterscheidung zwischen der Beziehung des Menschen zu Gott und zum Staat wird in dieser These hervorgehoben. Der Staat hat die Aufgabe und die Macht, durch das Gewaltmonopol das Zusammenleben innerhalb und außerhalb des Staates zu regeln. Im Satz »Fürchtet Gott und ehret Kaiser!« ist sowohl eine klare Unterscheidung als auch eine Verbindung zwischen Gott und »Kaiser« festzustellen. Ehrfurcht vor Gott befähigt den Menschen, in Demut und zugleich zuversichtlich die Verantwortung für die Schöpfung bewusst wahrzunehmen und entsprechend auszuführen. »Die göttliche Anordnung« überlässt »menschlicher Einsicht und menschlichem Vermögen « einen Raum, in dem der Staat Gewalt androht und ausübt, um Recht und Frieden herzustellen. In dieser These wird verdeutlicht, dass das weltliche Recht und nicht die Religion herrschen sollte. Die Kirche erinnert zwar an das Reich Gottes, sie hat aber nicht die Aufgabe, dieses Reich auf der Welt zu errichten. Der Staat hat nicht die Aufgabe für das Heil und die Erlösung der Menschen zu sorgen, und er hat auch nicht die Aufgabe, die Wahrheit und damit in Zusammenhang stehende Glaubensinhalte und Rituale zu definieren, diese sind die Aufgaben der Kirche. Die Unterscheidung zwischen den Wirkungsbereichen der Kirche und des Staates und die Betonung, dass die Kirche nicht zu »einem Organ des Staates werden« sollte, wehrt die Vereinnahmung und Instrumentalisierung der Religion ab. Wird die Religion zur Staatsideologie, kann eine Art Absolutismus entstehen, der die Grundrechte der Menschen missachtet, sie zu untergeordneten Bürgern macht, die keine freien Handlungsmöglichkeiten haben.

Die Frage ist, in welcher Beziehung Staat und Religion zu einander stehen? Kann zwischen den Wirkungsbereichen eine erkennbare Grenze gezogen werden, wenn beide das Leben des Menschen und seine Beziehungen gestalten und regeln?

»Kirche erinnert an Gottes Reich, an Gottes Gebot und Gerechtigkeit und damit an die Verantwortung der Regierenden und Regierten.« Mit diesem Satz erinnert und ermahnt die Kirche, und damit wirkt sie auf den Staat ein. Sie erinnert die Regierenden sowie die Regierten, welche Verantwortung sie für die Schöpfung und die Gestaltung des Gemeinschaftslebens tragen. Die Regierenden sollen nicht aus Eigennutz und Selbstherrlichkeit handeln, sondern sich allein für das Wohlergehen der Regierten einsetzen, die ihrerseits treu und solidarisch mitwirken müssen.

In der Staatsführung sind Werte und Normen notwendig, und die Religion kann sie anbieten und in diesem Sinne eine sinnvolle Orientierung sein und eine beratende Funktion haben. Die menschliche Einsicht und sein Vermögen, die ihn befähigen, einen Staat zu führen, können durch religiöse Prinzipien aufgebaut, unterstützt und entfaltet werden. Die Religionsfreiheit und freie Ausübung der Religiosität kann aber nur ein Staat garantieren, der sich selbst nicht zu einer Religion exklusiv bekennt und die rechtliche Gleichheit der Religionen garantieren

*Die Barmer Theologische Erklärung*

kann. Die Erfahrung zeigt, dass sobald Anhänger einer Religion die politische Macht für sich beanspruchen, diese Freiheit und Gleichheit der Religionen kaum zu gewährleisten ist.

## 7 Sechste These

*»Siehe, ich bin bei euch alle Tage bis an der Welt Ende.« (Mt. 28, 20).*

*»Gottes Wort ist nicht gebunden.« (2. Tim. 2, 9).*

Der Auftrag der Kirche, in welchem ihre Freiheit gründet, besteht darin, an Christi statt und also im Dienst seines eignen Wortes und Werkes durch Predigt und Sakrament die Botschaft von der freien Gnade Gottes auszurichten an alles Volk.

Wir verwerfen die falsche Lehre, als könne die Kirche in menschlicher Selbstherrlichkeit das Wort und Werk des Herrn in den Dienst irgendwelcher eigenmächtig gewählter Wünsche, Zwecke und Pläne stellen.

Das Wort Gottes ist gebunden an Barmherzigkeit und Weisheit Gottes und darf nicht durch menschliches Denken und Handeln relativiert werden. Der Mensch muss dieses Wort mit Hilfe seiner Vernunft und Vertrauen zu Gott verstehen und in seinem Denken und Handeln einwirken lassen. Die Gültigkeit des Wortes bis »an der Welt Ende« erfordert, dieses Wort stets erneut zu lesen und seine Aktualität für neue Lebensrealitäten zu erfassen.

Die Ausrichtung des Auftrages der Kirche »an alle Völker« beinhaltet den Missionsauftrag des Christentums, der im Laufe der Geschichte unterschiedliche Wege eingeschlagen hat und nicht immer das Prinzip »Nächstenliebe« im Christentum als Grundlage hatte.

Der Auftrag, die anderen einzuladen und ihnen den Zugang zur Gnade Gottes zu ermöglichen, ist mit unterschiedlichen Intentionen vorhanden. Im Christentum und Islam ist er mannigfaltig geprägt und leider von den Menschen auch so verstanden, dass dies mit Gewalt möglich sei. Die Aufarbeitung der Geschichte kann einen selbstkritischen Blick verschaffen, welches Unheil Mission bzw. Einladung zeitweise angerichtet haben. Sie haben auch als Vorwand gedient, Herrschafts- und Machtgebiete zu erweitern. Für diesen Zweck wurden sie ein Mittel der Unterdrückung und Vernichtung der anderen Traditionen und Kulturen.

Es ist ein Unterschied zu verkünden, dass der bezeugte Gott alle in ihren eigenen Traditionen liebt oder ob man sagt, dass diese Liebe ausschließlich nur denjenigen gewährt ist, die in einer bestimmten Religion verwurzelt sind oder bereit sind, sich darin einzugliedern. Wenn dies eine Voraussetzung und Bedingung für die Angenommenheit in Gottes Liebe wird, kann sie zu einem erheblichen

Hindernis werden, die anderen in ihrem »Anderssein« anzuerkennen und zu respektieren.

Die Verwerfung in dieser These bezeugt wiederholt die Souveränität des Wort Gottes und weist darauf hin, dass der Mensch nicht den eigennützigen Wünschen und Plänen zu befolgen hat, sondern im Dienste Gottes seine Verantwortung gegenüber anderen zu erfüllen hat.

## 8 Anregungen für die heutigen Begegnungen und den Dialog zwischen Christen und Muslimen in Deutschland

Eine wichtige Voraussetzung für einen Dialog ist die Standhaftigkeit im eigenen Glauben und die Verbundenheit mit ihm. Erst wenn der Mensch einen festen Standpunkt hat, kann er mutig und offen den anderen gegenüber treten und die Bereitschaft haben, mit ihnen über den Glauben zu sprechen. Aus diesem Grund ist die Barmer Erklärung wichtig, die christlichen Glaubensprinzipien werden deutlich formuliert, das Selbstverständnis des Menschen christlichen Glaubens dargestellt.

Der Dialog ist auch die Möglichkeit, durch Austausch und Gespräch mit anderen auf die kritischen Standpunkte aufmerksam zu werden und zu versuchen, sie zu erklären oder auch zu verändern, wenn die Kritik angebracht ist.

Wichtig ist im Dialog auch, dass man nicht in Versuchung kommt, sich selbst zu verleugnen, um den anderen einen Gefallen zu tun. Denn der Zweck des Dialoges ist es, den anderen kennen zu lernen, die Gemeinsamkeiten zu entdecken und sie als Grundlage der Zusammenarbeit zu betrachten. Ebenso müssen die Unterschiede wahrgenommen und respektiert werden. Auf diesem Weg müssen wir auch lernen, Geduld zu haben und auszuhalten, wenn Aussagen und Praktiken der anderen nicht der eigenen Auffassung entsprechen. Dialog ist keine Verkündigung des eigenen Glaubens, um den anderen davon zu überzeugen, sondern ein Versuch für ein besseres Kennenlernen und Verstehen der anderen, wie sie glauben und danach leben. Das Zuhören ist die wichtigste Prämisse im Dialog und regt zur Wahrnehmung und Auseinandersetzung an.

Die Barmer Erklärung kann einen Beitrag für den Dialog mit Muslimen sein, da sie die Differenzen deutlich macht, die erwähnt und bestehen bleiben können und sollen. Sie bezieht auch Positionen, die in der Gestaltung der Gesellschaft von Bedeutung sind und von Muslimen mitgetragen und mitverantwortet werden. In diesem Sinne kann sie eine geeignete Grundlage für Zusammenarbeit sein. Für die Partizipation in der Gestaltung der Gesellschaft können auch die theologischen Positionen konstruktive Schritte ermöglichen.

# Abraham eint und (unter)scheidet.
# Begründungen und Perspektiven eines nötigen Trialogs zwischen Juden, Christen und Muslimen

Bertold Klappert [1]

## 1 Einleitung: Die Aktualität und die praktischen Herausforderungen des Trialogs

Drei kurze Vorbemerkungen sollen am Anfang stehen.

*Erstens:* Ich möchte zunächst die Formulierung des Themas ein wenig abändern. Statt »Abraham eint und scheidet« möchte ich lieber formulieren: »Abraham eint und (unter)scheidet.« Mit dieser präziseren Überschrift versuche ich zugleich eine Antwort zu geben auf die Frage: Wo liegt eigentlich der Unterschied zwischen dem Abraham-Verständnis der Juden und der Christen? Und ich möchte in meinem Referat unterscheiden zwischen einer Trennung, die im Laufe der Christentumsgeschichte erfolgt ist, und einer im Neuen Testament und in den biblischen Schriften vorhandenen Unterscheidung, die nicht Trennung bedeutet.

*Zweitens:* Ich fühle mich dem sachlich sehr nahe, was Abdoldjavad Falaturi, Köln, referiert hat [2], und werde selber in diese Richtung weitergehen und

---

[1] Der Aufsatz geht zurück auf einen Vortrag, den Bertold Klappert am 2. Dezember 1992 auf der Trialog-Tagung der Kölnischen Gesellschaft für Christlich-Jüdische Zusammenarbeit gehalten hat. Referate und Korreferate hielten u.a. Smail Balić (Wien), Abdoldjavad Falaturi (Köln), Wolfgang Huber (seinerzeit Heidelberg/jetzt Berlin), Jonathan Magonet (London), E. M. Stein (Berlin), Martin Stöhr (Siegen) und Beate Winkler (Bonn), erstveröffentlicht in: RheinReden 1, 1996, S. 21–64.

[2] Abdoldjavad Falaturi, Abraham und der Islam. Abraham aus der Sicht des Korans und der mündlichen Überlieferung (unveröffentlicht). – Ders., Wie ist menschliche Gotteserfahrung trotz des strengen islamischen Monotheismus möglich?, in: Abdoldjavad Falaturi/Jakob J. Petuchowski/

am Ende meiner Ausführungen nicht zufällig auf Falaturis »Appell« zurückkommen: Die Rückkehr zu den Quellen gibt uns einen größeren Freiraum. Auch ich möchte zu diesen zurückführen und fragen, ob von diesen Quellen her – nicht biblizistisch-fundamentalistisch, aber von einem biblischen Fundament her – Perspektiven neu zu entdecken sind, die wir bisher nicht gesehen und übersehen haben.

*Drittens:* Mir ist an dem Korreferat meines Freundes Rabbiner Jonathan Magonet, London, klar geworden, welchen Verlust an Spiritualität wir ohne eine lebendige liturgische Abraham-Tradition zu beklagen haben, auch an liturgischer Spiritualität, und wie kalt und apathisch wir Christen und Christinnen mit der Abraham-Tradition meistens umgehen.

Der bekannte Dichter und Pfarrer Jörg Zink aus Süddeutschland hat aus Anlass seines 70. Geburtstags zu dem konfessionellen Gott der Lutheraner, Katholiken und innerchristlichen Konfessionen gesagt: Der Gott nur der Lutheraner und nur der Katholiken und nur der Protestanten ist ein Götze. Und er hat dann im Hinblick auf die großen sog. Weltreligionen hinzugefügt: »Der Gott, der nur für das Christentum zuständig ist, ist ein Götze.« Deshalb brauchen wir den Dialog zwischen Juden, Christen und Muslimen. »Wir müssen heute von dem Gott sprechen, der für die ganze Welt und ihre ganze Geschichte und Schöpfung zuständig ist.«[3] Ist doch Gott kein Partikulargott von Partikularinteressen, sondern der an der ganzen Menschheit, der ganzen Geschichte und der ganzen Schöpfung interessierte und mit ihren Leiden und Hoffnungen mitgehende Gott.

In ähnlicher Weise hat sich auch die 1991 erstmalig erschienene Evangelische Zeitschrift »Dialog der Religionen« ausgesprochen: »Zum Dialog mit den Religionen gibt es heute keine Alternative. Die Gefährlichkeit von religiösem Fanatismus, Missverstehen und Arroganz wird in diesen Monaten (es ist die Zeit des Golfkrieges mit ihrem Verkennen der realen Israelbedrohung und der Stilisierung des ersten Golfkrieges zu einer epochalen Auseinandersetzung zwischen der christlichen Welt und dem angeblich aggressiven Islam) überdeutlich bewusst. Spannungen und Hass zwischen den Religionen entladen sich auch in politischen Konflikten und umgekehrt«. Die Herausgeber stellen sodann die Frage: »Können die Religionen überhaupt etwas zum Frieden beitragen?«. Und antworten: »Trotz der fast unüberwindlich erscheinenden Schwierigkeiten ist der Dialog lebensnotwendig. Dies gilt umso mehr, da sich gleichzeitig mit den religiösen und politischen Konflikten die Menschheit ihrer Einheit bewußt wird. Das ist eine befreiende Erfahrung, die unser individuelles und kulturelles Selbstbewußtsein

---

W. Strolz (Hg.), Drei Wege zu dem einen Gott. Glaubenserfahrung in den monotheistischen Religionen, Freiburg i. Br. 1976, S. 45–59.

3. Interview 1992.

bereits verändert hat. Angesichts der Probleme unserer Zeit wird diese Erfahrung aber auch immer wieder angefochten.«[4]

Aber wo finden wir den Punkt, von dem aus wir diesen Dialog führen oder weiterführen können? Denn dieser Ausgangspunkt entscheidet bereits über das Ziel, das wir anstreben. Die Gesellschaft für christlich-jüdische Zusammenarbeit in Köln hat gut daran getan, mit dem Thema einen Einsatzpunkt vorzugeben, dem wir uns zu stellen haben und dem ich mich als christlicher Theologe stellen möchte: *Abraham eint – Abraham (unter) scheidet*.

In der Festschrift für Rolf Rendtorff hat der Heidelberger Religionswissenschaftler Theo Sundermeier in einer Predigt über die Abraham-Verheißung (Gen 12) gesagt: »Wir leben heute in einer multireligiösen Gesellschaft, wir können gar nicht anders, als solch einen Text auch mit den Ohren derer zu hören, die einer anderen Religion angehören und sich auf Abraham beziehen und ihn in gleicher Weise wie wir als den Vater des Glaubens betrachten. Ist die Existenz von drei Weltreligionen, die sich auf Abraham berufen, eine Erfüllung dieses Segens? ›Ich will segnen, die dich segnen!‹ Dass die Juden die Treue zu Abraham bewahrt haben, ist bis in die Gegenwart erkennbar. Aber wir Christen haben kein Fest, das sich auf Abraham bezieht, kennen keine liturgischen Formen, die ihn präsent machen, kennen keinen liturgischen Gruß, der auch Abraham einbezieht. Die Muslime aber beziehen sich auf Abraham, wenn sie auf ihrer großen mekkanischen Pilgerreise nicht in die Stadt Mohammeds, das wäre Medina, sondern in die Stadt Abrahams ziehen, um dort seiner zu gedenken und den letzten übrig gebliebenen Stein des Gotteshauses zu küssen, das Abraham einst – nach ihrer Tradition – errichtete. Sie gedenken in einer großen Feier der verhinderten Opferung des einzigen geliebten Sohnes und laden, wie es in der Türkei heißt, zum Bayram-Fest ein. Zu diesem Fest laden sie nämlich die armen Nachbarn ein, um mit ihnen zu feiern und Abrahams zu gedenken.«[5]

---

4. Dialog der Religionen 1/1991, S. 1.
5. Theo Sundermeier, Mission nach der Weise Abrahams. Eine Predigt über Gen 12, 1–9, in: Die Hebräische Bibel und ihre zweifache Nachgeschichte, FS R. Rendtorff, hg. Erhard Blum u. a., Neukirchen-Vluyn 1990, S. 575–579, hier S. 575f. In seinem wegweisenden Aufsatz *Theologie der Mission* hatte Sundermeier schon 1987 auf die fundamentale Bedeutung und zentrale Stellung Abrahams für den Dialog mit Israel und den Dialog mit den anderen nichtchristlichen Religionen aufmerksam gemacht. Mit Hinweis auf die Begegnung Abrahams mit Melchisedek, in welcher Abraham sich von Melchisedek segnen lässt, sagt Sundermeier: »Abrahams Gotteserkenntnis wird durch das Zusammenleben mit den anderen Religionen erweitert, aber gerade darin bleibt er er selbst [...] Abrahams Erfahrungen mit Gott sind grundlegend für alle christliche Gotteserkenntnis« (in: Karl Müller/Theo Sundermeier (Hg.), Lexikon missionstheologischer Grundbegriffe, Berlin 1987, S. 470 ff., Zitat S. 481). Von Abraham her liegt der Dialog mit Israel und der Dialog mit den Religionen nicht auf einer Ebene: »Die Einheit mit Israel ist grundlegend für die Einheit der Kirchen untereinander« (ebd.). Anders formuliert: »Während [...] der Dialog mit Israel wie das Gespräch des Sohnes mit seiner Mutter, der er sich entfremdet hat, so ist der Dialog mit den an-

Wir Christinnen und Christen lassen uns demgegenüber – sagt Sundermeier weiter – nur eben noch von einem Liedvers des Joachim Neander in unserem Gesangbuch an Abraham erinnern: »Lob' ihn mit Abrahams Samen«[6]. Und dieser Liedvers wird im katholischen Gesangbuch »Gotteslob« unter Ausschaltung des Abraham-Bezuges und des Abraham-Namens so abgewandelt: »Lobt ihn (Gott) mitallen, die seine Verheißung bekamen«.[7] Über Sundermeier hinaus habe ich nur zwei weitere Belege in unserem Gesangbuch über Abraham gefunden: Und zwar zunächst aus reformierter Tradition, in der es heißt: »Der Bund, der Abrahams Hoffnung war, steht jetzt noch da unwandelbar«[8] (Genf 1562). Sodann in dem bekannten Lied »Herzlich lieb hab ich dich o Herr«, in dem es heißt: »Ach Herr, laß dein lieb Engelein/an meinem End die Seele mein/in Abrahams Schoß tragen«[9].

Unser Thema ist keine akademische Spielwiese: Anlässlich der Tagung »Juden-Christen-Muslime in einer Welt« am 1. und 2. Dezember 1992 in Köln wurde von vierhundertzwanzig Teilnehmerinnen und Teilnehmern zum Abschluss eine Resolution gegen den Krieg im früheren Jugoslawien verabschiedet. Die Anwesenden verurteilen die Gewalttaten und fordern eine sofortige Einstellung aller Kampfhandlungen. Sie äußern ihr Entsetzen und ihren Abscheu angesichts der Not und des Elends der betroffenen Menschen, besonders in Bosnien-Herzegowina:

»Wir appellieren an die kriegführenden Parteien und die Politiker, die moralischen Werte ihrer jeweiligen Religionen höher zu achten als alle nationalen und ethnischen Unterschiede und den Haßgefühlen nicht nachzugehen. Als Christen, Muslime und Juden dürfen wir es nicht zulassen, daß neue Grenzen zwischen den Religionsgemeinschaften aufgerichtet werden. Als Muslime, Orthodoxe, Katholiken, Evangelische und Juden in Deutschland liegt uns daran, in unseren jeweiligen Gemeinden die Gemeinsamkeiten unserer Religionen gegen alle Mißverständnisse und Verdächtigungen zu verteidigen.

Mit Erschütterung haben wir von den Schandtaten gegenüber den muslimischen Mädchen und Frauen erfahren. Wir erklären unseren Abscheu. Die Lehren von Auschwitz verpflichten uns, gegenüber diesen Verbrechen nicht zu schweigen. Wir werden auch zukünftig nicht aufhören, die Verantwortlichen öffentlich anzuklagen und unsere Regierung

---

deren Religionen wie ein Gespräch unter Brüdern, die sich neu kennenlernen und ihre Fremdheit, ja Feindschaft überwinden müssen« (491). Dass unter den anderen Religionen der Islam dabei an erster Stelle des Dialogs stehen muss, sagt Sundermeier hier nicht. – Dass im Blick auf das abrahamische Dialogmodell nicht von einer »abrahamitischen Ökumene« gesprochen werden sollte, darauf hat Julie Kirchberg, Theologie in der Anrede als Weg zur Verständigung zwischen Juden und Christen, Innsbruck/Wien 1991, S. 72 ff., mit Recht hingewiesen.

6. Evangelisches Gesangbuch, Gütersloh u.a. 1996, Liednr. 317, 5.

7. Gotteslob, Stuttgart 1975, Liednr. 258, 4.

8. Evangelisches Kirchengesangbuch, hg. 1951, Liednr. 462, 4.

9. Evangelisches Gesangbuch, ebd., Liednr. 397, 3.

zu schärfsten Protesten und Sanktionen gegenüber den Tätern, ihren Auftraggebern und Sympathisanten aufzurufen.

Wir ermutigen alle, ihren humanitären und religiösen Pflichten nachzukommen und das äußerste zu unternehmen, um in Deutschland wenigstens einen Teil des Flüchtlingselends lindern zu helfen. Die Nächstenliebe als das alle Religionen einende Grundgesetz fordert uns auf, die Not leidenden Menschen in Bosnien-Herzegowina nicht allein zu lassen.«

Alltäglich betrifft es uns, die wir mit Juden in ein und derselben Stadt zusammenleben und deren Synagoge wir besuchen dürfen: So waren meine Frau und ich im November 1992 zwei Tage nach der Schändung des jüdischen Friedhofes in Wuppertal-Barmen von dem Vorsitzenden der jüdischen Gemeinde eingeladen. Herr Bleicher hat uns an dem Abend gesagt: »Ich habe mich immer als deutscher Jude gefühlt. Seit den Vorfällen der letzten Jahre fange ich wieder an, mich als Jude in Deutschland zu fühlen.« Und er sagte dann: »Ich habe mein Grab auf dem Elberfelder Friedhof, und ich hoffe, dass ich dort begraben werden kann, neben meiner ersten schon verstorbenen Frau, die mit mir den Weg durch viele KZs gegangen und frühzeitig verstorben ist. Ich fürchte aber, dass ich im Ausland begraben werden muss. Ich bin damals unter dem Gejohle der Menge zum Bahnhof abtransportiert worden. Wenn ich das Gejohle der Neonazis heute höre, dann werde ich wieder daran erinnert.« [10]

Hier geht es aber auch um eine praktische gesellschaftliche Herausforderung. Ich verfolge mit großem Interesse seit Jahren ein konkretes Projekt des CVJM Hagen. Dieser CVJM versucht, muslimische Jugendliche, Jugendgruppen, ja auch einen Fußballclub in seine Gemeinschaft zu integrieren: ein deutliches Zeichen, dass hier eine Solidarität bis in ganz konkrete praktische Modelle des öffentlichen Lebens hinein besteht.[11] Und sie haben nun als Christen und Christinnen mich gefragt: »Wir tun das aus Humanität und Gastfreundschaft. Kannst Du uns eigentlich von der Theologie her sagen, warum wir das nicht nur als Menschen tun, sondern warum wir es als Christinnen und Christen tun sollen?« Meine Ausführungen sind auch darauf der Versuch einer Antwort.

Der ägyptisch-islamische Gelehrte Fuad Kandil sagt: »Davon, daß die Muslime hier in der Bundesrepublik [...] als gleichwertige Partner im Glauben an den einen Gott, an den Gott Abrahams, betrachtet und eingestuft werden, kann wirklich keine Rede sein. Daher meine Frage an die Christen: Sehen Sie eine Möglichkeit, die Muslime im Rahmen Ihres ›religiösen Systems‹ oder Ihres ›religiösen Paradigmas‹ [...] einzustufen?« [12]

---

10. WDR 3, Programm, 24. November 1992.

11. CVJM Hagen (Hg.), 140 Jahre, 1995, S. 24ff., hier S. 34ff.

12. Dialog der Religionen 1/1991, S. 63.

Wir haben uns damit die Aktualität des Themas und einige Beispiele seiner praktischen Herausforderung vor Augen geführt.

## 2 Abschied von Modellen der Trialog-Verhinderung

*These 1: Die Exklusivitätsansprüche und Überlegenheitsideologien der Religionen werden keine Zukunft haben. Weder (1) ein Judentum und Islam ausschließender christlicher Fundamentalismus noch (2) das Verständnis des Christentums als absoluter Religion, aber (3) auch nicht das Stufendenken der Aufklärung (Lessing), einer Humanität ohne jüdische, christliche und muslimische Identität (E. Simon). – Zukunft wird nur haben die Rückkehr zu einem identischen Judentum, Christentum und Islam, die sich gemeinsam den sozialen und humanen Herausforderungen der Gegenwart stellen – im gemeinsamen Zusammenleben und Eintreten füreinander.*

*In diesem Prozess der trialogischen Begegnung und Identitätsfindung ist die Kritik der fundamentalistischen und imperialen Ideologie innerhalb der jeweils eigenen Religion unverzichtbar. Gottes Offenbarung ist die Krisis der Religion (K. Barth). – Bei dieser notwendigen und durch den Trialog zu fördernden Identitätsfindung der drei Geschwisterreligionen wird Abraham, unser aller Vater, von großer Bedeutung sein.*

Bevor wir den Einsatzpunkt bei Abraham näher betrachten, müssen wir uns klarmachen, was wir nicht wollen und wovon wir uns trennen müssen. Dabei beschränke ich mich jetzt auf die Darstellung der christlichen Seite, also auf die im Christentum entwickelten Modelle der Ausschließung (Wolfgang Huber hat von der verhängnisvollen Logik der Ausschließung gesprochen), der Absolutheit, der Überlegenheit und Einbeziehung der anderen unter Zwang. Das »*Cogite intrare*« – »zwingt sie, in die Kirche hineinzukommen« – ist sehr konkret gewesen und auch brutal exekutiert worden.

### 2.1 Das Modell der Exklusivität (der biblizistische Fundamentalismus)

Ich habe in meiner Schrift »Israel und die Kirche« (1980) die Modelle für die Verhältnisbestimmung von Kirche und Israel dargestellt und kann mich deshalb hier kurz fassen. Da hieß es: Die Kirche ersetze die Synagoge, weil das Neue Testament die Erfüllung alttestamentlicher Verheißungen sei. Oder: Die Kirche als das wahre Israel integriere die Judenchristen. Das Judentum aber selber bleibe außerhalb. Oder: Die Kirche repräsentiere das Heil endgültig, das lediglich auf einer Vorstufe von Israel dargestellt worden sei. Und schließlich: Die Synagoge, das Judentum, sei die Negativ-Folie der Kirche, von der sich die christliche Kirche positiv abhebe. Das Judentum repräsentiere das Gericht und die Gerechtigkeit, die Kirche die Gnade; dem Judentum gelten die Gerichtsanklagen der Propheten, die Kirche lebe von den Verheißungen der Vergebung. Die Synagoge sei mit Blindheit geschlagen, die gekrönte Kirche mit dem Sehen der Wahrheit und des Lichtes begabt[13]. Falaturi hat aus Schülerbefragungen zu Islam und Christentum über entsprechende Stereotype anschaulich berichtet.

Solche Modelle sind also nicht nur gegenüber dem Judentum, sondern auch gegenüber dem Islam verhängnisvoll geworden. Als Beispiel sei auf die Schriften Martin Luthers Bezug genommen: Bedrängt durch die militärische Bedrohung Europas durch die Osmanen zu Beginn des 16. Jahrhunderts und in seinem berechtigten Kampf gegen den seinerzeit entstellten Katholizismus hat Luther alle Elemente und Momente römischen Machtmissbrauchs und päpstlicher Werkgerechtigkeit in das Judentum und in den Islam hineinprojiziert. Judentum und Islam galten ihm als Prototypen von Werkgerechtigkeit und endzeitlich antichristlicher Macht.[14]

Wie sich dieses Denken im Modell der Exklusivität bis heute gegenüber den Muslimen durchhält, möchte ich an der Antrittsvorlesung des Erlanger Privatdozenten Johannes Triebel verdeutlichen. Ihr Thema war das Schriftverständnis in Islam und Christentum.

Aufgrund des islamischen Selbstverständnisses, demzufolge dem Koran göttlicher Charakter zukommt, da er seinen Ursprung in Gott selbst hat, kommt Triebel zu dem Ergebnis: Während im Islam der Koran selbst das geoffenbarte Wort Gottes ist, bezeugt das Neue Testament die Offenbarung Gottes in Jesus Christus. Die Selbstoffenbarung Gottes geschieht nicht in der Schrift, sondern im Fleisch gewordenen Wort. Der Buchwerdung des Wortes Gottes im Islam steht die Fleischwerdung des Wortes Gottes in Jesus Christus gegenüber.[15] Und Triebel wiederholt diese These, obwohl der von ihm in der Literatur genannte Smail Balić das Gegenteil bereits gesagt hat: Diese Annahme von der Buchwerdung des Wortes ›Gottes im Koran kann schwerlich als ›islamisch‹ bezeichnet werden.[16]

Ja noch mehr: Ausgehend von dem Grundsatz, dass von der Mitte der Schrift her Jesus Christus als Grundnorm und Ziel beurteilt werden muss, folgert Triebel: Im Koran hat Jesus zwar eine hervorgehobene Stellung, aber eben nicht die, der alleinige Zugang zu Gott zu sein. Und Paulus sagt schon im Galater-Brief 1, 8: »Wenn wir oder ein Engel vom Himmel (wie Gabriel bei Mohammed) euch ein

---

13. Herbert Jochum (Hg.), Ecclesia und Synagoga. Das Judentum in der christlichen Kunst (Ausstellungskatalog), Essen / Saarbrücken 1993.

14. Martin Luther, Schriften wider Juden und Türken, München 1936.

15. Johannes Triebel, Schriftverständnis im Islam und Christentum, in: Theologische Beiträge 6/1992, S. 317–332, hier S. 325.

16. Smail Balić, Worüber können wir sprechen? Theologische Inhalte eines Dialogs zwischen Christen und Muslimen, in: Dialog der Religionen 1/1991, S. 57–73, Zitat S. 64.

Evangelium predigten, das anders ist, als wir es euch verkündigt haben, der sei verflucht.«[17]

Aber die Schrift, auf die sich Triebel beruft, kennt diese Exklusivität Christi, der so exklusiv den Zugang zum Vater eröffnet, nicht: Denn der Weg, den Christus geht, ist der Weg der Tora des Mose. Die Wahrheit, die Christus lebt, ist die Treue Gottes zu seinem Bund mit den Vätern. Und das Leben, das er repräsentiert, ist das Leben aus Bund und Tora, das er bestätigt und bekräftigt (Joh 14,6). Ein sich solchermaßen fundamentalistisch auf die Schrift berufendes Modell ist dialogunfähig, weil es der Logik der Ausschließung folgt.

## 2.2 Das Modell der Überlegenheit (das Christentum als absolute Religion)

Dieses Modell ist erstmals von den Apologeten im 2. Jahrhundert, sodann noch einmal von E. Troeltsch in seinem Buch »Die Absolutheit des Christentums und die Religionen« (1902) und zuletzt in umfassender Weise von dem Münchener Systematiker Wolfhart Pannenberg entfaltet worden. Dieses Modell erscheint auf den ersten Blick sehr dialogfreundlich, weil es das Christentum zunächst als Religion im Rahmen der Religionen betrachtet. Theologie wird verstanden als eine alle Religionen und die ganze Philosophie umgreifende Denkbemühung. Theologie unterzieht sich der Mühe, alle Religionen nach dem ihnen zugrunde liegenden Wahrheitsanspruch zu befragen. Und Theologie ist darin offen für die Wahrheitsmomente in den anderen Religionen.

In seinem Vortrag »Die Religionen in der Perspektive christlicher Theologie und die Selbstdarstellung des Christentums im Verhältnis zu den nichtchristlichen Religionen« hat Pannenberg seine bisherigen umfassenden Bemühungen noch einmal gebündelt vorgetragen: »Weil die Wahrheit nur eine sein kann, darum schließt die Pluralität der menschlichen Auffassungen von ihr unvermeidlich das Element des Konflikts ein. Solange Christen ihren Glauben an die eschatologische Offenbarung der Wahrheit Gottes in Jesus Christus ernst nehmen, werden sie auch das exklusive Moment [...] des Satzes, daß den Menschen in keinem anderen das Heil gegeben ist, festhalten müssen zusammen mit der aus dem Schöpfungsglauben folgenden Intention, alle Menschen als Geschöpfe Gottes in die Offenbarung des Sohnes einbezogen zu denken. Die Momente der Exklusivität (!) des christlichen Wahrheitsanspruches, der Inklusivität (!) des Glaubens an die Offenbarung Gottes als des einen Gottes aller Menschen und der An-

---

17. Johannes Triebel, Schriftverständnis im Islam und Christentum (s. o. Anm. 15, S. 107 in diesem Band), S. 330.

erkennung eines faktischen (!) Pluralismus unterschiedlicher Glaubensformen [...] gehören im christlichen Selbstverständnis zusammen.«[18]

Aber: Diese Theologie der Religionen dient schließlich doch nur dem Ziel, das Christentum bzw. die christliche Offenbarung als absolut und als allen anderen Religionen überlegen zu erweisen, d. h. aufzuzeigen, wie die christliche Offenbarung die Wahrheitsmomente der anderen Religionen in einem umfassenderen Rahmen zu inkludieren und zu integrieren vermag.

Der amerikanische Theologe Paul F. Knitter hat zu diesem Modell der Inklusivität und Absolutheit gesagt: »Ich kann die Verdienste eines anderen und meinen Wunsch, von ihnen zu lernen, noch so hoch stellen – wenn ich von vornherein davon überzeugt bin, daß seine Wahrheit letztlich nur insoweit verdienstvoll ist, als sie in meiner eingeschlossen und enthalten ist und von ihr erst voll zur Geltung und Erfüllung gebracht wird, dann kann solch ein Dialog [...] nur noch wie ein Gespräch zwischen Katz und Maus enden. Wie fein und gefällig ich es auch umkleide, entweder mein ›letztes Wort‹ verneint das Wort des anderen, oder es weist ihm eine mindere Bedeutung zu. Noch einmal bildlich ausgedrückt: Voll zu ihrer Erfüllung kommt die Maus erst, wenn sie im Bauch der Katze eingeschlossen ist.«[19]

Dieses Modell der Überlegenheit des Christentums über die anderen Religionen – im Durchgang durch den Dialog mit ihnen, diese aber letztendlich inkludierend – ist trotz der umfassenden Kenntnisse, mit denen es vorgetragen wird, ein Dialog-Modell der Absolutheit und Überlegenheit, das die These vom Christentum als absoluter Religion neuzeitlich lediglich variiert und modifiziert.

## 2.3 Das Modell der Aufklärung
(Lessing und die relativistische Religionstheologie)

Das Modell der Toleranz ohne Identität ist das Modell der Aufklärung des 18. Jahrhunderts. Es ist das Modell Gotthold Ephraim Lessings. Die Abgrenzung auch von diesem Modell der Aufklärung muss zunächst überraschen. Denn die Aufklärung soll im Folgenden nicht etwa diskreditiert werden. Im Gegenteil! Sie hat eher eine bestimmte zu benennende Grenze, die uns nach Auschwitz zum Bewusstsein gekommen ist. Nur um das Benennen dieser Grenze, nicht etwa um die Diskreditierung der Aufklärung als solcher, kann es hier gehen. Dieses Benennen der Grenze gilt auch gegenüber der pluralistischen Religionstheorie und

---

18. Wolfhart Pannenberg, Die Religionen in der Perspektive christlicher Theologie..., in: Theologische Beiträge 6, 1992, S. 305–316, Zitat S. 316.
19. Paul F. Knitter, Nochmals die Absolutheitsfrage, in: Evangelische Theologie 49, 1989, S. 505–515, hier S. 512.

dem religiösen Relativismus, wie sie heute besonders von John Hick (England) und Paul F. Knitter (USA) vertreten werden.²⁰

In der Zeit des ersten Golfkrieges, d. h. der Zeit der Existenzbedrohung des Staates Israel und des Wiederauflebens eines weltgeschichtlichen Gegensatzes zwischen dem angeblich zurückgebliebenen, konservativen islamischen Morgenland und dem angeblich so christlich-freiheitlichen, friedensbewegten Abendland, habe ich im Jahre 1992 in mehreren Theateraufführungen von Lessings »Nathan« die Bedeutung und Faszination der Aufklärung für den Trialog zwischen Juden, Christen und Muslimen miterleben können. Ich habe die Aufführungen in Frankfurt und Wuppertal vergleichen können. In Wuppertal noch auf dem besonderen Hintergrund, dass mit Beginn des Golfkrieges die Schauspieler und Schauspielerinnen Tag und Nacht, immer abwechselnd, von verschiedenen Podesten Stücke aus der Hebräischen Bibel, dem Neuen Testament und dem Koran vorgetragen haben – unter großer Beteiligung und Präsenz von Menschen, die hier Bibel und Koran erstmalig nacheinander und miteinander bewusst hören konnten. Ein wirklich ökumenischer Beitrag zur Friedensfrage von außerhalb der Kirchen, auf dem Forum der Bühne und des Theaters. Auch das ist eine Fernwirkung von Lessings »Nathan«.

Ich hebe drei Punkte heraus. Zunächst: Lessing hat Recht in seiner Kritik am christlichen Fundamentalismus. Sittah sagt zum Sultan: »Du kennst die Christen nicht, willst sie nicht kennen. Ihr Stolz ist: Christen sein, nicht Menschen.«

Sodann: Lessing hat recht mit dem Hinweis auf die Schuld der Christen gegenüber Juden und Moslems: »Wann hat und wo die fromme Raserei, den besseren Gott zu haben, diesen bessern der ganzen Welt als besten aufzudrängen, in ihrer schwärzesten Gestalt sich mehr gezeigt als hier? als jetzt?«²¹ Lessing spielt auf die Kreuzzüge an und schreibt dazu: »Die Kreuzzüge, die in ihrer Anlage ein politischer Kunstgriff der Päpste waren, wurden in ihrer Ausführung die unmenschlichsten Verfolgungen, derer sich der christliche Aberglaube jemals schuldig gemacht hat.«²²

Schließlich: Lessing hat schon weniger Recht in seiner Relativierung von Judentum, Christentum und Islam im Hinblick auf die Humanität der Aufklärung. Der Jude Nathan ist für ihn das Idealbild des wahren Menschen. Und der Muslim Saladin ist das Idealbild eines humanen, weisen Herrschers.

---

20. Ders., ebd., und Reinhold Bernhardt, Ein neuer Lessing? Paul Knitters Theologie der Religionen, in: Evangelische Theologie 49, 1989, S. 516ff. – Ders., Der Absolutheitsanspruch des Christentums. Von der Aufklärung bis zur pluralistischen Religionstheologie Gütersloh 1990, ²1993. – Ders., Zwischen Größenwahn, Fanatismus und Bekennermut. Für ein Christentum ohne Absolutheitsanspruch, Stuttgart 1994.

21. II, 1.

22. II, 5.

Der Leo-Baeck-Schüler Ernst Simon, Mitarbeiter beim jüdisch-christlichen Dialog auf dem Kirchentag 1965 in Köln, hat 1929 einen kleinen Aufsatz geschrieben: »Lessing und die jüdische Geschichte«. Sein Fazit zu Lessings »Nathan« ist im Ganzen kritisch: Nicht einmal die Ringparabel hätte Mendelssohn von sich aus verwendet. Aus dem Munde eines Nichtjuden hätte er sie vielleicht gelten lassen. Nach Auschwitz, nach der Shoah, gilt umso mehr: »Wir sollten verzichten auf Nathans blasse Judenschemen [...] Wir aber, die wir Lessings tapfere Humanität nur allzu sehr gerade in unserer zionistischen Bewegung brauchen könnten, wenden uns dennoch von seinem blassen und blutlosen Judenbilde ab.« [23]

In einer viel beachteten Vorlesung über das Janusbild der Aufklärung unter dem Titel »Nathan der Weise aus der Sicht nach Auschwitz« hat Walter Jens 1991 in Tübingen geurteilt: »Folge der Emanzipation, die mit Moses Mendelssohns Wirksamkeit einsetzte, war letztlich die Preisgabe der jüdischen Identität zugunsten der deutschen. In Anbetracht dessen stellt sich dann aber die Frage [...], ob denn überhaupt eine deutsch-jüdische Symbiose bestand, eine Gemeinschaft im Sinne des Gebens und Nehmens.« [24] Deshalb ist es nicht überraschend, dass Lessing schon ein Jahr nach der Schrift »Nathan der Weise« im Jahr 1780 die Schrift »Erziehung des Menschengeschlechts« veröffentlichte. Für Lessing sind hier die Schriften der Hebräischen Bibel lediglich die erste Stufe der Erziehung, ein Elementarbuch für Kinder, für das rohe und im Denken ungeübte israelitische Volk. Dieses Elementarbuch, also die Hebräische Bibel, gilt vornehmlich nur für ein gewisses Alter der Menschheit. Das diesem Kindesalter entwachsene Kind länger dabei verweilen zu lassen, ist schädlich. Und nun höre man die Fortsetzung ein Jahr nach dem »Nathan«: Das Kind länger als nötig bei der Hebräischen Bibel verweilen zu lassen, »das gibt dem Kind einen kleinlichen, schiefen, spitzfindigen Verstand. Die nämliche Weise, wie die Rabbinen ihre heiligen Bücher behandelten. Der nämliche (schiefe, spitzfindige) Charakter, den sie dem Geist ihres Volkes dadurch erteilten.« [25]

Auf das Judentum folgt als die zweite Stufe der sittlichen Erziehung das Christentum: »Ein besserer Pädagoge mußte kommen, um dem Kinde das erschöpfte (alttestamentliche) Elementarbuch aus den Händen zu reißen: Christus kam.« [26] Aber auch dieses Elementarbuch wird einmal überflüssig werden. Denn dieses zweite Zeitalter, das des Christentums, wird abgelöst werden durch ein drit-

---

23. E. Simon, in: Brücken. Gesammelte Aufsätze, Heidelberg 1965, S. 219.
24. Vorlesung WS 1991/92. Vgl. auch Walter Jens, Theologie und Theater, in: Ders., In Sachen Lessing. Vorträge und Essays, Stuttgart 1983, S. 104–132. Vgl. darüber hinaus den vorzüglichen Aufsatz von Peter von der Osten-Sacken: Lessings »Nathan« und das Neue Testament, in: Ev. Theologie 56, 1996, S. 44–82.
25. § 52.
26. § 53.

tes Zeitalter, nämlich »die Zeit der Vollendung, da der Mensch das Gute tun wird, weil es das Gute ist.«[27] Der Diffamierung des Talmuds als spitzfindig-kleinlich steht das Schweigen dem Koran gegenüber zur Seite. Fazit: Die Religionen – Judentum, Christentum und Islam – sind nach Lessings »Erziehung des Menschengeschlechtes« nur Durchgangsstufen zur wahren Humanität des Menschengeschlechtes. Es handelt sich dabei um eine Entwicklung vom sinnlichen Juden über den geistigen Christen hin zum humanen, aufgeklärten Menschen.[28]

Was wir von Lessing bewahren sollten, ist erstens sein Hinweis auf die drei Epochen der Offenbarung. Versteht man die drei Epochen der Offenbarung nicht so, wie Lessing sie verstanden hat, dass nämlich die nächsthöhere Stufe die vorherige als die niedrigere Stufe überwindet. Versteht man sie vielmehr als Weg der Offenbarungsgeschichte Gottes, in der alle Momente und Elemente weiterhin gegenwärtig bleiben, so könnte sich für das Verständnis von Juden, Christen und Muslimen aus diesen Periodisierungen heraus Wichtiges ergeben: Der Gott Abrahams, Isaaks und Jakobs – das Judentum; Jesus Christus als der Abrahamsohn – das Christentum; und die Ausgießung des Geistes auf alles Fleisch – der Islam als Abraham-Gemeinschaft. Von dieser Ausgießung des Geistes Gottes auf alles Fleisch redet Lessing im Anschluss an Joachim von Fiore. Ich komme auch auf diesen Punkt später zurück.

Wir wollen zweitens Lessings Plädoyer für Aufklärung und Humanität nicht in Vergessenheit geraten lassen. Lessing könnte über den Hinweis auf den Gott Abrahams und über die Periodisierung der Offenbarungsgeschichte Gottes hinaus an ein Element erinnert haben, das die lutherisch-orthodoxe Christenheit seiner Zeit vergessen hatte und das Hans Joachim Iwand, Theologe aus der Bekennenden Kirche und Liebhaber der Aufklärung, als notwendig zu erinnerndes Erbe Lessings in die folgenden Worte gekleidet hat: »Müßte nicht die Kirche heute die im Bereich des Politischen bedrohte oder auch verlorene und geschändete Toleranz neu begründen? Müßte sie nicht lebendige Zeugnisse einer solchen Toleranz aufrichten? Müßte es nicht etwas bedeuten, auch im Bereich des Politischen, daß Christus [als der Abrahamsohn] für alle Menschen gestorben ist?« Weiter: »Kam die Intoleranz der Reformationskirchen vielleicht daher, daß sie nur eine begrenzte Versöhnung des Menschengeschlechts [nur wenig Erwählte, die Mehrheit verworfen] lehrten, und mußte darum die Aufklärung eingreifen, indem sie einen universalen Begriff des Menschen und seiner Würde aufstellte?«[29]

---

27. § 85.

28. § 93. – Vgl. die eindrückliche Würdigung von Moses Mendelssohn und Gotthold Ephraim Lessing durch Leo Baeck, Dieses Volk, Bd. II, Frankfurt 1957, S. 253 ff. und Ders., Von Mendelssohn bis Rosenzweig, Stuttgart 1958.

29. Hans Joachim Iwand, Frieden mit dem Osten. Texte 1933–1959, München 1988, S. 150.

Fazit: Wir werden die Aufklärung und Lessings Plädoyer für die eine ungeteilte Menschheit nicht aufgeben dürfen. Wir werden aber auch den jüdischen Einspruch von Ernst Simon – und ich frage: Gibt es auch einen islamischen Einspruch gegenüber dem »Nathan«? – erinnern müssen, einen Einspruch nicht gegen die Humanität und Toleranz, sondern gegen eine Humanität und Toleranz ohne jüdische, ohne christliche und ohne muslimische Identität.

## 3 Der Gott Abrahams – der Gott Isaaks, Ismaels und der Völker

*These 2: An die Stelle der ausschließenden Kategorien von absoluter »Erfüllung«, »Vollendung« und »definitiver Endgültigkeit« muss als kategorialer Bezugspunkt von Judentum, Christentum und Islam die Gestalt und Geschichte Abrahams treten und damit die ihm geschenkte Segensverheißung: (1) für Isaak, den Ersterwählten (Judentum), (2) für Ismael, den Erstbeschnittenen und im Bund Gesegneten (Islam), (3) für die Christenheit aus den Völkern als die durch Jesus Christus Hinzuerwählten und Mitgesegneten (Christentum). – Der Gott Abrahams und der Sara ist auch der Gott Ismaels und der Hagar und ist auch der Vater Jesu Christi und der Maria. – Die Mehrdimensionalität der Segensverheißung an Abraham schließt einen Rückgang auf Abraham unter Verneinung der anderen Verheißungsadressaten aus. Ein exklusiver Rückgang auf Abraham verstümmelt uns alle religiös, ja wir drohen uns selber von der Abrahamverheißung auszuschließen. – Der mehrdimensionale Abrahamsegen kann von Juden, Christen und Muslimen nur gemeinsam ergriffen und im gemeinsamen Dienst an der einen Menschheit weitergegeben werden.*

Das Zweite Vatikanische Konzil hat im Jahr 1965 grundlegend formuliert: »Mit Hochachtung betrachtet die Kirche auch die Muslim, die den alleinigen Gott anbeten, den lebendigen und in sich seienden, barmherzigen und allmächtigen, den Schöpfer Himmels und der Erde, der zu den Menschen gesprochen hat. Sie [die Muslime] mühen sich, auch seinen verborgenen Ratschlüssen sich mit ganzer Seele zu unterwerfen, so wie Abraham sich Gott unterworfen hat, auf den der islamische Glaube sich gerne beruft.«[30]

Smail Balić hat über diese Erklärung sehr positiv geurteilt: »Diese von kompetenter kirchlicher Seite erstellte Islam-Darstellung (des Zweiten Vatikanischen Konzils) hat in der katholischen Welt einen wahrhaft revolutionären Gemütswandel in bezug auf die Beurteilung des Islam herbeigeführt. Sie hat eine fremde Religion dem christlichen Menschen näher gebracht.« Balić folgert: »Mir scheint,

---

30. Erklärung über das Verhältnis der Kirche zu den nichtchristlichen Religionen, zit. n.: Karl Rahner / Herbert Vorgrimler, Kleines Konzilskompendium, Freiburg i. Br. 1966, S. 357. Vgl. Adel Theodor Khoury / Ludwig Hagemann / Peter Heine (Hg.), Islam-Lexikon, Freiburg i. Br. u. a. 1991, Bd. II, S. 430 (eine erweiterte und aktualisierte Neuauflage ist 2006 erschienen).

daß der Dialog – von islamischer Seite her gesehen – dann eine ökumenische Dimension hat, wenn er mit anderen monotheistischen Gemeinschaften geführt wird. Der Islam ist von Haus aus dem Judentum und dem Christentum gegenüber offen.«[31]

Ich möchte die Aussagen des Zweiten Vatikanischen Konzils aufgreifen, weil sie weiterführen und dort die Frage, ob Muslime und Christen zu demselben Gott beten, nicht beantwortet wird. Ferner fehlt schon dort jegliche Aussage über den Koran und Mohammed.

### 3.1 Der Gott Isaaks, Ismaels und der Völker

Der Gott Abrahams ist der Gott Isaaks, Ismaels und der Völkerwelt: In Gen 12 kommt es zu einer umfassenden Segensaussage für die Nachkommen Abrahams, für das Volk Israel. Aber über Isaak, d.h. Israel hinaus, ist auch Ismael Teilhaber der Segensverheißungen Abrahams: »*Und ich will dich zu einem großen Volk machen.*«[32] Die dritte Dimension der Segensverheißung gilt der Völkerwelt: »*In dir sollen gesegnet werden alle Geschlechter der Erde.*«[33] Auf dem Hintergrund der Fluchgeschichte bis zum Turmbau von Babel verheißt Gott durch Abraham über Israel und Ismael hinaus eine Segensgeschichte auch für die Völkerwelt. Nach Gen 12,1 ff. ist Gott nicht nur der Schöpfer (wie im Vaticanum II), sondern der Gott Abrahams, der die Teilhabe an dem Segen Abrahams in drei zu unterscheidenden, aber nicht trennbaren Dimensionen verheißt. Wir müssen noch einen Schritt weitergehen: Die Hebräische Bibel spricht nicht nur von einer Beziehung Ismaels zum Schöpfergott, wie sie für alle Völker besteht, sondern viel intensiver von der Beziehung Ismaels zum Gott des ungekündigten Bundes.

### 3.2 Der ungekündigte Bund Gottes mit Isaak und Ismael

Die katholischen Theologen Norbert Lohfink und Erich Zenger haben in ihren Arbeiten zur Hebräischen Bibel überzeugend und nachdrücklich von dem niemals gekündigten Bund Gottes mit Israel gesprochen. Damit haben sie Martin Bubers 1933 wehrlos ausgesprochenes, dennoch richtiges und überlegenes Plädoyer für das Wissen Israels um den ungekündigten Bund Gottes mit Israel aufgenommen und weitergeführt: Der Bund Gottes mit Israel ist ungekündigt. Das ist ein Essential und die Basis des heutigen christlich-jüdischen Dialogs.

Aber nach dem 1. Buch Mose ist nicht nur Isaak/Israel, sondern ist auch Ismael/Islam Teilhaber dieses niemals gekündigten Bundes und seiner Bundesver-

---

31. Vgl. Dialog der Religionen 1/1991, S. 68.

32. Gen 17, 20.

33. Gen 12, 4.

heißung. Ismael ist nach Kapitel 17 in den Bund Gottes mit Abraham hineingenommen, ja er ist sogar vor Isaak beschnitten worden: »*Das ist aber der Bund zwischen mir und euch und deinen Nachkommen. Alles was männlich ist, soll beschnitten werden. Da nahm Abraham seinen Sohn Ismael und beschnitt ihn, noch am selben Tage, wie Gott ihm befohlen hatte. Sein Sohn Ismael war 13 Jahre alt.*«[34] Am selben Tag wurden Abraham und sein Sohn Ismael beschnitten, erst danach erfolgt die Verheißung der Geburt Isaaks.

### 3.3 Die Sympathie der Bibel für Ismael und Hagar

Michael Wyschogrod (USA) hat auf der Berliner Sommeruniversität 1991 von der Sympathie der Genesis-Texte für Hagar und Ismael gesprochen. Der Gott Abrahams hört das Schreien der unterdrückten Hagar, die heute in Gestalt der vergewaltigten muslimischen Frauen in Bosnien schreit. Der Israel erwählende Gott ist zugleich der Parteigänger für Ismael und Hagar, auch wenn dies die bleibende Ersterwählung Israels nicht aufhebt. Die Ersterwählung läuft – der Hebräischen Bibel zufolge – nicht über Hagar und Ismael, sondern über Sara und Isaak. Die Abraham-Gemeinschaft des Islams aber wird über Ismael, den Erstbeschnittenen, teilhaben an der Segensgeschichte dieses Abrahambundes, wie auch die Völkerwelt durch Jesus Christus teilhaben wird an der Segensgeschichte dieses Bundes.

### 3.4 Die Mehrdimensionalität der Segensverheißungen an Abraham

Wenn die Hebräische Bibel in dieser umfassenden Weise Ismael an den Segensverheißungen für Abraham beteiligt sein lässt, ihn in den Bund Gottes mit Abraham sogar als Ersten und Erstbeschnittenen einbezieht, und wenn der Gott Abrahams in dieser Sympathie, d.h. in diesem das Schreien der Hagar erhörenden Mitleiden sich Ismael und Hagar offenbart, dann wäre zu fragen: Warum bekennen wir uns heute in unseren Gottesdiensten – den richtigen Hinweisen der feministischen Theologie folgend – zwar zum Gott Abrahams und Saras, zum Gott Isaaks und Rebekkas, nicht aber auch in gleicher Weise zum Gott Ismaels und Hagars? Denn der Gott Abrahams und Saras ist immer auch der Gott Ismaels und Hagars. Die Selbigkeit dieses Gottes Abrahams, des Gottes Isaaks und Ismaels, kann von der Hebräischen Bibel her nicht offen gelassen werden, wie es das Vaticanum II und die Ökumene in Genf leider noch tun.

In dem heute angezeigten Rückbezug von Juden, Muslimen und Christen auf Abraham steckt ein Problem, das aus der Mehrdimensionalität der Segensverheißung Gottes an Abraham folgt: (1) aus der Segensverheißung an Isaak, (2) aus

---

34. Gen 17, 20.23.

der Segensverheißung an Ismael und Hagar und (3) aus der Segensverheißung an die Völkerwelt, aus der wir Christinnen und Christen stammen. Das Problem ist das folgende: Wir gehen sehr oft – und die verschiedenen Adressaten der Segensverheißungen an Abraham haben das meistens getan und tun es weitgehend bis heute – auf Abraham zurück, indem wir zugleich die anderen Segensadressaten, die anderen Segensträger und deren andere Segensgeschichte ausdrücklich oder heimlich übergehen: Abraham ist dann nur Isaaks Vater und also nur der Juden Gott. Abraham ist dann nur der erste und urbildliche Muslim, und Abraham ist dann – und darauf komme ich gleich zu sprechen – nur der erste Christ, der – reformatorisch gesprochen – allein von der Rechtfertigung des Gottlosen lebt.

Die Mehrdimensionalität der Segensverheißung Gottes an Abraham (Gen 12,1 ff.) hält uns aber dabei fest, dass ein Rückgang auf Abraham bzw. den Gott Abrahams unter Umgehung der anderen Verheißungsadressaten legitimerweise nicht unternommen werden darf. Die Segensverheißung an Abraham kann nur in ihrer Dreidimensionalität erkannt werden, oder sie wird überhaupt nicht erkannt. Die exklusive Begrenzung auf nur eine Dimension verstümmelt uns religiös und schließt uns am Ende von der Abrahamsverheißung aus. Der Abraham-Segen kann in dieser Mehrdimensionalität nur gemeinsam von Juden, Muslimen und Christen ergriffen und heute nur gemeinsam an die Menschheit weitergegeben werden.

## 4 Jesus Christus bringt den Segen Abrahams in die Völkerwelt

*These 3: Die Sendung Jesu Christi und sein Isaak-Weg bis zum Kreuz (AQEDA) geschieht im Rahmen der Abrahamverheißung. Durch Christus wird Abraham auch zum Vater der Glaubenden aus allen Völkern (Röm 4, 16). – Die Christenheit aus den Völkern nimmt teil am Segen Abrahams durch Jesus, den Juden, den David- und Abrahamsohn (Mt 1, 1), der als der verheißene Messias des Gottes Israels, als Prophet und Knecht Gottes den Isaak-Weg geht (Mk 1, 11; 12, 6) und so den Segen Abrahams in die Völkerwelt hinein vermittelt. Sein Kreuz steht – wie die Geschichte Abrahams – im Wendepunkt von der Fluchgeschichte der Menschheit (Gen 3–11; Gal 3, 13) zur Segensgeschichte für die Menschheit (Gen 12, 1ff; Gal 3, 14). – Da Christus gekommen ist, um die den Vätern und Müttern gegebenen Verheißungen zu bekräftigen und festzumachen (Röm 15, 8ff.), nicht aber zu beseitigen, gilt dies auch für die der Abraham-Gemeinschaft in Ismael gegebenen Segensverheißungen (Gen 16 f.). – Eine durch Christus in den Raum der Abrahamverheißungen verwiesene ökumenische Theologie wird deshalb in ihrem Wirklichkeitsverständnis vier Größen in eine unauflöslich-praktische Beziehung zueinander setzen: (1) das Israel-Volk, (2) die Abraham-Gemeinschaft der Mus-*

*lime, (3) das ökumenische Christusvolk aus allen Nationen, – alle mit und in Abraham erwählt zum Dienst der Humanität (4) an den Völkern, d.h. in und mit Abraham berufen zum Eintreten für die eine und unteilbare Menschheit.*

Der Gott Abrahams, Isaaks und Ismaels – das ist ein Essential des Neuen Testaments und definiert uns Christinnen und Christen – ist der Vater Jesu Christi, und Jesus Christus ist sein messianischer Sohn. Dieser hebt die Segensverheißungen an Abraham aber nicht auf, sondern bekräftigt sie durch seine Sendung und sein Leiden bis zum römischen Foltertod am Kreuz. Deshalb steht die Sendung Jesu Christi vor allem im Rahmen der Abraham-Verheißung für Israel und ist eine jeweils verschiedene – für Israel, für die Christenheit und für die Muslime. Das möchte ich im Folgenden entfalten.

### 4.1 Die Sendung Jesu Christi im Horizont der Abrahamverheißung (Mt 1,1)

Erstaunlicherweise in seiner theologischen Bedeutung von der Christenheit weitgehend verdrängt, beginnt der erste Satz des Neuen Testaments mit einem Stammbaum von 3 mal 14 Generationen, der die Geschichte Jesu Christi zunächst in die messianischen Hoffnungen Israels und des Judentums einbettet. Leo Baeck, Repräsentant des europäischen Judentums vor und nach Auschwitz, nach der SHOAH, hat in seiner Schrift »Das Evangelium als Urkunde jüdischer Glaubensgeschichte« (1938) und in dem in seinem Todesjahr gehaltenen Vortrag »Judentum, Christentum, Islam« (1956) dazu Wegweisendes gesagt: Die Jünger und Jüngerinnen haben Jesus als den verheißenen Messias des Gottes Israels verstanden, der die messianischen Verheißungen des Gottes Israels erweckt, bekräftigt und anfangend realisiert (Apg 10, 36f.). Jesus Christus wird aufgrund der Hall-Stimme vom Himmel (Mk 1, 11) als der messianische Sohn Gottes insofern bekannt, als sich in ihm die Wirklichkeit und Wahrheit des Volkes Israel, das zuerst und von Haus aus »Sohn Gottes« genannt wird, verdichtet und verpersönlicht.

Wichtig ist in diesem Zusammenhang weiter, dass auch Israel seinen König-Messias in den Horizont der Segensverheißungen an Abraham hineingestellt hat: Der messianisch interpretierte Königspsalm 72 schildert die Hoffnungen Israels und bekennt, dass der Segen Abrahams durch den messianischen König in die Völkerwelt vermittelt wird: Er – dieser messianische König – erbarmt sich des Geringen und Armen, den Seelen der Armen hilft er, von Druck und Gewalttat erlöst er sie, und ihr Blut ist kostbar in seinen Augen. Sein – des Königs – Name soll ewiglich bleiben und »mit seinem Namen (also dem des messianischen Königs) sollen sich Segen wünschen alle Geschlechter der Erde, alle Völker sollen ihn glücklich preisen.«[35]

---

35. Ps 72,17.

Indem nun aber Jesus Christus, der verheißene Messias (Mt 1,1a), auch als Sohn Abrahams kommt und wirkt (Mt 1,1b), wird deutlich: Als der verheißene Messias Israels des Gottes Israels, der gekommen ist, um die den Vätern gegebenen Verheißungen zu bestätigen (Röm 15,8), steht Jesus im Raum der Abraham-Verheißungen, kommt er als Mittler zwischen Israel und den Völkern, um die den Vätern gegebenen Verheißungen Israel gegenüber zu befestigen und an die Völkerwelt zu vermitteln (Röm 15,8f.). Der erste Satz des Neuen Testaments, Mt 1,1, will also zusammen mit dem letzten Abschnitt des Matthäus-Evangeliums, Mt 28,16–20, verstanden werden: Die Christenheit aus allen Völkern nimmt durch Jesus Christus, den verheißenen messianischen Befreier Israels und der Völker, teil am Segen Abrahams für Israel, für Ismael und die Völkerwelt.

### 4.2 Das Leiden Christi im Raum der Abrahamverheißung (Gal 3,13f.)

Jesus ist nach Mk 1,11 durch die Stimme Gottes bei seiner Berufung nicht nur zum messianischen Sohn gesalbt worden: »Du bist mein Sohn«, sondern die Stimme vom Himmel enthält ein weiteres Element, das meistens überlesen und ausgeblendet wird, nämlich: »Du bist mein Sohn, der Geliebte«. Diese Aussage verweist uns auf Gen 22,2: Gott sprach zu Abraham: »Nimm deinen Sohn, den einzigen, den du lieb hast, den Isaak«. Der Isaak-Weg, den Jesus als der einzige Sohn, der Geliebte, bis zum römischen Folterkreuz geht, stellt das Leiden und die Kreuzigung Jesu in den Zusammenhang der Bindung Isaaks, des jüdischen AQEDA-Leidens. Ein Zusammenhang, der von den Leiden der jüdischen Märtyrer der Makkabäer über die Verfolgungen des Mittelalters bis zur SHOAH reicht.

Im Gleichnis von den Weinbergpächtern (Mk 12,1ff.) heißt es im Anschluss an die göttliche Sendung der verfolgten und getöteten Propheten Israels in Mk 12,6: »Und dann hatte er noch einen, den Sohn, den Geliebten«. Das ist wiederum ein Zitat von Gen 22,2. Ich folgere daraus: Indem Jesus in Treue zur Tora vor der Schmach der Verwerfung durch die saddzzäische Hierarchie und vor der Qual und Schande der römischen Kreuzigung nicht zurückscheut, besteht er die Prüfung Isaaks. Als der geliebte Sohn seines Vaters im Himmel (Mk 1,11 = Gen 22,1) nimmt er die römische Folterung der Kreuzigung auf sich im Gehorsam gegen das Erste Gebot, in der Heiligung des göttlichen Namens. Die ganze Sendung Jesu Christi wird damit zur Erfüllung des Ersten Gebots. Und so ist es nicht zufällig, sondern höchst sachgemäß, dass das Kreuz Christi von Paulus in Gal 3,13f. so verstanden wird: Es ist der Wendepunkt von der Fluchgeschichte der Völkerwelt hin zur Segensgeschichte für die Völkerwelt. Wie die Berufung Abrahams und die mehrdimensionale Segensverheißung an Abraham auf dem Hintergrund der Fluchgeschichte der Welt steht, so kommt durch das Kreuz Jesu, des Abraham-Sohnes und Abraham-Erben, der Segen Abrahams in die Welt (Gal 3,12). Wie die Sendung Jesu in Wort und Werk, so steht auch seine Kreuzigung im Raum der Abrahamverheißung und wird sein Kreuz zum Wendepunkt von der Fluch- zur Segensgeschichte. Das Kreuz Christi steht am Schnittpunkt der Fluchgeschichte der Welt und der Segensgeschichte Abrahams. So wird das Kreuz zu dem Ort, von dem her Israel und die Völkerwelt versöhnt und so unter die umfassende Segensverheißung Abrahams gestellt werden.

### 4.3 Abraham – der Vater auch der Glaubenden aus den Völkern (Röm 4, 16)

Der amerikanische Theologe Paul van Buren hat eine dreibändige Theologie des Judentums veröffentlicht.[36] Da der erste ins Deutsche übersetzte Band seiner Trilogie kaum verkauft wird, werden auch die beiden anderen Bände seines umfassenden Werkes nicht im Deutschen erscheinen – ein für die wissenschaftliche Theologie entlarvendes Faktum.

Die von van Buren überzeugend entfaltete Grundthese lautet: Paulus konnte Christus unter den Völkern deshalb predigen, weil er Christus als die Bestätigung der dem Abraham zugesprochenen Verheißung an die Völker verstand, als Bestätigung der Verheißung, dass er (Abraham) Vater vieler Völker würde. Jetzt sah Paulus, dass die Verheißung an Abraham durch eben seine Sendung, seinen Apostolat sich realisieren sollte. Er wusste sich durch seine Sendung zum Mitarbeiter an der sich realisierenden Verheißung berufen. Durch das Kommen Christi erfährt die an Abraham ergangene Verheißung nun auch für die Völkerwelt ihre Bestätigung und anfangende Realisierung, weil nun Gott seine Verheißung an Abraham so erfüllt, dass er nicht nur Vater seines Sohnes Isaak und nicht nur Vater seines Sohnes Ismael, sondern auch Vater der Nichtjuden sein wird.

In Röm 4 entfaltet Paulus unter dem Leitmotto »Abraham nicht nur Vater Israels, sondern auch der Menschen aus der Völkerwelt« diesen Sachverhalt. Er bedient sich dabei nicht einer uns geläufigen Logik der Ausgrenzung und Ausschließung. Er bedient sich dabei vielmehr einer Logik der Einbeziehung und offenen Grenzen, der Logik des an der Hebräischen Bibel geschulten jüdischen Denkens von Gott, der nicht nur der Vater Israels, sondern auch der Vater der Menschen aus der Völkerwelt ist, wie Paulus gut jüdisch fragt: »Ist Gott nur der Juden Gott und nicht auch der Völker?« Und antwortet: »Doch, auch der Völker, wenn denn Gott einer ist« (Röm 3, 29). Ich habe mich bewusst dieser Formulierung »Abraham – der Vater auch der Glaubenden aus den Völkern« bedient, und ich stelle jetzt zwei Fragen. Die erste Frage lautet: Wem gehört Abraham? Abraham ist, so lautet das beinahe einstimmige Urteil der protestantischen Exegese, die Urgestalt des von Gott gerechtfertigten Menschen. Abraham ist das Urbild des protestantischen Christen. Ich zitiere die erstaunlichen Sätze

---

36. Bd. I: Discerning the Way, 1980; Bd. II: A Christian Theology of the People Israel, 1983; Bd. III: Christ in Context, 1988.

des Neutestamentlers G. Klein, der damit durchaus nicht allein steht: Paulus »hat den Abbau der jüdischerseits beanspruchten Abrahamssohnschaft zum Ziel«. Mit Paulus steht fest, dass »es außerhalb der christlichen Gemeinde keine Abrahamssohnschaft gibt und es ante Christum (vor dem Kommen Christi) eine solche überhaupt niemals gegeben hat.«[37]

Der katholische Neutestamentler Franz Mußner hat demgegenüber in dem Beitrag »Theologische Wiedergutmachung am Beispiel des Galaterbriefes«[38] mit dem Untertitel »Wem gehört Abraham?« deutlich gemacht: Thema des Paulus ist nicht die ausschließliche Abrahamssohnschaft der Christen, sondern die »Einbeziehung (auch) der Menschen aus der Völkerwelt in die dem Abraham zugesagte Verheißung, dass ›gesegnet sein werden in dir alle Völker‹.«[39]

Wie Abraham im Sinne der Logik der Ausschließung in der protestantischen Exegese bis heute als der erste aus der Rechtfertigung des Gottlosen lebende Christ, so wird auch im Koran »Ibrahim (als) der erste Muslim aus der prophetischen Vorgeschichte« verstanden. Deshalb hat sich der Islam vom Judentum und Christentum abgewandt, »weil er in Abraham den vollkommenen religiösen Menschen vor der jüdisch-christlichen Offenbarung, die dieses (Abraham-)Bild entstellt hat, gefunden hatte.«[40] Deshalb wird in kritischer Abgrenzung von den dem Islam zeitlich vorausgehenden abrahamischen Überlieferungen des Judentums und des Christentums im Koran von Abraham gesagt: »Wahrlich, mein Herr hat mich auf einem geraden Weg rechtgeleitet: eine festgegründete Religion, die *millat Ibrahim* (Religion Abrahams), der ein *hanif* war und nicht zu den Götzendienern gehörte« (Sure 6, 161).

Die zweite Frage lautet: Wer ist im Neuen Testament das Israel Gottes? Die Tradition der Kirche seit dem 2. Jahrhundert gibt bis ins 20. Jahrhundert hinein die Antwort: Das Israel Gottes ist die Kirche, exklusiv nur sie, bestehend aus Judenchristen und Heidenchristen unter Ausschluss von Israel-Judentum. Demgegenüber hat wiederum Mußner bahnbrechend für ein anderes Verständnis plädiert, indem er den Israelnamen dort belässt, wo er nach Paulus (auch nach Gal 6,16) hingehört: Er ist niemals die Bezeichnung der Kirche, sondern immer die Auszeichnung Israels. Er meint, was er sagt: Israel und nicht die Kirche! Die Kirche ist nicht Israel. Die Kirche wird im ganzen Neuen Testament nirgendwo als Israel bezeichnet oder mit dem Israelnamen benannt.

---

37. Zit. bei Franz Mußner, Die Kraft der Wurzel. Judentum – Jesus – Kirche, Freiburg i. Br. u. a. 1987, S. 59.
38. Ebd., S. 55ff.
39. Ebd., S. 59.
40. Johan Bouman, Gott und Mensch im Koran, Darmstadt 1977, ²1989, S. 76.78.

## 4.4 Die vier Dimensionen der Abrahamverheißung

Standen wir mit Franz Mußner am Punkt einer Revolution im Bereich der Exegese, die noch nicht abgeschlossen ist, so stehen wir mit der Arbeit des Berliner Systematikers Friedrich-Wilhelm Marquardt am Anfang einer Revolution in der Systematischen Theologie, die noch kaum zur Kenntnis genommen worden ist, und zwar nicht zur Kenntnis genommen im Hinblick auf die Bedeutung der Berufung Abrahams: Die Abraham-Berufung darf nicht nur ausschließlich als Urbild der christlichen Berufung (miss-)verstanden werden. Vielmehr übergreift die Berufung Abrahams die Berufung der Christen und Christinnen bei weitem. Marquardt hat sein Buch nicht zufällig eine Dogmatik der Umkehr und Erneuerung genannt und seinen Prolegomena den bezeichnenden Titel: »Von Elend und Heimsuchung der Theologie« [41] gegeben.

In einem mehr als 110 Seiten umfassenden Paragraphen mit der Formel »Abraham unser Vater«, deren Verständnis in der Theologie auf das Thema der Berufung der Christen verengt und reduziert wurde, entfaltet Marquardt die Dimensionen der Abrahamgeschichte, an der auch wir Menschen aus der Völkerwelt durch den Messias Jesus teilnehmen (Prolegomena § 6). So wird im Lobgesang der Maria »die ganze Jesusverkündigung ins Zeichen der Abraham-Verheißung gestellt«: Der Gott Israels hat sich Israels, seines Knechtes, angenommen, um der Barmherzigkeit zu gedenken, die er unseren Vätern versprochen hat, Abraham und seiner Nachkommenschaft in Ewigkeit (Lk 1,73; 1,55). Zacharias stellt in seinem Lobgesang die Jesusgeschichte ebenfalls ins Zeichen der Abraham-Verheißung gegenüber Israel-Judentum: Gepriesen sei der NAME, der Gott Israels, denn er hat sich seines Volkes Israel angenommen und ihm anfangende Erlösung bereitet. Errettung aus der Gewalt unserer Feinde und aus der Hand aller, die uns hassen. Zu gedenken seines Bundes, den er Abraham, unserem Vater, geschworen hat, damit Israel, erlöst aus der Gewalt seiner Feinde ohne Furcht IHM dienen kann in Heiligkeit und Gerechtigkeit (Lk 1,68–75). Marquardt folgert daraus: »Die Tatsache, daß im Neuen Testament die Jesusverkündigung und das Verständnis des christlichen Glaubens mit der Geschichte und dem Glauben Abrahams in Verbindung gebracht worden sind, kann man in ihrer Bedeutung schwer überschätzen.« [42] Durch Jesus Christus, den verheißenen Messias Israels, wird die Christenheit in eine Beziehung gesetzt: einmal zum jüdischen Volk, zum andern zur Geschichte der gesamten Menschheit [43]. Aber – und das ist meine Anfrage an Marquardt: Auch in diesem revolutionären Abraham-Kapitel ver-

---

41. Friedrich-Wilhelm Marquardt, Von Elend und Heimsuchung der Theologie. Prolegomena zur Dogmatik, München 1988.
42. Friedrich-Wilhelm Marquardt, ebd., S. 280.
43. Ebd., S. 281.

misst man schmerzlich eine Dimension der Abraham-Nachkommenschaft und Abrahamverheißung, nämlich die Beziehung auf die Abraham-Gemeinschaft der Muslime und die Ismael-Verheißung. Das ist umso auffallender, als Marquardt den zweiten Band seiner Dogmatik »Das christliche Bekenntnis zu Jesus, dem Juden. Eine Christologie« mit einem Kapitel »Jesus außer Landes« einleitet und unter den nichtchristlichen Verständnisweisen Jesu eben auch »Jesus unter Moslems« behandelt.[44] Alle wichtigen Einsichten Marquardts zu Abraham, die ich hier nur nachdrücklich unterstreichen kann, sind deshalb um eine weitere und wichtige Dimension zu ergänzen, sodass ich im engen Anschluss an Marquardt, zugleich aber auch über ihn hinaus folgende These formuliere:

Die Menschen aus den Völkern, die Söhne und Töchter Abrahams werden sollen, werden eben damit auch Geschwister der leiblichen Kinder Abrahams, der Juden und der Muslime. Nur in der Geschwister-Beziehung zum Judentum und Islam hat Kindschaftsbeziehung zu Abraham einen guten Sinn. Unsere in Jesus Christus vollzogene Mitberufung zu Abrahamkindern stellt die ökumenische Kirche in eine Beziehung zum Israel-Volk, dem Judentum, zur Abraham-Gemeinschaft, dem Islam, und zu der einen, unteilbaren Menschheit, der der ungeteilte Segen Abrahams letztendlich gilt. Indem die Theologie diesen vier Dimensionen der Abraham-Verheißung heute biblisch nachdenkt, nämlich der Israel-Dimension, der Ismael-Dimension, der Christus-Dimension und der Völker-Dimension, kommt sie ökumenisch auf verbindliche Wege.

## 5 Die Ausgießung des Geistes auf alles Fleisch

*These 4: Da Abraham nicht nur eine Gestalt der Vergangenheit ist, sondern eine Geschichte unabgegoltener Verheißungen repräsentiert, wird sich eine ökumenische Theologie auch der Frage nach der Realisierung der dem Abraham gegebenen Ismael-Verheißung stellen müssen. Und sie wird dann über das Bekenntnis zur Selbigkeit des Gottes Abrahams in Judentum, Christentum und Islam hinaus auch den als Gesandten des Gottes Abrahams betrachten, durch den allein die Muslime zur Anbetung des einzigen Gottes geführt worden sind und durch den der Gott Abrahams zu der Abraham-Gemeinschaft gesprochen hat: Mohammed, den Gesandten Gottes (H. Küng / W. Zimmerli). – Eine ökumenische Theologie des Heiligen Geistes (K. Barth) wird die Verbindung zum Judentum und zum Islam nicht nur zu Abraham, dem Vater der Juden, Muslime und Christen, nach rückwärts verfolgen. Sie wird diese Verbindung im Wissen um die sich in der Ausgießung auf alles Fleisch (Joel 2) realisierende Abrahamsverheißung auch nach vorwärts suchen. Weiß sie doch seit Schawuot / Pfingsten, dem Gründungsfest der Christen-*

---

44. Friedrich-Wilhelm Marquardt, Das Bekenntnis zu Jesus, dem Juden. Eine Christologie, Bd. I, München 1990, S. 14ff.

heit, dass Geistempfang (Apg 10; Gal 3, 2) in jedem Fall Mitgesegnetwerden mit dem glaubenden Abraham bedeutet (Gal 3, 9).

Wir kommen an dieser Stelle zurück auf Gotthold Ephraim Lessings Schrift über die »Erziehung des Menschengeschlechts« (1780). Im Anschluss an Joachim von Fiore und dessen Erwartung eines Zeitalters des Geistes hatte Lessing das Zeitalter der wahren und alle Menschen umfassenden Humanität erwartet und in seinen Aufklärungsschriften beispielhaft und tatkräftig gefördert.

Dabei nehmen wir Lessings Hinweis nunmehr verändert auf. Denn das erwartete Zeitalter des Geistes, der Humanität und der Toleranz war bei Lessing gerade durch den Überschritt über die sich auf Abraham beziehenden Glaubens- und Abstammungsgemeinschaften – Juden, Muslime, Christen – hinaus gekennzeichnet, war also ein Modell von Toleranz ohne religiöse und glaubensbestimmte Identität. Wir gehen anders als Lessing mit dem Neuen Testament davon aus, dass die Ausgießung des Geistes auf alles Fleisch zu Pfingsten das Gründungsereignis des ökumenischen Gottesvolkes aus allen Nationen ist, dass aber dieses Gründungsereignis der Kirche nicht die Überschreitung und Beseitigung, sondern die anfangende Realisierung der dem Abraham für die Völker gegebenen Verheißungen darstellt. Und wir sagen: Die Ausgießung des Geistes auf alles Fleisch, die die alttestamentliche Prophetie mit Joel erwartet, ist die sich realisierende Abraham-Verheißung für Juden, Christen, Muslime und die ganze Menschheit. In Joel 2 heißt es: »*Und danach wird es geschehen, daß Ich Meinen Geist ausgießen werde auf alle Menschen, und eure Söhne und Töchter werden weissagen, und eure Jugendlichen werden Gesichte sehen; auch über die Knechte und Mägde werde Ich in diesen Tagen Meinen Geist ausgießen.*«

## 5.1 Christus als die Bestätigung der Abraham gegebenen Verheißungen

Indem wir von der Hebräischen Bibel und vom Neuen Testament her nach der Ausgießung des Geistes Gottes auf alles Fleisch fragen, fragen wir nach der Realisierung der dem Abraham gegebenen Verheißungen für das Israel-Volk der Juden, für das Christus-Volk der Christen und für die Abraham-Gemeinschaft der Muslime. Wir gehen also nicht von einer allgemeinen Schöpfungsoffenbarung aus, sondern von Pfingsten/*Schawuot* als der anfangenden Realisierung der Abraham-Verheißung in die Christenheit und die Welt hinein.

Wir vergessen bei diesem Überschritt zur universalen Geistverheißung und verheißenen Geistausgießung der Hebräischen Bibel nicht die in den bisherigen Abschnitten 2–4 erarbeiteten Voraussetzungen. Wir bedienen uns also nicht des auf dem Boden der sog. natürlichen Theologie stehenden Toleranzmodells von Hans Küng: Er grenzt sich zwar mit Recht von der »Exklusivitätsseuche« des frühkatholischen Satzes »Außerhalb der Kirche kein Heil!« ab.[45] Küng orientiert sich dann aber – wie auch das Vaticanum II – bei der positiven Entfaltung des Toleranzgedankens gegenüber den Muslimen lediglich an der Tradition der natürlichen Theologie, die auch in anderen Religionen verstreute Funken der göttlichen Wahrheit, sog. *logoi spermatikoi*, voraussetzt und anzuerkennen bereit ist. Diese Tradition rechnet von der »Schöpfungsoffenbarung« Gottes an alle Menschen, also von dem Bund Gottes mit der ganzen Schöpfung und Menschheit (Noahbund) her mit Wahrheiten auch in der Geschöpfwelt und also auch den Religionen, sodass »für sie sogar Platon, Aristoteles und Plotin ›Pädagogen‹ zu Christus waren«[46]. Schwierig bleibt freilich bei diesem Toleranzdenken, dass hier die Abrahamgemeinschaft der Muslime nur unter die allgemeine Schöpfungsoffenbarung Gottes an alle Menschen (1. Artikel), nicht aber unter das Besondere der Abraham-Verheißung und des Abraham-Bundes zu stehen kommt. Der Toleranzgedanke nur auf der Basis der Schöpfungsoffenbarung stellt die Muslime lediglich auf die Stufe aller Menschen, auch der Nicht-Monotheisten. Das Modell der Toleranz aufgrund der allgemeinen Schöpfungsoffenbarung Gottes in allen Religionen leugnet aber, dass die Abraham-Gemeinschaft der Muslime in den Horizont des Abraham-Bundes gehört und unter dem besonderen Abraham-Segen steht.

Indem wir von der Hebräischen Bibel und ihrer Bundesverheißung her, indem wir vom Neuen Testament und von Jesus Christus her (2. Artikel) nach der Ausgießung des Geistes auf alles Fleisch (3. Artikel) fragen, fragen wir nach der anfangenden Realisierung der dem Abraham gegebenen Verheißungen für das Israel-Volk der Juden, für das ökumenische Christus-Volk der Christen und für die Abraham-Gemeinschaft der Muslime, wobei wir also die Muslime nicht mit Küng unter die allgemeine Schöpfungsoffenbarung einordnen, sondern der spezifischen Offenbarung Gottes an Abraham und Ismael-Hagar zuordnen.

Eine ökumenische Theologie des Heiligen Geistes wird deshalb die Verbindung zum Judentum und zum Islam nicht nur über Abraham, den Vater der Juden, Christen und Muslime, nach rückwärts finden. Sie wird diese Verbindung im Wissen um die in der Ausgießung des Geistes auf alles Fleisch sich realisierende Abrahamverheißung auch nach vorwärts suchen. Weiß sie doch seit *Schawuot*/Pfingsten, dem Gründungsfest der Christenheit, von der Ausgießung

---

45. Hans Küng, Christentum und Weltreligionen. Hinführung zum Dialog mit Islam, Hinduismus und Buddhismus, München 1984, S. 54.

46. Ebd., S. 65. Die verschiedenen eindrücklichen Publikationen Küngs zu »Kein Weltfriede ohne Religionsfriede« und »Projekt Weltethos« sind damit nicht pauschal kritisiert; vgl. zuletzt und überzeugend: Ders., Ich hätte sonst für die Macht in der Kirche meine Seele verkauft (Frankfurter Rundschau Nr. 59 vom 9. März 1996, S. 14).

des Geistes Gottes auf alles Fleisch ( Joel 2, Apg 2 ) und davon, dass Geistempfang in jedem Fall Mitgesegnetwerden mit dem glaubenden Abraham bedeutet.

### 5.2 Barths Vision einer ökumenischen Theologie des Heiligen Geistes

Smail Balić hat darauf hingewiesen, dass die dialektische Theologie Karl Barths wesentlich zum innerchristlichen Dialog geführt hat.[47] Auch Barths bekannte These von der Offenbarung Gottes als Aufhebung der Religion dient diesem Dialog.[48] Sie ist nämlich nicht eigentlich religionskritisch nach außen gerichtet, wie immer wieder fälschlich behauptet wird, sondern – wie Barth öfters gesagt hat – nach innen in den Raum der christlichen Religion hinein: Das Evangelium bedeutet die Krisis und Kritik der christlichen Religion und ihres Fundamentalismus und Imperialismus und ihrer schrecklichen Schuldgeschichte von Gottes Offenbarung in Jesus Christus her!

Barths Christologie des ungekündigten Bundes hat bekanntlich zum christlich-jüdischen Dialog beigetragen, Barths Vision einer von daher zu entfaltenden ökumenischen Theologie des Heiligen Geistes, die er Freunden noch mündlich mitgeteilt hat, ist leider nicht mehr zur Ausführung gelangt. Barth hat aber in diesem Zusammenhang ausdrücklich von deren Bedeutung für den christlich-muslimischen Dialog und für das Verständnis des Verhältnisses von Bibel und Koran gesprochen.

Im Unterschied zu Lessings Erwartung eines dritten Zeitalters des Geistes auf der Basis der Aufklärung ( freilich mit viel Sympathie dafür! ), im Unterschied zu Schleiermachers Theologie des Heiligen Geistes unter Ausschluss des Alten Testaments und des Judentums, im Unterschied zu Hans Küngs Theologie der Schöpfungsoffenbarung Gottes an alle Menschen mit Einschluss der Muslime, auch im Unterschied zu Wolfhart Pannenbergs Modell vom Christentum als der überlegenen und insofern absoluten Religion, hat Barth in seinen letzten Lebensjahren von »einer Theologie des Heiligen Geistes als eines noch umfassenderen Unternehmens« gesprochen und in diesem Zusammenhang auch auf den Dialog mit den Muslimen und die nötige Verständigung über das Verhältnis von Bibel und Koran ausdrücklich hingewiesen.[49] Diese ökumenische Theologie des Heiligen Geistes, die den Dialog mit dem Judentum als der Wurzel zur Voraussetzung hat, rechnet seit Pfingsten mit dem Übergreifen der Prophetie Jesu Christi auf alle Menschen und alle Völker, die sich in der Ausgießung des Geistes Gottes auf alles Fleisch ( Joel 2 ) konkretisiert. Einer Ausgießung, mit der die Christenheit

---

47. Smail Balić, in: Dialog der Religionen 1/1991, S. 57.
48. Karl Barth, Kirchliche Dogmatik 1938, § 17.
49. Karl Barth, Briefe 1961–1968. 1975, S. 505; Bertold Klappert, Versöhnung und Befreiung, Neukirchen-Vluyn 1994, S. 43ff.

nach Pfingsten rechnet (Apg 10) und von welcher Verheißung aus sie den Dialog mit den Muslimen führen kann und führen darf.

Eine solche ökumenische Theologie des Heiligen Geistes würde im Blick auf die Muslime ernst nehmen, was Paulus als apostolische Weisung der Christenheit auf den Weg gegeben hat: »Den Geist dämpfet nicht. Prophetische Rede [warum dann nicht auch die Mohammeds?] verachtet nicht. Prüfet alles, das Gute behaltet« (1. Thess. 5, 9–21).

Ein ähnliches Konzept wie Karl Barth vertritt – ohne Barths Vision eines ökumenischen Dialogmodells zu kennen – der Heidelberger Neutestamentler Klaus Berger in seinem höchst informativen Artikel »Heiden. Heidenchristentum«[50]. Gegenüber dem traditionellen Modell der verstreuten Funken der einen Wahrheit auch in anderen Religionen von der Alten Kirche bis zu Hans Küng, urteilt Berger zu Recht: »Die Frage ist jedoch, ob man so dem Selbstverständnis anderer Religionen gerecht wird und nicht gleichzeitig das Christentum verkürzt.« Positiv vertritt Berger – ganz ähnlich wie Barth – ein »Modell konzentrischer Kreise«, demzufolge das Judentum zur Wurzel des Christentums zählt und deshalb »schwerlich als eigene Religion vom Christentum abzutrennen«[51] ist. Der christlich-jüdische Dialog ist die Basis und die Voraussetzung aller anderen Dialoge: »Jede christliche Bestimmung des Verhältnisses zu fremden Religionen sollte sich daran erinnern, daß den Christen durch ihre Einbeziehung in die Geschichte des jüdischen Gottesvolkes in bestimmter Hinsicht die Hände gebunden sind; als Nur-Hinzugekommene können sie die ›Rechnung nicht ohne den Wirt machen‹, d. h. sie müssen das Verhältnis Israels zu den Fremdreligionen mitbedenken«[52]. Von dieser axiomatischen Voraussetzung der Verwurzelung des Christentums im Judentum her »gibt es dann aber Religionen [...], die dem Christentum besonders nahestehen, z. B. der Islam«. Dieser Dialog mit dem Islam sollte nach Berger »einen ersten ›Ring‹ bilden, in dem auch die theologische Gemeinsamkeit weit reicht, ein weiterer Ring wären andere Hochreligionen (Buddhismus, fernöstliche Religionssysteme)«[53].

Wichtig sind in diesem Zusammenhang Bergers Ausführungen zur Gabe des Geistes an Nicht-Juden: »Denn allein der Geist Gottes, der im Auferstandenen wirkt, bringt Menschen in eine unüberbietbare Nähe und in ein Kindschaftsverhältnis zu Gott« (Gal 4, 6)[54]. Noch wichtiger ist Bergers Verknüpfung zwischen der Geistbegabung und Abrahamverheißung: »Doch dieser Geist [die zu Pfings-

---

50. Klaus Berger, Evangelisches Kirchenlexikon, Bd. II, ³1989, Sp. 407–410.

51. Ebd., Sp. 409,f.

52. Ebd., Sp. 410.

53. Ebd., Sp. 409 f.

54. Ebd., Sp. 409.

ten und nach Pfingsten erfolgte Geistbegabung] an Nichtjuden ist nichts anderes als die Verheißung an Abraham (Gal 3,8.14), und daher sind die Heidenchristen nur als zu Israel Hinzugekommene theologisch denkbar (Ölbaumgleichnis in Röm 11,15-24). Damit [...] erlangen sie ihr Christsein, betrachtet man es aus der Perspektive Israels, nur dadurch, daß sie seit und mit Jesus in Gottes Geschichte mit Israel einrücken dürfen«, wobei »die nichtchristlichen Juden Gottes auserwähltes Volk«[55] bleiben. Soviel zu Klaus Bergers wichtigen exegetisch-systematischen Hinweisen.

Mit dem Jahr 1967/68 stoßen wir also bei Barth auf Aussagen, die die Richtung der positiven Inbeziehungssetzung Jesu Christi zu den Religionen weiter präzisieren und konkretisieren; nicht von der allgemeinen Schöpfungsoffenbarung, sondern von der Ausgießung des Geistes auf alles Fleisch her. Ich nenne folgende Dokumente:

1. Barths Stellungnahme zu dem fälligen Dialog mit den Muslimen: Barth stellt über die theologisch verbotene Einordnung des Judentums in den Bereich der nicht-christlichen Religionen und über ein fehlendes Schuldbekenntnis der Katholischen Kirche zur Verfolgungs- und Auslöschungsgeschichte gegenüber dem Judentum hinaus die Frage, ob »bei Erwähnung der Muslime ein solches (Schuldbekenntnis) in Erinnerung an die fatale Rolle der Kirche in den sog. Kreuzzügen« nicht auch am Platz gewesen wäre.[56]

Ein Jahr später – im Jahr 1968 – schreibt Barth einen Brief an Hendrikus Berkhof (Leiden), in welchem er über ein Gespräch mit dem Islamwissenschaftler Johan Bouman aus dem Libanon berichtet: »In der theologischen Würdigung der dortigen Lage [im Libanon ...] waren wir aber völlig einig« und auch darin, dass »eine neue Verständigung über das Verhältnis von Bibel und Koran für uns eine dringende Aufgabe«[57] sei.

2. Barths letztes Gespräch über den fälligen Dialog mit den Religionen: Jürgen Fangmeier berichtet, dass Barth mindestens dreimal in den letzten Jahren seines Lebens auf die Frage des fälligen Dialogs mit den Religionen von sich aus zu sprechen gekommen sei. Wenn er, Barth, noch Zeit und Kraft hätte, so würde er sich noch intensiver beschäftigen a) mit dem römischen Katholizismus; b) mit den Ostkirchen; c) gleicherweise und gleichstimmig mit den Religionen.

In diesem Zusammenhang ist folgende Gesprächsnotiz von Jürgen Fangmeier wichtig: »Als ich im September 1968 das letzte Mal bei Karl Barth sein konnte, sprach er davon, womit er sich beschäftigen würde, wenn er noch Jahre theologischen Schaffens vor sich hätte. Und er nannte nach dem römischen Katholizismus

---

55. Ebd.
56. Karl Barth, Ad Limina Apostolorum, 1967, S. 40.
57. Karl Barth, Briefe 1961–1968, 1975, S. 504 f.

die Ostkirchen und dann die nicht-christlichen Religionen; aber, so fügte er hinzu, ganz anders, als man in der Regel daran gehe: nicht so (sei der Dialog mit den Religionen zu führen), daß das Allgemeine die Basis sei, auf der sich dann vielleicht Jesus Christus als der Gipfel höchster erheben soll, sondern daß Jesus Christus der Grund sei, von dem her mit den Religionen vielleicht ein noch ganz neues Gespräch zu eröffnen wäre.«[58]

Nach Johannes 14,6 ist Jesus der WEG, die WAHRHEIT und das LEBEN. Aber das hebt Joh 4,22 nicht auf: »*Das Heil kommt von den Juden.*« Und beides hat bei sich die Verheißung Jesu vom messianischen Tröster, den Gott in Gestalt des Geistes senden wird: »*Und ich werde den Vater bitten und er wird euch einen anderen Beistand geben, damit er in Ewigkeit bei euch sei, den Geist der Wahrheit*« (Joh 14,16f.). Diese Tradition des verheißenen Parakleten konnte von Muslimen in verschiedenen Zeiten und Epochen mit Mohammed, dem »Gepriesenen«, in Verbindung gebracht werden.[59]

### 5.3 Die Sendung des geistbegabten Gesandten durch Gott (Mohammed)

Smail Balić hat in seinem wegweisenden Aufsatz »Worüber können wir sprechen? Theologische Inhalte eines Dialogs zwischen Christen und Muslimen« zum Verhältnis der Christen und Muslime Folgendes ausgeführt: »Es ist undenkbar, daß ein Islambekenner sich über Jesus, seine Mutter und seine Jünger abfällig äußern könnte. Hier liegt ein wichtiger Verhaltensunterschied [...] Bei den letzteren [den Christen, B. K.] fehlt diese über das Eigene hinausgehende Sicht. Mit anderen Worten: Der Christ fühlt sich Muhammad gegenüber zu keinerlei Respekt verpflichtet.«[60] Genau das hat der katholische Missionstheologe Ludwig Hagemann im Blick auf das Vaticanum II moniert: Das Vaticanum II betont die Gemeinsamkeiten zwischen Christentum und Islam im Hinblick auf den einen, einzigen Gott, aber »ausdrücklich ausgeklammert wurde der muslimische Glaube an die Sendung Muhammads«[61].

Von katholischer Seite hat Hans Küng in seinem Buch »Christentum und Weltreligionen« (1984) deshalb gemeint: Wenn das Vaticanum II »auch Musli-

---

58. Ebd., S. 505.

59. Johan Bouman, Das Wort vom Kreuz und das Bekenntnis zu Allah. Die Grundlehren des Korans als nachbiblische Religion, Frankfurt am Main 1980, S. 130ff.; Ders., Gott und Mensch im Koran. Eine Strukturform religiöser Anthropologie anhand des Beispiels Allah und Muhammad, Darmstadt 1977, ²1989, S. 32f.; Olaf Schumann, Der Christus der Muslime. Christologische Aspekte in der arabisch-islamischen Literatur, Gütersloh 1975, S. 36f.

60. Smail Balić, in: Dialog der Religionen 1/1991, S. 70.

61. Adel Theodor Khoury / Ludwig Hagemann / Peter Heine (Hg.), Islam-Lexikon, Bd. II (s. o. Anm. 30, S. 113 in diesem Band), S. 431.

me mit Hochachtung betrachtet, die den alleinigen Gott anbeten, dann müßte m.E. dieselbe Kirche und müßten alle christlichen Kirchen auch den einen mit Hochachtung betrachten, dessen Name in jener (vatikanischen) Erklärung (und ich ergänze: auch in den ökumenischen Erklärungen aus Genf) aus Verlegenheit verschwiegen wird, obwohl doch er und er allein die Muslime zur Anbetung dieses einzigen Gottes geführt hat und nun einmal durch ihn dieser Gott zu den Menschen gesprochen hat: Mohammed, den Propheten!«[62]

Neben Hans Küng auf katholischer Seite steht auf protestantischer Seite nur mein alttestamentlicher Lehrer Walther Zimmerli: Er hat schon im Jahre 1943 in einer radikalen Abwendung von dogmatischen Vorurteilen seines Lehrers Emil Brunner gegen den Islam einen Aufsatz verfasst: »Der Prophet im Alten Testament und im Islam«. Er sagt dort zunächst: »Der Titel *rasul* entspricht etymologisch genau dem neutestamentlichen *apostolos*«[63]. Diese Beobachtung leitet ihn sodann zu der entscheidenden Frage: »Ist Mohammeds Prophetie echt?«[64]. Und Zimmerli antwortet, indem er die Berufung der alttestamentlichen Propheten und das dabei beobachtete Phänomen, dass die Propheten vom Worte Gottes gegen ihren Willen gleichsam überfallen werden, zum Vergleich heranzieht: »Die in älterer Zeit erhobenen Vorwürfe, daß Muhammed ein Betrüger gewesen sei, lassen sich vor ihr [der wissenschaftlichen Erforschung der alttestamentlichen Prophetie] nicht aufrecht erhalten. Was den biblischen Propheten recht ist, ist Muhammed billig. Wir haben nicht das Recht, an der Echtheit der prophetischen Erlebnisse Mohammeds zu zweifeln. Es ist ein Fremderlebnis gewesen, das Muhammed überfallen und ihm die Gewissheit prophetischer Sendung gegeben hat. Wo Prophetie vom prophetischen Erlebnis her auf Echtheit beurteilt wird, kann man schwerlich darum herumkommen, auch Muhammed echte Prophetie zuzubilligen.«[65]

Ich fasse den Abschnitt über die Sendung des geistbegabten Gesandten Mohammed zusammen: Da Abraham nicht nur eine Gestalt der Vergangenheit ist, sondern eine Geschichte unabgegoltener Verheißungen auf Zukunft hin repräsentiert, wird sich eine ökumenische Theologie auch der Frage nach der Realisierung der dem Abraham gegebenen Ismael-Verheißungen stellen müssen. Und sie wird dann über das Bekenntnis zur Selbigkeit des Gottes Abrahams im Judentum, Christentum und Islam hinaus auch den einen als Gesandten des Gottes Abraham betrachten, durch den allein die Muslime zur Anbetung des einen Gottes geführt

---

62. Hans Küng, Christentum und Weltreligionen. Hinführung zum Dialog mit Islam, Hinduismus und Buddhismus, München/Zürich 1984, S. 60.

63. Walther Zimmerli, Studien zur alttestamentlichen Theologie und Prophetie, Gesammelte Aufsätze II, München 1974, S. 284–310, Zitat S. 289.

64. Ebd., S. 290.

65. Ebd., S. 295.

worden sind und durch den der Gott Abrahams zu der Abraham-Gemeinschaft der Muslime gesprochen hat: Mohammed, den Gesandten Gottes.

## 6 Die Ethik der Nachfolge Abrahams

*These 5: In der Lebensbeziehung zum jüdischen Volk und zur Abraham-Gemeinschaft der Muslime nimmt die ökumenische Christenheit aus allen Völkern teil am* WEG *Abrahams und seiner Nachkommen: (1) an Abrahams Appell an den Richter aller Welt, Recht zu üben (Gen 18), (2) an Abrahams Kampf um die Rettung des einzelnen Menschenlebens, durch den er »Freund Gottes« genannt wird (Jes 41, 8; Jak 2; Sure 9, 35) und (3) an Abrahams Offenheit und Toleranz aus Identität, sich von Melchisedek ( = »Mein König ist Gerechtigkeit«) segnen zu lassen. An die Stelle der Dialogmodelle der Exklusivität, Überlegenheit und Toleranz ohne Identität tritt so die Beziehung in Unterscheidung: (4) das Denken von den anderen her (Emmanuel Lévinas) und die Faszination durch den Reichtum und die Schönheit der anderen.*

Abraham ist ein kritischer Maßstab für das Leben der Abraham-Nachkommen. Deshalb soll es zuletzt um die Skizzierung und den Abriss der gemeinsamen Aufgaben von Juden, Christen und Muslimen gehen. Nach dem Jakobusbrief wird Abraham wegen seines Tuns der Gerechtigkeit gerecht gesprochen. Wir aber haben seit der Reformation Luthers den Jakobusbrief theologisch verächtlich gemacht, ihn zu »einer strohernen Epistel« erklärt und uns dadurch im Protestantismus einer Ethik der Nachfolge Abrahams weitgehend nicht mehr gestellt. Nur Johannes Calvin hat sich in der Reformationszeit von der theologischen Kritik an Jakobus distanziert und einen bis heute wichtigen Kommentar zum Jakobusbrief geschrieben. Calvin wusste nämlich, dass die Rechtfertigung des gottlosen Menschen ohne Vorleistung die Gerechtsprechung seiner Werke im Endgericht nicht aufhebt oder überflüssig macht. Franz Mußner hat 1964 seinen wegweisenden Kommentar zum Jakobusbrief auch als Wiedergutmachung gegenüber Jakobus dem Gerechten geschrieben und in der fünften Auflage durch ein Nachwort über das philosophische und theologische Thema »Der Andere« ergänzt: »Wofür der Jude E. Lévinas philosophisch kämpft, nämlich die radikale Sicht [...] des ›Anderen‹ [...], dafür kämpft auch der Jude Jakobus« [66].

Wie sieht diese Halacha, wie das Ethos dieses Gehens in der Nachfolge Abrahams aus? Was sind die gemeinsamen Aufgaben, in denen Juden, Christen und Muslime miteinander und zugunsten der ganzen Menschheit auf den Wegen

---

66. Franz Mußner, Der Jakobusbrief. Auslegung (Herders Theologischer Kommentar zum NT), Freiburg i. Br. ⁵1987, S. 254ff., Zitat S. 258.

Abrahams zusammenarbeiten können? Ich nehme mit diesen Ausführungen zuletzt auch das Thema der Aufklärung und das Anliegen Lessings positiv auf.

## 6.1 Der Kampf um menschliche Gerechtigkeit
(Abrahams Appell an die Gerechtigkeit Gottes)

Wir haben bisher in den Teilen 3–5 von der Bedeutung von Gen 12 und 22 gesprochen: die Segensverheißung an Abraham (Gen 12) für Isaak, Ismael und Hagar und die Völkerwelt und den Weg der AQEDA Isaaks (Gen 22), wie ihn der Abraham-Sohn Jesus Christus in seinem Leiden und Gefoltertwerden in der Kreuzigung gegangen ist und geht.

Zwischen Gen 12 und Gen 22 steht aber Gen 18: der Appell Abrahams an die göttliche Gerechtigkeit und der Kampf Abrahams um die menschliche Gerechtigkeit. Rabbinische Exegese hat auf diesen Sachzusammenhang aufmerksam gemacht: Der AQEDA, d. h. der Bindung Isaaks in Gen 22, geht der Kampf Abrahams um das menschliche und physische Überleben Sodoms voraus. Dies ist ein Kampf um menschliche Gerechtigkeit, ein Appell an Gott als den Gott des Rechtes und der Gerechtigkeit: »Der aller Welt Richter ist, sollte der nicht (selbst) Recht üben?« (Gen 18, 25)

Man vergleiche das eindrückliche Kapitel, das Smail Balić in seinem informativen Buch »Ruf vom Minarett«[67] geschrieben hat. Man kann dann verstehen, warum die großen jüdischen Lehrer des Mittelalters, darunter Yehuda Halevi (1085–1145) bis zu Leo Baeck (1873–1956), Christentum und Islam in ihrem ethischen Handeln für Gerechtigkeit und Recht als Wegbereitung für das Kommen des messianischen Reiches Gottes verstanden und anerkannt haben. Wir haben deshalb eine Ethik der Wegbereitung für das Kommen des Reiches Gottes und seiner Gerechtigkeit in der Nachfolge Abrahams, Jesu Christi und Mohammeds zu entfalten. Aus Gen 18 jedenfalls lernen wir: Abrahams Kampf um menschliche Gerechtigkeit ist ein Teil der Verwirklichung des Segens Abrahams für die Völkerwelt und die Menschheit.

Es ist öfters behauptet worden: Das Neue Testament kenne die alttestamentliche und muslimische Tradition von dem Kampf Abrahams um menschliche Gerechtigkeit nicht. Aber genau das Gegenteil ist der Fall: Die Geschichte vom reichen Mann und armen Lazarus und von Lazarus in Abrahams Schoß im Jesusgleichnis (Lk 16, 11–31) ist ein leuchtendes und eindrückliches Dokument des Kampfes um menschliche Gerechtigkeit in der Nachfolge Abrahams.

Walther Zimmerli wies bereits 1943 auf die Verwandtschaft der ethischen Sendung Mohammeds mit der prophetischen Verkündigung hin, insofern »für ihn

---

67. Smail Balić, Ruf vom Minarett. Weltislam heute – Renaissance oder Rückfall? Eine Selbstdarstellung, Hamburg ³1984, S. 184ff., hier S. 241ff.

[Mohammed] wie für jene [die alttestamentlichen Propheten] der praktische Beweis [...] [des Glaubens] im rechten und barmherzigen und mildtätigen Verhalten zum Nächsten [...] besteht«. So ist bei Mohammed die Forderung des rechten Verhaltens zum Nächsten stark betont: die Sorge für die Waisen, Speisung der Armen (Sure 89,18 f.; 107,1–3), Loskauf der Gefangenen (90,13). Und »wie unbedingt der Prophet [Mohammed] unter diesen Forderungen Allahs lebt, zeigt sich darin, daß er [...] den [kritischen] Anruf nicht verschweigt, der ihm selber von Allah her zuteil geworden ist, als er einmal einen armen Blinden, der geistlichen Rat von ihm wollte, um eines ungläubigen Reichen willen, mit dem er gerade redete, zurückwies (80) [...] Da hörte er die Offenbarung der Sure ›der Morgen‹ (93,6 ff.): ›Hat Er [Gott] dich nicht als Waise gefunden und dir Unterkunft besorgt und dich [...] bedürftig gefunden und reich gemacht? So unterdrücke die Waise nicht und fahre den Bettler nicht an und erzähle von der Gnade des Herrn.‹«[68]

## 6.2 Die Ethik der Rettung des einzelnen Menschenlebens (Abraham – der Freund Gottes)

Der Kampf um die menschliche Gerechtigkeit ist nie nur global und allgemein, sondern immer zugleich konkret zu verstehen und individuell zu leben. Deshalb ist für die jüdische, muslimische und christliche Tradition der Nachfolge Abrahams charakteristisch, die Rettung des einzelnen Menschenlebens und den Einsatz für das einzelne Menschenleben deutlich zu akzentuieren: Die Rettung auch nur eines einzelnen Menschenlebens ist oberstes Gebot und darin Teilnahme am Abraham-Segen und Realisierung der Abraham-Nachfolge. Die Ethik der Gerechtigkeit für die Gesellschaft im Ganzen erhält also ihre Nagelprobe in der Ethik der Verantwortung für das Menschenleben im Einzelnen.

Für die jüdische Tradition muss hier auf die Rechtsoffenbarung am Sinai und den Talmud als Dokument einer großen sozialen Proklamation verwiesen werden. Leo Baeck schreibt in seiner Theologie des Judentums »Dieses Volk« Bd. I 1955: »Im Talmud bricht überall das Soziale hindurch [...] Jetzt verstand man es, wie eine ganz andere Stellung zu den sozialen Problemen durch die Bibel gegeben war: Die Gesetze in der Welt ringsumher – in der orientalischen, in der griechischen, der römischen Welt – waren geschrieben vom Standpunkte der Besitzenden aus: Dem Besitzenden sollte sein Besitzstand garantiert sein! Das alte biblische Gesetz, wie dann die Propheten es verkündeten, ist vom Standpunkt des Kleinen, des Schwachen, des Bedürftigen aus geschrieben. Das Schlußwort ist immer: ›Dein Armer..., dein Bedürftiger..., die Witwe..., die Waise...,

---

68. Walter Zimmerli, Studien zur alttestamentlichen Theologie und Prophetie (s. o. Anm. 63, S. 129 in diesem Band), S. 305.

damit sie leben können, und der Fremdling, der im Lande ist, leben kann.‹ Darum sind diese Gesetze gegeben. Ein ganz anderer Standpunkt ist eingenommen: Vom Standpunkte des Schwachen, des Bedürftigen, des Kleinen aus werden die Gesetze gegeben, werden sie immer neu verkündet und proklamiert.«[69]

Für die christliche Tradition hat Karl Barth in seiner Schrift »Christengemeinde und Bürgergemeinde« (1946) den Einsatz und den Kampf der Christen für Gerechtigkeit und Recht im Raum der Bürgergemeinde beschrieben. Ich zitiere hier schließlich den Koran, der mit der jüdisch-christlichen Tradition übereinstimmend lehrt: »Wer einen Menschen getötet hat [...], so ist es, als habe er die ganze Menschheit getötet. Wer aber auch nur eines Menschen Leben rettet, so ist es, als habe er die ganze Menschheit gerettet« (Sure 5,32).

Diese Ethik der Verantwortung für den Einzelnen und der Rettung des einzelnen Menschenlebens konkretisiert die Abrahamverheißung von der Segnung aller Menschen und realisiert sie für die ganze Welt. Im Neuen Testament finden wir einen dieser Aussage im Koran entsprechenden und für die Jesustradition höchst charakteristischen Text im Jakobusbrief: »Was hilft es, Brüder und Schwestern, wenn jemand sagt, er habe wie (Abraham) Glauben, aber keine Werke hat? Wenn da z. B. ein Bruder und eine Schwester unbekleidet und an der täglichen Nahrung Mangel leiden, (wenn sie gefangen sind und um Asyl nachfragen,) und jemand sagt von euch zu ihnen: Gehet hin in Frieden. Kleidet euch warm und esset euch satt, ihr gebt ihnen aber nicht, was für den Leib nötig ist, was hilft das? Du glaubst, daß es einen Gott gibt? Auch die Dämonen glauben das. Du siehst, daß der Glaube (Abrahams) zusammenwirkte mit seinen Werken. So aber glaubte Abraham Gott, und es wurde ihm zur Gerechtigkeit gerechnet, und er wurde ein Freund Gottes genannt« (nach Jakobus 2, 14–26).

## 6.3 Der Kampf um die universalen Menschenrechte (Abraham und Melchisedek)

In diesem Kampf um die soziale Gerechtigkeit und um das individuelle Menschenrecht und Menschenleben in der Nachfolge Abrahams wissen sich Juden, Christen und Muslime mit allen Nichtjuden, Nichtchristen und Nichtmuslimen verbunden, die auch ihrerseits um die individuellen und sozialen Menschenrechte, wie sie in der Menschenrechtscharta der UNO dokumentiert sind, kämpfen.[70] Hier – im Kampf um die Rettung des Menschenlebens, der Menschenrechte und der Menschenwürde – gibt es ein praktisches Bündnis von Juden, Christen und Muslimen mit allen Menschen aus welchen Religionen und demokratisch-

---

69. Leo Baeck, Dieses Volk. Jüdische Existenz, Bd. I, Frankfurt a. M. 1955, S. 126.
70. Vgl. Wolfgang Huber, Art. Menschenrechte/Menschenwürde, TRE Bd. XXII, Berlin u. a. 1992, S. 577–602.

rechtsstaatlichen Traditionen bzw. demokratisch-sozialistischen Utopien sie auch sonst kommen mögen. Hier bekommt Lessings Plädoyer für Aufklärung und Humanität jenseits von Judentum, Christentum und Islam sein bleibendes Recht.

Aber Juden, Christen und Muslime nehmen – anders als es Lessing meinte und erhoffte – nicht aufgrund einer Toleranz ohne Identität, sondern aufgrund einer Toleranz aus jüdischer, christlicher und muslimischer Identität an diesem Kampf um die universalen Menschenrechte teil.

Goethe hat im West-Östlichen Divan diesen Zusammenhang der Gotteserfahrung bzw. ELOHIM-Offenbarung in den sog. monotheistischen Religionen mit Recht mit der Gerechtigkeitsforderung verbunden und also die Gerechtigkeits- und Menschenrechtsfrage zum Kriterium eines verantwortlichen Redens von Gott und Handelns in der Nachfolge Gottes gemacht:

> »Gottes ist der Orient, Gottes ist der Okzident,
> Nord und südliches Gelände, liegt im Frieden seiner Hände.
> Er, der einzige Gerechte, will für jedermann das Rechte.
> Sei von seinen hundert Namen dieser hochgelobet. Amen.«

Entsprechend wird im Psalm 82 nicht bestritten, dass der Gott Israels in der Gottesversammlung, im Rat der Götter, steht (Ps 82,1). Wohl aber wird das Kriterium genannt, von dem her die ELOHIM, die Götter der Völker, beurteilt und an dem sie gemessen werden: »Wie lange noch wollt ihr ungerecht richten und die Frevler begünstigen? Seid Richter dem Geringen und helft dem Elenden und Dürftigen zum Recht. Rettet den Geringen und Armen und befreit ihn aus der Gewalt der Gottlosen« (Ps 82, 2–4).

Dementsprechend hat das Judentum in der 11. *Beracha*-Bitte des Achtzehnbittengebetes die Wegbereitung auf das messianische Kommen des Reiches Gottes und seiner Gerechtigkeit in der Wiederaufrichtung des Rechtes erbeten und erhofft: »Bringe unsere Richter wieder wie am Anfang und unsere Ratgeber wie zu Beginn. Lass von uns weichen Klage und Seufzen. Herrsche Du über uns, ADONAI, in Güte und Erbarmen und rechtfertige Du uns im Gericht. Gelobt seist Du, ADONAI, der Gerechtigkeit und Recht liebt!« Dementsprechend hat das Judentum in den für die nichtjüdische Völkerwelt formulierten sieben noachidischen Geboten die Aufrichtung gerechter Gerichte nicht zufällig an erster Stelle genannt.

Deshalb sollten Juden, Christen und Muslime in der Bundesrepublik Deutschland für die nächste Zukunft konkret am Kampf für eine multikulturelle, sozial- und rechtsstaatliche Republik im Unterschied zu einem national und völkisch orientierten Modell »Deutschland« teilnehmen (Wolfgang Huber).

Aber nicht nur das Bündnis von Juden, Christen und Muslimen mit anderen, um demokratische und soziale Gerechtigkeit kämpfenden Gruppen und Utopien ist hier gemeint. Die Bibel sagt noch mehr und überraschend darüber Hinausgehendes. Ich denke dabei konkret an die Begegnung zwischen Abraham und Melchisedek, den »König der Gerechtigkeit« aus Jerusalem. Für Juden wie Christen und Muslime ist daran überraschend und ungewöhnlich, dass nicht Abraham den Melchisedek segnet, wie man von der Segensverheißung Abrahams für die Völkerwelt (Gen 12, 1–4) her erwarten müsste. Sondern dass Melchisedek den Abraham segnet und sich Abraham von Melchisedek segnen lässt (Gen 14). Jakob Petuchowski hat dazu einen informativen Band herausgegeben: »Melchisedek. Urgestalt der Ökumene«. Darin weist er auf, wie schwer es jüdisch-rabbinischer Exegese gefallen ist, anzuerkennen: Nicht Abraham segnet Melchisedek, den heidnischen König der Gerechtigkeit aus der Völkerwelt, sondern Melchisedek segnet Abraham und – was noch bedeutungsvoller für Juden, Christen und Muslime ist – Abraham lässt sich von Melchisedek segnen.[71]

Es gibt also eine rabbinische Diskussion, die es entsprechend auch im Christentum und, wie Smail Balić in seinem Buch »Ruf vom Minarett«[72] deutlich gemacht hat, auch im Islam gibt, die sagt und denkt und praktiziert: Eigentlich muss doch Abraham den Melchisedek gesegnet haben und segnen, umgekehrt geht es doch in keinem Fall. Kommt doch der Segen Abrahams in die Völkerwelt und nicht umgekehrt. Doch, sagt Gen 14, und warnt damit Juden, Christen und Muslime vor Überheblichkeit gegenüber den Nichtjuden, Nichtchristen und Nichtmuslimen: Es gibt die Segnung Abrahams durch den heidnischen König Melchisedek von draußen. Doch, es geht nach Gen 14 genau umgekehrt, als ihr aus eurer orthodoxen Tradition heraus erwarten würdet: Melchisedek segnet Abraham und – noch wichtiger – Abraham lässt sich von Melchisedek segnen. Gen 14, die Begegnung des Abraham mit Melchisedek, ist also eine bis heute unabgegoltene Überlieferung, die über den Trialog hinaus das weite Feld der Begegnung und der Zusammenarbeit mit den außerabrahamischen Religionen eröffnet und auch von dorther Segen, Segnung und Belehrung erwartet und erhofft.

6.4 Das Denken und Leben vom Anderen her

Der jüdische Philosoph Emmanuel Lévinas aus Frankreich hat eine Philosophie und Ethik – nicht des Einzelnen in seinem egozentrierten Selbst und nicht des universalen Ganzen der Welt, sondern eine Ethik des Denkens und Lebens vom Anderen her entfaltet.

Leitbild einer Ethik des Lebens und Denkens vom Angesicht des Anderen her ist nach Lévinas deshalb nicht Odysseus, der am Ende nach Ithaka und das heißt nur zu sich selbst zurückfindet. Leitbild der Begegnung mit dem Anderen ist vielmehr und nicht zufällig Abraham: »Dem Mythos von Odysseus, der nach

---

71. Jakob Petuchowski, Melchisedek. Urgestalt der Ökumene, Freiburg i. Br. u. a. 1979, S. 11–37.

72. Smail Balić, Ruf vom Minarett, ebd., S. 117–245.

Ithaka zurückkehrt, möchten wir die Geschichte Abrahams entgegensetzen, der für immer sein Vaterland verläßt, um nach einem noch unbekannten Land aufzubrechen, und der seinem Knecht gebietet, selbst seinen Sohn nicht zu diesem Ausgangspunkt zurückzuführen.« Lévinas nennt dieses Aufbrechen zum ganz anderen und diese Faszination durch das Antlitz des Anderen einen »Aufbruch ohne Wiederkehr, der aber dennoch nicht ins Leere führt.«[73] Zu einer solchen Ethik vom Antlitz des Anderen her könnte auch der Trialog zwischen Juden, Christen und Muslimen beitragen.

Die Verwundbarkeit durch die Schönheit des Anderen, die Faszination durch das Angesicht des Anderen wurde dokumentiert im Israel-Museum in Jerusalem anlässlich einer Ausstellung »The Bible in the Islamic World« (Dokumentationsband Jerusalem 1991). Ich habe dort ein islamisches Dokument von beeindruckender Offenheit für den anderen und der Faszination durch das Angesicht des Anderen gesehen. Es ist ein sprechendes Dokument gegen die religiösen Vorurteile und für islamische Toleranz, wie sie Smail Balić in seinem mehrfach genannten Buch »Ruf vom Minarett« und Abdoldjavad Falaturi in seinem informativen Büchlein über Mohammed »Der Islam im Unterricht« 1992 überzeugend und für den Islam gewinnend beschrieben haben. Die folgende Geschichte, so haben mich Islamwissenschaftler belehrt, ist auch ein Dokument der Leidenserfahrung und Leidensverarbeitung im Islam. Das Bild, das ich vor Augen habe, stammt aus dem Iran des 19. Jahrhunderts, der Heimat von Falaturi, und trägt den Titel: »Die Hofdamen Ägyptens – überwältigt durch die Schönheit Josephs«. Die auf dem Bild wiedergegebene Bankett-Szene aus der Josephgeschichte ist dabei ein beliebtes Motiv der späteren persischen Malerei. Die islamische Tradition erzählt diese Geschichte – im Bild aus dem 19. Jahrhundert dokumentiert – wie folgt: »Einige der Frauen in der Stadt begannen zu tratschen und zu tuscheln: Die Frau des Potiphar sucht ihren Sklavenjungen zu verführen. Sie muss durch ihn verblendet und in ihn vernarrt sein. Wir Frauen der Stadt betrachten das als eine große Dummheit, die sie damit begeht. Als der Klatsch die Frau des Potiphar erreichte, lud sie die Hofdamen zu einem Bankett in den Palast ein, bereitete Sitzkissen für sie und versah eine jede von ihnen mit einem Messer, mit dem sie sich Äpfel schälen konnten, um ihre Blicke nicht nur auf Joseph lenken zu müssen. Dann bat sie den Joseph, vor ihnen zu erscheinen. Als die Frauen seine Gestalt und sein Angesicht erblickten, sahen sie gebannt auf ihn. Und in ihrer Verwunderung und Faszination schnitten sie sich, anstatt ihre Äpfel zu schä-

---

73. Emmanuel Lévinas, Die Spur des Anderen 1983, 215f.; H. H. Henrix (Hg.), Verantwortung für den anderen – und die Frage nach Gott. Zum Werk von Emmanuel Levinas, Aachen 1984.

len, in ihre Hände. So fasziniert waren sie von der Gestalt und dem Angesicht des Joseph.«[74]

Ich will mit dieser Geschichte sagen und will mir durch diese Geschichte sagen lassen: Wer sich nicht religiös und menschlich für andere Religionen und andere Kulturen öffnet, der verstümmelt sich selbst am Ende religiös und auch menschlich.

## 7 Das Dialog-Modell der Nachbarschaft und *Weg*-Gemeinschaft

Was ich hier als Trialog-Modell vorgestellt habe und wozu ich hier einladen möchte, ist kein statisches Modell der religiösen Überlegenheit, von dem aus die eine Religion die andere bzw. deren Wahrheit sich integriert und sich so am Ende als überlegen erweist. Ich habe nicht plädiert für ein Modell der Intoleranz aus Überlegenheit und Exklusivität, aber auch nicht für ein Modell der pluralistischen und relativistischen Toleranz und Preisgabe von religiöser Identität. Ich habe vielmehr vorgestellt ein Modell der Nachbarschaft der Religionen, ein Modell der Nachbarschaft des Israelvolkes, des ökumenischen Christenvolkes und der Abraham-Gemeinschaft der Muslime im Dienst der Segensverheißungen Abrahams für die ganze Menschheit.

Ich habe damit vorgeschlagen ein Modell des WEGES: auf dem von Abraham her die Söhne Isaaks und Ismaels, die Töchter der Sara und der Hagar gesegnet werden und auf dem der Segen durch den Abraham-Sohn, Jesus Christus, in die Völkerwelt gelangt, durch den wir als Christen und Christinnen gesegnet werden und zur Sendung an die eine Menschheit bestimmt und zur Bewahrung der Schöpfung berufen sind.

Der Gott Abrahams ist der eine und einzige Gott, der Israel Bund und Treue hält ewiglich und nicht loslässt das Schöpfungswerk seiner Hände. Er ist – wie ihn die Muslime bekennen – der Hohe und Erhabene, der Schöpfer des Himmels und der Erde, der kommende Richter der Gerechtigkeit.

Aber der Gott Abrahams ist als der Unendliche und Erhabene zugleich der nahe und mitgehende Gott, der Gott, der oben im Himmel ist, aber zugleich bei denen, die arm, entrechtet und zerbrochenen Herzens sind, wie es die Hebräische Bibel unvergesslich sagt (Jes 65, 15). Oder wie es eine der schönsten und faszinierendsten Suren aus dem Koran über Gott verkündet, die zur sprichwörtlichen Rede geworden ist: »Gott ist dir näher als deine Halsschlagader« (Sure 50, 15).

Worum es in dieser Ethik der Nachfolge Abrahams geht, hat Abdoldjavad Falaturi in einem »Appell« aus dem Jahre 1991 so umschrieben: »Zweifelsfrei bildet das

---

74. In: Biblical Stories in Islamic Paintings, Israel-Museum, Jerusalem 1991; vgl. auch Hans Jochen Margull, Verwundbarkeit, in: Ev. Theologie 34, 1974, S. 410–420.

Streben nach Gerechtigkeit und Frieden und in diesem Sinne die Bewahrung und der Schutz der Rechte der Menschen den Kern der Botschaft der drei Religionen Judentum, Christentum und Islam. Dieser Wert bleibt unberührt, selbst dann, wenn er immer wieder von Anhängern jeder dieser Religionen verletzt wurde. Es ist die Aufgabe der heutigen Generation von verantwortungsbewußten Juden, Christen und Muslimen, sich gegenseitig im Sinne der Verwirklichung der Verantwortung für den Frieden in Europa und in der Welt zu bestärken, statt die Verletzung dieser Kardinalwerte zum Anlaß für neue Streitigkeiten zu nehmen. Ansätze für diese gemeinsame Verantwortung gibt es zahlreich in den Schriften der Religionen. Es gibt keinen Frieden in der Welt, ohne den bewußten Einsatz der Anhänger der großen Religionen für den Weltfrieden.«[75]

Danach war es nicht zufällig, sondern höchst charakteristisch, dass König Hussein von Jordanien, ein leiblicher Nachfahre des Propheten Muhammed, am Sarg des ermordeten israelischen Ministerpräsidenten Rabin in Jerusalem mit Berufung auf ALLAH-ELOHIM sagte: »Lasst uns die Stimme erheben und laut und öffentlich von unserem Bekenntnis zum Frieden sprechen, nicht nur heute hier, sondern für alle Zeiten. Wir glauben an den Frieden. Wir glauben, dass unser Gott, der eine Gott, will, daß wir in Frieden leben, und will, dass Friede auf uns kommt [...] Lasst uns hoffen und beten, dass Gott uns allen, einem jeden in seiner Position die Rechtleitung gibt, das ihm Mögliche für eine bessere Zukunft zu tun.«[76]

---

75. Abdoldjavad Falaturi, Der Islam im Unterricht. Beiträge zur interkulturellen Erziehung in Europa, Frankfurt a. M. 1991, S. 11; vgl. Martin Stöhr (Hg.), Abrahams Kinder. Juden–Christen–Moslems, Arnoldshainer Texte 17, Frankfurt a. M. 1983; vgl. weiter die grundlegenden Ausführungen des katholischen Alttestamentlers Norbert Lohfink: »Auf Abraham berufen sich die drei großen Religionen [...] Die Moslems nennen ihn (und Hebron, den Ort seines Grabes) Al-Chalil, ›den Freund‹. Denn Gott hat ihn als Freund bezeichnet – etwas ganz und gar Unerhörtes [...] Die Araber leiten sich auch genealogisch über Ismael von Abraham her. Mohammed betrachtete die Religion, die er verkündete, einfach als die Religion Abrahams. Denn dieser war der erste Muslim, der erste Gottergebene. Die Juden nennen ihn stets ›Abraham, unseren Vater‹. Dem ist kaum etwas hinzuzufügen [...] Nach dem Neuen Testament müßten wir Christen ihn ebenfalls unseren Vater nennen (Lk 1,73; Röm 4, 1.12; Jak 2,21) [...] Abraham ist für ihn (Paulus) der Vater aller Juden, die den Weg des Glaubens gehen, und überdies auch aller, die glauben, auch wenn sie keine Juden sind (Röm 4, 11 f.). So wäre es das beste, auch wir Christen sagten nicht einfach ›Abraham‹, sondern sprächen von ›unserem Vater Abraham‹« (Abraham, in: Josef G. Plöger / Josef Schreiner (Hg.), Heilige im Heiligen Land, Würzburg 1982, S. 9f.). Vgl. schließlich Karl-Josef Kuschel, Streit um Abraham. Was Juden, Christen und Muslime trennt – und was sie eint, München / Zürich 1994.

76. Aus: »Jerusalem Post« vom 7. November 1995. Diese Vision König Husseins hat die Wuppertaler Dichterin Else Lasker-Schüler schon 1937 in »Hebräerland« in ihrer Israel und die Palästinenser umfassenden Friedensvision vor Augen gehabt: Israel und die Palästinenser sind »semitische Brüder«, weil sie von Isaak und Ismael herkommen. In »Arthur Aronymus und seine Väter« lässt sie ihren Großvater am Sederabend des Pessach in Anwesenheit des zuhörenden katholischen Bischofs hellsichtig sagen: Nicht die Juden werden in den Neuen Bund der Christen aufgenommen, sondern die Christen werden in den ungekündigten Bund Gottes mit Israel aufgenommen (Jakob Hessing,

Else Lasker-Schüler. Biographie einer deutsch-jüdischen Dichterin, Karlsruhe 1985, S. 27 ff.157 ff. ). – Wir bedürfen solch dichterischer und künstlerischer Visionen und Symbole, auf die ich neulich im Kunsthaus Wien stieß und die wir dem Österreicher Hundertwasser verdanken. Im Kunsthaus Wien hat er 1978 eine Fahne der Versöhnung zwischen dem jüdischen und palästinensischen Volk entworfen: Blauer Davidstern über grünem Halbmond auf weißem Grund. Er hat dazu im Sinne der abrahamischen Einheit geschrieben: »Die Fahne ist das Symbol der Versöhnung zwischen dem jüdischen und arabischen Volk. Der lange Krieg ist zu Ende ... Beide Völker sind für eine neue Zukunft vereint ... Es ist die Fahne der Toleranz, unter der Glaubens- und Lebensweise des anderen Volkes geschützt sind ... Es ist das Symbol der wechselseitigen Abhängigkeit, es ist das Symbol der gegenseitigen Befruchtung ... Blau ist die Farbe des Himmels, des Wassers ... Es ist die Farbe des seherischen Geistes des Menschen ... Grün ist die Farbe der Bäume und des Pflanzenreiches ... Grün ist die Farbe der Hoffnung. Grün ist die Farbe des Propheten Mohammed ... Die Fahne ist Symbol der neuen Ära der Liebe und Zusammenarbeit, weit weg von dem vermeintlichen Zwist im Namen Zions und Mohammeds, der niemals gewollt war ... *Die Fahne kehrt zurück zu Araham. Es ist die Fahne der Einheit. Es ist die Fahne des Gelobten Landes.*« ( Der bisher nicht veröffentlichte Text datiert vom 3. September 1978. ).

# Teil III

## Gottesstaat – Säkularismus – Laizismus?
## Das Verhältnis der christlichen und islamischen Religionsgemeinschaften zum Staat

# Die fünfte These der Barmer Theologischen Erklärung

*»Fürchtet Gott, ehret den König! ( 1. Petr. 2, 17 ).*

Die Schrift sagt uns, daß der Staat nach göttlicher Anordnung die Aufgabe hat, in der noch nicht erlösten Welt, in der auch die Kirche steht, nach dem Maße menschlicher Einsicht und menschlichen Vermögens unter Androhung und Ausübung von Gewalt für Recht und Frieden zu sorgen.

Die Kirche erkennt in Dank und Ehrfurcht gegen Gott die Wohltat dieser seiner Anordnungen an. Sie erinnert an Gottes Reich, an Gottes Gebot und Gerechtigkeit und damit an die Verantwortung der Regierenden und Regierten. Sie vertraut und gehorcht der Kraft des Wortes, durch das Gott alle Dinge trägt.

Wir verwerfen die falsche Lehre, als solle und könne der Staat über seinen besonderen Auftrag hinaus die einzige und totale Ordnung menschlichen Lebens werden und also auch die Bestimmung der Kirche erfüllen.

Wir verwerfen die falsche Lehre, als solle und könne sich die Kirche über ihren besonderen Auftrag hinaus staatliche Art, staatliche Aufgaben und staatliche Würde aneignen und damit selbst zu einem Organ des Staates werden.

*Fünfte These der »Theologischen Erklärung zur gegenwärtigen Lage der Deutschen Evangelischen Kirche« der ersten Reichssynode der Bekennenden Kirche, die vom 29. bis 31. Mai 1934 in Barmen-Gemarke tagte.*[1]

1. Zitiert nach: Kirchen- und Theologiegeschichte in Quellen, Bd. V, Neukirchen-Vluyn 1999, S. III.

# Die schiitische Sicht des Verhältnisses von Staat und Religionsgemeinschaft – Ein Kommentar zur fünften These der Barmer Theologischen Erklärung

Hamideh Mohagheghi

## 1 Einleitung

Am Ende des vierten Jahrhunderts wurde das Christentum zur Staatsreligion erklärt, womit sich die Kirchen gegen das Prinzip »gebt Gott, was Gott gehört und dem Kaiser, was dem Kaiser gehört« stellten. Die Beziehung und Verbindung zwischen Kirche und Staatsmacht manifestierten sich im Laufe der Geschichte unterschiedlich. Die Privilegien, die den Kirchen schon in dieser Zeit eingeräumt wurden, erweiterten ihre Macht und ihren Einfluss auf die politische und gesellschaftliche Führung. Diese Entwicklung brachte zahlreiche Konflikte, schwerwiegende Auseinandersetzungen und grausame Kriege mit sich und führte zu zahlreichen Widerständen in der Neuzeit, die zur Entstehung der säkularen Staaten beitrugen, in denen die Wirkungsbereiche der Kirche und des Staates von einander getrennt wurden. Die fünfte These der Barmer Theologischen Erklärung akzentuiert diese Entwicklung und ermahnt den Staat sowie die Kirche, nicht in den Wirkungsbereich des jeweils anderen einzudringen. Beide haben die Aufgabe, das Wohlergehen der Menschen und der Gemeinschaft zu gewährleisten. Der Staat schafft mit seiner Macht Gesetze, die das Zusammenleben und Zusammenwirken der Menschen rechtlich regeln und sorgt somit für »Recht und Frieden«. Die Kirche hat als Ziel, die religiösen Werte zu vermitteln und somit auch das Heil und das Wohl des Einzelnen sowie der Gesellschaft zu bewirken. Sie erinnert zwar an das Reich Gottes, sie hat aber nicht die Aufgabe, dieses Reich auf dieser Welt zu errichten. Der Staat hat nicht die Aufgabe, für das Heil und die Erlösung der Menschen zu sorgen und die religiösen Werte zu definieren; dies ist die Aufgabe der Kirche. Diese Unterscheidung zwischen den Wirkungsbereichen der Kirche und des Staates und die Betonung, dass die Kirche nicht zu »einem Organ des Staates« werden sollte, waren seiner Zeit entscheidend, um die Kirche als Institution vor Vereinnahmung und Instrumentalisierung durch das Naziregime zu schützen.

Die Kirche steht in Deutschland unter Staatsgewalt und sieht ihre Aufgabe darin, an »Gottes Gebot und Gerechtigkeit und damit an die Verantwortung der Regierenden und Regierten« zu erinnern. Sie warnt den Staat, als totalitäre Macht zu agieren und beansprucht für sich eine »beratende« oder gar »warnende« Stellung, ohne direkt als Machtorgan in der Verwirklichung der staatlichen Verpflichtungen eine unmittelbare aktive Rolle zu übernehmen.

Die Trennung zwischen Kirche und Staat ebnete in Europa u. a. den Weg zur Erklärung der Menschenrechte, die als geltende grundlegende Rechte aller Menschen vorbehaltlos zu akzeptieren sind. Ist eine säkulare Gesellschaft – basierend auf der Trennung zwischen Kirche und Staat – die z. Zt. als einziger Garant für die Durchsetzung der Menschenrechte bezeichnet wird, die einzige Staatsform, die auf alle Staaten der Welt zu übertragen ist? Ist Demokratie nur durch diese Trennung möglich oder kann es auch andere Formen von Demokratie geben, in denen die Religion eine bedeutende Rolle spielt?

## 2 Die säkulare Gesellschaft aus islamisch-schiitischer Sicht

Der Islam erhebt den Anspruch, eine ganzheitliche Religion zu sein und für alle Bereiche des Lebens Werte und Normen sowie Anweisungen und Anordnungen zu vermitteln. Das private menschliche Leben ist nicht vom gesellschaftlichen Leben zu trennen. Nach der islamischen Lehre hat die Religion die Aufgabe, Wege dafür aufzuzeichnen, wie der Mensch innere Ausgeglichenheit und Frieden durch den Glauben erlangt und dadurch befähigt wird, in der Gesellschaft eine Ordnung zu schaffen, die zu Wohl und Frieden führt. Das Individuum und die Gesellschaft sind untrennbar. Die Religion ist nicht nur auf das Jenseits ausgerichtet, sie hat die Aufgabe, die Menschen hier und heute »glücklich« zu machen und ihnen Richtlinien für ein gelungenes Leben zur Verfügung zu stellen. Dadurch, dass der Islam eine institutionelle religiöse Organisation wie »die Kirche« nicht kennt, geht er von der Verantwortlichkeit des einzelnen gegenüber Gott, sich selbst, den Mitmenschen und der Schöpfung aus und meint, dass die Religion, – nicht eine religiöse Institution – die Aufgabe hat, alle diese Beziehungen zu regeln. In der klassischen islamischen Denkweise sind die Menschen – insbesondere die Herrscher und Befehlshaber in einer Gesellschaft – verantwortlich vor Gott und müssen sich bemühen in allen Bereichen des Lebens den göttlichen Grundprinzipien zu folgen. Die Meinung der Gelehrten, die den Islam als eine Ganzheitsreligion verstehen, wurde immer wieder von bekannten Gelehrten untermauert, wie z. B. durch die folgende Aussage von Al-Ghazali, einem bedeutenden klassischen Rechtsgelehrten des 11. Jahrhunderts:

»Die islamische Lebensweise ist Fundament und Säule, der Staat ist ihr Verwalter und Beschützer. Alles, was kein Fundament hat, wird zerstört und alles, was keinen Beschützer hat, wird vernichtet.« Diese Denkweise ließ neben den koranischen Versen normative Aussagen und Schriften für konkrete Lebenssituationen entstehen, die als Tradition des Propheten Mohammed und für die Schiiten als Tradition der Imame als Überlieferungen kanonisiert sind. Sie gelten nicht als heilig oder als Offenbarung, sind aber nach dem Koran als entscheidende Quelle für die Lebensweise der Muslime und die Rechtsfindung zu sehen.

Die Behauptung, dass es im Islam eine Trennung zwischen Religion und Staat nicht geben kann, ist mittlerweile zur Standardaussage geworden, um die Unfähigkeit des Islams zu begründen, sich in der modernen Welt real bewähren zu können. Im Laufe der islamischen Geschichte hat es in den verschiedenen Gebieten und Zeiten unterschiedliche Gesellschafs- und Regierungsformen gegeben, darunter auch zahlreiche säkulare Formen. Der Islam bietet keine homogene Form für eine Regierung oder für die Führung eines Staates; er legt Prinzipien und Maxime fest, die in einer Gemeinschaft zu beachten und zu befolgen sind. Die koranischen Aussagen über die Gesellschaftsordnung gehen zuerst von einer Stammesgesellschaft aus, die in der Zeit und dem Raum der Offenbarung eine gelebte Realität war. Im Koran wird vorwiegend der Begriff *qaum* (Stamm) verwendet; damit ist eine »große Menge von Menschen gemeint, die innerhalb einer nach ungeschriebenen, stets aber gültigen und unverletzlichen Regeln strukturierten Gemeinschaft in gegenseitiger Abhängigkeit voneinander zusammenleben. Sie ist eine immanent verbundene Einheit.«[1] Die Individualität spielte in dieser Gesellschaftsform keine Rolle. Weiter verwendet der Koran den Begriff *umma* (Gemeinschaft), womit die Gemeinschaft der Gläubigen einer Religionsgemeinschaft gemeint ist. Um Ordnung und Frieden in einer Gemeinschaft zu errichten und zu bewahren, wird der Begriff *hukm* verwendet; er bedeutet »auf Weisheit beruhtes richten und entscheiden mit göttlichen Anweisungen und Gesetzen«. Die Vorschriften, Bestimmungen, Grundsätze und Regeln heißen *ahkam* und umfassen gottesdienstliche Handlungen sowie die Regelung der zivilgesellschaftlichen Angelegenheiten und der Beziehungen zu weiteren Gemeinschaften und der Weltgemeinschaft. Auch die Worte *ha'kim* (der Herrscher und der Regierende) und *hukumat* (die Regierung) kommen aus derselben Wurzel und verweisen darauf, dass die Führung eines Staates in der Lage sein muss, vernünf-

---

1. Abdoldjavad Falaturi, Aufsatz »Beitrag zu Grundzügen der islamischen Geschichte«, http:\\www.islamische-akademie.de.

tige Entscheidungen zu treffen; und dies ist dann möglich wenn der Herrscher die Möglichkeit hat, sich für seine Entscheidungsfindung in Zeit und Raum zu bewegen, um entsprechende Beschlüsse fassen zu können. Außerdem ist im Koran das Prinzip der Beratung in den Vordergrund gestellt, und sogar der Prophet Mohammed wurde dazu aufgefordert, sich in gesellschaftlichen Angelegenheiten mit anderen zu beraten (3, 159). Die koranischen Aussagen bieten ein Fundament für eine gerechte und friedliche Gesellschaft; es ist die Aufgabe der Menschen dieses Fundament zu ergründen und es entsprechend der Bedürfnisse der Menschen und Realitäten jeweiliger Zeit auszuformen und lebensfähig zu machen.

Der Prophet Mohammed hat bekanntlich auch als weltliches Oberhaupt der Gemeinschaft gehandelt. Dies war nicht seine Hauptaufgabe; er war auserwählt, um die teilweise vergessene Beziehung der Menschen zu Gott wiederherzustellen und sie an ihre Verantwortung als Statthalter Gottes auf Erden zu erinnern. Seine Aufgabe bestand nicht darin, sakrale Riten und Frömmigkeit einzuführen, sondern eine Gesellschaftsordnung zu schaffen. Er kritisierte den herkömmlichen Aufbau der sozialen Verhältnisse innerhalb eines Stammes, die zu Ungerechtigkeiten führten. Die Enge des Stammes sollte zugunsten einer gerechten größeren Gemeinschaft überwunden werden. Das ist das Ziel zahlreicher koranischer Stellen, die sich »vehement für den Schutz der Schwachen, hilflosen Stammesangehörigen, der Waisen, Sklaven, Frauen und anderer Bedürftiger« einsetzen. Der Prophet Mohammed war schon vor seiner Berufung als engagierter, aktiver und vertrauenswürdiger Mensch in der Stadt Mekka bekannt und wurde für seine Weisheit und Weitsicht bei die Schlichtung der Stammeskonflikte hoch geschätzt. Nach seiner Berufung gewann er mehr Vertrauen unter den Menschen, die sich ihm anschlossen und in ihm die geeignete Führungspersönlichkeit sahen, um die schwierige Umbruchzeit überwinden und für den Frieden unter den verfeindeten Stämmen in Medina sorgen zu können. Für die Erfüllung seiner Aufgaben als Statthalter in Medina mussten die Menschen ihn durch einen offiziellen Eid als Befehlshaber anerkennen und sich gleichzeitig dazu verpflichten, die von ihm geforderte Ordnung der Gemeinschaft einzuhalten (Bei'a); eine Art Treueid, der damals das Volk mit dem Herrscher verschmelzen ließ und ihm somit seine Zustimmung für die Herrschaft gab.

Der Begriff »Reich Gottes« oder »Gottes Staat« kommt in der islamischen Terminologie nicht vor. Mohammed hatte als Ziel, eine Gesellschaftsform aufzubauen, die auf Gerechtigkeit und Ethik basierte und hat diesbezüglich nicht von einem Gottesstaat gesprochen. Der Begriff Gerechtigkeit wird im Koran »in Bezug auf die menschlichen Beziehungen verwendet und ist ein weltlich-menschlicher vernünftiger Begriff [ ... ] und impliziert mehr als ein moralisches Handeln anderen gegenüber.«[2] Der Mensch wird niemals dazu in der Lage sein,

---

2. Schabestari Muhammad Mudjtahid, Der Islam und Demokratie, Erfurt 2003.

einen Staat in vollkommener Form auf dieser Welt zu errichten, schon gar nicht einen so genannten »Gottesstaat«; in diesem Sinne verstehen Die Staaten, die den Anspruch erheben, ein islamischer Staat zu sein, verstehen sich selbst nicht im Sinne eines »Gottesstaat«.

Die Tradition des Propheten Mohammed gilt für die Muslime nach dem Koran als Quelle der Lehre und der Rechtsfindung. Kann diese Tradition das Prinzip der Untrennbarkeit zwischen Staat und Religion im Islam begründen, weil der Prophet Mohammed als religiöses und politisches Oberhaupt agierte?

## 3 Zwei Thesen des schiitisch-*dj'afaritischen* Islams

Beide Thesen ziehen den Vers 59 in Sure 4 für ihre Begründung heran: »Gehorcht Gott und gehorcht Seinen Gesandten und denjenigen unter euch, die Entscheidungsgewalt haben.«

1. Die *traditionelle These* besagt, dass alle Menschen vor Gott gleich sind, und kein Mensch Gewalt über andere haben darf, außer denen, die von Gott gewählt sind. Gott ist der einzige legitime Gesetzgeber und hat durch seine Gesandten im Laufe der Geschichte diese Gesetze an die Menschen vermittelt. Seine Gesetze sind für die Muslime im Koran, in der Tradition des Propheten Mohammed und der zwölf Imame für die *Imamiten* [3] festgelegt. Die Vertreter dieser Meinung sind davon überzeugt, dass alles, was der Mensch als Regeln für das Diesseits und die Glückseligkeit im Jenseits benötigt, im Koran und den Überlieferungen erwähnt ist. Gut und Schlecht sind genau in den Quellen genannt, und der Mensch ist davor gewarnt, sich an dem Schlechten zu orientieren. Sie meinen, dass mit »denjenigen, die Entscheidungsgewalt haben« und denen zu gehorchen ist, die zwölf Imame zu verstehen sind, die nach schiitischer Überzeugung als legitime, von Gott erwählte Personen gelten. Sie waren wie der Prophet Mohammed frei von jeglichen Verfehlungen und hatten den Auftrag, die Führung der Gemeinschaft nach dem Willen Gottes zu übernehmen. Die Realität war aber, dass keine dieser Imame, außer Imam Ali, ein politisches Amt innehatte. Die Traditionalisten führen dies auf die Machenschaften und die Intrigen der Kalifen zurück, die den Imamen die Möglichkeit verweigerten, ihr politisches Amt anzutreten. Für die Interpretation und das Erstellen neuer Regeln und Anordnungen entsprechend der Zeit und Gesellschaft waren nur der Prophet Mohammed und die Imame autorisiert, meinen die Traditionalisten. Solange sie unter den Muslimen weilten, waren sie legitime religiöse sowie politische Führer der Gemeinschaft, wenn die Imame auch mehrheitlich das politische Amt nicht ausführen durften. Die elf Imame lebten bis zum Jahr 873 n. Chr. Der zwölfte Imam ist im Jahr 868

---

3. Die Mehrheit der Schiiten, Imamiten, *Dj'afariten* oder Zwölfer-*Schi'a* genannt.

n. Chr. geboren und soll seit seinem fünften Lebensjahr in Verbogenheit leben und am Ende der Zeit in Begleitung des Messias wiederkommen, um eine gerechte und friedliche Welt zu errichten, bevor diese Schöpfung in eine andere übergeht. Auch für die Beschreibung der Endzeit ist nicht die Rede von einem »Gottesstaat«, sondern von einer gerechten und friedlichen Weltordnung. Ab der Entschwindungszeit des zwölften Imam entstand ein Vakuum für einen von Gott legitimierten Herrscher, der über die Muslime herrschen durfte. Für die Traditionalisten unter den *dj'afa*ritischen Schiiten ist prinzipiell jede Form von menschlicher Herrschaft nach der Zeit des elften Imam und bis zur Wiederkehr des zwölften Imams illegitim. Dieser Grundsatz entwickelte anfangs in der *Schi'a* die Tendenz zum apolitischen Verhalten, weil die Zusammenarbeit mit den weltlichen Mächten als tadelnswert einzuordnen war. Man stand aber vor der Frage, wie das Dilemma zu überwinden sei, die Regierungen der Welt zur Einhaltung der göttlichen Normen zu verpflichten. Welche Rolle konnten die religiösen Führer in der Politik spielen, ohne sich damit zu »infizieren«, mit illegitimen Herrschern zu kooperieren? Im 13. Jahrhundert wurde diese Frage durch die rationalistische Theologieschule von *al-Hilla* während der Mongolenherrschaft im Iran in einer bestimmten Weise beantwortet. Die Religionsgelehrten wurden durch ein juristisches Studium zu Experten des »islamischen Rechts« qualifiziert und waren somit legitimiert, als Stellvertreter des verborgenen Imams zu handeln. Die Qualifikation dieser Rechtsgelehrten beruhte auf der Fähigkeit zum *idjtihad* – der eingeständigen Auslegung des Korans – und der göttlichen Gesetze. Die Rechtsgelehrten, die diese Stufe der Gelehrsamkeit erreichten, waren autorisiert, den Koran und die Tradition entsprechend der Bedürfnisse der Zeit mit Rücksichtnahme auf gesellschaftliche Realitäten zu interpretieren und neue Lehrmeinungen zu entwickeln, die die aktuellen Fragen beantworteten. Diese Rechtsgelehrten hatten über Jahrhunderte keine politische Macht und somit auch keine Möglichkeit, die weltliche politische Gewalt zu sanktionieren, wenn diese sich tyrannisch verhielt. Als die Safawiden-Dynastie (1501–1722) durch ihre Religionspolitik die *Schi'a* zur Staatsreligion im Iran ernannte, war dies eine Neuerung in der Zwölfer-*Schi'a*, die einen islamisch-schiitischen Klerus und somit eine Quasi-Institution entstehen ließ, die innerhalb des Islams spezifisch für die Zwölfer-*Schi'a* ist. Die Funktion der Rechtsgelehrten wurde dadurch ausgebaut; sie verdrängten die Traditionalisten, die nur den Wortlaut des Korans und die Überlieferungen als Kriterien für die Rechtsfindung anerkannten und forderten ergänzend zu Offenbarung und Überlieferungen die Vernunft als Kriterium für die Interpretation. Gleichzeitig wurde den *mudjtahidun* (autorisierte Rechtgelehrte) das alleinige Recht für die Gesetzesauslegung zugesprochen und alle anderen, die nicht diese Ausbildung hatten (einschließlich der Politiker), mussten theoretisch die Aussagen der Rechtgelehrten befolgen *taglid*. Die Kleriker galten als Interessenvertreter des Volkes, konnten aber nicht immer den

Staat kritisieren, weil sie für ihre Institution, besonders ihr Bildungswesen, vom Staat abhängig waren. Die Auswirkungen dieser »distanzierten Kooperation« zwischen Klerikern und Staat wurden insbesondere im Iran in der zweiten Hälfe des 19. Jahrhunderts im Abschluss der Konzessionsverträge sichtbar. Die Kleriker als kritische gesellschafts-politische Vertreter des Volkes traten immer häufiger öffentlich gegen die despotischen Regierungen auf und mobilisierten das Volk, sich gegen Ungerechtigkeiten zu erheben. Hierzu brachten sie neue Lehrmeinungen, die das Volk religiös verpflichteten, durch Verträge die Machenschaften der Herrscher zu boykottieren. Es war noch keine Rede von einer direkten politischen Macht der Kleriker. Erst nach der Revolution im Iran hat sich das Prinzip *welayate faqih* (»stellvertretende Regierungsausübung durch Rechtsgelehrte«) durchgesetzt. Diese neue Form der aktiven Mitwirkung in der Politik, die seinerzeit von Ayatollah Khomeini konzipiert wurde, war innerhalb der Tradition der *Schi'a* revolutionär. Dieses Konstrukt ermöglichte, dem Problem der menschlichen Herrschaft in Abwesenheit des zwölften Imams zu entrinnen und brachte gleichzeitig neue Probleme mit sich. Ayatollah Khomeini, der als erster Rechtsgelehrter dieses Amt verkörperte, war durch sein langjähriges Engagement gegen die tyrannische Herrschaft des Schahs bekannt und beliebt und wurde vom Volk zu seinem Amt erhoben. Sein Nachfolger Ayatollah Khamenei wurde dann durch mittelbare Wahl gewählt. *welayate faqih* ist gemäß der iranischen Verfassung (Artikel 5, 107 ff.) die höchste Instanz in der Islamischen Republik Iran, die über allen drei Gewalten steht und nur von einem anerkannten und erfahrenen Rechtsgelehrten repräsentiert werden kann. Er wird vom Wächterrat, einem Gremium von Rechtsgelehrten, gewählt. Im Vergleich zur Position und Autorität der zwölf Imame ist *welayate faqih* nicht frei von Verfehlungen und kann abgewählt werden, wenn er seine Aufgaben nicht gemäß den islamischen Bestimmungen erfüllt. Es ist die Aufgabe des Wächterrates, dies zu überprüfen, abzuwägen und falls notwendig die Absetzung herbeizuführen. In der Konzeption von Ayatollah Khomeini, die in seinem politischen Testament festgelegt ist, hat das Volk das Recht, *welayate faqih* zu wählen oder abzusetzen; dieses Prinzip spielt aber heute de facto keine Rolle, und das Volk hat keine Entscheidungsmöglichkeit, da der entscheidende Wächterrat nicht vom Volk gewählt wird. Die Traditionalisten sind der Meinung, dass diese Form der Staatsführung keinen Gegensatz zur Demokratie darstellt und eine Demokratie auf islamischen Prinzipien basierend möglich und zu fördern sei. Für eine Staatsform »Islamische Demokratie« gibt es bis heute keine aktuell realisierbare Ausarbeitung oder Konzeption. Die Idee, dass der Islam alle Bereiche des Lebens umfasst und für alle gesellschaftlichen und politischen Angelegenheiten durchführbare und vernünftige Regelungen anbietet trifft zu, wenn diese Regeln als wandelbar und aufgebbar betrachtet werden. Die Traditionalisten halten diese Regeln überwiegend als überzeitlich und unantastbar.

2. Die zweite These ist die These der Reformatoren, die die weltliche Herrschaft des Propheten Mohammed in den Notwendigkeiten seiner Zeit begründet sehen. Die Lebensweise der Imame zeigt ihrer Meinung nach eine andere Realität und Möglichkeit. Alle elf Imame, die nach dem Propheten Mohammed die Führung der Gemeinschaft übernahmen – außer Imam Ali – haben keine politische Macht ausgeübt. Sie haben nie den Anspruch auf ein politisches Amt erhoben; einige von ihnen stellten sich zwar gegen die Kalifen, jedoch nicht mit dem Ziel, sie zu beseitigen. Ihr Ziel hingegen war es, sich für Gerechtigkeit einzusetzen und die Tyrannei der Herrscher zu beseitigen. Die Vertreter dieser These, die auch gegen *welayate faqih* (»stellvertretende Regierungsausübung durch Rechtsgelehrte«) als höchste Instanz im Staate sind, meinen, dass der Mensch als Statthalter Gottes auf Erden die Verantwortung habe, sein Leben selbst zu gestalten.[4] Sie versuchen, die Denkweise der *Mu'taza*litischen Denkschule, die im 9. Jahrhundert entstand und später von der Orthodoxie verdrängt wurde, wieder zu beleben. Die *Mu'taza*liten begründeten ein theologisches Prinzip, das die Unterscheidung zwischen Gut und Schlecht aufgrund des menschlichen Verstandes vollzieht und nicht aufgrund göttlicher Befehle, Verbote und Gebote.[5]

Die Reformatoren sind der Meinung, dass der Koran ein Weisungsbuch ist, das in seiner Entstehungsgeschichte zu verstehen sei. Sie teilen die koranischen Verse in zwei Gruppen auf; die unaufgebbaren Glaubenssätze, die überzeitlich sind und die zeitlich bedingten, relativen Aussagen, die zu interpretieren und gegebenenfalls auch zu übergehen sind. Es gibt immer mehr Gelehrte, die die Meinung vertreten, dass Hermeneutik der Schlüssel zur Lösung zahlreicher Probleme in den muslimisch geprägten Ländern sei. Der Islam schreibe keine Staatsform vor; die vom Islam geforderten Prinzipien für die Führung eines Staates sind Gerechtigkeit und Beteiligung des Volkes in allen Entscheidungen durch das Prinzip Beratung (*schura*), diese beiden Prinzipien sind in heutigen Demokratien vorhanden. Für den renommierten iranischen Rechtsgelehrten und Philosoph Shabestari ist »die Demokratie die einzige legitime Staatsführungsform, nicht weil sie vollkommen und ohne Mängel ist, sondern weil sie die Menschenrechte garantiert und kritikfähig ist.« Er hält nichts von »islamischer Demokratie« und meint, dass die Religion Werte und Normen vermitteln kann und eine beratende Funktion für den Staat haben sollte.[6] Die Fähigkeiten der Menschen können durch religiöse Prinzipien aufgebaut, unterstützt und entfaltet werden, und diese Entfaltung ist z. Zt. meistens in Staaten möglich, die säkular sind. Im Laufe der

---

4. Vgl. Kadivar Mohsen, *Hukumat welai* (Stellvertretende Herrschaft), Teheran 2004.

5. Als Vertreter dieser Meinung kann Dr. Mohsen Kadivar genannt werden, renommierter iranischer Gelehrter, Leiter der philosophischen Abteilung der Hochschule für Lehrerausbildung in Teheran und Leiter der Organisation »Verteidigung der Pressefreiheit« (NGO).

6. Vgl. Shabestari Mudjtahid Muhammad, *Iman wa Azadi* (Glaube und Freiheit), Teheran 2000.

Geschichte wurde die Religionsherrschaft überwiegend benutzt, um die Interessen der Herrscher religiös zu legitimieren. Auch eine »islamische Demokratie« ist der Gefahr ausgesetzt, instrumentalisiert zu werden und dadurch nicht imstande zu sein, die Ideale einer Gesellschaft zu erreichen, die vom Islam gefordert werden.

Der Islam fordert den Menschen auf, in Verantwortung vor Gott eine gerechte und friedliche Gesellschaft aufzubauen, in der alle Rechte der Bürger gewährleistet sind. Die ethischen und vereinbarten Werte in der Gemeinschaft sind zu beachten und die Gesetze des Landes, in dem man lebt, sind ohne Vorbehalt zu akzeptieren und zu respektieren. Es kann für Muslime kein Widerspruch sein, in einer Demokratie zu leben in der sie auch ihre Religiosität frei im Rahmen der Landesgesetze ausüben können. Wenn ein Muslim in einem Land seine Religiosität nicht ausleben kann, hat er nicht das Recht für sich Rechte zu beanspruchen, die im Rahmen der jeweiligen gültigen Gesetzgebung nicht realisierbar sind.

Shabestari fordert die Muslime auf, ihre Staaten auf Rationalität und Rechtstaatlichkeit zu gründen und sieht darin keinen Widerspruch zur islamischen Lehre: »Die Muslime haben von der Tradition her die theoretische Möglichkeit, ihr Rechtssystem zu reformieren und demokratische Staaten zu gründen, die auf Rationalität des Rechts im Islam basieren.«[7]

Diese Reformansätze können zur neuen Bewertung aktueller gesellschaftlicher Situationen und damit zu einer kreativen Unterstützung bei der Gestaltung der Gesellschaft führen. Hierfür muss die Bereitschaft wachsen, den Koran und die Tradition in ihrem historischen Kontext zu lesen und zu verstehen und aus deren freien Geist zeitgerechte Meinungen zu entwickeln. Es bedarf einer umfassenden Untersuchung, wie eine Hermeneutik möglich ist, in der sich der Offenbarungstext in seiner inneren Bedeutung wieder findet und zugleich den Realitäten des heutigen Lebens entspricht.

## 4 Die gegenwärtigen Diskussionen

In den letzen Jahren warnen einige muslimische Denker aus unterschiedlichen Traditionen ausdrücklich vor der Politisierung des Islams »Wo man die Religion mit der Politik verquicke«, warnt Sourousch, ein iranischer Denker, »entweihe man sie und lenke von ihrer eigentlichen Bestimmung ab, nämlich den Menschen in seiner Beziehung zu Gott zu leiten«[8].

»Die Schöpfung ist dynamisch und der Mensch entwickelt sich; die Bedürfnisse, Lebensrealitäten ändern sich, folglich müssen die Gesetze und die Regeln des

---

7. Schabastari Muhammad Mudjtahid, Der Islam und Demokratie, Erfurt 2003, S. 19.

8. Wa‹ezi Ahmad, Die Theokratie – Überlegungen über die politischen Denkweise des Islams, Teheran 1999, S. 121.

Zusammenlebens stets reflektiert werden. Es gibt natürliche Gesetzmäßigkeiten und Werte, die universal und für alle Zeiten gültig sind. Gott hat dem Menschen die Fähigkeiten wie Denkvermögen, Vernunft und Entscheidungsfreiheit verliehen und Wegweiser als Offenbarungen, Gesandten und Propheten geschickt, damit er die Verantwortung übernimmt. Der Koran erkennt den Mensch als Herrscher auf der Erde, der für die Nutzung der Ressourcen und die Errichtung der Zivilisationen zuständig ist.«[9] meint Schabestari, der für eine Trennung zwischen Religion und Staat eintritt und die Gelehrten als Berater und nicht als aktive Teilhaber in der Politik versteht. Nach ihm dürfen die Gelehrten für sich keine politische Macht beanspruchen.

Navid Kermani schreibt in seinem Aufsatz »Islam in Europa«: »Islam als eine Staatsform ist eine Idee des neunzehnten Jahrhunderts, entstanden infolge der Auseinandersetzung mit der politischen und geistigen Herausforderung, die das kolonialistische Europa an die islamische Welt gestellt hat.«[10] Um die eigenen Krisen zu überwinden, griffen die muslimischen Denker des 19. und frühen 20. Jahrhunderts auf die Religion zurück in der Hoffnung, die alte Größe wieder zu erlangen. Die islamische Urgemeinde wurde zu einem Muster, das man vorbehaltlos übernehmen musste, wenn man sich aus dem Joch der Unterdrückung befreien und die glorreiche frühislamische Zeit wieder erlangen wollte.

Die Diskussionen in der muslimisch geprägten Welt zeigen, dass die Behauptung, im Islam sei eine Trennung zwischen Staat und Religion nicht möglich, nicht als absolut und unaufgebbar zu verstehen ist. Die Muslime können und müssen Möglichkeiten finden, ohne die Herrschaft Gottes in Frage stellen sowohl das weltliche Leben selbst zu gestalten als auch den grundlegenden islamischen Prinzipien treu zu bleiben. Dieser Herausforderung müssen sich die Muslime stellen, hierfür können ihnen die Tradition der *mu'taza*litischen Denkschule und moderne wissenschaftliche Methoden geeignete Mittel sein.

---

9. Schabestari Muhammad Mudjtahid, Hermeneutik, Buch und Sunna, Teheran 1997, S. 61.

10. Hartmann Thomas / Krannich Margret (Hg.), Muslime im säkularen Rechtsstaat, Frankfurt a. M. 2001, S. 18.

# Perspektiven des Verhältnisses zwischen Staat und Kirche aus evangelischer Sicht

Wolfgang Heyde

## 1 Einleitung

Als Verfassungsjurist nähere ich mich dem Verhältnis zwischen Staat und Kirche in einer bestimmten Art und Weise. Ich werde deshalb – nach einer kleinen historischen Einleitung – zunächst darlegen, wie sich das Verhältnis von Staat und Kirche aus der verfassungsrechtlichen Sicht darstellt. Dabei wird es sich naturgemäß um eine Auswahl, um Kernelemente des geltenden Staatskirchenrechts handeln. Die »evangelische« Sicht umfassend zu behandeln[1], würde mich überfordern. Ich werde bestimmte Aspekte herausgreifen, die mir wichtig erscheinen.

Es gibt keine Gesellschaft, innerhalb derer Religion nicht eine feste Größe ist; es gibt kein staatliches System, das das Phänomen von Religion und Weltanschauung unberücksichtigt lassen könnte. Religion ist ein ununterdrückbarer Impuls des menschlichen Individuums, eine spezifische Funktion des Menschseins.[2] Nicht von ungefähr ist deshalb die Religionsfreiheit eines der ältesten als solches anerkannten Menschenrechte überhaupt. Dies muss in einer freiheitlichen Demokratie Grundlage einer jeden Regelung des Verhältnisses von Staat und Kirche sein. Eine solche Regelung wird dabei im beginnenden 21. Jahrhundert mit einem weitgefächerten Pluralismus von Religions- und Weltanschauungsgemeinschaf-

---

1. Eine umfassende Sicht vermittelt z. B. M. Heckel in seinem Beitrag über »Das Verhältnis von Staat und Kirche nach evangelischem Verständnis« in: Handbuch des Staatskirchenrechts in der Bundesrepublik Deutschland, Bd. I, ²1994, S. 157–208.
2. Dazu näher A. Hollerbach in einer Abhandlung über »Religion und Kirche im freiheitlichen Verfassungsstaat«, Berlin 1998, S. 29.

ten konfrontiert [3]. Es bedarf demnach eines allen Seiten gerecht werdenden Ordnungsmodells. Das Verhältnis von Staat und Religionen im Sinne eines geordneten Gegenübers von weltlichem Gemeinwesen und rechtlich selbständigen Religionsverbänden ist dabei eine Besonderheit der christlich-abendländischen Welt; denn das Christentum hat diese Unterscheidung hervorgebracht. Insofern ist das geltende Staatskirchenrechtssystem des Grundgesetzes – darauf wird in der Literatur häufig hingewiesen – Produkt einer tief in der Geschichte des christlichen Abendlandes verwurzelten historischen Entwicklung. Mit seinen Grundprinzipien der Religionsfreiheit, der Trennung von Staat und Kirche, der Säkularität und Neutralität des Staates, des Selbstbestimmungsrechts der Religionsgemeinschaften und der grundsätzlichen Gleichstellung aller Religionen im pluralistischen System ist es das Ergebnis eines langen Prozesses der Säkularisierung.

Ein paar Stichworte [4]: Nach der Reformation mit dem Entstehen unterschiedlicher christlicher Konfessionen mussten die landesherrlichen Territorien ein neues Verhältnis zu den Religionsgemeinschaften entwickeln. Erste Ansätze von individueller und kollektiver Religionsfreiheit finden sich in den Festlegungen des Augsburger Religionsfriedens von 1555. Auf der Basis eines die Angehörigen katholischer wie Augsburger (d. h. evangelischer) Konfession umfassenden Landfriedens legte er wesentliche Züge der rechtlichen Ordnung von Staat und Kirche für die Zukunft fest. Die Landesherren erhielten mit dem *ius reformandi* das Recht, in ihren Territorien die für alle Untertanen einheitlich geltende Konfession zu bestimmen und auch zu wechseln (*cuius regio – eius religio*). Individuelle Glaubensfreiheit gab es nur insofern, als ein *ius emigrandi* bestand, d. h. ein Recht auf Auswanderung aus dem Territorium unter Mitnahme des Eigentums, eine Art staatlich gesicherte religiöse Freizügigkeit. Der Westfälische Frieden von 1648 entwickelte den Augsburger Religionsfrieden fort. U. a. wurden neben Katholiken und Lutheranern die Reformierten als drittes Bekenntnis einbezogen und es wurde die Parität der drei Konfessionen durch eine Reihe von Maßnahmen abgesichert.

Ein wesentlicher Schritt waren im Zuge der Aufklärung die Gewährleistungen von Religionsfreiheit in Preußen ab der Mitte des 18. Jahrhunderts. Unter Friedrich dem Großen bestimmten staatliche Toleranz gegenüber allen Religionsgemeinschaften und deren rechtliche Gleichbehandlung die Verwaltungspraxis. Es gab allerdings noch keine Trennung von Staat und Kirche; das territorialstaatliche Staatskirchentum in Form des landesherrlichen Kirchenregiments, das

---

3. Wegen dieser heute deutlicher wahrgenommenen religiösen Pluralität in unserer Gesellschaft wird es gelegentlich vorgezogen, begrifflich statt von »Staatskirchenrecht« von »Religionsverfassungsrecht« zu sprechen. Ich bleibe bei dem traditionellen Begriff.

4. Siehe im Einzelnen die Darstellung von M. Morlok / S. Roßner, Kirche und Staat, in: Evangelisches Staatslexikon, Neuausgabe 2006, Sp. 1144 ff.

die Kirchen als staatliche Anstalten in die Staatsorganisation integrierte, bestand fort. Das änderte sich erst mit der Weimarer Verfassung von 1919. Die dortigen staatskirchenrechtlichen Regelungen hat dann das Grundgesetz 1949 in ihren wesentlichen Teilen übernommen. Die Artikel 136 bis 139 und 141 der Weimarer Reichsverfassung (WRV) sind nach Artikel 140 Grundgesetz »Bestandteil dieses Grundgesetzes«[5]. Sie bestehen unverändert bis heute, sind also (wenn man von der Unterbrechung durch die NS-Zeit absieht) mehr als 85 Jahre in Geltung. Als ältesten Teil der heutigen deutschen Verfassung kann man sie durchaus als einen Kern deutscher Identität ansehen. Insoweit weisen die staatskirchenrechtlichen Strukturen unserer Verfassung ein bemerkenswert hohes Maß an Kontinuität und Konsens auf. Sie stehen natürlich in einem engen Zusammenhang mit dem Grundrecht der Religions- und Bekenntnisfreiheit des Artikel 4 Grundgesetz. Auch Artikel 7 Grundgesetz, der Regelungen zum Schulwesen (u. a. Religionsunterricht) enthält, gehört hierher. Dieser Gesamtzusammenhang darf bei der Auslegung der einzelnen Vorschriften nicht außer Betracht bleiben.[6] Daraus ergibt sich, wie das Bundesverfassungsgericht betont hat, dass z. B. die Weimarer Kirchenartikel nach dem Sinn und dem Geist der Wertordnung des Grundgesetzes auszulegen sind; der Religionsfreiheit kommt eine besondere Bedeutung zu.

Das Staatskirchenrechtssystem des Grundgesetzes wird durch einschlägige Regelungen in den Landesverfassungen ergänzt. In der Verfassung von Nordrhein-Westfalen sind dies die Artikel 7 (1) (Erziehungsziele; u. a. Ehrfurcht vor Gott), 14 (eingehende Regelungen zum Religionsunterricht), 16 (2) (Recht der Kirchen zur Errichtung eigener Hochschulen zur Ausbildung der Geistlichen) und Artikel 19 bis 23 (Religionsfreiheit, Anstaltsseelsorge, Leistungen an die Kirchen, Kirchenverträge, ergänzende Geltung des Artikel 140 Grundgesetz als Landesrecht).

---

5. Über die Entstehungsgeschichte sowohl der Weimarer Kirchenartikel 1919 wie des Art. 140 GG 1948/49 informiert St. Magen in: Umbach/Clemens (Hg.), Grundgesetz, Mitarbeiterkommentar, Art. 140 Rn. 9–18.
6. Auslegung nach dem Grundsatz der Einheit der Verfassung.

## 2 Das Verhältnis von Staat und Kirche aus verfassungsrechtlicher Sicht

### 2.1 Trennung von Staat und Kirche – aber nicht strikt und beziehungslos

Das heutige deutsche Staatskirchenrechtssystem [7] fußt im Wesentlichen auf drei Säulen: Religionsfreiheit; Selbstbestimmungsrecht der Kirchen, Religions- und Weltanschauungsgemeinschaften; Trennung von Staat und Kirche.

Der frühere Bundespräsident Johannes Rau hat zum Verhältnis von Staat und Kirche ausgeführt: »Staat und Kirche sind in Deutschland klar voneinander getrennt, aber sie wirken auf vielen Feldern im Interesse der ganzen Gesellschaft zusammen. Ich halte das, alles in allem, für den richtigen Weg, und ich sehe keinen Anlass dafür, dass wir uns dem Laizismus unserer französischen Nachbarn und Freunde anschließen sollten.« [8] Hier wird deutlich, dass der Terminus »Trennung von Staat und Kirche« nicht strikt und absolut verstanden werden darf.

Das Bundesverfassungsgericht hat in dem Kopftuch-Urteil vom 24. September 2003 [9] seine bisherige Rechtsprechung zum Staatskirchenrecht – durch zahlreiches Zitieren früherer Entscheidungen die Kontinuität dieser Rechtsprechung betonend – wie folgt zusammengefasst ( Hervorhebungen vom Verfasser ):

»Der freiheitliche Staat des Grundgesetzes ist gekennzeichnet von der Offenheit gegenüber der Vielfalt weltanschaulich-religiöser Überzeugungen und gründet dies auf ein Menschenbild, das von der Würde des Menschen und der freien Entfaltung der Persönlichkeit in Selbstbestimmung und Eigenverantwortung geprägt ist.

Das Grundgesetz begründet für den Staat als Heimstatt aller Staatsbürger in Artikel 4 ( 1 ), Artikel 3 ( 3 ) Satz 1, Artikel 33 ( 3 ) Grundgesetz sowie durch Artikel 136 ( 1 ) u. ( 4 ) und Artikel 137 ( 1 ) WRV in Verbindung mit Artikel 140 Grundgesetz die Pflicht zu weltanschaulich-religiöser Neutralität. Es verwehrt die Einführung staatskirchlicher Rechtsformen und untersagt die Privilegierung bestimmter

---

7. Vgl. u. a. A. v. Campenhausen, Der heutige Verfassungsstaat und die Religion, in: HdbStKirchR, ( Fn. 2 ), S. 47 ff., m. w. N.; M. Morlok / S. Roßner ( Fn. 5 ); H. M. Heinig, Religionsgesellschaft, in: Evangelisches Staatslexikon, Neuausgabe 2006, Sp. 2012 ff.; M. Morlok / J. Krüper, Staatskirchenrecht, in Evangelisches Staatslexikon, ebd., Sp. 2316 ff.

8. Religionsfreiheit heute – Zum Verhältnis von Staat und Religion in Deutschland. Rede des Bundespräsidenten beim Festakt zum 275. Geburtstag von Gotthold Ephraim Lessing in Wolfenbüttel, 22. Januar 2004, epd-Dokumentation Nr. 6 vom 3. Februar 2004, S. 4.6.

9. epd-Dokumentation Nr. 40 / 2003; Neue Juristische Wochenschrift 2003 S. 3111; Entscheidungen des Bundesverfassungsgerichts ( BVerfGE ) Bd. CVIII S. 282. – Axel von Campenhausen hat sich mit der Problematik des Urteils eingehend und kritisch auseinandergesetzt: Der Streit um das Kopftuch, Materialdienst des Konfessionskundlichen Instituts Bensheim, Heft 2 / 2004, S. 32–37.

Bekenntnisse ebenso wie die Ausgrenzung Andersgläubiger. Dabei hat der Staat auf eine am Gleichheitssatz orientierte Behandlung der verschiedenen Religions- und Weltanschauungsgemeinschaften zu achten und darf sich nicht mit einer bestimmten Religionsgemeinschaft identifizieren.

Diese dem Staat *gebotene religiös-weltanschaulische Neutralität* ist jedoch nicht als eine distanzierende im Sinne einer strikten Trennung von Staat und Kirche, sondern *als eine offene und übergreifende, die Glaubensfreiheit für alle Bekenntnisse gleichermaßen fördernde Haltung zu verstehen.* Artikel 4 (1) u. (2) Grundgesetz gebietet auch in positivem Sinn, den Raum für die aktive Betätigung der Glaubensüberzeugung und die Verwirklichung der autonomen Persönlichkeit auf weltanschaulich-religiösem Gebiet zu sichern.«

Soweit das Bundesverfassungsgericht. Ich will versuchen, diese komprimierte Beschreibung zu erläutern: Der Grundsatz der prinzipiellen, nicht strikten Trennung von Staat und Kirche wird aus Artikel 137 (1) WRV hergeleitet: Dort steht nicht: Staat und Kirche sind getrennt, sondern »Es besteht keine Staatskirche.« Die Weimarer Verfassung und sie hier übernehmend das Grundgesetz postulieren keine strikte, laizistische Trennung von Staat und Kirche. Vielmehr nehmen sie gegenüber der historischen Situation, die bis zum Ende des Kaiserreichs bestand, eine Trennung von Staat und Religionsgemeinschaften in dem Sinne vor, dass die Institutionen voneinander emanzipiert sind. Am Ende eines langen Prozesses der gesellschaftlichen Ausdifferenzierung von Politik und Religion steht die wechselseitige Emanzipation von Staat und Kirche im religiös-weltanschaulich neutralen, freiheitlichen Staat.[10] Da aber jeder Einzelne und die Religions- und Weltanschauungsgemeinschaften aufgrund der Religionsfreiheit das Recht haben, auch im öffentlichen Bereich zu wirken, kommt es notwendig zu einer Überschneidung der beiden Sphären. Es geht dem Grundgesetz nicht um eine Verdrängung des Religiösen in den privaten Bereich. Die institutionelle Unabhängigkeit voneinander – das ist mit dem Trennungsbegriff gemeint – bedingt vielmehr, dass es dort, wo es zu Überschneidungen kommt, eine Kooperation gibt. Es wäre ein Missverständnis, wollte man eine Trennung herbeiführen, die die Welt in einen staatlichen und einen religiösen Einflussbereich teilte. Das wäre auch problematisch. Staat und Religions- und Weltanschauungsgemeinschaften treten zwar einander als Institutionen und Organisationen gegenüber; die Menschen aber, an die sie sich wenden, sind dieselben. Folgerichtig enthält das Grundgesetz für einzelne Bereiche der Kooperation Regelungen, so in Artikel 7 für den Religionsunterricht. Artikel 140 Grundgesetz in Verbindung mit Artikel 141 WRV gewährleistet Seelsorge in der Bundeswehr sowie in staatlichen Anstalten wie Krankenhäusern, Kindergärten, Altenheimen und Haftanstalten.

Gewisse Begünstigungen der großen Religionsgemeinschaften bzw. der

---

10. St. Magen, ebd. (Fn. 6), Rn. 51.

öffentlich-rechtlich korporierten Religionsgemeinschaften resultieren aus den jeweiligen Besonderheiten und sind Ausdruck der bestehenden Ungleichheiten, die Berücksichtigung finden müssen. Im Prinzip stehen die Gewährleistungen und Rechte des deutschen Staatskirchenrechtssystems jedoch allen Religions- und Weltanschauungsgemeinschaften offen.

Im Evangelischen Staatslexikon ist das kirchenpolitische System der Bundesrepublik Deutschland zusammenfassend wie folgt beschrieben worden: »Als die tragenden Elemente der staatskirchenrechtlichen Ordnung der Gegenwart erweisen sich [...] die Religions- und die Kirchenfreiheit. Auf ihnen beruht das kirchenpolitische System der Bundesrepublik Deutschland als ein System der freiheitlichen Zuordnung der beiderseitigen Aufgaben und des beiderseitigen Wirkens [...] Die Kirchen sind in der Erfüllung ihres Auftrags frei. Die Ordnung des demokratischen Gemeinwesens eröffnet ihnen die Möglichkeit, sich im freien geistigen, sozialen und politischen Prozess zur Geltung zu bringen. Aber sie begründet keine institutionell gesicherten Monopole. Die rechtliche Ordnung des Verhältnisses von Staat und Kirche verweist die Kirchen auf ihre eigenen, ihnen allein gemäßen geistigen Kräfte, gewährt aber zugleich der Entfaltung dieser Kräfte Freiheit und Schutz.« [11]

## 2.2 Weltanschaulich-religiöse Neutralität

An dieser Stelle empfiehlt sich ein *Exkurs* zu *einem* Aspekt der Neutralität des Staates, nämlich der Berufung auf Gott in der Präambel des Grundgesetzes. Der erste Satz der Präambel lautet: »Im Bewusstsein seiner Verantwortung vor Gott und den Menschen [...] hat sich das Deutsche Volk [...] dieses Grundgesetz gegeben«. Diese Bezugnahme auf Gott wird von manchen als problematisch empfunden. Sie darf jedoch nicht als *Invocatio Dei,* Anrufung Gottes, missverstanden werden. Die Bundesrepublik wird durch die Erwähnung von Gott in der Präambel keineswegs zu einem christlichen Staat, der seine Bürgerinnen und Bürger auf eine Weltanschauung verpflichtet, die den Glauben an Gott zum Mittelpunkt hat.

Vielmehr wollte der Parlamentarische Rat in der Situation des demokratischen Neuanfangs nach 1945 zum Ausdruck bringen, dass das Volk zwar souverän, aber nicht zu allem legitimiert ist. Die Väter und Mütter des Grundgesetzes errichteten die Verfassung auf den ethischen Fundamenten der jüdisch-christlichen Tradition. Mit der »Verantwortung vor Gott« brachten sie zum Ausdruck: Es gibt überstaatliche Bindungen, die allen von Menschen geschaffenen Normen vorausgehen und der Entscheidungsmacht des Menschen Grenzen setzen. – Auch heute

---

11. Konrad Hesse, früherer Bundesverfassungsrichter und Freiburger Staatsrechtslehrer, Evangelisches Staatslexikon, ³1987, Sp. 1571.

ist unumstritten, dass der Staat nicht über alles, zum Beispiel über die Menschenrechte und die Grundlagen des Lebens, verfügen kann. Dieses Grundverständnis hätte in der Präambel vielleicht auch in anderer Weise zum Ausdruck gebracht werden können. Es würde aber in Frage gestellt, wollte man heute die Berufung auf Gott in der Präambel ersatzlos streichen.[12]

Eine vergleichbare Problematik – in umgekehrter Richtung – besteht im Blick auf die Präambel des Vertrags über eine Verfassung für Europa[13]. Sie enthält keinen Gottesbezug; seine Aufnahme ist von den beiden christlichen Kirchen nachdrücklich angemahnt worden. Sie wird auch von der polnischen Regierung gefordert. M. E. sollte man sich aber hier nicht verkämpfen. Anders liegt es bei einem weiteren und zu Recht kritisierten Punkt, nämlich der in der Präambel enthaltenen Formel vom »religiösen und humanistischen Erbe Europas«. Sie ist missverständlich und sollte im Sinne eines Hinweises auf die »jüdisch-christliche Tradition« präzisiert werden.[14] – Bei allen Bemühungen um eine Änderung der Präambel darf allerdings nicht übersehen werden, dass der Verfassungsvertrag in Artikel I-52[15] eine Art »staatskirchenrechtliche Klausel« enthält mit erheblichen Verbesserungen für das Verhältnis der EU zu Kirchen und Religionsgemeinschaften, die nicht aufs Spiel gesetzt werden dürfen.

### 2.3 Speziell zur Religionsfreiheit

Grundpfeiler der Ordnungsmodelle in allen freiheitlich orientierten Staatssystemen ist die Religionsfreiheit. Sie ist Grund- und Menschenrecht. In Artikel 9

---

12. Siehe auch die Schrift Argumente aus der EKiR 1/1997, Die Rolle der Kirche, Die Rechte der Kirche, S. 2.

13. Der EU Verfassungsvertrag ist am 29. Oktober 2004 von den Staats- und Regierungschefs der Mitgliedstaaten unterzeichnet worden. Bisher haben ihn aber nur etwa 2/3 der Mitgliedstaaten ratifiziert. Seine Zukunft ist ungewiss.

14. Eine nachdrückliche Forderung des EKD-Ratsvorsitzenden Bischof Huber, Vortrag »Kirche und Verfassungsordnung« am 12. März 2007 bei den 42. »Essener Gesprächen Staat und Kirche« im Internet: http://www.ekd.de/vortraege/070312\_huber\_kirche\_verfassungsschutz.html. – Bundeskanzlerin Merkel hat sich in ihrer Antrittsrede als deutsche Ratspräsidentin im Europäischen Parlament am 17. Januar 2007 »als Christin zu den christlichen Grundlagen Europas ausdrücklich« bekannt. In ihrer Berliner Rede am 25. März 2007 zum 50. Jahrestag der Römischen Verträge hat sie als persönliche Aussage die »jüdisch-christlichen Wurzeln Europas« betont (im Kontext von Ausführungen zur »Kraft der Freiheit« und Unantastbarkeit der Würde des Menschen).

15. »Art. I-52 Status der Kirchen und weltanschaulichen Gemeinschaften
(1) Die Union achtet den Status, den Kirchen und religiöse Vereinigungen oder Gemeinschaften in den Mitgliedstaaten nach deren Rechtsvorschriften genießen, und beeinträchtigt ihn nicht.
(2) Die Union achtet in gleicher Weise den Status, den weltanschauliche Gemeinschaften nach den mitgliedstaatlichen Rechtsvorschriften genießen.
(3) Die Union pflegt mit diesen Kirchen und Gemeinschaften in Anerkennung ihrer Identität und ihres besonderen Beitrags einen offenen, transparenten und regelmäßigen Dialog.«

der Europäischen Menschenrechtskonvention aus dem Jahr 1950[16] ist dieses Menschenrecht sehr differenziert formuliert: »Jede Person hat das Recht auf Gedanken-, Gewissens- und Religionsfreiheit; dieses Recht umfasst die Freiheit, seine Religion oder Weltanschauung zu wechseln, und die Freiheit, seine Religion oder Weltanschauung einzeln oder gemeinsam mit anderen öffentlich oder privat durch Gottesdienst, Unterricht oder Praktizieren von Bräuchen oder Riten zu bekennen.« Die in den EU Verfassungsvertrag integrierte Europäische Grundrechte-Charta von Dezember 2000 hat diese Formulierung fast wortgleich übernommen (Artikel II-70 des EU Verfassungsvertrags).

Das Grundgesetz teilt die von der Religionsfreiheit umfassten Rechte anders auf als die Europäische Menschenrechtskonvention. Artikel 4 Grundgesetz gewährleistet die Glaubens- und Bekenntnisfreiheit und die Freiheit des weltanschaulichen Bekenntnisses sowie die Kultusfreiheit als Recht ungestörter, auch gemeinschaftlicher Religionsausübung. Die Glaubensfreiheit umfasst auch die religiöse Vereinigungsfreiheit als weiteren Ausdruck der kollektiven Religionsfreiheit. Die Vereinigungsfreiheit ist darüber hinaus ausdrücklich in dem durch Artikel 140 Grundgesetz aus der Weimarer Reichsverfassung übernommenen Artikel 137 (2) WRV gewährleistet. Das Bundesverfassungsgericht hat sich in einer Reihe von Entscheidungen mit dem Grundrecht der Religionsfreiheit befasst und betont, dass es extensiv auszulegen ist. Deshalb umfasst dieses Grundrecht alle Erscheinungsformen der religiösen Betätigung und religiösen Zwecke sowohl des einzelnen wie der religiösen oder weltanschaulichen Vereinigungen. Es geht nicht nur darum, einen bestimmten Glauben oder eine bestimmte Weltanschauung haben zu dürfen. Die Glaubensfreiheit konkretisiert sich auch in der freien Möglichkeit, den Glauben gemeinschaftlich ausüben zu können. Gegenstand des Rechts ist darum neben dem individuellen Aspekt zugleich der kollektive Aspekt. Die Religions- und Weltanschauungsgemeinschaften sind als solche in die Garantie der Religionsfreiheit einbezogen.

In einem neutralen Staat, der seine religiöse Grundlage aufgegeben hat und der die Religionsfreiheit allen seinen Bürgern gleichermaßen gewährleistet, treten die Begriffe der negativen und der positiven Religionsfreiheit nebeneinander, also einerseits das Recht, sich von jeglicher Religionsausübung fernzuhalten, andererseits das Recht auf ungestörte Religionsausübung. Das Recht der Religionsfreiheit ist nicht geeignet, Konflikte im staatlichen Raum nach dem Mehrheits-Minderheitsprinzip zu entscheiden. Es handelt sich wie bei jedem Grundrecht in erster Linie um ein Abwehrrecht gegen den Staat[17]. Dieser muss beiden Aspekten der Religionsfreiheit zur größtmöglichen Entfaltung verhelfen. Dabei kann

---

16. In der Fassung der Bekanntmachung vom 17. Mai 2002.
17. Deshalb können auch – dies zur Klarstellung – innerkirchliche Auseinandersetzungen über Glaubensfragen nicht unter Berufung auf das Grundrecht der Glaubensfreiheit geführt werden.

man aus der negativen Religionsfreiheit keinen Anspruch herleiten, vom Staat vor einer Konfrontation mit (anderen) religiösen oder weltanschaulichen Positionen geschützt zu werden; denn deren Kundgabe ist ja ihrerseits Ausdruck ausgeübter – eben positiver – Religionsfreiheit. Mit anderen Worten: Die negative Religionsfreiheit darf nicht zur Verdrängung religiöser Momente aus dem öffentlichen Raum führen. Nicht – als vermeintlich neutral – die Privilegierung der negativen Religionsfreiheit zu Lasten der positiven ist geboten, sondern im Konfliktfall eine Abwägung und ein schonender Ausgleich nach dem Prinzip der Toleranz. Diese Toleranz wird von allen Staatsbürgern bzw. Religions- und Weltanschauungsgemeinschaften im Interesse der Achtung jeweils anderer Positionen erwartet. Der Staat ist Hüter der Toleranz. Auf diesen wichtigen Aspekt komme ich später noch einmal zurück. Hier ist festzuhalten: Das Grundgesetz verdrängt weder die Ausübung von Religion noch die betonte Nichtausübung von Religion aus dem öffentlichen Bereich. Die so gewährleistete Religionsfreiheit ist umfassend. Sie verweist Religion nicht in das »stille Kämmerlein«.

Unsere Gesellschaft ist also auch aus der Sicht der verfassungsrechtlichen bzw. staatlichen Ordnung, ich zitiere hier noch einmal Johannes Rau[18], »kein religionsfreier Raum und Religion nicht bloße Privatsache. Der öffentliche Charakter von Religionen wird bei uns anerkannt. Kirchen und Glaubensgemeinschaften können und sollen öffentlich wirken, und ihre Einmischung in öffentliche Angelegenheiten ist ausdrücklich erwünscht.«

## 2.4 Selbstbestimmungsrecht der Religions- und Weltanschauungsgemeinschaften

Das Selbstbestimmungsrecht der Religionsgemeinschaften, das in Artikel 140 Grundgesetz in Verbindung mit Artikel 137 (3) WRV normiert ist, stellt die dritte Säule des deutschen Staatskirchenrechts-Systems dar. Das Selbstbestimmungsrecht ist die logische Konsequenz aus dem bisher Gesagten. Artikel 137 (3) WRV lautet: »Jede Religionsgesellschaft ordnet und verwaltet ihre Angelegenheiten selbständig innerhalb der Schranken der für alle geltenden Gesetze. Sie verleiht ihre Ämter ohne Mitwirkung des Staates oder der bürgerlichen Gemeinde.« Hierdurch ist gewährleistet, dass der Staat nicht durch organisatorische Eingriffe in die Verwaltung der Religions- und Weltanschauungsgemeinschaften Gefahr läuft, seine Neutralität zu verletzen und in das Recht der Religionsfreiheit einzugreifen. Die Garantie der Selbstverwaltung umfasst alle erforderlichen Wirkungsmöglichkeiten im und Einwirkungsmöglichkeiten auf den öffentlichen Bereich, so dass die Organisationen ihrem Selbstverständnis gemäß in Freiheit ihre nicht von der Welt stammende Verantwortung wahrnehmen können. Dieses Recht hat

---

18. Johannes Rau, Religionsfreiheit heute (s. o. Anm. 8, S. 158 in diesem Band).

neben der Religionsfreiheit eigenständige, insbesondere praktische Bedeutung. Das Bundesverfassungsgericht hat schon in dem sogen. Lumpensammlerfall [19] hervorgehoben, christliche Liebestätigkeit sei nach dem Selbstverständnis der christlichen Kirche etwas anderes als ein sozialer Vorgang, der sich in der Fürsorge für Arme, Elende und Bedürftige aus Mitverantwortung für den Nächsten erschöpfe. In späteren Entscheidungen hat es festgestellt: Nach Artikel 137(3) WRV sind nicht nur die organisierte Kirche und die rechtlich selbständigen Teile dieser Organisation, sondern alle der Kirche in bestimmter Weise zugeordneten Einrichtungen ohne Rücksicht auf ihre Rechtsform Objekte, bei deren Ordnung und Verwaltung die Kirche grundsätzlich frei ist, wenn sie nach kirchlichem Selbstverständnis ihrem Zweck oder ihrer Aufgabe entsprechend berufen sind, ein Stück Auftrag der Kirche in dieser Welt wahrzunehmen und zu erfüllen.[20] – Die den Kirchen zugehörigen karitativen Einrichtungen, u. a. zusammengeschlossen im (evangelischen) Diakonischen Werk und im (katholischen) Deutschen Caritasverband, haben also unabhängig von ihrer öffentlich-rechtlichen oder privatrechtlichen Organisationsform grundsätzlich am staatskirchenrechtlichen Status der Kirche selbst teil und sind »Kirche« im Sinne des Verfassungsrechts. Entsprechendes gilt für die erzieherischen Einrichtungen der Kirchen.

Zu den eigenen Angelegenheiten, die jede Religionsgemeinschaft im Rahmen des Selbstbestimmungsrechts selbständig regelt, zählt alles, was durch den jeweiligen Auftrag umschrieben und für den Vollzug dieses Dienstes nach dem Selbstverständnis der jeweiligen Religionsgemeinschaft unentbehrlich ist. Selbständig normierte Bereiche sind im Hinblick auf die christlichen Kirchen etwa die Kirchenverfassung, Erziehung und Ausbildung der Geistlichen, Rechte und Pflichten der Mitglieder, alle Bereiche des kirchlichen Dienst- und Arbeitsrechts [21], die Vermögensverwaltung, die karitative Tätigkeit. Dazu gehört auch das Recht auf eigene (interne) Gesetzgebung und Rechtsprechung. Dabei sind allerdings die Schranken des für alle geltenden (staatlichen) Gesetzes zu beachten.

---

19. Entscheidung vom 16. Oktober 1968, BVerfGE Bd. XXIV, S. 236 ff., hier S. 247.

20. So BVerfGE Bd. XLVI, S. 73 ff., hier S. 85 f. (Wilhelm-Anton-Hospital Goch).; ebenso BVerfGE Bd. LIII, S. 366 ff., hier S. 391 ff. (Krankenhausgesetz NRW); BVerfGE Bd. LXX, S. 138 ff., hier S. 162 ff. (arbeitsrechtliche Loyalitätsobliegenheiten) mit jeweils weiteren Nachweisen.

21. Paragraph 9 des Allgemeinen Gleichbehandlungsgesetzes vom 14. August 2006 lässt z. B. unterschiedliche Behandlungen wegen der Religion oder Weltanschauung bei der Beschäftigung unter bestimmten Voraussetzungen ausdrücklich zu. – Benachteiligungen aus Gründen der Rasse, der ethnischen Herkunft, des Geschlechts, einer Behinderung, des Alters oder der sexuellen Identität sind demgegenüber grundsätzlich untersagt.

## 2.5 Bindung an das staatliche Recht, insbesondere an die Grund- und Menschenrechte

Die Normen des Staatskirchenrechts sind Rahmenbestimmungen, aufgrund derer sich die Freiheit der Religionsgemeinschaften jeweils entfalten kann. Religionsfreiheit und Trennung von Staat und Kirche untersagen es dem Staat, religiöse Begriffe, Vorgänge und Institutionen inhaltlich zu bestimmen. Er darf nur die säkulare Seite der jeweiligen Materie regeln. Er darf und muss aber Schranken setzen im Interesse der Gemeinwohlverträglichkeit. Die »Schranke des für alle geltenden Gesetzes« gem. Artikel 140 Grundgesetz in Verbindung mit Artikel 137 (3) WRV ist in dieser Weise zu verstehen. Es handelt sich allerdings um ein sehr komplexes Thema, das hier nicht im Einzelnen behandelt werden kann. Zwei Aspekte seien aber angesprochen.

Zum einen: Inwieweit haben die Kirchen und Religionsgemeinschaften im Innenverhältnis die Grundsätze der Demokratie einzuhalten und inwieweit sind sie an die Grundrechte gebunden? Das grundgesetzliche Demokratiegebot ist auf den weltlichen Bereich beschränkt. Es scheidet als Begrenzungsnorm für das kirchliche Selbstbestimmungsrecht aus. An die Grundrechte sind die Kirchen aber dort gebunden, wo sie als Körperschaften des öffentlichen Rechts Hoheitsgewalt ausüben. Auf der anderen Seite wird man sich bei innerkirchlichen theologischen Auseinandersetzungen nicht auf das staatliche Grundrecht der Glaubensfreiheit berufen können.

Der zweite Aspekt – hier zitiere ich noch einmal Johannes Rau [22]: »Jede Kirche und jede Religionsgemeinschaft findet ihre Grenze ausschließlich in den vom Grundgesetz garantierten unveräußerlichen Menschenrechten. Auch sie gelten – wie die Religionsfreiheit – für alle, ob sie Christen, Muslime, Juden, Buddhisten oder Angehörige anderer religiöser Überzeugungen sind, natürlich auch für Menschen, die nichtgläubig sind. Niemand hat in unserem Land das Recht, unter Berufung auf seinen Glauben die in unserem Grundgesetz garantierten Menschenrechte und Bürgerrechte zu verletzen.« Das bedeutet z. B.: religiös intendierte Praktiken, die gegen die Menschenwürde verstoßen, sind absolut unzulässig.

## 3 Das Verhältnis von Staat und Kirche aus evangelischer Sicht

### 3.1 Demokratie-Denkschrift von 1985

Wenn wir über eine evangelische Sicht im Verhältnis zum Staat reden, muss unterschieden werden zwischen der speziellen Sicht auf das Staat-Kirche-Verhältnis (diese Reihenfolge der Worte »Staat – Kirche« ist wichtig) und zum anderen der

---

22. Johannes Rau, Religionsfreiheit heute (s. o. Anm. 8, S. 158 in diesem Band).

Haltung der Kirche zum demokratischen Staat und seiner Machtausübung, d. h. dem christlichen Beitrag zum Staatsverständnis.

Die freiheitliche demokratisch-rechtsstaatliche Ordnung beruht auf der Anerkennung der Würde des Menschen und damit seiner Freiheit, einer Freiheit, die Glaubens- und Religionsfreiheit einschließt. Wolf Krötke [23] hat zu Recht darauf hingewiesen, man habe lange gebraucht, bis die Evangelische Kirche erkannte, dass dieses Grundprinzip der pluralistischen demokratischen Gesellschaft seine Wurzeln – auch – im christlichen Verständnis des Menschen und besonders im reformatorischen Verständnis der Freiheit eines jeden Menschen zum eigenen Glauben habe. *Erst 1985*, man kann sich das heute kaum vorstellen, hat die Evangelische Kirche in Deutschland ihr Verhältnis zum Staat des Grundgesetzes in der sogen. Demokratie-Denkschrift klargestellt. Wenigen ist das noch bewusst. Diese von der Kammer für Öffentliche Verantwortung erarbeitete Denkschrift [24] trägt den bezeichnenden Titel »Evangelische Kirche und freiheitliche Demokratie. Der Staat des Grundgesetzes als Angebot und Aufgabe«. Im Vorwort des Vorsitzenden der Kammer für Öffentliche Verantwortung heißt es u. a.: »Bei der Ausarbeitung war die Kammer sich einig in dem Ziel, der Zustimmung zur freiheitlichen Demokratie im Sinne des Grundgesetzes in einer Denkschrift Ausdruck zu geben, die als Ortsbestimmung für das Verhältnis evangelischer Christen zu diesem Staat zu dienen vermag. [...] Zum ersten Mal erfährt die Staatsform der liberalen Demokratie eine so eingehende positive Würdigung in einer Stellungnahme der evangelischen Kirche.« – Es lohnt sich, dieses Ereignis heute in Erinnerung zu rufen.

## 3.2 Erklärung Christentum und politische Kultur

Zwölf Jahre später – 1997 – hat der Rat der EKD eine ebenfalls von der Kammer für Öffentliche Verantwortung (unter Beteiligung der Kammer für Theologie) vorbereitete Erklärung beschlossen »als Zusammenfassung wesentlicher Gesichtspunkte, die ihn bei seiner Arbeit im Blick auf die öffentliche Verantwortung der Kirche geleitet haben«. Sie trägt den Titel »Christentum und politische Kultur. Das Verhältnis des demokratischen Rechtsstaates zum Christentum« [25].

---

23. Der Berliner Hochschullehrer und EKD-Synodale in einem Vortrag am 19. November 2005 vor Bonner Bundesbeamten, Manuskript, S. 7.

24. Hg. vom Kirchenamt im Auftrage des Rates der EKD, Gütersloh 1985. Die Denkschrift war wesentliche Grundlage der Beratungen auf der zweiten Tagung der 7. Synode der EKD vom 3. bis 8. November 1985 mit dem Schwerpunktthema »Evangelische Christen in unserer Demokratie«. Siehe dazu auch die Beiträge auf der Synode in: Eberhard Jüngel, Roman Herzog und Helmut Simon, Evangelische Christen in unserer Demokratie, Gütersloh 1987; die Broschüre enthält auch die Kundgebung der Synode.

25. Kirchenamt der EKD (Hg.), Hannover 1997.

Nach mehrfachen Äußerungen über das Verhältnis des Christentums zum demokratischen Staat bestehe nun Anlass, aus der Sicht der Evangelischen Kirche in Deutschland das Verhältnis dieses Staates zum Christentum zu beschreiben. Die Erklärung befasst sich sowohl mit den Erwartungen an die Staatspraxis im Sinne eines besonderen Verhältnisses des Rechtsstaats zu den christlichen Kirchen als auch mit der eigenen Verantwortung der Kirche, zur Bildung gesellschaftlicher Werte und Grundüberzeugungen beizutragen.[26]

Die Erklärung betont in der Einleitung (Nr. 3) zunächst die Bedeutung der Menschenwürde als vorrangigen Maßstab für die soziale Gestaltung des Zusammenlebens in Staat und Gesellschaft. Der zum Ebenbild Gottes geschaffene Mensch sei in seiner Würde unantastbar und zu Mitmenschlichkeit bestimmt. Der demokratische Rechtsstaat beruhe auf Wertentscheidungen, in denen sich, wie es das Bundesverfassungsgericht[27] nenne, die prägende Kraft des Christentums auswirke. Diese Formulierung von der Prägkraft des Christentums bringe zum Ausdruck, »dass deren fundamentale Bedeutung für den modernen Rechtsstaat anzuerkennen und nicht preiszugeben sei.« – Die Formulierung von der »Prägekraft des Christentums« durchzieht nun allerdings die gesamte Erklärung, bezogen auf Vergangenheit und Gegenwart. Mir erscheint das etwas zu überbetont. Der große Anteil des Christentums an der Entwicklung freiheitlich-rechtsstaatlich-demokratischer Vorstellungen und der Anerkennung von Grund- und Menschenrechten ist nicht bestreitbar. Es gibt jedoch viele andere Wurzeln, insbesondere den Humanismus und die Aufklärung. Denken wir nur an den Beitrag von Immanuel Kant zur Anerkennung der Menschenwürde. Es wäre deshalb m. E. besser gewesen, etwas zurückhaltender von den jüdisch-christlichen Wurzeln und Prägungen der abendländischen Kultur und den Wertvorstellungen, wie sie in den Grund- und Menschenrechten zum Ausdruck kommen, zu sprechen. Nr. 38 der Erklärung kommt diesem Gesichtspunkt mit dem Hinweis nahe, dass die Menschenrechte oft außerhalb oder sogar gegen die Kirchen verwirklicht worden seien – wenn sich auch ihre Überzeugungskraft aus biblischen Wurzeln speise.

Ungeachtet dieser, aus meiner Sicht, Überbewertung der Prägekraft des Christentums enthält die Erklärung eine Vielzahl wichtiger Aussagen und Erwartungen zur evangelischen Sicht des Verhältnisses von Staat und Kirche. Einige greife ich heraus. So wird am Schluss der Einleitung (Nr. 6, S. 11) betont, in Zukunft komme es darauf an, wie der Zusammenhang von Christentum und demokratischem Rechtsstaat in der Gesellschaft verstanden und wahrgenommen werde. Dabei

---

26. Ein derartiger Beitrag war z. B. die Gemeinsame Erklärung des Rates der EKD und der Deutschen Bischofskonferenz »Grundwerte und Gottes Gebot« im Jahre 1979; hg. Kirchenkanzlei der EKD/Sekretariat der Deutschen Bischofskonferenz, Gütersloh/Trier 1979.

27. BVerfGE Bd. XLI, S. 65 ff., hier S. 84.

gehe es aus guten sachlichen Gründen um die Präsenz des Christentums in staatlichen Institutionen und in der Gesellschaft. Das Christentum dem Bereich bloßer Privatheit zuzuweisen wäre weder vom Selbstverständnis des Christentums her noch im Kontext der politischen Kultur angemessen. Denn (Nr. 8, S. 12): »Christentum und demokratischer Rechtsstaat sind in fundamentalen Lebensinteressen aufeinander bezogen. [...] In Zeiten tiefgreifender Veränderung ist es notwendig, die Aufmerksamkeit für die unaufgebbaren geistigen Besitzstände wachzurufen.«[28]

Zum Verhältnis von demokratischem Rechtsstaat und Christentum im Rahmen des Grundgesetzes (Teil I) heißt es u. a. (Nr. 9, S. 13), das Grundgesetz kenne keinen laizistischen Auftrag. Es habe mit der Einführung des Religionsunterrichts als Regel für alle Länder einen Rahmen vorgegeben. Der Landesgesetzgeber habe die Kompetenz, die Schule als christliche Gemeinschaftsschule einzurichten. Sie orientiere sich an den aus dem Christentum hervorgegangenen, heute aber Allgemeingut bildenden Werten, die man mit dem Begriff der christlich-abendländischen Tradition umschreibe. »Die Schule ist [...] bildungsmäßig eben dieser Tradition verpflichtet.« Weiter geht es u. a. um die Neutralität des Staates und das Verhältnis von negativer und positiver Religionsfreiheit.

Teil II »Zur Bejahung des Christentums durch den Staat des Grundgesetzes« entfaltet diese These und zieht einige Schlussfolgerungen einschließlich der Erörterung kritischer Punkte, wie z. B. des Verhältnisses dieser These zur Neutralität des Staates. Zukunftsgerichtet (Nr. 32 u. 33, S. 21) sei die Frage weiter zu konkretisieren, welche orientierende Funktion das christliche Erbe für Staat und Gesellschaft auszuüben vermag.

### 3.3 Insbesondere: Religiöser Pluralismus und Toleranz

Diesem Aspekt widmet die EKD-Erklärung von 1997 besondere Aufmerksamkeit. Das Gebot der Toleranz bilde einen wichtigen Prüfstein für die aktuelle Wahrnehmung der Prägekraft des Christentums. Toleranz sei ein anerkanntes Verfassungsgebot (Nr. 35) und mit dem Wesen des christlichen Glaubens unlöslich verbunden (Nr. 36).

Die Erklärung nimmt am Schluss (Nrn. 70 bis 73, S.34/35) zum Wahrheitsanspruch des Christentums im Verhältnis zum Gebot der Toleranz Stellung. Die Kirche habe den Wahrheitsanspruch des Evangeliums allein durch Gottes Wort, nicht mit menschlicher Gewalt zur Geltung zu bringen. »Toleranz ist allen christlichen Kirchen geboten [...] Toleranz ist [...] auch im Verhältnis der Mehrhei-

---

28. Hierzu sei auf die Verfassung des Landes Baden-Württemberg hingewiesen. Sie garantiert in Art. 4 (1) die freie Entfaltung der Kirchen und anerkannter Religions- und Weltanschauungsgemeinschaften. In Art. 4 (2) heißt es dann ausdrücklich: »Ihre Bedeutung für die Wahrung und Festigung der religiösen und sittlichen Grundlagen des menschlichen Lebens wird anerkannt.«

ten gegenüber Minderheiten und im Umgang von Minderheiten untereinander zwingend geboten [...] Im Willen zu einer Toleranz, die, ohne Preisgabe des eigenen Standpunktes, die Identität eines jeden achtet und fördert, vereinen sich die christliche Überzeugung von der Gottebenbildlichkeit eines jeden Menschen und die Hochschätzung der Würde der menschlichen Person, die die praktische Vernunft für unantastbar erklärt.« Die Erklärung schließt mit einem Hinweis auf die Theologische Erklärung von Barmen. Barmen VI gehöre auch heute zum Kern des christlichen Selbstverständnisses. »Erst die Unterscheidung zwischen dem Auftrag der Kirche und dem Auftrag des Staates erlaubt und ermöglicht eine positive Beziehung zwischen beiden [...] Weil die demokratische Staatsform sich selbst solche Grenzen als verbindlich setzt, kann und soll eine positive Beziehung von Staat und Kirche in der Demokratie auch konkret wahrgenommen und gestaltet werden.« [29]

### 3.4 Gemeinsames Wort: Demokratie braucht Tugenden

Ein hervorragendes Beispiel für den Beitrag der christlichen Kirchen zum Staatsverständnis und den Kriterien verantwortlichen politischen Handelns ist das Gemeinsame Wort der Rates der Evangelischen Kirche in Deutschland und der Deutschen Bischofskonferenz zur Zukunft unseres demokratischen Gemeinwesens »Demokratie braucht Tugenden« vom 20. November 2006.[30] Das Gemeinsame Wort orientiert sich am Auftrag und der Kompetenz der Kirchen, für eine Wertorientierung in der Politik einzutreten, in deren Zentrum die Würde jedes Menschen, die Achtung der Menschenrechte und die Ausrichtung am Gemeinwohl stehen. Es beschreibt einprägsam und überzeugend auf 40 Seiten die deutsche Demokratie angesichts der Herausforderungen der Gegenwart, die Verantwortung der Kirchen in der Demokratie, die Notwendigkeit politischer Tugenden für die Demokratie sowie Verhaltenserwartungen. Diese richten sich nicht nur an die Politikerinnen und Politiker, sondern auch an Bürgerinnen und Bürger, Wählerinnen und Wähler und an Journalisten sowie Repräsentanten partikularer Interessen im politischen Prozess. Den Schluss bildet ein eindrückliches Plädoyer für »Engagement für unser demokratischen Gemeinwesen.« Christinnen und Christen seien dazu von ihrem Glauben her besonders aufgerufen und befähigt.

---

29. Nr. 73 der EKD-Erklärung. Sechste These der Theologischen Erklärung von Barmen 1934.

30. Gemeinsame Texte, Nr. 19. hg. Kirchenamt der EKD / Sekretariat der Deutschen Bischofskonferenz, Gütersloh / Trier 2006.

## 3.5 Beauftragte der Kirchen bei Bund, EU und Ländern

An dieser Stelle ein Wort zu den Beauftragten der Kirchen bei den Regierungen von Bund und Ländern.[31] Die EKD hat ihre Kontakte und Gespräche mit den staatlichen Organen durch das Amt des »Bevollmächtigten des Rates bei der Bundesrepublik Deutschland und der Europäischen Union« (wie es heute heißt) institutionalisiert. Für die Katholische Bischofkonferenz wirkt eine parallele Institution. Beide halten naturgemäß engen Kontakt. Auf der Ebene der Bundesländer bestehen entsprechende Funktionen. Die Evangelische Kirche im Rheinland unterhält z. B. Beauftragte bei den Landesregierungen in Düsseldorf, Mainz und Saarbrücken.

Der Bevollmächtigte des Rates nimmt neben dem pastoralen Mandat einen komplexen Bereich von Aufgaben wahr. Es geht zum einen um die umfassende Informierung der staatlichen und sonstigen politisch relevanten Instanzen über die kirchlichen Anliegen, Wünsche, Befürchtungen und Kritik. Zum anderen hat das Büro des Bevollmächtigten in umgekehrter Richtung die Aufgabe zur Beobachtung des politischen Gschehens und zur einschlägigen Information der kirchlichen Organe über die politischen Vorhaben, Probleme und Aufgaben. Der Bevollmächtigte der EKD unterhält für den Bereich der EU ein wichtiges Büro in Brüssel.

## 4 Ausblick

Es würde den Rahmen dieses Vortrags sprengen, zu aktuellen Problemen Stellung zu beziehen. Lediglich ein Hinweis sei gegeben zu den 2005 in einer dänischen Zeitung veröffentlichten Mohammed-Karikaturen, und zwar zur deutschen Rechtslage, wenn die Veröffentlichung in unserem Land erfolgt wäre: Einschlägiger Straftatbestand ist § 166 StGB. Danach wird bestraft, wer öffentlich oder durch Verbreiten von Schriften den Inhalt des religiösen oder weltanschaulichen Bekenntnisses anderer in einer Weise beschimpft, die geeignet ist, den öffentlichen Frieden zu stören. Geschütztes Rechtsgut ist der »öffentliche Friede« (ein Merkmal, das erst 1969 hinzugefügt worden ist), nicht ein religiöses Bekenntnis als solches oder die Kirche. Die Strafvorschrift hat nur geringe praktische Bedeutung. Dem hohen Rang der kollidierenden Kunstfreiheit (Artikel 5 (3) Grundgesetz) tragen die Gerichte dadurch Rechnung, dass sie nur besonders rohe Äußerungen als strafbar werten. Im vorliegenden Fall beruft man sich auf die Presse- und Meinungsfreiheit. Auch diese rechtfertigt aber nicht grobe Verletzungen religiöser Gefühle. Wo die Grenze liegt, muss jeweils im konkreten Fall abgewogen und entschieden werden. Wenn die dänische Zeitung überzogen hat,

---

31. Siehe Hermann E. J. Kalinna, Evangelisches Staatslexikon, ³1987, Sp. 1584.

muss *sie* sich entschuldigen, nicht aber die Regierung. – Unabhängig von der Bewertung dieses Falls müssen die christlichen Kirchen ein Interesse daran haben, dass gravierende Beschimpfungen jedweder Religion unterbleiben.

Als Versuch einer Bilanz möchte ich an das Referat anknüpfen, das Jürgen Schmude, damals noch Präses der EKD-Synode, auf dem Studientag 2002 gehalten hat.[32] Er hat daran erinnert, dass die evangelische Kirche und auch die EKD ihr Verhältnis zum Staat des Grundgesetzes durch Praxis und durch grundsätzliche Erklärungen klargestellt haben. Dem entspreche auch die innere Überzeugung, dass die Freiheitlichkeit des demokratischen Staates, seine Machtbegrenzung für Politiker, soziale Gerechtigkeit, Menschenrechte, dass dies alles christlichem Denken, christlichem Glauben besonders nahe stehe. »Freilich, vielleicht das Wichtigste bei alle dem ist, der Staat erhebt keine letzten Ansprüche, er achtet die Unterschiede in den Aufträgen von Staat und Kirche, er hält die Grenze ein. [...] Er erhebt keinen religiösen Anspruch. [...] Unabhängigkeit in der Wahrnehmung der Aufgaben, und zwar unterschiedlicher Aufgaben, bedeutet nicht Trennung. Es gibt viel an Zusammenarbeit, an Partnerschaft besonderer Art in Deutschland, wie sie in anderen Ländern nicht besteht.«

Zur Rolle der christlichen Kirchen in dieser Partnerschaft gehört auch, wachsam zu sein im Blick auf die Wahrung der Glaubensfreiheit anderer Religionen in unserem Land. Es ist die Stärke unserer freiheitlichen Ordnung, dass sie die Religionsfreiheit auch gegenüber solchen Religionsgemeinschaften anerkennt und praktisch gewährt, deren Ursprungsländer diese Religionsfreiheit nicht oder nur eingeschränkt praktizieren. Bei der Gewährleistung von Religionsfreiheit muss der Staat allerdings zugleich darauf achten, dass diese Freiheit nicht freiheitswidrig ausgeübt wird. Hier sind an die Friedensfähigkeit der Religionsgemeinschaften Anforderungen gestellt, die im Einzelfall ihrer religiösen Lehre zuwiderlaufen können. Insofern muss der Staat ein bestimmtes Maß an Toleranz von den innerhalb der Gesellschaft konkurrierenden Gemeinschaften einfordern, zum einen, um die Religionsfreiheit zu größtmöglicher Entfaltung zu bringen, zum anderen, um seine eigene Existenz in Frieden und Freiheit zu sichern.

---

32. Muslime und der säkulare Rechtsstaat – Positionen und Diskussionen. Dokumentation des Studientages der Beratungsstelle für christlich-islamische Begegnung der Evangelischen Kirche im Rheinland und der Evangelischen Kirche von Westfalen am 9. September 2002 in Köln, S. 16.

# Religionspolitik im säkularen Rechtsstaat
## Anmerkungen zur aktuellen Integrationsdebatte

Heiner Bielefeldt [1]

## 1 Religionspolitik des religiös-weltanschaulichen neutralen Staates

Der von der Bundesregierung im September 2006 durchgeführte »Islamgipfel« markiert eine Zäsur in der deutschen Integrationspolitik. Er symbolisiert die späte staatliche Anerkennung der längst offensichtlich gewordenen Tatsache, dass der Islam in Deutschland keine vorübergehende »Gastarbeiterreligion« ist, sondern sich auf Dauer etabliert hat. In diesem Sinne betonte Bundesinnenminister Schäuble im Vorfeld des Gipfels: »Im Land leben rund drei Millionen Muslime, aber wir haben keine Beziehung zur vielfältigen muslimischen Gemeinschaft, obwohl sie ein fester Teil unserer Gesellschaft ist.« [2] Bereits der Koalitionsvertrag vom November 2005, der die Integrationspolitik zu einer zentralen Querschnittsaufgabe erhebt, enthält die Absicht, in einen politischen Dialog mit dem Islam einzutreten.[3] Auf Länderebene zeigt sich das Interesse am Thema Islam vor allen in verstärkten Bemühungen um die Schaffung eines islamischen Religionsunterrichts als ordentliches Lehrfach, die vielerorts neue Dynamik erfahren haben.

---

1. Näher entfaltet sind die hier nur skizzenhaft vorgetragenen Überlegungen in: Heiner Bielefeldt, Menschenrechte in der Einwanderungsgesellschaft. Plädoyer für einen aufgeklärten Multikulturalismus, Bielefeld 2007.
2. Bundesinnenminister Wolfgang Schäuble im Interview des SPIEGEL 38/2006 (18. Oktober 2006), S. 85 f.
3. Gemeinsam für Deutschland – mit Mut und Menschlichkeit. Koalitionsvertrag zwischen CDU, CSU und SPD vom 11. November 2005, S. 117 f.

Es versteht sich von selbst, dass staatliche Maßnahmen zur Integration des Islams bzw. der Muslime unter Beachtung der Religionsfreiheit geschehen müssen.[4] Die Religionsfreiheit hat im Grundgesetz den Status eines universalen Menschenrechts[5] und enthält wie alle Menschenrechte den Grundsatz diskriminierungsfreier Gewährleistung. Daraus folgt, dass der Staat sich – um der gleichen Freiheit der Menschen in Fragen religiöser oder weltanschaulicher Orientierung und Praxis willen – nicht mit einer bestimmten Religion oder Weltanschauung (auf Kosten der Angehörigen anderer Glaubensrichtungen) identifizieren darf, sondern sich in Fragen von Religion und Weltanschauung *neutral* zu verhalten hat. Dieses im menschenrechtlichen Strukturprinzip der »Nicht-Diskriminierung« begründete Gebot der »Nicht-Identifikation« ist zugleich Ausdruck des *Respekts* vor der Freiheit der Menschen, sich in Fragen von Religion und Weltanschauung selbst zu orientieren. Insofern lässt sich der menschenrechtliche Sinn des Prinzips religiös-weltanschaulicher Neutralität des Staates angemessen mit dem Begriff der »*respektvollen Nicht-Identifikation*« umschreiben.[6] Das so verstandene Gebot staatlicher Neutralität ist ein unverzichtbares liberales Fairnessprinzip für den Umgang mit religiöser und weltanschaulicher Vielfalt.[7]

Der religiös-weltanschaulich neutrale Rechtsstaat ist bescheiden und anspruchsvoll zugleich. Die Bescheidenheit zeigt sich in der *inhaltlichen Selbstbeschränkung* seines Geltungsanspruchs: Der Staat ist weder Heilsinstrument noch Instanz einer umfassenden Sinnorientierung. Vielmehr überlässt er die Suche nach Sinn und Wahrheit den Menschen, denen es obliegt, als Individuen und in Gemeinschaft mit Anderen in Freiheit ihren Lebensweg zu finden. Genau in dieser Option für die Freiheit der Menschen zeigt sich zugleich der spezifische Anspruch, den der säkulare Rechtsstaat enthält. Denn für die Ermöglichung der Freiheit, und zwar der gleichen Freiheit aller, trägt der Staat *grundlegende politisch-rechtliche Verantwortung*, die ihrerseits durch die gemeinschaftlich wahrgenommene freie Selbstbestimmung der Rechtsunterworfenen – d. h. demokratisch – legitimiert ist.

---

4. Vgl. zum Folgenden ausführlich: Heiner Bielefeldt, Muslime im säkularen Rechtsstaat. Integrationschancen durch Religionsfreiheit, Bielefeld 2003, S. 15 ff.

5. Art. 4 des Grundgesetzes lautet: »Die Freiheit des Glaubens, des Gewissens und die Freiheit des religiösen und weltanschaulichen Bekenntnisses sind unverletzlich. Die ungestörte Religionsausübung wird gewährleistet.« Das Menschenrecht der Religionsfreiheit ist auch in der Europäischen Menschenrechtskonvention (Art. 9) sowie im Internationalen Pakt über bürgerliche und politische Rechte (Art. 18) verankert.

6. Vgl. ähnlich Janbernd Oebbecke, Das deutsche Recht und der Islam, in: Adel Theodor Khoury/Peter Heine/Janbernd Oebbecke, Handbuch Recht und Kultur des Islams in der deutschen Gesellschaft, Gütersloh 2000, S. 287–327, hier S. 292.

7. Die religiös-weltanschauliche Neutralität des Staates darf nicht mit einem allgemeinen Wertneutralismus verwechselt werden, wie dies immer wieder geschieht, gründet sie doch gerade in einem zentralen »Verfassungswert«, nämlich der Religionsfreiheit.

Demokratie und Freiheitsrechte verweisen gemeinsam zuletzt auf die Idee der *Würde des Menschen*, die zwar schon in den Grundschriften verschiedener Religionen und Philosophien aufscheint, in der Moderne aber deutlicher als zuvor aus der Befähigung und Bestimmung des Menschen zur Verantwortung, d.h. zum *Subjekt mündiger Selbst- und Mitverantwortung* verstanden wird. Aus dem Mandat des Staates für Freiheit und Würde des Menschen entspringt das Postulat, dass dem staatlich gesetzten säkularen Recht ein praktischer Geltungsvorrang gebührt. Dieser Vorrang besteht auch – und dies ist für unseren Zusammenhang entscheidend – gegenüber etwaigen Vorstellungen eines göttlichen Rechts.

Das Gebot der religiös-weltanschaulichen Neutralität verweist den Staat deshalb keineswegs in eine bloß passive, indifferente Rolle bezüglich Religionen und Weltanschauungen. Auch der freiheitliche Rechtsstaat kann und soll in gewissem Sinne Religionspolitik betreiben. Der entscheidende Unterschied zu vormodernen Formen konfessionsstaatlicher Religionspolitik (wie sie auch heute noch existieren) besteht allerdings darin, dass der freiheitliche Rechtsstaat sich zu Fragen von Religion und Weltanschauung im Modus der *Freiheitsgewährleistung* verhält. Religionspolitik dient nicht der Durchsetzung religiöser Wahrheit oder der Pflege kollektiver religiöser Identität, sondern der Sicherung religiöser Freiheit, und zwar nach Maßgabe allgemeiner *Gleichberechtigung*. Dies gilt es bei allen integrationspolitischen Bemühungen um den Islam in Deutschland zu beachten.

## 2 Dialog mit dem Islam

Die aktuellen integrationspolitischen Programme der politischen Parteien, der Bundesregierung und einiger Landesregierungen enthalten Vorsätze für einen Dialog mit dem Islam. So heißt es im Koalitionsvertrag zwischen CDU, CSU und SPD vom November 2005: »Ein interreligiöser und interkultureller Dialog ist nicht nur wichtiger Bestandteil von Integrationspolitik und politischer Bildung; er dient auch der Verhinderung und Bekämpfung von Rassismus, Antisemitismus und Extremismus. Gerade dem Dialog mit dem Islam kommt in diesem Zusammenhang eine bedeutende Rolle zu.«[8]

Dialogveranstaltungen zwischen Vertreterinnen und Vertretern des Staates und des (organisierten oder nicht-organisierten) Islams werfen die Frage auf, um was für eine Art Gespräch es sich dabei handelt. Klar sein sollte, dass der Staat *keinen interreligiösen Dialog* betreiben kann. Zwar steht es ihm frei, christlich-islamische Gesprächskreise oder andere Projekte einer interreligiösen Ökumene zu ermutigen und zu fördern. Er kann aber nicht selbst solche Gespräche führen.

---

8. Koalitionsvertrag vom 11. November 2005, ebd., S. 117 f.

Denn dafür müsste er in der Lage sein, zu Fragen religiöser Wahrheit einen Standpunkt einzunehmen, was er sich jedoch aufgrund seiner Verpflichtung zu religiös-weltanschaulicher Neutralität versagen muss. Da der religiös-weltanschaulich neutrale Rechtsstaat in Fragen des religiösen Bekenntnisses grundsätzlich keine Kompetenz hat, kann er zumindest *nicht unmittelbar* als Akteur interreligiöser Projekte auftreten.[9] Und wenn Inhaberinnen und Inhaber repräsentativer Staatsfunktionen bei interreligiösen Veranstaltungen mitwirken und dabei ihren persönlichen Glaubensstandpunkt äußern, sollte deutlich sein, dass sie dabei nicht im Namen des Staates sprechen.

Diese Grenze wird nicht immer klar eingehalten. Grenzverwischungen entstehen vor allem durch den Begriff des *interkulturellen Dialogs,* der im Zusammenhang mit islampolitischen Initiativen gern bemüht wird. Das Neutralitätsprinzip, das den säkularen Staat in Fragen religiösen und weltanschaulichen Bekenntnisses zur strikten Zurückhaltung verpflichtet, gilt hinsichtlich der Kultur nicht; es gibt keine Verpflichtung zur »kulturellen Neutralität« des Staates. Gerade weil es sich beim Begriff der Kultur um eine eigentümlich »weiche« Kategorie handelt, besteht allerdings die Gefahr, dass die kategoriale Differenzierung zwischen Staat und Religion durch die Zwischenschaltung des scheinbar unverdächtigen Kulturbegriffs unscharf wird.

Typisch ist in diesem Zusammenhang die Berufung auf die kulturelle Prägung von Gesellschaft und Staat durch das Christentum.[10] Als historisches Faktum ist dies unbestreitbar richtig. Ein Problem entsteht aber dann, wenn sich der Staat mit Hinweis auf seine christliche Kulturprägung mit bestimmten Gehalten und Symbolen der christlichen Tradition de facto identifiziert und auf diese Weise das Fairnessprinzip der »respektvollen Nicht-Identifikation« partiell zurücknimmt. Zwar wird der Staat damit noch lange nicht zum christlichen Bekenntnisstaat. Wohl aber besteht die Gefahr, dass die Grenzziehung zwischen säkularem Staat und Religionsgemeinschaften durch Einschiebung der Figur der christlichen Kulturprägung des Staates ins Schwimmen gerät und ihre Trennschärfe verliert. Der in identitätspolitischer Absicht hervorgehobenen Nähe des Staates zum Christentum korrespondiert außerdem eine – meist unausgesprochen unterstellte, manchmal aber auch offensiv betonte – größere Distanz gegenüber anderen Glaubensrichtungen, namentlich gegenüber dem Islam.

Hinter der identitätspolitischen Markierung der christlichen Kulturprägung

---

9. Genau dies aber klingt im Koalitionsvertrag (ebd.) an: »Wir werden einen intensiven Dialog mit den großen christlichen Kirchen und mit Juden und Muslimen führen.« Unmittelbar im Anschluss daran findet sich die soeben zitierte Wendung über die Bedeutung interreligiöser und interkultureller Dialoge.

10. So z. B. jüngst Karl-Heinz Ladeur / Ino Augsberg, Der Mythos vom neutralen Staat, in: Juristenzeitung 1/2007, S. 12–18, hier S. 18.

des Staates können unterschiedliche Motive stehen. Neben unverhohlenen Versuchen, auf diese Weise die Auswirkungen des »muslimischen Kulturimports« abzufangen,[11] wird die politische Betonung des christlichen Kulturerbes zum Teil auch ausdrücklich mit Dialogabsichten gegenüber Muslimen begründet. Ein Dialog mit dem Islam, so ein in manchen Variationen häufig anklingender Topos, könne nur gelingen, wenn man sich der »eigenen Wurzeln« bewusst sei. Auf diese Weise gerät der interkulturelle Dialog mit dem Islam kategorial in die Dialektik des »Eigenen und des Fremden«. Der intendierte Brückenschlag mit dem Islam beginnt dann damit, dass man Muslime, bildhaft gesprochen, auf dem anderen Ufer verortet – was ironischerweise exakt dem Selbstverständnis islamistischer Gruppierungen entspricht. Damit wird die integrationspolitische Absicht, den Islam im Dialog als selbstverständlichen Bestandteil der Gesellschaft anzuerkennen, gerade konterkariert.

Heillose Verwirrung entsteht schließlich dann, wenn in einer derart konstruierten interkulturellen Dialogkonstellation das Grundgesetz dem Koran gegenüber gestellt wird, wie dies in gut oder weniger gut gemeinten politischen Diskussionsveranstaltungen immer wieder zu erleben ist.[12] Das Grundgesetz erhält in solcher Kontrastierung zum Koran fast zwangsläufig die Funktion eines Dokuments kulturpolitischer, wenn nicht gar religionspolitischer Selbstvergewisserung für die irgendwie »christlich geprägte« Mehrheitsgesellschaft – und zwar auf Kosten seiner eigentlichen Funktion als *gemeinsame* verfassungsrechtliche Grundlage des Zusammenlebens in der pluralistischen Gesellschaft. Komplementär zu einer solchen zivilreligiösen Aufladung des Grundgesetzes wird dem Koran, wenn man ihn kategorial auf eine Ebene mit der Verfassungsordnung stellt, genau jene Rolle als integrales religiös-politisches Alternativmodell attestiert, wie sie in den Propagandaschriften des ideologischen Islamismus aufscheint.

Auch wenn man von solchen ( nicht selten zu beobachtenden! ) kategorialen Verirrungen absieht, gibt es gute Argumente dafür, mit dem Begriff des interkulturellen Dialogs zumindest vorsichtig umzugehen. Als Leitlinie für Gespräche zwischen Staat und islamischen Verbänden ist er nicht geeignet, sondern eine Quelle permanenter Missverständnisse. Wenn der von Staats wegen geführte Dialog mit dem Islam aber weder als interreligiöser noch als interkultureller

---

11. Vgl. Christian Hillgruber, Der deutsche Kulturstaat und der muslimische Kulturimport. Die Antwort des Grundgesetzes auf eine religiöse Herausforderung, in: Juristenzeitung 11 ( 1999 ), S. 538–547, hier S. 547: »Wenn daher auch Muslime in Deutschland individuell und kollektiv in den Grenzen der allgemeinen Gesetze Religionsfreiheit genießen, so ist es gleichwohl wegen des spezifischen geschichtlichen wie sachlichen Zusammenhangs von Christentum und politischer Kultur ein Gebot der Selbsterhaltung dieses Staates, das christliche Erbe als unaufgebbaren geistigen Besitzstand weiterzutragen.«

12. Der Verfasser hat in den letzten fünfzehn Jahren an etlichen solcher Veranstaltungen als Referent oder Podiumsteilnehmer mitgewirkt.

Dialog bezeichnet werden soll, dann bleibt am ehesten seine Einordnung als *politischer Dialog*. Es entspricht in der Tat dem Selbstverständnis einer säkularen rechtsstaatlichen Demokratie, dass der Staat mit unterschiedlichen Gruppen und Organisationen der Bevölkerung Kontakt über ihre spezifischen Anliegen pflegt. Der Dialog mit islamischen Verbänden steht so gesehen prinzipiell auf derselben Ebene wie die Kontakte des Staates mit Gewerkschaften und Arbeitgebervereinigungen, mit Antidiskriminierungsverbänden oder den Selbstorganisationen von Menschen mit Behinderungen. Ziel des Dialogs ist nicht der interkulturelle Brückenschlag und erst recht nicht eine interreligiöse Konsenssuche auf der Grundlage des Erbes der abrahamitischen Religionen, sondern das Bemühen, *auf der Grundlage der für alle geltenden Verfassungsordnung* praktisch-politische Fragen, die für die Betroffenen von besonderer Bedeutung sind, zu erörtern und mögliche Lösungen zu sondieren.

## 3 Gesetzgebung zu religiösen Symbolen

Dass der Kulturbegriff in der Integrationspolitik zunehmend die Funktion eines Trägerbegriffs für religionspolitische Interessen und identitätspolitische Selbstvergewisserungsbedürfnisse des Staates übernimmt, lässt sich nirgendwo deutlicher illustrieren als am Beispiel der jüngeren Gesetzgebung zu religiösen Symbolen im Schuldienst. Die Kontroverse, ob Lehrerinnen im öffentlichen Schuldienst das Kopftuch tragen dürfen, beschäftigt seit einem Jahrzehnt die deutsche Öffentlichkeit, Parlamente und Gerichte. Die auch aus menschenrechtlicher Sicht komplizierte Sach- und Rechtslage einschließlich der unterschiedlich ausgefallen gerichtlichen Entscheidungen kann hier nicht nachgezeichnet werden. Ich beschränke mich vielmehr auf einige Anmerkungen zur Rolle des Kulturbegriffs in dieser Debatte.

Bei der gesetzlichen Regelung religiöser Symbole im Schuldienst haben bekanntlich mehrere Bundesländer einen Sonderstatus für christliche (oder jüdisch-christliche) Symbole mit dem Argument reklamiert, es handele sich dabei nicht um christliche *Bekenntniszeichen* im engeren Sinne, sondern um allgemeine, gleichsam überkonfessionelle »*Kultur- und Bildungswerte*«, deren Vermittlung zum Auftrag der staatlichen Schule gehöre.[13] Für das Bundesland Bayern hat der Bayerische Verfassungsgerichtshof das Landesgesetz in einem Urteil vom Janu-

---

13. In Baden-Württemberg, Niedersachsen, Saarland, Hessen, Bayern, Bremen und Nordrhein-Westfalen sind Gesetze entstanden, die ein generelles Verbot des Tragens religiöser Symbole im Schuldienst mit einer Ausnahmeregelung für christliche Kultur- oder Bildungswerte verbinden; in Hessen erstreckt sich die entsprechende Regelung über die Schule hinaus auf Amtspersonen im gesamten Bereich der öffentlichen Verwaltung. Das Land Berlin hat demgegenüber einen eher »laizistischen« Weg beschritten: Es verbietet religiöse Symbole im Schuldienst sowie für Beschäftigte in Teilbereichen der öffentlichen Verwaltung und sieht dabei keine Ausnahmeklausel für christliche

ar 2007 als verfassungsgemäß bezeichnet, da die darin vorgesehene Ausnahme zugunsten christlich-abendländischer Bildungs- und Kulturwerte von konkreten Glaubensinhalten losgelöst sei und daher keine Privilegierung der christlichen Konfessionen darstelle.[14]

Wir stoßen hier wiederum auf die schwierige Frage nach dem Verhältnis von Religion und Kultur, die für die Bestimmung des Prinzips der religiös-weltanschaulichen Neutralität des Staates von zentraler Bedeutung ist. Auf der einen Seite steht fest, dass der Neutralitätsbegriff nicht in Richtung einer allgemeinen »kulturellen Neutralität« des Staates überdehnt werden kann; dass dies zu absurden Konsequenzen führen müsste, ist gerade im Bereich des staatlichen Bildungsauftrags, der schwerlich »kulturneutral« wahrzunehmen wäre, offensichtlich.[15] Klar ist auch, dass es weder möglich noch sinnvoll wäre, die Kultur von religiösen Prägungen purifizieren zu wollen. Das Bundesverfassungsgericht sieht in der Orientierung des staatlichen Bildungsauftrags an christlichen Kulturwerten denn auch prinzipiell keinen Verstoß gegen den Anspruch der weltanschaulich-religiösen Neutralität des Staates.[16]

Auf der anderen Seite kann es jedoch nicht angehen, dass der Staat das für den Umgang mit religiös-weltanschaulichem Pluralismus zentrale Fairnessprinzip der »respektvollen Nicht-Identifikation« durch die Einschaltung eines mit religiösen Gehalten stark imprägnierten Kulturbegriffs teilweise unterläuft. Auf diese Weise würde der Anspruch der religiös-weltanschaulichen Neutralität des Staates letztlich jede Trennschärfe verlieren; er könnte theoretisch zwar bestehen bleiben, wäre aber, sobald identitätsstiftende Kulturwerte des politischen Gemeinwesens mit ins Spiel gebracht werden, praktisch kaum mehr anwendbar. Dadurch aber wäre zugleich die vom menschenrechtlichen Prinzip der Nicht-Diskriminierung her geforderte Gleichberechtigung der Angehörigen unterschiedlicher Religions- und Weltanschauungsgemeinschaften gefährdet.[17]

Kulturwerte vor. In den übrigen Bundesländern hat man – vorerst oder generell – darauf verzichtet, den Umgang mit religiösen Symbolen in Schule bzw. Verwaltung gesetzlich zu regeln.

14. Vgl. Urteil des Bayerischen Verfassungsgerichtshofs vom 15. Januar 2007 (AZ Vf. II-VII-05). Das Urteil war durch eine Popularklage der Islamischen Religionsgemeinschaft (mit Sitz in Berlin) erwirkt worden.

15. Vgl. Gabriele Britz, Kulturelle Rechte in der Schule, in: Recht der Jugend und des Bildungswesens 2003, S. 393–408, hier S. 405 f.

16. Vgl. BVerfGE Bd. XLI, S. 29 ff., hier S. 52.

17. Dafür, den Anspruch der religiös-weltanschaulichen Neutralität des Staates und damit zugleich das Gleichbehandlungsgebot aufzukündigen und durch eine vormoderne, pragmatisch handhabbare Toleranzkonzeption zu ersetzen, plädieren Ladeur und Augsberg, ebd., S. 18: »Neutralität im engen Sinne bloßer Indifferenz kann es demnach für den Staat sowohl wegen der engen Verknüpfung von Staat, Gesellschaft und Religion nicht geben. In diesem Sinne bietet sich zur Fortentwicklung des Verständnisses der Religionsfreiheit in der Moderne eher das Toleranzprinzip

Was also ist zu tun? Es wird nicht gelingen, die Verhältnisbestimmung von Religion und Kultur durch eine abstrakt-definitorische Trennung vorab zu entscheiden und gleichsam außer Streit zu stellen. Dies kann schon deshalb keine Lösung sein, weil viele Symbole beides gleichzeitig sind: religiös und kulturell. Das Kreuz stellt als erinnernde Vergegenwärtigung der Passionsgeschichte das zentrale Bekenntniszeichen des Christentums dar, bildet aber auch einen Bestandteil der Schweizer Bundesflagge.[18] Kirchturmglocken laden nicht nur zum Kirchgang ein, sondern geben der Bevölkerung auch die Uhrzeit an. Das Weihnachtsfest ist hierzulande nicht nur ein Fest gläubiger Christen; es hat auch seine kulturelle Bedeutung als Familienfeier und ist darüber hinaus ein ökonomischer Faktor ersten Ranges geworden. Auch das Kopftuch kann neben der Funktion eines religiösen Bekenntniszeichens kulturelle Zugehörigkeit symbolisieren oder eine im Einzelnen nicht immer leicht entzifferbare politische Signalwirkung entfalten.

Wenn die Differenzierung zwischen Religion und Kultur indes nicht auf dem Wege genereller definitorischer Klarstellungen vorab erreicht werden kann, eine Differenzierung gleichwohl unverzichtbar ist, um die kritische Funktion des Prinzips religiös-weltanschaulicher Neutralität zu wahren, dann bleibt nur die Möglichkeit, die Differenz *in der konkreten Auseinandersetzung* immer wieder neu zu erarbeiten. Es ist in der Tat möglich und sinnvoll, *in concreto* auf den prägnant-religiösen Gehalt bestimmter Symbole – wie das Kreuz, die jüdische Kippa oder die christliche Ordenstracht – Acht zu geben und ihrer nivellierenden Einordnung in ein Set gleichsam überkonfessioneller Kulturwerte zu widersprechen. Da sich der religiöse Symbolgehalt im engeren Sinne nicht nach äußeren Merkmalen vorab feststellen lässt, bedarf es dazu einer Kenntnis religiöser Selbstverständnisse und religiöser Praxis. Der säkulare Rechtsstaat muss sich in dieser Hinsicht von den Religionsgemeinschaften belehren lassen. Und wenn die Antworten der Religionsgemeinschaften vielstimmig ausfallen (was zu erwarten ist), sollte er diejenigen Stimmen besonders ernst nehmen, die Einspruch gegen die Vereinnahmung bestimmter Symbole in einen konturlosen Kulturbegriff erheben. Damit maßt der Staat sich kein Richteramt über Religionen und Theologien an, sondern zieht im Gegenteil die Konsequenz daraus, dass er als religiös-weltanschauliche neutraler Staat im Zweifel Zurückhaltung in Fragen religiöser Bekenntnisse zu üben hat. Der kritische Umgang mit dem Kulturbegriff sollte übrigens auch im Interesse der Religionsgemeinschaften – auch der

in seiner tradierten Lesart an; denn dieses bietet eine größere Differenzierungsfähigkeit zwischen den unterschiedlichen Dimensionen der Religion und ihren Leistungen für das Individuum wie die Gesellschaft.«

18. Vgl. Winfried Brugger/Stefan Huster (Hg.), Der Streit um das Kreuz in der Schule. Zur religiös-weltanschaulichen Neutralität des Staates, Baden-Baden 1998.

christlichen Kirchen – sein, denen es einen Anliegen sein müsste, einen gegenüber allgemeinen Kulturwerten unterscheidbaren Begriff des Religiösen zu wahren und konfessionelle Symbole gegen ihre Instrumentalisierung zu Zwecken kulturstaatlicher Identitätsvergewisserung in ihrem Eigensinn zu verteidigen.[19]

Bei der Auseinandersetzung um das Kopftuch in der Schule drängt sich vor allem die christliche Ordenstracht als Analogon auf, zumal bekanntlich auch Ordensleute im öffentlichen Schulwesen tätig sind und dabei die von ihren Ordensregeln vorgeschriebene Kleidung tragen. So schreibt Ernst-Wolfgang Böckenförde: »Einer muslimischen Lehrerin, die aus religiöser Motivation ein islamisches Kopftuch trägt, steht die Bekenntnisfreiheit ebenso zur Seite, wie einer Ordensschwester, die im Nonnenhabit unterrichtet. Dass das eine als fremd und ungewohnt empfunden und dann als ›objektive Provokation‹ gekennzeichnet wird, das andere hingegen vertraut ist, macht vor der Bekenntnisfreiheit keinen Unterschied, es spiegelt nur die vorhandene Pluralität unserer Gesellschaft.«[20]

Der Vergleich mit der Nonnentracht zeigt übrigens, dass eine Differenzierung zwischen Religion und Kultur bei allen grundsätzlichen Schwierigkeiten in concreto doch möglich ist. Denn niemand wird im Ernst behaupten wollen, dass die Ordenstracht lediglich einen gleichsam überkonfessionell-neutralen Kulturwert darstelle. Dies dürfte weder in der Außenwahrnehmung (in der Sprache der Gerichte: »im objektiven Empfängerhorizont«) nachvollziehbar sein, noch – und erst recht nicht – dem Selbstverständnis der Mitglieder christlicher Orden entsprechen. Auch das Verwaltungsgericht Stuttgart geht im jüngsten Kopftuchfall (vom Juli 2006) davon aus, »das Ordenshabit sei eine eindeutig religiös motivierte Kleidung und nicht nur ein aus Tradition ohne religiöses Bekenntnis getragenes Kleidungsstück«.[21] Das Gericht hat daraus gefolgert; das Verbot des muslimischen Kopftuchs verletze die muslimische Klägerin »in ihrem Anspruch auf strikte Gleichbehandlung der verschiedenen Glaubensrichtungen«.[22]

Es ist absehbar, dass sich landesgesetzliche Regelungen, die das allgemeine Verbot des Tragens religiöser Symbole durch die Zulassung der Darstellung christlicher Kulturwerte modifizieren, auf Dauer schwerlich plausibel durchhalten lassen. Spätestens in der praktischen Anwendung – etwa bei einer Ungleichbe-

---

19. Vgl. Friedrich-Wilhelm Graf, Moses Vermächtnis. Über göttliche und menschliche Gesetze, München 2006, S. 81: »Dem Rechtsstaat steht es jedenfalls nicht zu, Glaubenssymboldeutung betreiben zu wollen. Man kann die hier gebotenen freiheitsdienlichen Limitationen des Verfassungsstaates auch in religiöser Bildersprache ausdrücken: Allein Gott kann dem Frommen ins Herz blicken.«

20. Ernst-Wolfgang Böckenförde, Bekenntnisfreiheit in einer pluralen Gesellschaft und die Neutralitätspflicht des Staates, in: UNA SSANCTA. Zeitschrift für ökumenische Bewegung 60 (2005), S. 235–249, hier S. 246.

21. VG Stuttgart, Presseerklärung vom 7. Juli 2006.

22. Ebd.

handlung von Kopftuch und Ordenstracht im Schuldienst – zeigt sich, dass diese Regelungen dem vom Bundesverfassungsgericht im Ludin-Urteil formulierten Postulat, wonach der Staat »auf eine am Gleichheitssatz orientierte Behandlung der verschiedenen Religions- und Weltanschauungsgemeinschaften zu achten« [23] hat, nicht gerecht werden können.

## 4 Islamischer Religionsunterricht

Zu den schwierigsten Feldern staatlicher Religionspolitik gehört die Einrichtung eines islamischen Religionsunterrichts als ordentliches Lehrfach an öffentlichen Schulen. Da der Religionsunterricht in den meisten Bundesländern als bekenntnisgebundenes Fach vorgesehen ist, der religiös-weltanschaulich neutrale Staat in Fragen religiösen Bekenntnisses aber gerade keine eigene Entscheidungskompetenz besitzt, ist der Staat bei der inhaltlichen und personellen Ausgestaltung des Unterrichts auf Kooperation mit den Religionsgemeinschaften angewiesen. [24] Der Islam in Deutschland ist allerdings organisatorisch und institutionell bislang nicht so gefestigt, dass sich Kooperationsverhältnisse mit dem Staat hier bereits eingespielt hätten. Ein islamischer Religionsunterricht, der sowohl Bekenntnischarakter als auch den Status eines ordentlichen Lehrfachs hat, besteht bislang in keinem Bundesland – obwohl es – teilweise bereits seit mehr als zwei Jahrzehnten – unterschiedliche provisorische Formen der Unterrichtung von Islam an den Schulen gibt. [25]

Durch die aktuelle Integrationsdebatte ist neue Bewegung in Richtung eines islamischen Religionsunterrichts entstanden. Die Einführung eines solchen Unterrichts gilt mittlerweile als ein zentrales integrationspolitisches Anliegen; denn sie würde in einem wichtigen Bereich die Gleichberechtigung der Muslime mit den Angehörigen christlicher Konfessionen signalisieren. Anders als noch Ende der 1990er Jahre besteht mittlerweile Einigkeit darüber, dass ein islamischer Unterricht in deutscher Sprache stattfinden soll und damit für muslimischen Schülerinnen und Schüler unterschiedlicher ethnischer und sprachlicher Herkünfte offen stünde. Die Durchführung des Unterrichts in deutscher Sprache

---

23. BVerfG, 2 BvR 1436/02 (Entscheidung Fereshta Ludin) vom 24. September 2003, Randnummer 42.
24. Art. 7 (3) Grundgesetz bestimmt: »Der Religionsunterricht ist in den öffentlichen Schulen mit Ausnahme der bekenntnisfreien Schulen ordentliches Lehrfach. Unbeschadet des staatlichen Aufsichtsrechtes wird der Religionsunterricht in Übereinstimmung mit den Grundsätzen der Religionsgemeinschaften erteilt. Kein Lehrer darf gegen seinen Willen verpflichtet werden, Religionsunterricht zu erteilen.« Eine Ausnahme von dieser Regelung sieht Art. 141 GG für solche Länder vor, die zum Zeitpunkt des Inkrafttretens des Grundgesetzes anderweitige Regelungen hatten.
25. Einen kurzen Überblick bietet Martin Stock, Islamunterricht: Auf der Suche nach dem richtigen Weg, in: Klaus Barwig/Ulrike Davy (Hg.), Auf dem Weg zur Rechtsgleichheit? Konzepte und Grenzen einer Politik der Integration von Einwanderern, Baden-Baden 2004, S. 430–450.

wäre auch die Voraussetzung dafür, dass der Staat seiner Aufsichtspflicht wirksam nachkommen kann.

Die aktuelle Dynamik in der Diskussion um den islamischen Religionsunterricht birgt neben vielen Chancen allerdings auch manche Risiken. Weil die Kultusministerien sich unter wachsendem Erfolgsdruck sehen, könnten Versuchungen in Richtung einer aktiv-interventionistischen Religionspolitik entstehen, bei der die dem religiös-weltanschaulich neutralen Staat gesetzten Grenzen verwischt werden.[26] So könnte eine – im Prinzip sinnvolle – staatliche Beratung und moderierende Hilfestellung bei der Verbesserung islamischer Repräsentationsstrukturen abgleiten in die Forcierung einer innerislamischen Vereinigung, bei der der Staat die Rolle einer religionspolitischen Ökumene-Agentur übernehmen würde, wie dies ausgerechnet im laizistischen Frankreich geschehen ist.[27] Gewiss: Da für die Durchführung des Religionsunterrichts bestimmte Mindestzahlen von Schülerinnen und Schülern verlangt werden, mindert die derzeitige Zersplitterung der muslimischen Verbandslandschaft die Chancen für ein flächendeckendes Angebot. Und es ist zweifellos legitim, wenn die staatlichen Behörden auf negative Konsequenzen verweisen, die sich aus mangelnder Einigkeit der Muslime für die Entwicklung des Unterrichtsangebots zwangsläufig ergeben. Ansonsten aber muss es den islamischen Verbänden überlassen bleiben, ob und wieweit sie gewillt bzw. in der Lage sind, sich untereinander zu einigen; unmittelbar in diesen Prozess einzuwirken, verbietet sich für den religiös-weltanschaulich neutralen säkularen Rechtsstaat. Zu Recht betont Christine Langenfeld: »So wünschenswert – aus der Sicht der schulischen Praxis – ein institutioneller Zusammenschluss der Muslime wäre, zur Durchführung von Religionsunterricht kann eine Vereinigung im Sinne eines ökumenischen Zusammenschlusses nicht verlangt werden.«[28] Die typischerweise im Singular vorgetragene Forderung nach »*dem* islamischen Ansprechpartner« des Staates ist insofern nicht unproblematisch, als sie falsche Erwartungen an eine einheitliche Repräsentanz der Muslime suggeriert, die so wohl nie zustande kommen dürfte und die der Staat auch nicht gegen den Willen der Betroffenen forcieren darf.

Ebenfalls problematisch wäre es, wenn sich der Staat über die Einberufung informeller runder Tische unter Beteiligung islamischer Verbände eine Quasi-

---

26. Auf diese Gefahr verweist auch Michael Kloepfer, Der Islam in Deutschland als Verfassungsfrage, in: Die öffentliche Verwaltung 59 (2006), S. 45-55, hier S. 51.

27. Die französische Regierung hat aus kontrollpolitischen Gründen vor einigen Jahren die Einigung des organisierten Islams von Staats wegen vorangetrieben. Vgl. Matthias Koenig, Islamische Minderheiten in Westeuropa – eine Herausforderung des säkularen Rechtsstaats?, in: Thorsten Gerald Schneiders/Lamya Kaddor (Hg.), Muslime im Rechtsstaat, Münster 2005, S. 33-46, hier S. 37 ff.

28. Christine Langenfeld, Die rechtlichen Voraussetzungen für islamischen Religionsunterricht, in: Christine Langenfeld/Volker Lipp/Irene Schneider (Hg.), Islamische Religionsgemeinschaften und islamischer Religionsunterricht: Probleme und Perspektiven, Göttingen 2005, S. 17-36.

Legitimation für die Einführung eines islamischen Religionsunterrichts verschaffen wollte. Solche (nach dem koranischen Begriff für Beratung) *schura* genannten informellen Gremien sind in den letzten Jahren im Rahmen der verschiedenen Pilotprojekte auf Länderebene und kommunaler Ebene vielerorts entstanden.[29] Natürlich empfiehlt es sich, dass die Kultusministerien sich um Vorfeldkontakte mit islamischen Organisationen und Einzelpersönlichkeiten bemühen und dabei die Konsenschancen für ein Curriculum des islamischen Religionsunterrichts unverbindlich ausloten. Es ist auch sicherlich sinnvoll, mit der Durchführung konkreter Unterrichtsversuche nicht solange zu warten, bis alle rechtlichen Voraussetzungen für die Einführung eines islamischen Religionsunterrichts abschließend geklärt sind. Allerdings muss klar sein, dass ein solcher pragmatischer Pilotprojekt-Ansatz seine Grenzen hat.[30] Es darf nicht dazu kommen, dass der auf religiös-weltanschauliche Neutralität verpflichtete Staat gleichsam über Bande spielt und sich eine Kompetenz in Bekenntnisfragen über die Konsultation handverlesener islamischer Gremien indirekt selbst zuspricht. Ein schulischer Religionsunterricht mit dem Anspruch des ordentlichen Lehrfachs lässt sich durch eine solcherart provisorische Autorisierung sicher nicht rechtfertigen.

Um die Konkordanz zwischen Koran und Verfassungsprinzipien für die Curricula des islamischen Religionsunterrichts zu gewährleisten, könnte der Staat außerdem versucht sein, selbst eine theologisierende Koranauslegung zu betreiben und deren Ergebnisse zur Leitlinie des Religionsunterrichts zu machen; auch dies wäre eine Grenzüberschreitung.[31] Die Verfassungsvorschrift, dass der Religionsunterricht »in Übereinstimmung mit den Grundsätzen der Religionsgemeinschaften« erteilt werden muss, verweist den Staat zwar keineswegs auf eine bloß

---

29. Ein in Niedersachsen im Schuljahr 2003/04 an einigen Grundschulen begonnenes Pilotprojekt zielt darauf ab, einen konfessionellen Islamunterricht »in größtmöglicher Nähe« zu den Vorgaben des Art. 7 (3) Grundgesetz durchzuführen. Ein vom Kultusministerium einberufener runder Tisch mehrerer islamischer Organisationen dient der provisorischen Autorisierung eines Unterrichts, der – in Anlehnung an Curricula-Entwürfe des Zentralrats der Muslime in Deutschland – derzeit allerdings rechtlich allein vom Staat getragen wird. Dieser Unterricht gilt bislang nicht als ordentliches Lehrfach. Da das niedersächsische Modell sich in einer rechtlichen Grauzone zwischen Bekenntnisunterricht und nicht-konfessioneller Religionskunde bewegt, ist es verfassungsrechtlich nicht unumstritten. Gleichwohl haben sich mehrere Bundesländer entschlossen, sich an dieses Modell anzuschließen. Unmittelbar bevor steht dies in Schleswig-Holstein und Baden-Württemberg. Auch in Nordrhein-Westfalen existieren anscheinend Pläne, die Islamkunde mittelfristig durch einen konfessionellen Religionsunterricht für muslimische Schülerinnen und Schüler zu ersetzen und auf dem Wege dorthin lokale Pilotprojekte nach niedersächsischem Vorbild durchzuführen. Versuche ähnlichen Zuschnitts auf kommunaler Ebene bestehen außerdem schon seit längerem in Erlangen und Ludwigshafen.

30. Vgl. Thorsten Anger, Islam in der Schule. Rechtliche Wirkungen der Religionsfreiheit und der Gewissensfreiheit sowie des Staatskirchenrechts im öffentlichen Schulwesen, Berlin 2003, S. 393 f.

31. Vgl. Anger, ebd., S. 344.

passive Rolle bei der inhaltlichen Gestaltung des Unterrichts. Obwohl er religiöse Lehrmeinungen nicht auf ihre theologische Richtigkeit hin prüfen kann, ist er durchaus autorisiert und verpflichtet, auf die *Konsequenzen* zu achten, die bestimmte religiöse Doktrinen für die Wahrung der Verfassungsordnung haben können. Gegenstand einer entsprechenden kritischen Prüfung des Staates sind dabei nicht die religiösen Offenbarungsbücher selbst, auf die sich der Religionsunterricht der monotheistischen Offenbarungsreligionen zuletzt gründet, sondern deren *aktuelle Interpretationen* durch die den Unterricht tragenden jeweiligen Religionsgemeinschaften. Keineswegs nur im Koran, sondern z. B. auch in den fünf Büchern Moses, der Prophetie des Jeremia, den Paulusbriefen oder in der neutestamentlichen Apokalypse finden sich polemische Abgrenzungen, Drohungen mit höllischer Strafe oder Fluchsprüche gegen Ungläubige, die vom Wortlaut her nicht mit menschenrechtlichen Vorstellungen kompatibel sind. Die daraus resultierenden Spannungen zu beheben, ist nicht Aufgabe des Staates, sondern obliegt den Religionsgemeinschaften. Der Staat muss sich darauf beschränken, entsprechende Klarstellungen zu verlangen und zu prüfen, ob das Ergebnis exegetischer Bemühungen mit der gebotenen Anerkennung der Verfassungsprinzipien in Einklang steht. Wollte der Staat sich hingegen anschicken, in integrationspolitischer Absicht selbst Vorschläge etwa für eine feministisch aufgeklärte oder eine ökumenisch aufgeschlossene Koranlektüre (oder Bibellektüre) zu entwickeln, würde er seine Kompetenzgrenzen überschreiten und sich eine Richterfunktion in theologischen Fragen anmaßen, die ihm als säkularem Rechtsstaat nicht zusteht. Selbst wenn dies in »liberalisierender« Absicht geschähe, wäre es ein Rückfall in Zeiten des religionspolitischen Paternalismus.

Ob tragfähige Strukturen für einen islamischen Religionsunterricht mittelfristig entstehen werden, ist derzeit noch nicht endgültig absehbar. Die kooperative Anlage eines solchen Religionsunterrichts schließt es aus, dass der Staat vorab eine Erfolgsgarantie dafür übernimmt. Er kann lediglich die Voraussetzungen dafür verbessern, dass eine Kooperation *möglich* wird. So sollte er die Kriterien für eine angemessene Repräsentationsstruktur innerhalb des Islams möglichst klar definieren, ohne dabei auf das Modell kirchlicher Strukturen fixiert zu sein. Die Kultusministerien sollten sich außerdem von der Illusion, es könnte in Zukunft jemals einen einheitlichen islamischen Ansprechpartner geben, öffentlich verabschieden. Der Staat könnte Beratung auf dem Weg zu mehr Transparenz in den Mitgliedschaftsstrukturen der islamischen Verbände anbieten, ohne sich in die internen Angelegenheiten der Verbände einzumischen. Schließlich hat er darauf zu achten, dass die Curricula eines islamischen Religionsunterrichts der freiheitlichen Verfassungsordnung gerecht werden und modernen didaktischen Ansprüchen genügen, und muss zugleich die Grenze wahren, die ihm als einem säkularen Rechtsstaat in religiös-weltanschaulichen Fragen gezogen ist. Gegen Grenzverwischungen, die auch in bester integrationspolitischer Absicht geschehen können, gibt Martin Heckel mit Recht zu bedenken: »Der säkulare Staat hat auch kein Recht zur religiösen Nothilfe gegenüber seinen muslimischem Bürgern und Moscheevereinen.«[32]

## 5 Die Forderung der Verfassungstreue

Die Aufgabe der Integration wird oft mit der auch in anderen Politikbereichen beliebten Formel vom »Fördern und Fordern« umrissen. Im Blick auf den Islam konzentriert sich die Komponente des Forderns vor allen in der Anmahnung von Verfassungstreue. Bei der politischen Formulierung und Vermittlung dieser im Grunde *völlig selbstverständlichen Erwartung* treten immer wieder konzeptionelle und vor allem kommunikative Fehlleistungen auf.

Konzeptionell in die Irre gehen solche Forderungen, die Muslimen implizit oder explizit ein Bekenntnis zur *prinzipiellen Höherrangigkeit* der säkularen Verfassungsordnung gegenüber Koran und Sunna (also den Hauptquellen des islamischen Rechts) abverlangen. Diese Forderung wird zum Teil unter dem Schlagwort »Euro-Islam« propagiert, für den Bassam Tibi, gleichzeitig der Erfinder des Begriffs der Leitkultur, Pate steht.[33] Richtig ist, dass das Grundgesetz einen *praktischen Geltungsvorrang* auch gegenüber etwaig konkurrierenden religiösen oder religionsrechtlichen Normen wie der islamischen Scharia beansprucht. Dieser unaufgebbare Anspruch beruht darauf, dass der Rechtsstaat die grundlegende politisch-rechtliche Verantwortung für die Verwirklichung gleicher Freiheit für alle trägt – eine Verantwortung, die ihrerseits durch die gemeinschaftlich wahrgenommene freie Selbstbestimmung der Rechtsunterworfenen – d.h. demokratisch – legitimiert ist.

Es geht beim Primat der säkularen staatlichen Verfassungsordnung allerdings gerade nicht um eine abstrakt-theoretische Höherwertigkeit des säkularen Rechts gegenüber religiösem Recht und den sie tragenden religiösen Wertvorstellungen. Es wäre deshalb absurd, in Deutschland lebenden Muslimen ein Bekenntnis abzuverlangen, dass sie der säkularen Verfassungsordnung eine prinzipiell höhere Dignität zuerkennen als dem Koran und der Sunna. Entscheidend ist vielmehr, dass alle in Deutschland dauerhaft lebenden Menschen den *praktischen* (nicht

---

32. Martin Heckel, Religionsunterricht für Muslime? Kulturelle Integration unter Wahrung der religiösen Identität. Ein Beispiel für die komplementäre Natur der Religionsfreiheit, in: Juristenzeitung 54 (1999), S. 751–758, hier S. 745, Fußnote 27; zum Thema vgl. auch Martin Stock, Islamunterricht: Religionsunterricht, Bekenntnisunterricht oder was sonst?, Münster 2003.

33. Vgl. Bassam Tibi, Im Schatten Allahs. Der Islam und die Menschenrechte. Erweiterte Neuauflage Düsseldorf 2003, S. 286 ff. Schillernd ist der Begriff des Euro-Islam insofern, als er einerseits für einen Islam steht, der mit dem in Europa herrschenden Typus freiheitlicher Verfassung kompatibel ist, andererseits von Bassam Tibi für eine bestimmte theologische Denkrichtung in Anspruch genommen wird, die die »theozentrische« Perspektive des Islams überwinden möchte.

weltanschaulichen!) Geltungsvorrang des Grundgesetzes anerkennen und dies in ihrem Verhalten zum Ausdruck bringen. Wie immer das Verhältnis zwischen religiösem und säkularem Recht bzw. Verfassungsrecht im Einzelnen gedacht sein mag[34] – dass die an den Menschenrechten orientierte säkulare staatliche Rechtsordnung als Grundlage des Zusammenlebens in der freiheitlichen und pluralistischen Gesellschaft gilt, muss klar sein.

Bei der politischen Formulierung dieses unverzichtbaren Postulates gegenüber Muslimen kommt es immer wieder zu schweren kommunikativen Fehlleistungen. Ein lehrreiches Beispiel bietet der zu Beginn des Jahres 2006 öffentlich bekannt gewordene, vom baden-württembergischen Innenministerium entwickelte »Leitfaden für Einbürgerungswillige« footnote. Der Leitfaden für Einbürgerungswillige wird seit Anfang 2006 von den Ausländerämtern des Landes Baden-Württemberg eingesetzt., der durchgängig von einer skeptischen Grundhaltung hinsichtlich der verfassungspolitischen Loyalität muslimischer Einbürgerungswilliger geprägt ist.[35] Nicht nur Muslime haben darauf mit Unverständnis reagiert. Auch in der Presse war die Rede davon, der Leitfaden sei ein »Gesinnungstest für Muslime« und Ausdruck eines diskriminierenden Pauschalverdachts gegen Menschen mit muslimischem Hintergrund. Die Unterstützerinnen und Unterstützer des Leitfadens haben dagegen argumentiert, dass die im Leitfaden angesprochenen Themen lediglich selbstverständliche Mindeststandards für das Zusammenleben in der freiheitlichen Gesellschaft enthielten.

Die im baden-württembergischen Leitfaden aufgegriffenen Themen – autoritäre, patriarchalische Familienstrukturen, antisemitische Verschwörungstheorien, offene Verachtung gegenüber Homosexuellen – gehören zweifellos in die öffentliche Integrationsdebatte; denn sie stehen für reale Probleme, die in bestimmten, oft muslimisch geprägten Migrantenmilieus verstärkt vorkommen. Sie aber einbürgerungswilligen Individuen – unabhängig von deren konkretem Verhalten – als Pauschalverdacht entgegenzuhalten, ist unverhältnismäßig. Zur Lösung der bestehenden Probleme trägt dies nichts bei, und die Betroffenen werden auf

---

34. Vgl. dazu Heiner Bielefeldt, Muslime im säkularen Rechtsstaat. Integrationschancen durch Religionsfreiheit, Bielefeld 2003, S. 59 ff.

35. Zwar beziehen sich die im Leitfaden aufgeführten Fragen nirgends expressis verbis auf den Islam. Sie nehmen aber genau diejenigen Problembereiche auf, die in jüngerer Zeit vielfach stereotyp mit dem Islam in Verbindung gebracht werden: religiöse Bekleidungsregelungen für Frauen, Zwangsheiraten, koedukativer Sportunterricht, terroristische Bedrohung. Die baden-württembergische Landesregierung stellte angesichts der kritischen öffentlichen Diskussion im Januar 2006 klar, dass der Leitfaden unabhängig vom religiösen Bekenntnis und Hintergrund der Antragsteller Anwendung finden soll; sie hat damit die ursprüngliche Position des Innenministeriums korrigiert, das die spezifische Ausrichtung des Fragebogens auf Muslime zunächst ausdrücklich betont hatte. Die Art der Fragen lässt aber nach wie vor erkennen, dass der Leitfaden insbesondere von Zweifeln an der kulturellen und verfassungspolitischen Integrationsbereitschaft muslimischer Einbürgerungswilliger inspiriert wurde.

diese Weise von Staats wegen dazu gedrängt, sich förmlich von Positionen und Praktiken zu distanzieren, die ihnen womöglich völlig absurd vorkommen. Die staatliche Verwaltung steht damit aber in der Gefahr, den permanenten »Erklärungsdruck«, den viele Menschen mit muslimischem Hintergrund als alltägliche gesellschaftliche Diskriminierung erleben, fortzusetzen und zu verstärken. Navid Kermani beschreibt diesen inquisitorischen Mechanismus und seine ausgrenzende Wirkung mit folgenden Worten: »In dem Augenblick, wo ich mich distanziere, billige ich dem Gegenüber das Recht zu, mich zu verdächtigen. Zu den Aufgaben und Pflichten muslimischer Organisationen gehört es, sich öffentlich zu bekennen, aber wenn ich als Individuum qua Religion oder Herkunft verdächtigt werde, die Barbarei zu unterstützen, sollte ich mir lieber gleich einen neuen Kontinent suchen ... «.[36]

Verfehlt ist der baden-württembergische Leitfaden deshalb weniger in seiner inhaltlichen Ausrichtung als vielmehr in seiner – vermutlich eher unbewussten – *kommunikativen Signalwirkung*. Das von seinen Unterstützern zur Verteidigung angeführte Argument, der Leitfaden enthalte lediglich selbstverständliche Mindestnormen des Zusammenlebens in einer freiheitlichen Gesellschaft, verweist unfreiwillig genau auf das entscheidende Problem. Denn gerade diejenigen Menschen, die die Normen des Grundgesetzes für sich selbst immer schon als Selbstverständlichkeit betrachten, dürften es als demütigend erleben, wenn man ihnen abverlangt, dass sie dies, nur weil sie Muslime sind oder einen irgendwie »muslimisch klingenden« Namen tragen – noch einmal ausdrücklich bekräftigen und sich gegen skeptische Rückfragen erläutern sollen. Die *»Selbstverständlichkeit«* in der Erwartung verfassungspolitischer Loyalität sollte sich in einem Rechtsstaat deshalb gerade darin ausdrücken, dass er, soweit es keine konkreten und nachvollziehbaren Hinweise auf das Gegenteil gibt, diese Loyalität *als gegeben unterstellt*. Genau darin zeigt sich ein selbstbewusster Umgang des Staates mit der freiheitlichen Verfassungsordnung und den sie tragenden Werten.

## 6 Abschließende Bemerkungen

Die in diesem Aufsatz formulierten kritischen Anmerkungen wären fundamental missverstanden, wollte man sie als Plädoyer für eine Abkehr von einer aktiven Integrationspolitik lesen. Die Bemühungen um einen politischen Dialog mit den in Deutschland lebenden Muslimen sind und bleiben im Grundsatz richtig, ja alternativlos. Dass insbesondere dem Islamgipfel eine kaum überschätzbare öffentliche Signalwirkung zukommt, kann nicht genug unterstrichen werden. Bei allen praktischen Schwierigkeiten ist es auch sinnvoll, Kooperationsmöglichkeiten mit muslimischen Organisationen zum Zwecke der Einrichtung eines

---

36. Navid Kermani, Die Terroristen sind unter uns, in: DIE ZEIT Nr. 40 (28. September 2006), S. 51.

islamischen Religionsunterrichts weiter zu sondieren. Und dass für hier lebenden Menschen die Verfassungsordnung die Grundlage friedlicher Koexistenz bildet, ist in der Tat völlig selbstverständlich.

Staatliche Integrationspolitik ist dem Prinzip der religiös-weltanschaulichen Neutralität des Staates verpflichtet, das seinen Grund zuletzt in Menschenrecht der Religionsfreiheit hat. Da der Grundsatz der religiös-weltanschaulichen Neutralität des Staates dem Pragmatismus integrationspolitisch motivierten staatlichen Handelns gelegentlich Grenzen setzt, könnten politische Akteure versucht sein, die Bindung an diesen Grundsatz zu lockern oder ihn prinzipiell in Frage zu stellen. Das Neutralitätsprinzip schafft aber, wie das Bundesverfassungsgericht immer wieder betont hat, gerade die Voraussetzung dafür, dass das staatlich gesetzte säkulare Recht als die für alle Mitglieder der Rechtsgemeinschaft – quer zu ihren religiösen oder weltanschaulichen Überzeugungen – verbindliche Grundlage des Zusammenlebens verstanden werden kann. Seine Anerkennung kann deshalb *mit guten Gründen* von allen hier lebenden Menschen erwartet werden. Diese auch integrationspolitisch eminent wichtige Funktion des Neutralitätsprinzips hängt wiederum davon ab, dass der Staat bewusst darauf verzichtet, durch Rekurs auf einen für religionspolitische Partikularinteressen anschlussfähigen Begriff staatlicher Kulturidentität die Konturen des Neutralitätsprinzips zu verwischen. Deshalb ist gegen religionspolitisch motivierte Aufladungen des Kulturbegriffs im Zusammenhang staatlichen Handelns heute besondere Wachsamkeit angezeigt. Eine solche Wachsamkeit steht zuletzt im auch wohlverstandenen Interesse einer freiheitlichen Integrationspolitik.

# Teil IV

# Islamismus und christlicher Fundamentalismus

# Was ist eigentlich Fundamentalismus bzw. Islamismus?

Peter Antes [1]

Die Rede vom »Fundamentalismus« ist heute in aller Munde. Der recht griffige Terminus ist allerdings weniger präzise, wenn es um seinen Inhalt geht. Manche setzen Fundamentalismus mit dem Islam oder einigen Tendenzen innerhalb desselben gleich, andere sehen ihn im Christentum und im Islam und wieder andere sehen darin ein wesentlich breiter angelegtes Phänomen, das weder auf das Christentum noch auf den Islam beschränkt ist, sondern alle Religionen der Gegenwart betrifft. Deshalb geht es im Folgenden zunächst darum, »Fundamentalismus« zu definieren und sein Verhältnis zum Islamismus zu bestimmen, in einem zweiten Schritt dann etwas zur Begriffsgeschichte des »Fundamentalismus« zu sagen, um drittens der Frage nach dem Verhältnis von Begriff und Wirklichkeit nachzugehen. Ein kurzes Fazit soll die Aussagen abschließen.

## 1 Fundamentalismus *versus* Islamismus

In einem Themenheft der Friedrich-Ebert-Stiftung ist zur inhaltlichen Begriffsbestimmung von Fundamentalismus zu lesen: »Fundamentalismus ist ein globales politisch-religiöses Gegenwartsphänomen moderner Gesellschaften. Die Herausforderungen der Moderne, die angesichts der Komplexität oft einhergehen

---

1. Die folgenden Ausführungen greifen Gedanken auf und führen sie fort, die bereits früher schon veröffentlicht wurden, vgl. dazu Peter Antes: Religions and Politics. Facts and Perspectives, in Religioni e Societá. Rivista di scienze sociali della religione 26, Anno XI, settembre-dicembre 1996, S. 5–13; Ders.: Der islamische Fundamentalismus als Herausforderung für die westliche und für die islamische Welt, in Forum für osteuropäische Ideen- und Zeitgeschichte 8. Jg. (2004), Heft 1, S. 233–243 und Ders.: New Approaches in the Study of the New Fundamentalisms, in New Approaches to the Study of Religion, ed. by Peter Antes, Armin W. Geertz, Randi R. Warne, Bd. I: Regional, Critical and Historical Approaches, Berlin-New York 2004 S. 437–449 (Reihe: Religion and Reason, Bd. XLII).

mit Ohnmachtserfahrungen, führen bei vielen Menschen zu einem wachsenden Bedarf an verlässlichen Gewissheiten und Sinn.«[2]

Wenn Fundamentalismus so verstanden und als »globales politisch-religiöses Gegenwartsphänomen« gedeutet wird, dann folgt daraus unmittelbar, dass Fundamentalismus und Islamismus nicht deckungsgleich sind. Islamismus bezieht sich – wie der Begriff selbst bereits andeutet – ausschließlich auf den Islam. Er bezeichnet bestimmte Tendenzen innerhalb des Islams, und zwar jene, die aus dem Islam eine politische Ideologie machen wollen, wie es die Endung »-ismus« nahelegt. Der deutschen -ismus-Endung entspricht im Arabischen die Abstraktbildung auf *îya*, wie sie in dem im heutigen Arabisch üblichen Begriff *islâmîya* erkennbar ist, dem im Arabischen wie dem Islamismus im Deutschen der Islam als solcher gegenübergestellt wird.

*islâmîya* ist ein modernes Kunstwort[3], das zuerst in der arabisch-sprachigen Literatur von Muslimen als Bezeichnung für innerislamische Tendenzen gebraucht wurde. Von dort ist das Wort durch Übersetzung in europäische Sprachen gelangt. Islamismus ist somit eine Art Selbstbezeichnung, die im islamischen Milieu Verwendung gefunden hat und folglich spezifisch islamischen Betrachtungsweisen Rechnung trägt. Dies gilt nicht für »Fundamentalismus«. Im Falle des Fundamentalismus verlief der Werdegang umgekehrt. Ein westlicher Begriff wurde auf islamische Phänomene übertragen. Der Begriff wurde dann wortwörtlich ins Arabische sowie in andere Sprachen der Völker mit islamischer Bevölkerungsmehrheit übersetzt. Dies ist deshalb nicht unwichtig, weil sich durch die Übersetzung ins Arabische zugleich die Aussagerichtung verändert hat. Aus einem ursprünglich negativ gemeinten Begriff ist einer mit positiven Assoziationen geworden. Der Grund für diesen Bedeutungswandel ist, dass *asl* (Plural: *usûl*), das heißt ›Fundament, Wurzel, Grundlage‹ beim Plural im Zusammenhang mit Religion (*ad-dîn*) eine Assoziation an die *usûl ad-dîn* (Die Grundlagen der Religion) aufkommen lässt und damit eine ganze Gattung dogmatischer Handbücher in Erinnerung ruft, die unter diesem Titel im Mittelalter veröffentlicht worden sind und noch heute in der Ausbildung islamischer Theologen eine wichtige Rolle spielen. Die Lehre von den *usûl*, wie man den ideologischen Begriff *usûlîya*, der als Übersetzung für »Fundamentalismus« im Arabischen dient, paraphrasierend erläutern kann, knüpft daher für die Muslime an die authentischste aller dogmatischen Traditionen des sunnitischen Islam an und beinhaltet demnach überhaupt nichts Negatives. Daher kommt es, dass in Gesprächen mit Musli-

---

2. Friedrich-Ebert-Stiftung (Hg.): Policy. Politische Akademie Nr. 10: Fundamentalismus, Oktober 2006, S. 1 (Titelseite).

3. Diese Aussage bezieht sich auf die gegenwärtige Bedeutung des Wortes. Der Begriff selbst hat schon Vorläufer in der klassischen arabischen Sprache. So etwas nannte al-Aš'arî (gest. 932 n. Chr.) eines seiner Bücher »Maq=alât al-islâmiyyîn« (Abhandlungen der islamischen Theologen).

men oft nicht der Fundamentalismus als solcher negativ beurteilt wird, sondern der Fanatismus und der Extremismus oder der Terrorismus.[4] Zugespitzt kann man daher sagen, dass die Übernahme des Begriffs »Fundamentalismus« durch Muslime in der arabischen Übersetzung eine Fremdbezeichnung ist, die ein Eigenleben führt und weit positiver klingt als der Begriff in seinem ursprünglichen Entstehungskontext.

In jedem Falle gilt, dass Islamismus eine Eigenbezeichnung der Muslime für extremistische politische Tendenzen innerhalb des Islams ist. Fundamentalismus dagegen ist – mit Ausnahme des amerikanischen Protestantismus – immer eine Fremdbezeichnung, unabhängig davon, ob man damit bestimmte Tendenzen innerhalb des Islams meint oder darin »ein globales politisch-religiöses Gegenwartsphänomen moderner Gesellschaften« sieht, das nicht auf den Islam beschränkt ist.

Die unterschiedliche inhaltliche Bestimmung des Fundamentalismus wirft die Frage nach der Geschichte dieses Begriffes auf.

## 2 Fundamentalismus – eine Begriffsgeschichte

Die Rede vom Fundamentalismus – so wurde eingangs festgestellt – ist heute in aller Munde. Das war jedoch nicht immer so. Wer den Artikel »Fundamentalismus« in der Theologischen Realenzyklopädie liest, wird die interessante Feststellung machen, dass in dem 1983 erschienenen Band ausschließlich vom religiösen Fundamentalismus im Sinne einer Ende des 19., zu Beginn des 20. Jahrhunderts bekannten antimodernistischen Richtung innerhalb des nordamerikanischen Protestantismus gesprochen wird. Wer dagegen den Beitrag »Fundamentalismus« in der neuesten, dritten Auflage vom Lexikon für Theologie und Kirche konsultiert, erfährt aus dem 1995 erschienenen Band, dass Fundamentalismus eine gegen die Moderne gerichtete Tendenz ist, die in allen Religionen der Gegenwart anzutreffen ist, weshalb es nicht nur einen christlich-protestantischen, sondern auch einen katholischen, einen islamischen, einen jüdischen, einen hinduistischen und einen buddhistischen Fundamentalismus gibt.

Grundlegendes hat sich demnach innerhalb von nur zwölf Jahren im Wortgebrauch verändert. Fundamentalismus hat einen Siegeszug angetreten und konkurrierende Begriffe praktisch aus dem Felde geschlagen. Dies gilt im katholischen Bereich der romanischen Länder, wo der Begriff heute die früher übliche Rede vom Integrismus vollständig ersetzt hat; dies gilt auch für den islamischen Kon-

---

4. Vgl. dazu Peter Antes: Fundamentalismus und Fanatismus, in: Handbuch Friedenserziehung, interreligiös-interkulturell-interkonfessionell, hg. Werner Haußmann / Hansjörg Biener / Klaus Hock / Reinhold Mokrosch, Gütersloh 2006, S. 62–65 [Für Johannes Lähnemann].

text, wo – wie berichtet – der Fundamentalismus weitestgehend an die Stelle von Islamismus getreten ist.

Geht man der Entwicklung etwas nach, so lässt sich leicht feststellen, dass zum ersten Male in der westlichen politischen Literatur im Zusammenhang mit der islamischen Revolution in Iran, die mit der Machtergreifung durch Ayatollah Khomeiny Anfang 1979 dem Schahregime ein Ende gesetzt hat, von Journalisten der Begriff »Fundamentalismus« auf die schiitische Revolution übertragen wurde. Er sollte andeuten, dass damit eine Absage an die vom Westen unterstützte Reformpolitik des Schah eingeleitet wurde, deren antimoderner Charakter vor allem in den antiwestlichen Äußerungen ihrer Protagonisten sowie in der Wiedereinführung der Verschleierung für Frauen gesehen wurde. Bald darauf wurde dieser Begriff dann auch auf die islamistische Bewegung des *Front Islamique du Salut* (FIS) in Algerien übertragen. Martin Riesebrodt hat in einer grundlegenden Studie die Gemeinsamkeiten und Unterschiede zwischen den iranischen Schiiten 1961–1979 und der patriarchalischen Protestbewegung amerikanischer Protestanten 1910–1928 untersucht und die Parallelen als Rechtfertigung für eine gemeinsame Bezeichnung beider als Fundamentalisten benutzt.[5] Weit schwieriger aber dürfte es sein, die Forderungen und Vorgehensweisen der iranischen Schiiten mit denen der Anhänger des FIS in Einklang zu bringen. Die einzig mögliche Klammer ist die Ablehnung der jeweils im Lande versuchten Wege der Modernisierung und damit verbunden ein Rückgriff auf die Religion als Lösung angesichts der bestehenden Krisen. Sowohl die konkreten Beschreibungen der Missstände als auch die Lösungsvorschläge wie die Methoden zur Durchsetzung derselben variieren dabei beträchtlich.

Die Variationsbreite nimmt noch zu, wenn Protestbewegungen anderer Religionen ebenfalls als fundamentalistisch charakterisiert werden. Solches ist beim Hinduismus und Buddhismus geschehen, ja ein amerikanisches Mammutprojekt hat unter Mitwirkung zahlreicher Wissenschaftler schließlich den Fundamentalismus weltweit in allen Religionen ausgemacht und behauptet, dass es in allen Religionen zwei Tendenzen gibt: eine modernisierende und eine antimoderne »fundamentalistische«.[6] Wichtig ist festzuhalten, dass sich das Antimoderne meist

---

5. Vgl. dazu Martin Riesebrodt, Fundamentalismus als patriarchalische Protestbewegung: Amerikanische Protestanten (1910–28) und iranische Schiiten (1961–79) im Vergleich, Tübingen 1990.

6. Vgl. dazu Martin E. Marty und R. Scott Appleby (Hg.): The Glory and the Power: The Fundamentalist Challenge to the Modern World, Boston 1992; dies.: Fundamentalisms Observed, Chicago/London 1991 (The Fundamentalism Project, Bd. I); dies.: Fundamentalisms and Society: Reclaiming the Sciences, the Family, and Education, Chicago/London 1993 (The Fundamentalism Project, Bd. II); dies.: Fundamentalisms and the State: Remaking Policies, Economics, and Militance, Chicago/London 1993 (The Fundamentalism Project, Bd. III); dies.: Accounting for Fundamentalisms: The Dynamic Character of Movements, Chicago/London 1994 (The Fundamentalism Project, Bd. IV); dies.: Fundamentalisms Comprehended, Chicago/London 1996 (The

nur auf die Gesellschaftsordnung und/oder die Wirtschaft bezieht, von Technikfeindschaft kann dabei keine Rede sein, wenn man bedenkt, dass sich die so genannten Fundamentalisten der modernsten Techniken wie Satellitenfernsehen, Fax oder Email bedienen, um ihre Ideen weltweit zu verbreiten.

Die Unterteilung in modernisierende und antimodern fundamentalistische Tendenzen innerhalb einer jeden Religion ist nicht zwingend. Samuel Huntington hat in seinem *Clash of Civilisations* [7] eine ganz andere Einteilung vorgeschlagen. Danach bietet es sich an, die Religionen als Ganze auf einer Skala anzusiedeln, die von der Offenheit für Modernisierung bis zu ihrer totalen Verweigerung reicht, wobei am Ende der Skala der Islam steht und alle anderen Religionen irgendwo innerhalb dieser beiden Extreme angesiedelt werden.

Angesichts solch divergierender Deutungen des Zeitgeschehens stellt sich die Frage nach dem Verhältnis von Begriff und Wirklichkeit.

## 3 Fundamentalismus – Begriff und Wirklichkeit

Grundthese der modernen Fundamentalismusdebatte ist, dass es sich beim Fundamentalismus – wie eingangs bereits zitiert – um »ein globales politisch-religiöses Gegenwartsphänomen moderner Gesellschaften« handelt, das demnach in allen Religionen anzutreffen ist. Grund dafür sind die »Herausforderungen der Moderne, die angesichts der Komplexität oft einhergehen mit Ohnmachtserfahrungen« und die »bei vielen Menschen zu einem wachsenden Bedarf an verlässlichen Gewissheiten und Sinn« führen. Auf diese Weise wird eine Vielzahl von Protesten so genannter Modernisierungsgegner auf einen Nenner gebracht und mit der Ablehnung der Moderne und einem »Bedarf an verlässlichen Gewissheiten und Sinn« erklärt. Sobald aber dieser Protest und seine Forderungskataloge in ein kohärentes Theoriekonzept gebracht werden müssen, wird es schwierig. Die Interpreten entwerfen ein breitgefächertes Geflecht von Anwendungsfällen [8], sodass letztlich wenige Gemeinsamkeiten übrig bleiben und viel Regionales und Religionsspezifisches eingefügt werden muss, um einigermaßen den Fakten zu entsprechen.

Die Schwierigkeiten, ein solches Deutungsmuster konsistent durchzuhalten und den jeweiligen regionalen und religionsspezifischen Abweichungen Rech-

---

Fundamentalism Project, Bd. V); Thomas Meyer (Hg.), Fundamentalismus in der modernen Welt: Die Internationale der Unvernunft, Frankfurt a. M. 1989; Thomas Meyer: Fundamentalismus: Aufstand gegen die Moderne, Reinbek 1989.

7. Vgl. dazu Samuel P. Huntington, Kampf der Kulturen. The Clash of Civilizations. Die Neugestaltung der Weltpolitik im 21. Jahrhundert, Wien-München 1996.

8. Vgl. dazu Thomas Meyer: Fundamentalismustheorien – ein Überblick, in: Friedrich-Ebert-Stiftung (Hg.): Policy Nr. 10, S. 4f.

nung zu tragen, kommen m. E. nicht aus der Komplexität der Sachzusammenhänge, sondern aus der Tatsache, dass recht unterschiedliche Missstände und deren Bekämpfung auf einen Gesamttrend eines globalen politisch-religiösen Gegenwartsphänomens moderner Gesellschaften reduziert werden sollen. Um es in aller Deutlichkeit zu sagen: Ich bestreite nicht die Fakten, ich sehe sehr wohl die Bedrohungen, die von den Protestbewegungen ausgehen. Ich halte es aber für nicht erwiesen, ja für sehr unwahrscheinlich, dass all diese Proteste gegen konkrete, oft regionale, wenn nicht sogar lokale Missstände von vornherein Ausdruck eines globalen Gegenwartsphänomens gewesen sind, das aus einem »Bedarf an verlässlichen Gewissheiten und Sinn« entstanden ist. Eine solche Deutung des politischen Geschehens beruht m. E. auf zwei Denkfehlern: zum einen werden konkrete Erfahrungen mit Fehlentwicklungen, die anzuprangern sind, zu einem Globaltrend hochstilisiert; zum anderen entlastet dieser Verweis auf den Globaltrend die Verursacher der Missstände und enthebt sie der Verpflichtung, auf die konkreten Forderungen nach Veränderung vor Ort einzugehen. Konkret heißt dies:

Erst durch einen Begriff wie den des religiösen Fundamentalismus sind die iranische Revolution, die Mordanschläge des FIS FIS und die Zerstörung der Moschee in Ayodhya 1991 in Indien durch extremistische Hindus [9] als Ausdruck eines Globaltrends erklärt worden, wodurch völlig heterogene Phänomene auf einen Nenner gebracht worden sind. Ob es sich hierbei wirklich um ein und dasselbe Gegenwartsphänomen mit regional unterschiedlicher Ausformung oder um separate Proteste handelt, ist die Frage. Ich neige dazu, darin zunächst separate Protestbewegungen zu sehen. Allerdings ist durch das global angelegte Deutungsmuster die diesbezügliche Diskussion auch unter den als »Fundamentalisten« Bezeichneten in Gang gekommen. Sie verstehen sich nun selbst nicht mehr nur als lokale Protestierer, sondern sehen ihre Rolle als Akteure eines globalen Protestes und sprechen sich selbst damit mehr Bedeutung zu, als ihnen vorher zukam. Hierzu hat vor allem das erwähnte amerikanische Mammutprojekt einen wichtigen Beitrag geleistet und u.a. bewirkt, dass der Terminus »Fundamentalismus« auch in andere Sprachen wie etwa das Arabische übersetzt wurde, andere Begriffe für die Protestbewegungen weitest gehend ersetzt hat und inzwischen ein Eigendasein führt, auf das im ersten Teil dieses Beitrages bereits hingewiesen wurde. Deshalb muss man sagen, dass zumindest mental der religiöse Fundamentalismus als globales politisch-religiöses Gegenwartsphänomen real existiert, auch wenn es die damit intendierte Realität so nicht gegeben hat.

Die Existenz des Fundamentalismuskonzeptes nimmt dem regionalen bzw.

---

9. Vgl. dazu Andreas Becke, Fundamentalismus in Indien? Säkularismus und Kommunalismus am Beispiel von Ayodhya, in Zeitschrift für Missionswissenschaft und Religionswissenschaft 78. Jg. (1994), S. 3–24 und allgemeiner Gilles Kepel (Hg.), Les politiques de Dieu, Paris 1993.

lokalen Protest gegen soziale und wirtschaftliche Missstände seine Schärfe. Fundamentalismus wird mit Herausforderungen der Moderne gleichgesetzt. Er ist somit der Versuch, sich gegen jegliche Modernisierung zu wehren und Veränderungen gesellschaftlicher wie wirtschaftlicher Art strikt abzulehnen und dies im Bemühen um verlässliche Gewissheiten und Sinn. Jede spezifische Geißelung konkreter Ausgrenzungsmechanismen wird damit globalisiert und aus der konkreten Verantwortung der dafür konkret Verantwortlichen herausgenommen. Der global verorteten Wirtschaft und Gesellschaftsentwicklung steht daher ein ebenso global konzipiertes Ablehnungskartell gegenüber, auf dessen Forderungen im Einzelnen sich nicht einzugehen lohnt. Daher hat der Verweis auf den Fundamentalismus als eigentlicher Ursache des Protestes eine Entlastungsfunktion im internationalen Diskurs. Vermutlich ist es gerade diese Wirkung des Fundamentalismuskonzeptes, die zu seinem weltweit durchschlagenden Erfolg beigetragen hat und im alternativlos erscheinenden Globalisierungsbestreben der Wirtschaft alle Globalisierungsopfer ideologisch zu religiösen Fundamentalisten macht, wenn sie im Namen ihrer Werteskala unter Berufung auf ihre religiösen wie kulturellen Überzeugungen Bedenken an den tatsächlichen Entwicklungen in Staat, Gesellschaft und Wirtschaft äußern.

## 4 Fazit

Die voraufgehenden Ausführungen haben gezeigt, wie aus konkreten Anlässen der Kritik an Missständen ein globales politisch-religiöses Gegenwartsphänomen entstanden ist, das inzwischen ein Eigendasein führt, in allen Debatten andere, konkurrierende Begriffe für die Protestierer zu verdrängen scheint und damit mental ein wirksames Deutungsmuster aufbaut, das die Diskussion von den konkret zu beklagenden Missständen ablenkt und auf grundsätzliche Abwehrhaltungen gegen die Moderne hinlenkt. Damit verliert jeglicher Protest in diesem Zusammenhang seine pragmatische Widerspruchsfunktion und wird auf eine Ebene abgeschoben, die insgesamt als inakzeptabel und so groß angelegt erscheint, dass ihr keine reale Bedeutung mehr zukommt. Somit bleibt das kritisierte System als solches intakt, und seine Akteure können ungestört weitermachen, während die Protestierer diffamiert werden und ohne große Bedeutung für die Zukunft bleiben. So gesehen hilft Fundamentalismus als Fremdbezeichnung bei der Bewältigung von Protestaktionen im Namen des Islams zur Neutralisierung der Debatten mehr als die Rede vom Islamismus, die als Selbstbezeichnung weit mehr Religionsspezifisches und Regionales zum Ausdruck bringt als ein globales politisch-religiöses Gegenwartsphänomen moderner Gesellschaften, wie es der religiöse Fundamentalismus ist.

# Gibt es eine Theologie des Islamismus?

Elsayed Elshahed

## 1 Einleitung

Das Interesse am Islam hat im Westen in den letzten Jahrzehnten in den Massenmedien und in der Politik merklich zugenommen. Angefangen mit der islamischen Revolution im Iran, den Golfkriegen und dem Nahost-Konflikt, über die ethnischen Säuberungen im Balkan, den Kriegen in Afghanistan und schließlich im Irak bis hin zum Reislamisierungsprozess, der teils friedlich, teils weniger friedlich ausgetragen wird.

Durch die Ereignisse vom 11. September 2001 wurde der Islam auf eine unvergleichliche Art und Weise ins Bewusstsein des Westens gerückt. Viele Schriften über den Islam jeder Art und Qualität waren nicht frei von opportunistischen Ambitionen und erlebten trotzdem Hochkonjunktur.

Die islamische Identität selbst erlitt durch all diese Ereignisse eine bedrohliche Schizophrenie. Auf der einen Seite genoss der Islam die lange Zeit verlorene und ersehnte Aufmerksamkeit der Welt, nachdem man ihn insbesondere im Westen für tot erklärt hatte. Auf der anderen Seite wurde er mit artfremden Elementen teils absichtlich teils unabsichtlich vermischt und als der echte Islam deklariert. Veraltete Vorurteile wurden in verstärktem Maß wieder angefacht.

Erlauben Sie mir eine Bemerkung über den viel verwendeten Begriff ›Islamismus‹ voranzuschicken: Ausschließlich der Islam als Religion wird in einer negativen Sprachkonstruktion bezeichnet, die mit einer bemerkenswert unkritischen Selbstverständlichkeit verwendet wird. Adäquat zum ›Islamismus‹ spricht niemand z. B. von Christizismus, Judismus oder Buddhistismus, um den gleichen Sinn wie den des ›Islamismus‹ wiederzugeben. Man spricht von christlichem, jüdischem oder buddhistischem Fundamentalismus. Warum spricht man dann nicht auch von ›islamischem Fundamentalismus‹, der ja tatsächlich existiert? Handelt es sich hierbei lediglich um eine sprachliche Fehlkonstruktion und wäre dann viel harmloser als ich es mir vorstelle? Müsste ich mir dann den Vorwurf gefallen lassen, einer jeder Grundlage entbehrenden Verschwörungstheorie verfallen zu sein?

Zweifelsohne gehört der Begriff ›Islamismus‹ zu den meist verwendeten, missdeuteten und umstrittensten Begriffen. Dies gilt für die westlichen Massenmedien ebenso wie für die missionarisch geprägten theologischen und orientalistischen Bereiche. Die m. E. verfehlte Definition dieses Begriffes führt zwangsläufig zu einer destruktiven Sensibilisierung des Medienkonsumenten gegenüber allem, was sich islamisch nennt. Und bewusst oder unbewusst wird jeder Muslim dadurch in die Position eines potenziellen Feindes gedrängt und dementsprechend vorverurteilt.

Die Gefahren, die eine solche Vor-Ur-Teilung langfristig nach sich ziehen, sind nicht zu unterschätzen. Die Ereignisse vom 11. September 2001 und die noch andauernden, stets sich verschärfenden politischen, militärischen, wirtschaftlichen und gesellschaftlichen Folgen sind nur der Gipfel des Eisberges.

Mein diesbezüglicher Beitrag ist mit Sicherheit weder der erste noch der letzte, der diesen komplizierten Begriff ›Islamismus‹ zu erhellen versucht. Ob und wann alle bisherigen Erhellungsversuche seitens einiger muslimischer Wissenschaftler und erfreulicherweise auch seitens einiger renommierter westlicher Intellektueller ihre positive Wirkung zeigen werden, ist – angesichts der gegenwärtigen künstlich emotionalisierten Debatten über die weltpolitische Lage – nicht vorauszusehen.

Ohne Terror im Namen des Islams oder einer anderen Religion in irgendeiner Weise rechtfertigen zu wollen, waren die Muslime weder die ersten noch die letzten, die ›Heilige‹ Kriege geführt oder Terror gegen andere Menschen ausgeübt haben. Juden und Christen, um nur von den monotheistischen drei Religionen zu sprechen, haben vor und nach dem Erscheinen des Islams etliche derartige so genannte ›Heilige‹ Kriege gegen Andersgläubige geführt und führen sie heute noch unter anderem Namen.

Der Begriff ›Heiliger Krieg‹ (arab. *harb muqaddasah*) existiert übrigens ebenso wenig wie der Begriff *Islamismus* in der klassischen islamischen Literatur. Vielmehr wurde er durch Papst Urban II., den Stifter der Kreuzzüge 1095, geprägt. Auch in der modernen arabischen Literatur existiert dieser Begriff – mit Ausnahme einiger Übersetzungen aus europäischen Quellen – nicht. Er wird in der europäischen Literatur als eine Bezeichnung für den politischen und bzw. oder für den militanten Islam verwendet. Neuerdings werden zunehmend auch politisch bewusste Muslime im arabischen Sprachraum als *islamiyyun* bzw. ›Islamisten‹ bezeichnet.

Im Zuge der derzeitigen Islamophobie auf der ganzen Welt wird mittlerweile jeder Muslim bzw. jede Muslima als ›Islamist‹ bzw. ›Islamistin‹ bezeichnet, der bzw. die die islamischen Gebote und Verbote im Alltagsleben ernst nimmt. Bei manchen Europäern gilt sogar derjenige als Islamist, der mit der rechten Hand isst.

Keine Frage! Der Terror ist ein Verbrechen und muss von allen zivilisierten Menschen bekämpft werden. Aber eben alle Arten des Terrors: Sei es Staatsterror, Gruppenterror oder individueller Terror.

Das Wort ›Terror‹ wird im Arabischen mit dem Wort *irhab* übersetzt. Philologisch gesehen bezeichnen das lateinische Wort ›Terror‹ und das adäquate arabische Wort *irhab* auf eine passiv abschreckende Handlung. Ausschließlich als passiv abschreckende Handlung wurde dieses Wort in Verbalform, nämlich *turhibuna*, im Koran verwendet. In Sure 8, 60 f. lesen wir: »Sammelt alle eure Streitkräfte, damit ihr eure und Gottes Feinde abschreckt. Wenn sie sich dann zum Frieden zuneigen (vom Angreifen absehen), dann neige du dich ihm (dem Frieden) zu und vertraue auf Gott. Er ist der Allhörende und Allwissende.« Das Wort *irhab* (›Terror‹) kommt in Nominalform in seiner heutigen Definition als eine verbrecherische Handlung im Koran nicht vor.

Diese koranische Anweisung wurde vom Propheten Mohammed bei seiner ersten Begegnung mit den Römern im Jahre 630 konsequent eingehalten. In diesem koranischen Kontext wird dieses Wort eindeutig als eine rein gewaltlose abschreckende Handlung verstanden und praktiziert und nach diesem Verständnis ist, aus islamischer Sicht, auch ein so genannter Präventivschlag nicht erlaubt.

## 2 Islamismus, *djihad* und Terror: Kann es eine theologische Begründung geben?

Aus islamischer Sicht wird jede Art des Angriffs auf unschuldige Menschen, Tiere und Natur als Terror bezeichnet. Einen unschuldigen Menschen zu töten, ist nach dem koranischen Konzept mit der Tötung aller Menschen vergleichbar (s. Sure 5, 32).

Ein unschuldiger Mensch ist jeder, der keine Gewalt gegen einen anderen Menschen ausübt. Kollektive oder pauschale Schuldzuweisungen, durch die einige Terroristen ihre Verbrechen rechtfertigen wollen, werden damit zurückgewiesen und erweisen sich als Handlungen gegen die göttlichen Gebote. Solche Terrorakte entbehren jeder theologischen Begründung und dürfen niemals als eine Art des *djihads* gerechtfertigt werden.

Erst im zweiten Jahr nach der *hidjra* (Auswanderung des Propheten Mohammed von Mekka nach Medina) wurde *djihad* als eine religiöse Pflicht eines jeden fähigen Muslims durch den folgenden Koranvers bestimmt: »Denjenigen (Muslimen), die angegriffen wurden, ist die Erlaubnis (zur Bekämpfung des

Angreifers) erteilt worden, weil ihnen (vorher) Unrecht geschehen ist.« (Sure 22, 39)

In Sure 22, 78 finden wir eine zusammenfassende Konzeption des Begriffes *djihad:* »Ihr sollt alle euch zur Verfügung stehenden Kräfte für die Sache Gottes einsetzen. Er hat euch dafür auserwählt und Er verpflichtet euch nie zu etwas, was euch missfällt (bzw. überfordert). Dies ist die Religion eures Urvaters Ibrahim. Er ist derjenige, der euch bereits vor vielen Jahren Muslime genannt hat.« Der Begriff *djihad* wird in diesem Kontext von allen Koraninterpreten als die individuelle Anstrengung bzw. den vehementen Einsatz im Kampf gegen die eigene Willkür und die äußeren Missstände verstanden (s. u. a. Ibn Kathir).

Grundsätzlich dürfen Muslime, solange sie nicht militärisch angegriffen werden, nie zu den Waffen greifen, es sei denn, sie werden durch Notwehr dazu gezwungen. Darüber lesen wir im Koran folgendes: »Kämpft für die Sache Gottes, dabei dürft ihr nicht mit der Kriegshandlung anfangen, denn wahrlich! Gott liebt die Angreifer nicht.« (Sure 2, 190) In diesem Koranvers wird das arabische Wort *qatilu* im Sinne von bewaffnetem Kampf, d. h. »kämpft mit der Waffe«, verwendet und bezeichnet damit eine Art des *djihad*, bei dem den Muslimen Gewaltanwendung erlaubt wird.

Würde der Kampf (*djihad*) unausweichlich in eine kriegerische Auseinandersetzung ausarten, so sind für die Muslime einige Bestimmungen unbedingt einzuhalten:

1. In den vier heiligen Monaten (in quellenmäßiger Reihenfolge: der erster, siebenter, elfter und zwölfter Monat nach dem islamischen Kalender) dürfen Muslime keinen Krieg führen, mit der einzigen und ausschließlichen Ausnahme, wenn die Angreifer diese Regelung (Waffenstillstand während der o. g. vier Monate) nicht respektieren wollen.
2. Die Aufrichtigkeit bei der Einhaltung aller getroffenen Abkommen.
3. Frauen, Kinder, Kranke, Alte, Mönche und Klosterbewohner, sowie unbewaffnete Männer dürfen nicht getötet werden.
4. Die Toten dürfen nie geschändet, Tiere, Felder und Bäume dürfen nur für Speisezwecke verwendet werden.

Von der Erfüllung dieser Bestimmungen hängt die Bezeichnung ›Heilig‹ für den *djihad* ab. Bei Missachtung der gesamten oder eines Teils der genannten Bestimmungen wird jeder unter dem Vorwand des *djihads* geführte Krieg nicht mehr als der Sache Gottes, sondern dem eigenen Machtinteresse dienend und demnach nicht als heilig betrachtet.

## 3 Die koranische Konzeption des *djihads*

Die Koranverse wurden nach und nach zu verschiedenen Anlässen als Problemlösungen oder gegebenenfalls als Antwort auf gestellte Informationsfragen herabgesandt. Einige Koranverse, die bestimmte Anweisungen enthalten, galten ausschließlich für den Anlass bzw. die Situation der Offenbarung (arab.: *sabab an-nuzul*), diese Art hat also keine allgemeine Geltung (arab.: *khaass* oder *muqaiyad*). Andere Anweisungen haben dagegen eine allgemeine Geltungskompetenz (arab.: *'am* oder *mutlaq*). Dazu kommt eine andere Koranwissenschaft, die bestimmte Anweisungen aufhebt, einschränkt oder ergänzt; es handelt sich hier um die Wissenschaft von der Abrogation (arab.: *an-nasikh wa l-mansukh*).

Die meisten Missverständnisse, die man zuweilen in der Literatur findet, kommen durch Unwissenheit oder Missachtung dieser beiden Koranwissenschaften zustande.

Für den Gewaltaspekt des *djihads* verwendet der Koran das Wort *qital* (aus dem Wurzel *qatala*, Sure 2, 190) oder es wird dem Wort *djihad* das Wort ›mit dem Leben‹ beigefügt und bedeutet soviel wie ›die Menschen, die mit ihrem Leben *djihad* tun‹ bzw. ›sie riskieren ihr Leben beim *djihad*, sie nehmen den Tod im Kauf‹.

Die Grundeinstellung des Islams in Bezug auf *djihad* lesen wir in den folgenden Koranstellen: »Und kämpft um Gottes Willen gegen diejenigen, die gegen euch kämpfen, aber greift nie als erste an, wahrlich Gott liebt nicht diejenigen, die die anderen unrechtmäßig (ohne triftigen Grund) angreifen« (2, 190). In Sure 60, 8 f. lesen wir: »Gott verbietet euch nicht (im Arabischen bedeutet diese Formulierung: »Gott empfiehlt euch.«) gegenüber denjenigen pietätvoll und gerecht zu sein, die nicht der Religion wegen gegen euch gekämpft und euch nicht aus euren Häusern vertrieben haben. Gott liebt diejenigen, die gerecht handeln. Doch verbietet Er euch, euch denen anzuschließen, die der Religion wegen gegen euch gekämpft und die euch aus euren Häusern vertrieben oder (euren Feinden) bei eurer Vertreibung mitgeholfen haben. Diejenigen, die sich ihnen anschließen, sind die (wahren Frevler).«

Die militärische Aufrüstung im Islam hat als Hauptziel eine Abschreckungswirkung beim Feind im Vorfeld der möglichen Kriegshandlung. Sie ist in diesem Sinne vor allem eine auf Frieden zielende Vorbeugungsmaßnahme, die den Feind davon abhalten soll, sich auf ein folgenreiches Risiko einzulassen, wie es bei der ersten Begegnung zwischen dem muslimischen Heer unter der Führung des Propheten Mohammed und den Römern bei Tabuk (im 8 H. / 630 n. Chr.) der Fall war.

Die Toleranz der muslimischen Eroberer sogar gegenüber ihren Erzfeinden in Mekka geht trotz allem soweit, dass der Muslim die Sicherheit eines ehemaligen Feindes garantieren soll, wenn dieser ihn um Schutz bittet.

In Sure 9,6 lesen wir: »Und wenn einer von den Polytheisten dich um Schutz bittet, dann gewähre ihm Schutz, damit er das Wort Gottes hören kann! Hierauf lass ihn (unversehrt) dahin gelangen, wo er in Sicherheit ist! Dies (sei ihnen zugestanden), weil es Leute sind, die nicht Bescheid wissen.«

## 4 Die Problematik der Gewaltanwendung aus islamischer Sicht

Einige Eroberungen, die durch muslimische Herrscher im Namen des Islams geführt wurden, wie z. B. die spätmongolischen sowie einige osmanisch-türkische Eroberungszüge, zum Teil auch gegen andere islamische Länder, sind – wie die Kreuzzüge, die Inquisition, die spanisch-portugiesische Übergriffe u. a. in Amerika unter dem Vorwand der Ausbreitung des Christentums – die schlechtesten Beispiele für den Missbrauch von Religion und Ideologie und egoistische Machtgier. Keine Religion und Ideologie bildet hierin eine Ausnahme. Machtgier ist eine Krankheit, von der alle Menschen verschiedener Rassen, Nationen, Religionen und Ideologien in gleichem Maße befallen sind. Die Religionen haben im Grunde die Aufgabe, diese Gefahr abzuwenden oder möglichst abzuschwächen.

Nicht selten wird Muslimen, die ihre Religion ins richtige Licht rücken wollen, mangelnde Objektivität und Fundamentalismus unterstellt.

Wird in Europa über die Entwicklungsgeschichte des Islams gesprochen oder geschrieben, so werden einige Fälle von Intoleranz und Gewaltanwendung, die es sicherlich gab, vordergründig dargestellt, dagegen treten Jahrhunderte islamischer Toleranz gegenüber Andersgläubigen unter islamischer Herrschaft kaum in Erscheinung.

Als erster hat der Prophet Mohammed diesen die Toleranz gebietenden Vers schon sehr früh praktiziert, z. B. nach einer kriegerischen Auseinandersetzung mit einem jüdischen Stamm. Der bekannte Tübinger Orientalist Josef van Ess schreibt in seinem Beitrag in »Christentum und Weltreligionen«[1]: »[...] aber später hat Mohammed nach einer kriegerischen Auseinandersetzung mit ihnen [einem jüdischen Stamm in Medina] auch die Juden weder umgebracht, noch sie gezwungen auszuwandern oder ihrem Glauben abzuschwören.«

»Der Islam hat die Christen nicht durch Feuer und Schwert bekehrt, sie sind ihm vielmehr in einem Jahrhunderte langen Korrosionsprozess durch ihre eigene, ganz menschliche Schwäche anheim gefallen [...] Der Islam hat sich also nicht durch Mission in unserem Sinne durchgesetzt; vom System her ist er gar nicht darauf ausgerichtet.«[2] Weiter schreibt van Ess: »Ausnahmen gab es auch

---

1. Hans Küng, Josef van Ess, Christentum und Weltreligionen. Islam, München 7 2006 (¹1984), S. 163–164.

2. Ebd., S. 170.

in der islamischen Herrschaftsgeschichte, in denen mancher Herrscher versucht hat, den Islam den Anhängern nichtmonotheistischer Religionen aufzuzwingen. Diese Versuche blieben aber erfolglos. Das einzige Beispiel in der islamischen Geschichte ist die Auseinandersetzung des Mahmud von Ghazna um das Jahr 1000 in Indien mit den Hindus. Aber selbst da sind die großen missionarischen Erfolge eher durch friedliche Infiltrationen erzielt worden.« [3]

Der Prophet Mohammed hatte an alle benachbarten Herrscher Aufrufe zum Islam gesandt. Die Reaktionen des persischen und römischen Kaisers waren wesentlich anders als die des äthiopischen Kaisers. Dieser befahl seinem jemenitischen Gouverneur Zazan, den Propheten Mohammed vor die Wahl zu stellen, seine Mission (Religion) aufzugeben oder den Tod für sich und seine Gemeinde hinzunehmen.

Der römische Kaiser sammelte seine Streitkräfte im Norden der arabischen Halbinsel bei Tabuk, worauf Mohammed seine Streitkräfte an der nördlichen Grenze zusammenzog, sie aber vorerst zurückbefahl, nachdem die Muslime überzeugt waren, dass die Römer von einem Angriff abgesehen hätten. Sie kehrten aber später zurück, als die Römer abermals an der Grenze aufmarschierten und den Angriff auf die Muslime vorbereiteten.

Aus diesem Kampf gingen die Muslime siegreich hervor und eroberten daraufhin Syrien sowie weitere Teile des römischen Reiches. Der christliche äthiopische Kaiser gab im Gegensatz zu den anderen den Muslimen nicht nur die Gelegenheit, ihren Glauben vorzutragen, vielmehr vermochte er es, sich friedlich mit ihnen auseinanderzusetzen und ihnen in seinem Land Schutz zu gewähren.

Einige Beispiele für den Umgang des Propheten mit seinen Kriegsgefangenen darf ich hier anführen. Als der Prophet Mohammed und seine Gemeinde ihren ersten großen Sieg bei *Badr* errungen hatten, gerieten viele ihrer mekkanischen Feinde als Kriegsgefangene in ihre Hände. Mohammed stellte seinen Kriegsgefangenen, die den Islam nicht annehmen wollten, als Bedingung für ihre Freilassung, dass jeder von ihnen zehn Analphabeten seiner Gemeinde Lesen und Schreiben beibringe.

Als der Prophet Mohammed seine Heimatstadt Mekka, aus der er auszuwandern gezwungen wurde, zurückerobert hatte (8 H./630 n. Chr.) und seine Erzfeinde unter seiner Macht standen, fragte er sie, was sie glaubten, was er ihnen wohl antun würde! Da antworteten einige von ihnen, wissend, dass er seine Macht über sie nicht missbrauchen würde: »Du bist ein guter Bruder und Sohn eines guten Bruders.« Die Antwort des Propheten lautete erwartungsgemäß: »Gehet, ihr seid frei.« [4]

---

3. Ebd.
4. Vgl. Muhammed bin 'Abd al-Wahhab (1114–1206 H./1703–1792), Mukhtasar Sirat ar-Rasul [= Zusammenfassung der Propheten-Biographie], S. 153.

Auch die Nachfolger des Propheten Mohammed haben diese Richtlinien eingehalten und wichtige Kriegsregelungen erlassen, die man heute in unserer aufgeklärten Welt immer seltener vorfindet.

## 5 Einige islamische Kriegsbestimmungen

Wird ein Krieg unvermeidlich, so müssen die Kämpfenden folgende Bestimmungen unbedingt einhalten:

Es darf nur gegen feindliche Soldaten gekämpft werden, d. h., wenn feindliches Gebiet erkämpft wird, müssen Frauen, Kinder und alte und unbewaffnete Männer, die nicht am Krieg teilnehmen, verschont bleiben.

Der Prophet und seine Nachfolger verpflichteten ihre Heerführer testamentarisch zur Einhaltung folgender Anweisungen:

»Ihr dürft nicht hinterhältig sein, nicht heimtückisch, ihr dürft die Toten nicht schänden, kein Kind, keine Jugendlichen, keinen alten Mann oder Frau töten, ihr dürft keine Palme zerstören, keinen Baum fällen, weder Schafe noch Kühe, noch Kamele abschlachten, ausgenommen, was ihr unbedingt zum Essen braucht. Ihr werdet Mönche treffen, ihr müsst sie für das lassen, wofür sie sich verpflichtet haben.«[5]

Ähnliche Völkerrechtsbestimmungen wurden in Europa erst im 17. Jahrhundert von Hugo Grotius entworfen, der ein bis ins moderne Zeitalter geltendes Völkerrecht verfasst hat.[6]

Nach der Eroberung Jerusalems durch den o. g. Kalifen Omar Ibn al-Khattab (16 H. / 638 n. Chr.) schloss dieser mit dem Vertreter der Stadtbewohner, Bischof Sophrinus einen Friedenvertrag. Dieser Friedensvertrag ist, neben dem bekannten Friedensvertrag von Hudaibiya (6 H. / 628 n. Chr.), den der Prophet Mohammed mit den Mekkanern abgeschlossen hatte, der zweite und bekannteste Friedensvertrag in der islamischen Frühgeschichte. Der Jerusalemer Friedensvertrag enthielt u. a. folgende Bestimmungen: »Den Bewohnern Jerusalems wird absolute Sicherheit für ihr Leben, Gut, ihre Kirchen und Kreuze gewährt. Kirchen dürfen von Nichtchristen weder bewohnt noch zerstört werden. Nichts von ihrem Besitz darf angetastet werden [ ... ] Sie dürfen bei der Durchführung ihrer religiösen Pflichten nicht eingeengt werden«.[7]

Eine zusätzliche Bedeutung gewann dieser Friedensvertrag durch das folgende Ereignis: Während der Ratifizierung dieses Vertrages in der Jerusalemer Grabes-

---

5. Abbas Mahmud al-Aqqad (1306–1383 H. / 1889–1964), Islamiyat, Bd. I, S. 224–225.
6. Ebd.
7. Ibn Kathir (701–774 H. / ca. 1300–1373): Al-bidaya wa an-nihaya [ = Der Anfang und das Ende ], Bd. VII, S. 56 f.

kirche war die Zeit des Nachmittagsgebetes gekommen. Der Bischof Sophrinus bot dem Kalifen an, in der Kirche mit seinen muslimischen Heerführern das Gebet zu verrichten. Obwohl die Muslime ihre Gebete an jedem reinen Ort verrichten dürfen, bevorzugte der Kalif, das Gebet im Vorhof der Kirche zu verrichten, da er die Befürchtung hegte, einige Muslime könnten später diesen Vorfall als Anlass für die Annektierung der Kirche nehmen. Diese Möglichkeit wollte er von vorneherein ausschließen.[8]

Diese Einstellung zum Frieden schließt neben Christen und Juden auch all diejenigen ein, die die Muslime aus religiösen Gründen nicht bekämpfen. Im Koran heißt es: »Gott gebietet euch, mit denjenigen pietätvoll und gerecht zu sein, die euch wegen eurer Religion weder bekämpfen noch aus eurer Heimat vertreiben. Gott liebt die Gerechten. Jedoch verbietet Gott euch, diejenigen, die euch wegen eurer Religion bekämpfen und euch aus eurer Heimat vertreiben oder dazu beitragen, als Freunde zu nehmen. Diejenigen unter euch, die es trotzdem tun, sind Frevler.« (Sure 60, 8 f.). Wird ein Friedensvertrag zwischen Muslimen und Nichtmuslimen geschlossen, so müssen die Muslime diesen Vertrag einhalten.

Der erste Kalif Abu Bakr (12–14 H. / 634–636 n. Chr.) gab jedem seiner Heerführer die folgenden Anweisungen: »Ihr dürft weder hinterhältig noch heimtückisch sein noch Tote schänden, noch Kinder, alte Männer oder Frauen töten, noch einen Baum fällen noch ein Schaf oder Kuh oder Kamel sinnlos schlachten (töten). Ihr werdet Mönche in Klostern begegnen. Ihr solltet sie ihre Gottesdienst in Ruhe verrichten lassen.«[9]

Im Jahre 100 H. / 722 n. Chr. eroberte der islamische Heerführer Muslim Ibn Qataiba ohne vorherige Warnung einen Teil Transoxaniens. Er musste jedoch auf Befehl des Kalifen Omar Ibn Abdulaziz das besetzte Gebiet räumen und seinem Gegner ein Ultimatum stellen. Ibn Qutaiba verzichtete aber auf die Wiedereroberung dieses Gebietes.[10] Wenige Jahrzehnte später waren die Hauptstädte dieser Gebiete, u. a. Buchara und Samarkand, bedeutende Wissenschaftszentren und brachten einige der ersten und bekanntesten Islam- und Naturwissenschaftler hervor. Al-Bukhari, Muslim und Al-Bairuni sind nur wenige Beispiele.

In den o. g. Quellen werden außerdem politische Fachausdrücke angeführt, die sich früh in der islamischen Literatur herausgebildet haben und die ich folgendermaßen erläutern möchte:

---

8. Ebd., vgl. auch Will Durant: The Story of the Civilization, 11 Bde., New York 1935–1975, arab. Übers. Bd. XIII, S. 76.
9. Abbas Mahmud al-Aqqad, Islamiyat (s. o. Anm. 5, S. 208 in diesem Band), Bd. V.1, S. 225.
10. Vgl. ebd.; sowie: Ibn al-Qayyim (691–751 H. / 1292–1350), Zad al-Ma'ad [ = Proviant für das Jenseits].

1. Die Sicherheit (*al-aman*): Tritt dieser Zustand ein, so darf der Gegner weder getötet noch versklavt, noch sein Gut in Besitz genommen werden.
2. Die begrenzte Sicherheit (*al-isti'man*): Bedeutet, dass dem Gegner nur solange Sicherheit gewährt wird, als er sich auf islamischem Territorium aufhält, um z. B. eine Nachricht zu überbringen oder mit muslimischen Führern zu verhandeln.
3. Waffenstillstand (*al-muhadana*): Eine vorübergehende Waffenstillstandsvereinbarung, die weder Krieg noch Frieden bedeutet.
4. Nichtverpflichtender Friedensvertrag (*al-muwada a*): Dieser kann auf Grund eines zu erwartenden gegnerischen Überraschungsangriffs bzw. Verrats abgebrochen werden. Auch hier muss dem Gegner die bevorstehende Kampfabsicht mitgeteilt werden.

## 6 Haus des Islams und Haus des Krieges?

In einigen klassischen Werken der islamischen Rechtsliteratur wird die Welt in drei Lager aufgeteilt. Diese Aufteilung existiert jedoch weder im Koran noch in der Sunna und daher kann sie nicht ohne weiteres als ein Bestandteil der islamischen Weltanschauung betrachtet werden:

1. Haus des Islams bzw. des Friedens (*dar al-islam* bzw. *as-salam*), welches die islamisch regierten Länder, einschließlich Nichtmuslimen, ob Mehrheit oder Minderheit, umfasst.
2. Haus des Friedensvertrages (*dar al-'ahd*), in welchem eine nichtmuslimische Mehrheit lebt und worin garantiert wird, dass die dort lebenden Muslime nicht an der Ausübung ihrer religiösen Pflichten, adäquat zu den Nichtmuslimen in *dar al-islam*, gehindert werden dürfen.
3. Haus des Krieges (*dar al-harb*), das Länder umfasst, die mit den Muslimen keinen Friedensvertrag abschließen wollen, der die Muslime vor Angriffen und Aggressionen aus diesen Ländern sichern würde.

Auch dieses dritte Lager *dar al-harb,* das es ja heute nicht mehr als solches gibt, durfte von Muslimen ohne vorangegangenen Angriff seitens dieses Lagers nicht angegriffen werden.

In der heutigen islamischen Weltanschauung existiert diese Einteilung nicht mehr. Denn alle islamischen Länder sind ja Mitglieder der UNO und stehen demnach mit allen anderen Ländern bzw. UNO-Mitgliedern, direkt oder indirekt in einem gemeinsamen Friedensabkommen, das die Souveränität jedes Mitglieds anerkennt und die Menschenrechte sowie Minderheitenrechte zumindest theoretisch garantiert. Demzufolge reduziert sich die o. g. Einteilung bestenfalls auf zwei Lager, die auch nur theoretisch existieren, nämlich, die so genannte islamische Welt (Haus des Islams) und die sonstige Welt, die als Haus des Friedensvertrages (dar al-'ahd) bezeichnet werden kann.

Dennoch verbreiten viele westliche Schriften und Massenmedien die Auffassung, dass der Islam die Welt in zwei Lager aufteilt, nämlich, eine islamische Welt auf der einen Seite und eine feindliche nichtislamische Welt auf der anderen Seite.

Es ist unbestreitbar, dass u. a. Spanien und Sizilien ihre höchste kulturelle Blütezeit unter islamischer Herrschaft erlebten. Eine solche kulturelle Entwicklung haben diese Regionen im Vergleich mit anderen europäischen Ländern weder vor der islamischen Herrschaft noch danach erreicht. Ich führe dieses Beispiel an, um zu zeigen, dass sich auch unter islamischer Herrschaft sich Wissenschaft und Kultur bestens entwickeln konnten und noch weiterhin können. Bei einer näheren Betrachtung der islamischen Entwicklungsgeschichte würde man feststellen: In dem selben Maße, in dem sich die Muslime von den Richtlinien des Islams entfernten, verloren sie auch ihre Dynamik, Entwicklungsfähigkeit und Bedeutung.

Unverständlich bleibt für mich die Tatsache, dass einige prominente Theologen sich in Europa mit der eigenen Kirche und Geschichte kritisch auseinandersetzen und dabei oft viel riskieren, aber mit Vorurteilen gegen den Islam, abgesehen von einigen Ausnahmen, nicht in gleicher Weise selbstkritisch umgehen.

## 7 Schlussplädoyer

Der selbstkritische Geist in Europa hat einen hohen Grad erreicht, von dem Muslime bis heute nur träumen können. Doch dieser hochgeschätzte europäische selbstkritische Geist würde seine Vollkommenheit erst erreichen, wenn er in der Lage sein würde, sich auch ebenso vehement mit externer Kritik auseinanderzusetzen.

Gewiss gibt es extremistische Strömungen unter Muslimen sowohl in den islamischen Ländern als auch im Westen, und diesen gilt es besonnen entgegen zu wirken. Aber genau so gewiss gibt es im Westen extremistische antiislamische Strömungen, die insbesondere in Europa mit Hilfe der Massenmedien Islamophobie schüren und sich eines großen Zulaufs unter der Bevölkerung erfreuen. Diese und ihre Gefolgschaften sind m. E. einem extremen Verfolgungswahn und einer blinden und gefahrvollen Verschwörungstheorie verfallen.

Heute wird jeder Muslim, der seine religiöse Identität ernst nimmt und seine religiösen Pflichten verrichtet, als »Islamist« bzw. als eine noch im Schlaf befindliche Bedrohung für die westliche Kultur verstanden. Ebenso werden muslimische Intellektuelle, die sich z. B. für die Einführung des islamischen Religionsunterrichts in öffentlichen Schulen in der jeweiligen europäischen Landessprache einsetzen, um die Integration durch den Aufbau von vertrauensbildenden Maßnahmen zu fördern, als »Islamist« und als schleichende Gefahr für die kulturellen Werte des Westens diffamiert.

Ehemals angesehene Nachrichtenmagazine und Tageszeitungen sinken bei ihrer Berichterstattung über den Islam auf ein populistisches Niveau und leisten dadurch der im Westen zurzeit aufblühenden antiislamischen »Verstimmung« großen und gefahrvollen Vorschub. Statt den Medienkonsumenten zur aufrichtigen Meinungsbildung zu verhelfen, führen sie sie in die Irre und vermitteln eine vorab vorurteilsvolle Teufelswandmalerei. Die eigentliche Aufgabe der Massenmedien sollte darin liegen, das kulturelle Niveau der Allgemeinheit zu heben und nicht aus ökonomischen oder dogmatischen Gründen die Menschen in ihren Vorurteilen und Ansichten zu bestätigen. Die Politik bleibt nicht von dieser unwünschenswerten Entwicklung verschont, zumal sie aus Parteieninteresse auf Wählerstimmen angewiesen ist. So werden Medienkonsumenten und Politiker durch Massenmedien pragmatisch manipuliert und eine der besten Errungenschaften der Menschheit in der Moderne, nämlich die Demokratie, ihres Sinnes beraubt.

Aufrichtige Wissenschaftler und Intellektuelle sind heute, wie noch nie, aufgefordert, sich dieser katastrophalen Entwicklung als eine der größten Herausforderung unserer Zeit zu stellen und sie in die richtige Richtung zu lenken.

Der Rechtsstaat im Westen als ein erstrebenswertes Vorbild in vielen islamischen Ländern begeht als Folge solcher extremistischen antiislamischen Tendenzen nicht nur einen Verrat an seinen eigenen menschenrechtlichen Prinzipien sondern verliert ebenso seinen Glanz und seine Vorbildhaftigkeit in den weniger demokratischen islamischen Ländern.

Die größte Gefahr, die dann dem Weltfrieden droht, geschieht unweigerlich, wenn die moderaten Muslime durch populistische pauschale Diffamierungen des Islams im Allgemeinen in Verzweiflung geraten und sich zum Aufgeben ihrer Rolle als interkulturelle Mediatoren gezwungen fühlen. Die Folgen einer solchen Entwicklung, in der die Extremisten auf beiden Seiten die Ruder in die Hände bekämmen, wären für alle Menschen auf der ganzen Welt unabsehbar.

Anscheinend ist ein großer Teil des westlichen Intellekts nicht auf eine derartige Herausforderung durch einen unerwartet schnell gewachsenen muslimischen Intellekt vorbereitet gewesen. Für den Westen waren die muslimischen Mitbürger meist Gastarbeiter, die keine intellektuelle Konkurrenz darstellten. Dass aus den Gastarbeitern *Geistarbeiter* entstehen könnten, die heute in beiden Kulturen zuhause sind, zwischen den Zeilen lesen und mit ihren westlichen Kolleginnen und Kollegen auf gleicher Augenhöhe nicht nur sprachlich sondern ebenso gut intellektuell sprechen können, überfordert oft die geistige Wahrnehmung des Westens und stellt für ihn eine Herausforderung dar, mit der nur wenige gerechnet haben.

Hierin gründet, m. E. unsere gegenseitige Wahrnehmungsproblematik, die durch eine pauschalisierende, undifferenzierte Wahrnehmung des Westens seitens eines großen Teils der Muslime auf der einen Seite und eine ebensolche Wahrnehmung des Islams seitens eines großen Teils des Westens zustande kommt. Bei solch einer pauschalen *Vor-Verurteilung* verschwinden alle positiven und konstruktiven Aspekte der jeweils anderen Kultur aus dem Blickfeld und unbewusst steuern wir somit auf einen heillosen *Kampf der Un-Kulturen* mit ungeheurer Geschwindigkeit zu.

Wir leben in einer Zeit, in der Macht und Gewalt unberechenbare und unmenschliche Dimensionen angenommen haben und von daher müssen diese beiden Begriffe neu definiert werden. Mächtig ist nicht mehr nur derjenige, der über eine gewaltige Kriegsmaschinerie verfügt sondern derjenige, der von seinem Ziel so fest überzeugt ist, dass er sein Leben dafür freiwillig nicht nur riskiert sonder bewusst hingibt.

Loyalitätserklärungen muslimischer Dachverbände gegenüber der demokratisch-plural strukturierten Gesellschaft sowie ihre zahlreichen immer wieder veröffentlichten Distanzierungserklärungen nach jedem pseudo-islamischen Terroranschlag müssen von den westlichen Massenmedien ernsthaft wahrgenommen und nicht, wie so oft, ignoriert und immer wieder neu verlangt werden, als hätte es sie nie gegeben.

Eine konsequente Anwendung der Menschenrechte auch gegenüber den muslimischen Mitbürgern in Europa und ein engagiertes Eintreten, um ihnen Hoffnung auf ein menschenwürdiges Leben zu geben, wäre der beste Weg dazu, dem Terror im Namen irgendeiner Religion oder einer extremistischen nationalistischen Ideologie den Nährboden zu entziehen.

Allein der vertrauensbildende Umgang miteinander und nicht die Angst schürende Feindbildmalerei kann der Gesellschaft die ersehnte Sicherheit garantieren und den Rechtstaat gegen alle Arten des Extremismus schützen und stärken. Den Intellektuellen, den Bildungsinstitutionen und den gesellschaftspolitischen Initiativen kommt bei diesem Prozess eine erhebliche und unabdingbare Rolle zu.

# Christlicher Fundamentalismus in den USA – ein neuer Kreuzzug?

Hans G. Kippenberg

> »Wenn für den Liberalismus des 19. Jahrhunderts das Wort von Troeltsch gelten konnte: ›Das eschatologische Bureau ist meist geschlossen‹, so macht dieses im Gegenteil seit der Jahrhundertwende Überstunden.«
>
> (Hans Urs von Balthasar)

## 1 Einführung

Fundamentalismus bezeichnet eine Sammlungsbewegung im amerikanischen Protestantismus, die vor dem Ersten Weltkrieg begann. Ihr Ziel war die Verteidigung biblischer Grundwahrheiten (*the fundamentals*) gegen liberale Theologen, die an diesen Lehren Abstriche machten: die Unfehlbarkeit der Bibel, die Jungfrauengeburt, die Auferstehung des Leibes, das stellvertretende Sühnopfer Christi und seine leibliche Wiederkehr am Ende der Zeiten. Wirklich kontrovers aber war zwischen dem fundamentalistischen Lager und seinen liberalen Gegnern die Vorstellung von Geschichte. Die liberalen Protestanten vertrauten darauf, dass Christus am Ende des Millenniums wiederkehren werde und nahmen einen allmählichen Übergang zur perfekten Gesellschaft an. Man nannte sie daher *Postmillenarier*. Hierauf gründete die Lehre vom *social gospel*: Das Kommen des Reiches Gottes solle und könne allmählich durch den aktiven Einsatz der Gläubigen gegen das soziale Unrecht in der Welt gefördert werden. Die Sozialreform ist Aufgabe der Christen. Fundamentalisten waren dagegen zumeist *Prämillenarier*. Sie erwarteten die Wiederkunft Jesu in Zukunft vor dem Beginn des Tausendjährigen Reiches. Eine Rettung der bestehenden Welt schien ihnen ausgeschlossen, die Geschichte muss erst in einer Katastrophe enden. Allerdings führte diese Erwartung nicht unbedingt zu einem Rückzug aus der Welt. Fundamentalisten forderten offensiv und in aller Öffentlichkeit eine Moralreform.

Man darf sich also von dem Wort »Fundamentalisten« nicht in die Irre führen lassen. Es geht um zwei religiöse Strömungen, die im Fundamentalismus zusammenkommen. Die Formulierung des richtigen Glaubens in Form von fundamentalen Lehrsätzen stützte sich auf die Lehre von der wortwörtlichen Inspiration der Bibel, die vom Princeton Theological Seminary besonders polemisch und zugespitzt gegen die liberale Theologie vertreten wurde.[1] Die religiöse Bewegung hingegen wurde von der Konstruktion einer Heilsgeschichte beseelt. »Es war der Millenarismus, der der fundamentalistischen Bewegung ihr Leben und ihre Gestalt gab«[2], notiert *Ernest R. Sandeen*. Auch die Buchreihe *The Fundamentals*, die den neuen Glauben zwischen 1910 und 1915 im Lande bekannt machte, beruhte bereits auf dieser Verbindung von biblischem Literalismus und Millenarismus.[3] Als sich 1919 die *World's Conference on Christian Fundamentals* bildete, war diese Allianz auch organisatorisch vollzogen. »Aus Millenariern wurden Fundamentalisten.«[4]

Der Millenarismus ging auf den Briten *John Nelson Darby* (1800–1882) zurück, dessen Lehre in den USA von 1875 an bis heute zu einer immer mächtigeren Strömung wurde.[5] Darby lehrte, dass nach Israels Zurückweisung des Messias Jesus Christus die weitere Erfüllung der biblischen Prophezeiungen gestoppt worden sei; Israels Heilsgeschichte sei befristet suspendiert; in dieser Zeit sei die Kirche Träger der Heilsgeschichte. Diese Periode (*dispensation*) gehe jedoch in der Gegenwart zu Ende; die endzeitliche Uhr werde demnächst wieder anfangen zu schlagen und alle noch ausstehenden Prophezeiungen würden in einer letzten Phase der Geschichte in Erfüllung gehen. Dazu gehöre die Wiederherstellung des Volkes Israels in Palästina.[6] Im Zentrum des Prämillenarismus »steht weniger

---

1. Ernest R. Sandeen, The Roots of Fundamentalism. British and American Millenarism 1800–1930, Chicago 1970, S. 103–131.

2. Ebd., S. XV.

3. Ebd., S. 189.

4. Ebd., S. 246 (meine Übersetzung). Sandeens These wird von Nancy T. Ammerman in ihrer neueren Darstellung des amerikanischen Fundamentalismus bestätigt. Neben der Missionierung, dem Glauben an die Irrtumslosigkeit der Bibel sowie der moralischen Trennung von den Ungläubigen ist der Prämillenarismus ein weiteres zentrales Merkmal: N. T. Ammerman, »North American Protestant Fundamentalism«, in: M. E. Marty / R. S. Appleby (Hg.), Fundamentalisms Observed. The Fundamentalism Project, Bd. I. Chicago 1991, S. 1–65, hier S. 4–8.

5. Die gründlichsten Studien zum protestantischen Prämillenarismus stammen von Timothy P. Weber, Living in the Shadow of the Second Coming. American Premillennialism 1875–1925, Oxford 1979; Ders., On the Road to Armageddon. How Evangelicals Became Israel's Best Friend, Grand Rapids 2004.

6. Die Wiederherstellung Israels am Ende der jetzigen Periode war – zusammen mit einer endzeitlichen

eine echte Prognose des Zeitpunktes, wann der Herr kommt, als eine Diagnose, was heute und hier die Manifestationen der Macht des Bösen und die Symptome seines nahenden Endes sind. Damit verfügt er über beträchtliche Potenziale zeithistorischer und politischer Sensibilität und Diagnostik«[7] und ist eine Großmacht in der Erzeugung von Welt- und Geschichtsdeutungen, die Orientierung geben und zum Handeln anleiten.

## 2 Ent-Säkularisierung der US-Außenpolitik

Die Außenpolitik eines Staates kann auch von seiner Religionsgeschichte mitbestimmt werden. Die Kehrtwendung der Politik der USA gegenüber der Siedlungspolitik Israel in den besetzten Gebieten ist dafür ein solcher Fall. Bis Ende der siebziger Jahre hielten die USA die Besetzung dieser Gebiete durch Israel für einen Fall, auf den die Genfer Konvention zutrifft. In einem juristischen Gutachten des Außenministeriums für den Kongress 1978 hieß es damals noch, Israel habe Gaza, West Banks, Golanhöhen und Sinai besetzt. Ein solches Territorium habe nach Internationalem Recht einen Sonderstatus. Die Militärverwaltung habe genau definierte Rechte, zu einer Ansiedlung von Zivilisten in den besetzten Gebieten sei sie nicht befugt.[8] Die Entscheidung der 1977 ins Amt gewählten Likud-Regierung des Staates Israel, die Besiedlung der besetzten Gebiete selber voranzutreiben, verstieß demnach gegen das Völkerrecht. Mit der Präsidentschaft von *Ronald Reagan* änderte sich diese Beurteilung. Zwei Wochen nach seinem Amtsantritt erklärte er: »Ich war nicht damit einverstanden, dass die vorangegangene Regierung die Siedlungen als illegal bezeichnete – sie sind nicht illegal.«[9] Zwar seien die Siedlungen ein Hindernis für eine Friedenslösung, aber rechtswidrig seien sie nicht. Außenminister *James Baker* beschrieb später den Wandel der Rechtsauffassung mit den Worten: »Wir pflegten sie [die Siedlungen, HGK] als illegal zu bezeichnen, heute charakterisieren wir sie abgeschwächt als ein Hindernis für den Frieden.«[10] Es seien »umstrittene Gebiete«, nicht »besetzte Gebiete«. Nicht nur Palästinenser, auch Israel habe berechtigte Ansprüche auf

---

Chronologie und der Wiederkunft Jesu – bereits auf englischen Prophetiekonferenzen 1826–1829 gelehrt worden. Siehe E. R. Sandeen, The Roots of Fundamentalism (s. o. Anm. 1, S. 216 in diesem Band), S. 18–22.

7. Stephen D. O'Leary, Arguing the Apocalypse. A Theory of Millennial Rhetoric, Oxford 1994, S. 42.

8. Zu finden auf der Website der Foundation for Middle East Peace, unter Documents, Opinion of the Legal Advisor, Department of State, 4-21-78, http://www.fmep.org/documents/opinion_OLA_DOS4-21-78.html [4. Juni 2007].

9. »I disagreed when the previous administration referred to them [settlements] as illegal — they're not illegal« (The New York Times vom 3. Februar 1981).

10. The Washington Post, 18. September 1991

sie. Die USA anerkannten demnach religiöse Ansprüche Israels auf die besetzten Gebiete (das Heilige Land) und wiesen umgekehrt die Ansprüche der Palästinenser auf Einhaltung der Genfer Konvention zurück. Einen weiteren Schritt tat dann *George W. Bush*, als er 2004 Annexionen von Teilen der besetzten Gebiete durch Israel unumkehrbar nannte und eine Rückkehr von palästinensischen Flüchtlingen nach Israel ausschloss.[11]

Man kann diesen Wandel der Außenpolitik kaum ohne Berücksichtigung der Religionsgeschichte der USA erklären. Fundamentalistische Gruppen hatten sich seit den zwanziger Jahren aus der politischen Öffentlichkeit zurückgezogen und das politische Geschäft anderen überlassen. Als jedoch seit den sechziger Jahren ein Reformliberalismus an die Macht kam und eine Neutralität des Staates in moralischen Fragen durchzusetzen begann, fühlten sie sich zum Widerstand herausgefordert. Besonders das höchstrichterliche Verbot des Gebets an öffentlichen Schulen (1962) und die Freigabe der Abtreibung (1973) empörte Fundamentalisten, Pfingstbewegung, Charismatiker und Neo-Evangelikale gleichermaßen. Diese sogenannten »Evangelikalen« begehrten gegen die Gesetzgebung und Rechtsprechung auf und kämpften für die USA als eine christliche Republik, gegründet auf den Normen von Familie und Patriotismus. Mit eigenen Rundfunk- und Fernsehstationen sowie Privatschulen traten sie staatlichen Institutionen entgegen und verschafften sich öffentlich Gehör. Mit einem Netzwerk aus Gemeinden, Schulen, Universitäten, juristischen Organisationen und Medienorganen erreichten sie im Laufe der Jahre ein Viertel aller amerikanischen Wähler.[12]

Ende der siebziger Jahre entdeckten Anführer der politischen Rechten die Evangelikalen als Wählerpotenzial und riefen gemeinsam mit dem Prediger *Jerry Falwell* und anderen Geistlichen die Organisation *Moral Majority* ins Leben.

---

11. »Statement by the President« 14. April 2004 (http://www.whitehouse.gov/news/releases/2004/04/20040414-2.html): »The goal of two independent states [...] remains a key to resolving this conflict [...] It seems clear that an agreed, just, fair and realistic framework for a solution to the Palestinian refugee issue as part of any final status agreement will need to be found through the establishment of a Palestinian state, and the settling of Palestinian refugees there, rather than in Israel[...] As part of a final peace settlement, Israel must have secure and recognized borders, which should emerge from negotiations between the parties in accordance with UNSC Resolutions 242 and 338. In light of new realities on the ground, including already existing major Israeli populations centers, it is unrealistic to expect that the outcome of final status negotiations will be a full and complete return to the armistice lines of 1949. It is realistic to expect that any final status agreement will only be achieved on the basis of mutually agreed changes that reflect these realities«.

12. Ich folge M. Brocker, Protest– Anpassung–Etablierung. Die Christliche Rechte im politischen System der USA, Frankfurt 2004, S. 35–74 (»Genesis: Die Entstehung der Neuen Christlichen Rechten«). Quantifizierungen bei M. Brocker S. 73 f sowie Anatol Lieven, America Right or Wrong. An Anatomy of American Nationalism, Oxford 2004, S. 139 f.

Sie verfügte über Finanzmittel, Institutionen, Medien, Beziehungen und weitreichende Netzwerke und vermochte Bürger gegen Abtreibung und für den Schutz der Familie, gegen eine Liberalisierung der Sexualmoral und für die Beibehaltung der Verbote unmoralischen Verhaltens, gegen die Forderung nach Abrüstung und für eine militärische Aufrüstung der USA zu mobilisieren.[13] Die Organisation trug 1980 zur Wahl von Ronald Reagan bei. Zwar zerfiel 1986/87 die *Moral Majority* als Organisation, aber andere Nachfolger traten an ihre Stelle wie z. B. die *Christian Coalition*. In den neunziger Jahren konnte sich die »Neue Christliche Rechte« mit einer Vielzahl von Organisationen und Initiativgruppen« als politisches Schwergewicht etablieren und in den Jahren 2000 und 2004 einen bestimmenden Einfluss erst auf Kandidatur, dann Wahl und schließlich Wiederwahl von George W. Bush ausüben.[14] Dieser Kandidat war von der Partei der Republikaner nicht zuletzt wegen seiner Verankerung im evangelikalen Lager aufgestellt worden. Mit der Präsidentschaft von George W. Bush bestimmte die Geschichtstheologie der Evangelikalen mehr noch als unter Ronald Reagan die Richtung der Nahostpolitik. Die Regierung nahm mit ihrer Außenpolitik mehr als je zuvor Rücksicht auf die evangelikale Deutung der außenpolitischen Schauplätze. An die Stelle einer Gleichbehandlung israelischer und palästinensischer Ansprüche trat eine Präferenz für Israel. Hier wird ein Vorgang erkennbar, den man mit *Ernst-Wolfgang Böckenförde* Entsäkularisierung nennen kann, wenn man seine These zur Entstehung des Staates für Westeuropa heranzieht: »Spricht man von Säkularisation im Zusammenhang der Entstehung des Staates, so denkt man meist an die so genannte Neutralitätserklärung gegenüber der Frage der religiösen Wahrheit.«[15]

## 3 Konstruktionen von moderner Heils- und Unheilsgeschichte

Die Triebkraft, die Religion auch außenpolitisch wirksam werden ließ, war das Geschichtsbild, das von fundamentalistischen Gemeinden propagiert wurde. Der Millenarismus maß das Schlagen der endzeitlichen Uhr daran, dass die noch ausstehenden Prophezeiungen an Israel in Erfüllung gehen, darunter die Wie-

---

13. Ebd., S. 75–120 (»Exodus: Die Neue Christliche Rechte in den achtziger Jahren [1978–1988]«).
14. Ebd., S. 121–179 (»Die Christliche Rechte in den neunziger Jahren«). Eine Tabelle aller Organisationen der Christlichen Rechten auf S. 122f. Vgl. auch Rainer Prätorius, ›In God We Trust‹. Religion und Politik in den USA, München 2003, S. 112–119.
15. E.-W. Böckenförde, Die Entstehung des Staates als Vorgang der Säkularisation, in: Ders., Staat, Gesellschaft, Freiheit, Frankfurt 1976, S. 42–64, Zitat S. 43. Nicht die Zeit der Religionskriege sei der Beginn der Trennung von Religion und Politik gewesen, sondern der Investiturstreit, führt er im Anschluss an das Zitat aus.

derherstellung des Volkes Israels in Palästina[16]. Eine Voraussage, wann genau dieses alles stattfindet, machte er jedoch nicht; es könne jederzeit geschehen (*any-moment coming*).

Die Spannung, die sich aus diesem Verzicht auf eine zeitliche Vorhersage ergab, wurde durch ein markantes Detail erhöht, das John Nelson Darby dem apokalyptischen Szenario hinzugefügt hatte: der Entrückung (*rapture*) der Gerechten bzw. der Kirche.[17] Bevor die Zeit der Leiden beginnt, werden die Auserwählten zum Herrn, der am Himmel erscheint, entrückt (1. Thessalonicher 4, 17) und entgehen so dem bevorstehenden Schrecken. Nach der Entrückung (*rapture*) der Gerechten bzw. der unsichtbaren Kirche beginnt für die Zurückgebliebenen eine sieben Jahre dauernde Zeit fürchterlichster Drangsal (vgl. Matthäus 24, 21). In dieser Zeit übt der Antichrist seine weltweite Schreckensherrschaft aus. Die Juden in Palästina erbauen in Absprache mit ihm den Tempel neu. Am Ende wird der Antichrist zusammen mit den Heiden und den Juden, soweit sie sich nicht zu Jesus bekehrt haben, in der Schlacht von Armageddon in Palästina vernichtet. Danach beginnt das tausendjährige Gottesreich.

Die Geschichte kulminiert also zwangsläufig in der Herrschaft des Bösen, die ihrerseits auch nur mit Gewalt beendet werden kann.

## 4 Das Wunder der Wiederherstellung Israels

Als in der zweiten Hälfte des 19. Jahrhunderts zahllose Juden aus Russland fliehen mussten, ohne zu wissen, wohin, waren amerikanische Protestanten die ersten, die 1891 in einer Bittschrift an den Präsidenten der USA, *Benjamin Harrison*, und den Außenminister *James Blaine* auf das Problem hinwiesen und um eine Lösung

---

16. Die Wiederherstellung Israels am Ende der jetzigen Periode war – zusammen mit einer endzeitlichen Chronologie und der Wiederkunft Jesu – bereits auf englischen Prophetiekonferenzen 1826–1829 gelehrt worden: E. R. Sandeen, The Roots of Fundamentalism (s. o. Anm. 1, S. 216 in diesem Band), S. 18–22.

17. Was über Herkunft dieses Konzeptes bekannt ist, findet sich bei E. R. Sandeen, The Roots of Fundamentalism (s. o. Anm. 1, S. 216 in diesem Band), S. 62–70, und bei T. P. Weber, On the Road to Armageddon, S. 23–26 (s. o. Anm. 5, S. 216 in diesem Band). Wegen der enormen Popularität dieses Konzeptes ist die theologische Diskussion darüber gegenwärtig neu entbrannt. Barbara R. Rossing prangert in ihrem Buch The Rapture Exposed. The Message of Hope in the Book of Revelation (New York 2004) seine Umorientierung biblischer Apokalyptik von Hoffnung auf Furcht, von Friede auf Gewalt an. »Such blessing of violence is the very reason why we cannot afford to give in to the dispensationalist version of the biblical storyline – because real people‹s life is at stake« (S. 46). Ihre Botschaft ist deutlich: Theologen sind für ihre Theologien nicht nur dogmatisch, sondern auch ethisch verantwortlich.

baten – sechs Jahre vor dem ersten Zionistenkongress in Basel (1897).[18] Die Lage der zwei Millionen verarmten Juden, die in Europa keine Bleibe finden könnten, sei unhaltbar. Warum ihnen nicht, statt sie nach Amerika zu holen, Palästina zurückgeben? Gott habe es ihnen doch einst als unveräußerliches Land gegeben. Bereits heute hätten sich dort Juden wieder niedergelassen.

»Gehört Palästina nicht rechtmäßig den Juden? Es wird erzählt, dass Regenfälle zunehmen und es viele Indizien dafür gibt, dass das Land seine alte Fruchtbarkeit wiedergewinnt. Wenn sie in ihrer Regierung autonom wären, würden die Juden der ganzen Welt sich zusammentun und ihre leidenden Brüder in ihre altehrwürdige Wohnstätte bringen und dort ansiedeln. Über 1700 Jahre haben sie geduldig auf diese Gelegenheit gewartet. Sie sind anderswo keine Bauern geworden, da sie glaubten, sie seien nur Fremde unter den Völkern, bis sie nach Palästina zurückkehrten und ihr Land erneut bestellten [...] Wir glauben, es ist die richtige Zeit für alle Nationen und besonders die christlichen in Europa, Israel gegenüber Freundlichkeit zu zeigen. Eine Million Vertriebener appellieren mit ihrem schrecklichen Leiden an unsere Sympathie, Gerechtigkeit und Menschlichkeit. Lasst uns ihnen jetzt das Land wiedergeben, aus dem sie so grausam von unseren römischen Vorfahren vertrieben worden waren.«[19]

Als protestantische Petition ist das Dokument doppelt erstaunlich. In einer Zeit, in der der aufkommende Zionismus das nationale Recht auch der Juden auf einen eigenen Staat propagierte, unterstützten die Bittsteller diese Forderung nicht nur politisch, sondern deuteten die jüdische Besiedlung Palästinas theologisch als den Auftakt der Heilszeit. Das Rätsel löst sich, wenn man den theologischen Hintergrund des Inaugurators der Petition, *William E. Blackstone*, betrachtet.[20] In der Tradition von Darby stehend erklärte er 1878 in seinem Buch *Jesus Is Coming*, dass die fünfte Epoche der Weltgeschichte mit der Kreuzigung Jesu zu Ende gegangen sei, und dass die sechste und letzte demnächst mit dem Kommen Jesu Christi beginnen werde.[21] Die Prophezeiungen, die noch nicht erfüllt seien, würden demnächst in Erfüllung gehen; dazu gehöre auch die Wiederherstellung Israels. Der Antichrist werde erscheinen und sich zum Herrscher des jüdischen Staates machen.

---

18. Wiedergabe des Textes bei Y. Ariel, On Behalf of Israel, American Fundamentalist Attitudes towards Jews, Judaism, and Zionism, 1865–1945, Chicago Studies in the History of American Religion Bd. I, Brooklyn 1991, S. 70–72.

19. Y. Ariel, On Behalf of Israel (s. o. Anm. 18, S. 221 in diesem Band), S. 71.

20. Zu Blackstone siehe Y. Ariel, On Behalf of Israel (s. o. Anm. 18), S. 55–96 (»The Zionist and Missionary Activity of William E. Blackstone«) sowie T. P. Weber, Living in the Shadow of the Second Coming, S. 137–139 und On the Road to Armageddon (s. o. Anm. 5, S. 216 in diesem Band), S. 102–106.

21. Dt. Übersetzung: W. E. Blackstone, Der Herr kommt, Mühlheim 1909.

Mit seinen Aussagen zu Israel stand William E. Blackstone ultraorthodoxen Juden nahe, die in der Wiederherstellung Israels einen messianischen Akt sahen – mit dem Unterschied allerdings, dass sie die Besiedlung des Landes, bevor der Messias gekommen war, für einen Abfall vom Glauben hielten. Eine säkulare Begründung des Zionismus hielt er für verfehlt.[22] Erst die Anhänger des heutigen religiösen Zionismus wären nach Blackstones Geschmack gewesen – mit wiederum dem Unterschied, dass Blackstone von ihnen eine Bekehrung zu Jesus Christus verlangt hätte.

Die religiöse Deutung der zionistischen Besiedlung wirkte auf das Verständnis zurück, das die Verfasser der Petition von ihrer Regierung hatten. Für sie waren die Amerikaner die Nachfahren der Römer, die für die Zerstörung des jüdischen Staates in der Antike mit verantwortlich waren.[23] Gott habe den USA eine Rolle zugedacht ähnlich der des persischen Königs Kyros, der den Juden bei ihrer Rückkehr aus dem babylonischen Exil nach Palästina beigestanden habe und deshalb von Jesaja 45,1 »Gesalbter [ *maschiach* ] des Herrn« genannt wurde. Blackstone fand auch eine biblische Prophezeiung, die die besondere Rolle der USA bereits vorausgesagt habe. Als der Prophet Jesaja von dem »Land des Flügelgeschwirrs« sprach, das Gaben zu Zion bringen werde (Jesaja 18,1.7), habe er damit – eingedenk des Seeadlers auf dem US-Wappen – doch wohl nur die USA meinen können.[24]

Der Prophetieglaube ist zentraler für die amerikanische Sicht auf die Politik gewesen, als Historiker lange gemeint haben. Alle politischen Ereignisse rund um die Gründung des Staates Israel haben bei amerikanischen Protestanten apokalyptisches Fieber hervorgerufen: die Balfour-Erklärung von 1917, die den Juden Palästina als Heimat in Aussicht stellte; die Proklamation des Staates Israel am 14. Mai 1948; die Einnahme der Altstadt Jerusalems durch die israelische Armee am 8. Juni 1967 sowie die Besetzung von Gaza und Westbank oder die Besiedlung der besetzten Gebiete.[25] Als auf diese Weise Israel wiederhergestellt wurde, wirkte dieser Vorgang auch auf die Haltung der Prämillenarier zur Politik zurück. Sie verließen, wie T. P. *Weber* anschaulich sagt, die Zuschauersitze und gingen auf das Spielfeld, »um sicherzustellen, dass das Spiel auch entsprechend dem göttlichen Drehbuch verläuft«[26].

Nach dem Zweiten Weltkrieg hat der Prämillenarismus die öffentliche Ein-

---

22. Y. Ariel, On Behalf of Israel (s. o. Anm. 18, S. 221 in diesem Band), S. 60–65.

23. Bezeichnungen wie »Senat« und »Capitol« für die politischen Institutionen der USA machen diese Auffassung zusätzlich plausibel.

24. Ebd., S. 92 f.

25. T. P. Weber, On the Road to Armageddon (s. o. Anm. 5, S. 216 in diesem Band).

26. Ebd., S. 15.

stellung zu einer großen Zahl von Themen geprägt. In den Tagen des heraufziehenden Irak-Krieges lasen viele Amerikaner die Zeitungen oder schauten die Fernsehnachrichten mit dem Filter des Prophetieglaubens.[27]

»Einzelheiten wandeln sich; zugrunde liegende thematische Strukturen bleiben dieselben.«[28] Mit diesem Satz trifft *Paul S. Boyer* ins Schwarze der amerikanischen Apokalyptik.

## 5 Popularisierung des Prämillenarismus

Die prämillenarische Geschichtskonzeption hat weit über die Religionsgemeinschaften hinaus Wirkung gehabt, wie Paul S. Boyer anschaulich zeigt.[29] Schöpfer des populären Endzeitszenarios war *Hal Lindsey* mit seiner Schrift *The Late Great Planet Earth* aus dem Jahre 1970 gewesen.[30] Hal Lindsey, geboren 1929, Absolvent des Dallas Theological Seminary, einer Hochburg des dispensationalistischen Prämillenarismus[31], bereiste im Frühjahr 1968 in seiner Funktion als Leiter der Organisation *Campus Crusade for Christ* kalifornische Universitäten und hielt an fünf Abenden hintereinander Vorlesungen über das bevorstehende Ende der Zeiten. Sie wurden zum Kern seines Buches über den »verstorbenen« großen Planeten Erde. Die letzte Epoche der Erfüllung der biblischen Endzeitprophezeiungen stehe unmittelbar bevor; untrügliches Indiz dafür sei die Wiederherstellung Israels im Heiligen Land im Jahre 1948. Der Zeitpunkt sei gekommen, von dem Jesus sagte: »Vom Feigenbaum lernet das Gleichnis: Wenn sein Zweig saftig wird und die Blätter hervor wachsen, merkt man, dass der Sommer nahe ist. So sollt auch ihr, wenn ihr dies alles seht, merken, dass *Er* nahe vor der Tür steht. Wahrlich ich sage euch: Dieses Geschlecht wird nicht vergehen, bis dies alles geschehen sein wird« (Matthäus 24, 32–34).

Jetzt, wo Israel wiederhergestellt sei, dauere es nur noch eine Generation bis

---

27. Paul S. Boyer, When U.S. Foreign Policy Meets Biblical Prophecy, in: Alternet vom 20. Februar 2003, http://www.alternet.org/story/15221 [4. Juni 2007].

28. P. S. Boyer, When Time shall be no more: Prophecy Belief in Modern American Culture. Cambridge 1992, S. 78: »Specifics change; underlying thematic structures remain«.

29. P. S. Boyer hat die Popularität der prämillenarischen Strömung in den USA umfassend dargestellt: When Time shall be no more: Prophecy Belief in Modern American Culture, Cambridge 1992.

30. Hal Lindsey with Carole C. Carlson, The Late Great Planet Earth, Grand Rapids 1970; dt. Übersetzung: Alter Planet Erde wohin? Im Vorfeld des Dritten Weltkriegs, Aßlar 1970.

31. Zu Hal Lindsey siehe Timothy P. Weber, On the Road to Armageddon (s. o. Anm. 5, S. 216 in diesem Band), S. 188–192; St. D. O'Leary, Arguing the Apocalypse (s. o. Anm. 7, S. 217 in diesem Band), S. 134–171.

zum Beginn der siebenjährigen Epoche der Drangsal, also bis spätestens 1988.[32] Der endzeitliche Kriegsschauplatz werde aber bereits vorbreitet. Mit dem Krieg von 1967 und der Eingliederung der Altstadt von Jerusalem in den Staat Israel schien die Voraussetzung dafür gegeben, dass der Tempel neu errichtet werden kann.[33] Die geopolitischen Allianzen, die in der Schlacht von Armageddon aufeinander treffen, sind bereits erkennbar. Die Bedrohung Israels durch die Sowjetunion im Norden und Ägypten im Süden sowie die Wiederkehr des Römischen Reiches in Gestalt der Europäischen Gemeinschaft gehören schon zum Kriegsschauplatz der letzten Tage. Als Nächstes folgt die Entrückung der Gemeinde Christi von der Erde. Erzählungen veranschaulichen, wie man sich diesen Vorgang vorstellen soll. So erzählt jemand: Als ich auf der Autobahn fuhr, geriet ich plötzlich in einen Hexenkessel; viele Autos fuhren Zickzack, da ihr Fahrer entrückt worden war. Weitere knappe Geschichten illustrieren, wie Menschen urplötzlich aus ihren Beschäftigungen entrückt werden und die Welt ins Chaos stürzt[34]. Der Entrückung folgt die Zeit der großen Drangsal. Im Dritten Weltkrieg wird Israel von allen Seiten angegriffen. Der Antichrist verspricht, dieser Welt Frieden zu geben; Israel schließt mit ihm daraufhin einen Pakt.

»Durch eine kluge Lösung des Nahostproblems wird der Antichrist sein Versprechen wahr machen. Er wird der kriegsmüden Welt den Frieden geben.«[35]

Danach geschieht dann das Kommen des Herrn. Ein nukleares Armageddon vernichtet schließlich diese Welt; Jesus Christus errichtet das Gottesreich.

Als die fundamentalistische Bewegung Ende der siebziger Jahre sich politisch organisierte und um den Republikaner Ronald Reagan sammelte, meldete sich Hal Lindsey mit einem weiteren Buch zu Wort: *The 1980's: Countdown to Armageddon*[36]. In ihm beschreibt er in düsteren Farben die drei möglichen Schicksale der USA: von den Kommunisten übernommen, durch einen nuklearen Überraschungsangriff der Sowjetunion zerstört oder von den damals zehn Staaten der Europäischen Union abhängig zu werden. Doch sieht er noch einen kleinen Hoffnungsschimmer: Ein politisches Programm kann die USA retten, das den Wohlfahrtstaat und die Bürokratie zurückdrängt, die SALT-Verträge verwirft und Amerika zu einer militärischen Supermacht aufrüstet. Was in Wirklichkeit Reagans Wahlprogramm war, wird zum Mittel der Bewährung des Glaubens im Kampf gegen die Mächte des Antichrist. Als dann die Sowjetunion verschwun-

---

32. H. Lindsey, Alter Planet Erde wohin? (s. o. Anm. 30, S. 223 in diesem Band), S. 59 f (Auslegung des Feigenbaumgleichnisses).

33. Ebd., S. 60–63.

34. Ebd., S. 160 f.

35. Ebd., S. 180.

36. H. Lindsey, The 1980's: Countdown to Armageddon, New York 1981.

den war, besetzte Lindsey in einer weiteren Schrift *The Magog Factor* die Rolle des Bösen im apokalyptischen Drama noch einmal neu. Jetzt waren es islamische Fundamentalisten, die die Rolle des Antichristen und seiner Anhänger und seiner Anhänger übernahmen.[37]

## 6 »Entrückung« als Roman-Plot

Mit *The Late Great Planet Earth* hatte Hal Lindsey sensationelle Auflagen erzielt. Bis 1990 wurden 35 Millionen Exemplare verkauft.[38] Wie kein anderes hat dieses Buch zur Popularisierung des prämillenarischen Geschichtsdenkens beigetragen. Und doch konnte selbst dieser schwer vorstellbare Erfolg noch übertroffen werden. Dieses Kunststück gelang einer Serie von Romanen mit dem Namen *Left Behind*, die von *Tim LaHaye* und *Jerry Jenkins* verfasst werden. Tim LaHaye, geboren 1926, Absolvent der Bob Jones Universität und unter den Gründungsmitgliedern der *Moral Majority*, verfocht die Lehre von der Entrückung vor dem Beginn der Zeit der Drangsal. Für sein Vorhaben, diese Lehre mittels Romanen populär zu machen, fand er in dem begabten Autor Jerry Jenkins den geeigneten Partner. Der erste Roman *Left Behind: A Novel of the Earth's Last Days* erschien 1995; der bislang letzte *The Regime: Evil Advances* im November 2005. Die Bände der Reihe werden nicht nur in religiösen Buchhandlungen verkauft, sondern finden auch bei Barnes and Noble, Borders und Wal-Mart reißenden Absatz. Der Band *The Remnant* sprang im Jahre 2002 unmittelbar nach seiner Veröffentlichung an die Spitze der Bestsellerliste der *New York Times* – bei einer Erstauflage von angeblich 2,75 Millionen Exemplaren. Mit geschätzten 60 Millionen verkaufter Exemplare haben Bände dieser Reihe Hal Lindseys Buch weit übertroffen. Der Verlag Tyndale House steigerte die Verbreitung noch durch andere Produktlinien, wie Comics, Hörkassetten, Websites, Videos und Spielfilmen auf DVD.[39]

Die Handlung der Serie beruht auf einer kleinen theologischen Revision der Entrückungskonzeption mit erheblichen dramatischen Potenzialen. Während bei John Nelson Darby die Zurückgelassenen keine Möglichkeit mehr haben, ihrem Geschick zu entgehen, eröffnet diese Serie den Zurückgelassenen (den ›*left be-*

---

37. St. D. O'Leary, Arguing the Apocalypse (s. o. Anm. 7, S. 217 in diesem Band), S. 172–193 (»Apocalyptic Politics in the New Christian Right«).
38. T. P. Weber, On the Road to Armageddon (s. o. Anm. 5, S. 216 in diesem Band), S. 191.
39. Informationen zur Serie von T. P. Weber, On the Road to Armageddon (s. o. Anm. 5, S. 216 in diesem Band), S. 192–196; Bruce David Forbes/Jeanne Halgren Kilde (Hg.), Rapture, Revelation and the End Times. Exploring the Left Behind Series, New York 2004; darin von Bruce David Forbes, How Popular Are the Left Behind Books … and Why? S. 5–32. Die Verkaufszahl von 60 Millionen auf S. 7 f.

hind‹) die Chance, durch eine Bekehrung doch noch der Verdammnis zu entgehen. Durch diese Modifikation entsteht der grundlegende Plot der Serie, der in allen Einzelszenen die Handlung trägt. Die Zurückgebliebenen können sich noch im Glauben bewähren, die Männer natürlich vor allem durch heldenhaften und mutigen Kampf gegen den Antichristen und seine Armee.[40]

Im Mittelpunkt der Handlung steht Flugkapitän Rayford Steele, der sich mit seiner Boeing 747 auf dem Flug von Chicago O'Hare nach London Heathrow befindet, als plötzlich Passagiere und Kabinenpersonal die entsetzliche Entdeckung machen, dass Dutzende von Passagieren verschwunden sind. Auf ihren leeren Sitzen befinden sich nur noch ihre Kleidungs- und Schmuckstücke. Steele wird nach O'Hare zurück beordert, wo er eine Welt im Chaos vorfindet. Maschinen ohne Piloten sind weltweit abgestürzt. Daheim angekommen findet er Haus und Ehebett leer. Seine Frau, eine wiedergeborene Christin, ist ebenfalls entrückt. Rayford Steele tut sich mit anderen zur *Tribulation Force* zusammen und nimmt den Kampf gegen Nicolae Carpathia auf, den Führer der UNO, der in Wirklichkeit der Antichrist ist. Er schließt nur deshalb mit Israel Friedensverträge, um seine Herrschaft zu sichern. Um der Wahrheit willen aber darf es während der sieben Jahre seiner Herrschaft keinen Frieden, sondern nur Krieg gegen das Böse geben.

Zu sehen ist die beginnende Heilszeit im Heiligen Land und der Angriff der endzeitlichen Mächte Gog und Magog aus dem Norden; Straßenbilder nach der Entrückung der Gerechten und die Ankunft von Rayford Steele bei seinem Haus; der Antichrist, der sich für den Weltfrieden einsetzt und die Wiedererrichtung des Tempels in Jerusalem plant.[41]

Dieser Plot vermittelt dem vorausgesetzten impliziten Leser bzw. der impliziten Leserin Handlungsmuster. Die Gläubigen und nicht irgendwelche politischen Institutionen repräsentieren das wahre Amerika; die Vereinten Nationen sind ein Instrument des Antichrists. Je mehr die Zeit voranschreitet, umso schneller der weitere moralische, religiöse und ökonomische Niedergang. Versprechungen von Frieden, Abrüstung, Umweltschutz und internationalen Verträgen sind Werke des Antichrists.[42] *Gershom Gorenberg*, israelischer Verfasser einer Studie über den Kampf um den Tempelberg und die Rolle amerikanischer Protestanten dabei, hat

---

40. Jeanne Halgren Kilde, How Did Left Behind's Particular Vision of the End Times Develop? A Historical Look at Millenarian Thought, in: B. D. Forbes/J. H. Kilde (Hg.), Rapture, Revelation and the End Times (s. o. Anm. 39, S. 225 in diesem Band), S. 33–70, hier S. 60.

41. Der Vortrag von Hans G. Kippenberg enthielt an dieser Stelle die entsprechenden Videoeinspielungen (DCS).

42. Amy Johnson Frykholm, Rapture Culture. Left Behind in Evangelical America, Oxford 2004; Dies., What Social and Political Messages Appear in the Left Behind Books? A Literary Discussion of Millenarian Fiction. in B. D. Forbes/J. H. Kilde (Hg.), Rapture, Revelation and the End Times (s. o. Anm. 39, S. 225 in diesem Band), S. 167–195.

einer Besprechung des Bandes *The Remnant* den Titel *Intolerance: The Bestseller* gegeben und auf den Antijudaismus der Serie verwiesen.[43] Die prämillenarische Theologie aktiviert tatsächlich einen älteren Antijudaismus. Zwar steht Israel im Zentrum der Handlung, jedoch bleibt den Juden am Ende keine andere Wahl, als sich entweder zu Jesus Christus zu bekehren oder vernichtet zu werden. Es ging und geht dem Prämillenarismus immer nur um das Heil von Christen, nicht der Juden.[44] Für ihr Heil ist die Wiederherstellung Israels in Palästina nötig, auch wenn Israel anschließend zu bestehen aufhört.[45] Allerdings geht es den amerikanischen Protestanten auch nicht um das Heil aller Christen. Die 145 000 arabischen Christen Palästinas werden nicht eines einzigen Wortes gewürdigt. Das ist auch in Wirklichkeit nicht anders. Während amerikanische Fundamentalisten mit den religiösen Zionisten engste Verbindungen pflegen, müssen die arabischen Christen mit ihren berechtigten Ansprüchen auf Land oder Häuser zurückstehen.[46]

Der Erfolg dieser Serie bringt etwas ans Tageslicht, was sich sonst eher dem Blick entzieht. Hier lernt man die Matrix einer amerikanischen populären Kultur kennen, die Ansichten von Geschichte und Politik erzeugt. Ihre Grundstruktur ist manichäisch. Das Böse ist nicht etwas, das aus der eigenen Welt kommt: Es kommt von Außen. Die Menschen sind nicht zugleich gut *und* böse; sie sind *entweder* gut *oder* böse. Die Lösung für die Existenz des Bösen ist gewalttätig und besteht darin, die Übeltäter zu eliminieren; am Ende gewinnen die Guten.[47] Diese Grundstruktur ist auch aus Hollywood-Filmen, Comics und Science-Fiction bekannt und hat eine Vorgeschichte, die sich über einen langen Zeitraum in den USA herausgebildet hat.[48] Eine populäre Faszination mit einem bestimmten Typus männlicher Gewalt wird von *Left Behind* aufgegriffen und ins Religiöse gewendet.

---

43. In: The American Prospect 13, Heft 17, 23. September 2002. Internetausgabe http://www.prospect.org.

44. Gershom Gorenberg, The End of Days. Fundamentalism and the Struggle for the Temple Mount, Oxford 2000, S. 50.85.

45. »Die Juden in der Serie sind ein irrendes, aber kein bösartiges Volk«. So Y. Ariel, How are the Jews and Israel Portrayed in the Left Behind Series?, in: B. D. Forbes/J. H. Kilde (Hg.), Rapture, Revelation and the End Times (s. o. Anm. 39, S. 225 in diesem Band), S. 131–166, hier S. 132.

46. T. P. Weber, On the Road to Armageddon (s. o. Anm. 5, S. 216 in diesem Band), S. 244–248.

47. Bruce David Forbes, How Popular Are the Left Behind Books, in: B. D. Forbes/J. H. Kilde (Hg.), Rapture, Revelation and the End Times (s. o. Anm. 39, S. 225 in diesem Band), S. 22–29.

48. Robert Jewett/John Shelton Lawrence, Captain America and the Crusade against Evil. The Dilemma of Zealous Nationalism, Grand Rapids 2003.

## 7 Terroristen als das grundlos Böse

Der Romanplot förderte nicht allein eine Loyalität der Christen Amerikas gegenüber Israel und seiner Wiederherstellung im Heiligen Land, sondern ebenso klar eine Distanzierung von den Palästinensern und ihrem Widerstand gegen Landenteignungen und Entrechtung. Wer Israel verflucht, ist selber verflucht. Die Popularisierung des Prämillenarismus hat die Rezeption eines neuen Konzeptes von Terrorismus in den USA erleichtert. *Benjamin Netanyahu*, der spätere Ministerpräsident Israels, organisierte zwei Konferenzen zum Thema Terrorismus, die die Auffassung, wonach des einen Terrorist des anderen Freiheitskämpfer ist [49], strikt ablehnte. An der zweiten Konferenz 1983 in Washington hat auch *George P. Shultz*, amerikanischer Außenminister von 1983–1989, teilgenommen. Er begrüßte in seinem Beitrag *The Challenge to the Democracies* ausdrücklich, dass die Freie Welt endlich dank der Bemühungen des Jonathan-Instituts das Problem des Terrorismus anpacke. Von seltenen Ausnahmen abgesehen sei es das Ziel von Terroristen, anderen ihren Willen durch Verbreitung von Angst aufzuzwingen. Terrorismus sei eine Form politischer Gewalt, die sich gegen »uns«, gegen die Demokratien, gegen »unsere« grundlegenden Werte und gegen »unsere« fundamentalen strategischen Interessen richten. Dabei berief er sich auf Worte des amerikanischen Senators *Henry Jackson* bei der ersten Konferenz 1979 in Jerusalem.

»Dem Gedanken, ›was dem einen ein Terrorist, ist dem anderen ein Freiheitskämpfer‹ kann nicht zugestimmt werden. Freiheitskämpfer oder Revolutionäre sprengen keine Busse mit Zivilisten in die Luft; terroristische Mörder tun dies. Freiheitskämpfer ziehen nicht los, um Schulkinder gefangen zu nehmen und abzuschlachten; terroristische Mörder tun dies. Freiheitskämpfer ermorden nicht unschuldige Geschäftsleute oder entführen und nehmen als Geiseln unschuldige Männer, Frauen und Kinder; terroristische Mörder tun dies. Es ist eine Schande, wenn Demokratien es zulassen, dass das wertvolle Wort ›Freiheit‹ mit Akten von Terroristen assoziiert werden.« [50]

Der Terrorist kämpft nicht, um andere von seiner Sache und seinem Recht zu überzeugen, fand George P. Shultz. Er will gar keine Anhänger für seine Sache gewinnen; seine Taten stehen im Dienst des Hasses. Wenn man dies verstanden habe, sei es nicht schwer, zwischen Terroristen und Freiheitskämpfern zu unterscheiden. Die Kämpfer in Afghanistan oder die Contras in Nicaragua seien Freiheitskämpfer und keine Terroristen. [51] Die Ersetzung der Bezeichnung

---

49. Benjamin Netanyahu (Hg.), Terrorism. How the West Can Win, New York 1986, S. 3.
50. George P. Shultz, The Challenge to Democracies, in: B. Netanyahu, Terrorism (s. o. Anm. 49, S. 228 in diesem Band), S. 16–24, Zitat S. 18 f.
51. Ebd., S. 19.

›Widerstandskämpfer‹ durch ›Terrorist‹ erinnert sehr an andere Versuche, alte etablierte Wörter durch neue korrektere zu ersetzen. Eine solche politische Korrektur des Wortschatzes hat die Absicht, unwillkommene Ideenverknüpfungen durch ›richtige‹ zu ersetzen und enthält »immer das Moment des *semantischen* Terrors, der Nötigung durch eine Gedankenpolizei« [52].

In derselben Zeit, als die Konferenzen des Jonathan-Instituts stattfanden, legte auch das US State Department seine Definition von Terrorismus fest.

»Der Begriff ›Terrorismus‹ bezeichnet vorsätzliche, politisch motivierte Gewalt, die von subnationalen Gruppen oder heimlichen Tätern gegen nicht-kämpfende (*noncombatant*) Ziele ausgeübt wird, gewöhnlich in der Absicht, eine Öffentlichkeit (*audience*) zu beeinflussen.« [53]

Diese Definition spaltet das ambivalente Konzept eines Freiheitskämpfers, der auch Terrorist ist, auf: in einerseits einen berechtigten Widerstand, der nicht terroristisch ist; und andererseits einen Terror gegen Unschuldige, der den Namen Widerstand nicht verdient.

An der Definition von Terrorismus lässt sich beispielhaft ablesen, wie im Akt des Gebrauches eines Wortes eine Semantik entsteht, die ihrerseits Gewalt rechtfertigt. Wer von Terroristen spricht, bringt bei den Zuhörern den Wunsch zum Verschwinden, etwas über die Gründe ihres Handelns zu erfahren; er lenkt die Aufmerksamkeit von der Frage ab, ob die eigene Politik eventuell etwas zum Entstehen der Erscheinung mit beigetragen haben könnte; er suggeriert, es sei widersinnig, mit solchen Menschen zu verhandeln, Gewalt sei das einzig angemessene Gegenmittel; er vermeidet es zudem, zwischen ihnen und der Gemeinschaft, für die sie kämpfen, zu unterscheiden.[54] Mit der Semantik der Bezeichnung ›Terroristen‹ haben wir einen metaphysischen Begriff vor uns, der eine Gewalthandlung von ihrer Begründung abtrennt und als einzige Lösung nur die Eliminierung der Täter zulässt. Terroristen sind moralische Nihilisten und stehen außerhalb der Rechtsordnung. Sie müssen vernichtet werden.

Wechselt man von der Semantik zur Pragmatik, den Anwendungen des Konzeptes, zeigen sich allerdings Widersprüche und Ungereimtheiten. Noch einmal zurück zu der Behauptung von George P. Shultz, es sei sonnenklar, wer Widerstandskämpfer und wer Terrorist ist und seinen beiden Beispielen: den Contras in Nicaragua und den antisowjetischen Mujahedin in Afghanistan. Obwohl beide Bewegungen Gräueltaten an Zivilisten begangen haben, spricht die US-Regierung

---

52. Jürgen Trabant, Europäisches Sprachdenken. Von Platon bis Wittgenstein, München ²2006, S. 207.
53. US Department of State, Counterterrorism Office, Releases, Patterns of Global Terrorism 2000, Introduction, http://www.state.gov/s/ct/rls/crt/2000 [4. Juni 2007; Die jährlich erscheinenden Berichte sind veröffentlicht unter http://www.state.gov/s/ct/rls/crt (4. Juni 2007), DCS ].
54. Tomis Kapitan, The Terrorism of ›Terrorism‹, in: James Sterba (Hg.), Terrorism and International Justice, New York/Oxford 2003, S. 47–66.

sie vom Terrorismus frei. Offenbar wird die Bezeichnung im Moment ihrer Verwendung wie von selbst deckungsgleich mit den jeweiligen politischen Gegnern. Was eine Terrororganisation ist und was nicht, musste daher in Washington *ex cathedra* amtlich entschieden werden. Ein schlagendes Beispiel dafür ist ein Fall, bei dem eine Terrororganisation im Handumdrehen wieder zu einer Befreiungsorganisation wurde. Nach ihrem Einmarsch in den Irak 2003 haben die USA mit einer iranischen Oppositionsgruppe, die sich dort seit Jahren auf den gewaltsamen Sturz des Regimes in Iran vorbreitete – den *Mujahedin-e Khalk* – einen Waffenstillstand geschlossen [55]; sie durften ihre Waffen behalten und gegen eventuelle Eindringlinge aus dem Iran auch benutzen. Dazu musste die Gruppe allerdings erst von der Liste der ausländischen Terrororganisationen, die das Außenministerium alljährlich erstellt, gestrichen werden.[56]

Bob Woodwaard schildert in seinem Buch *Bush at War*, wie schnell sich nach den Angriffen vom 11. September 2001 in der US-Regierung eine ganz bestimmte Deutung durchsetzte. Sprach George W. Bush in seiner allerersten Reaktion nur von »terroristischen Angriffen«, hieß es wenig später: »Wir sind im Krieg.« [57] Der Angriff vom 11. September 2001 wurde getreu dem neo-konservativen Denken als eine militärische Herausforderung gedeutet, die mit einem Angriff auf Staaten, die den Terroristen Schutz bieten, beantwortet werden musste. Dazu trat dann noch religiöser Eifer. Am 16. September warnte George W. Bush seine Mitbürger in einer Rede mit den Worten: »This crusade, this war on terrorism, is going to take a while«. Mit dem Feindbild wurde auch ein Bild der USA auf dem Kreuzzug entworfen.

Beides: Feindbild und Selbstbild finden sich in großer Prägnanz eineinhalb Jahre später in der Rede, die der Präsident George W. Bush zur Lage der Nation am 28. Januar 2003 hielt.[58] Der Krieg gegen die Taliban-Regierung Afghanistans schien erst einmal vorbei, der Krieg gegen das Regime von Saddam Hussein im Irak stand bevor.[59] Entworfen wurde der Text wie andere auch von dem Redenschrei-

---

55. Die Liste der im Mai 2003 vom US-Außenministerium geführten Terrororganisationen findet sich auch im Anhang des Buches von David Frum / Richard Perle, An End to Evil. How to Win the War on Terror, New York 2003, S. 281 f.

56. Daniel Pipes / Patrick Clawson, Ein terroristischer Verbündeter? The New York Post 20. Mai 2003. Übersetzt aus dem Englischen von H. Eiteneiner. Internetpublikation http://de.danielpipes.org/article/1157 [4. Juni 2007].

57. Bob Woodward, Bush at War, London 2003, S. 15–17.

58. Die Rede ist von Bruce Lincoln religionswissenschaftlich auf ihre Rhetorik hin studiert worden: Bruce Lincoln, The Cyrus Cylinder, the Book of Virtues and the ›Liberation‹ of Iraq: On Political Theology and Messianic Pretensions, in: In: Vasilios N. Makrides / Jörg Rüpke (Hg.), Religionen im Konflikt, Münster 2005, S. 248–264, hier S. 254–257.

59. Die Rede wurde vom Weißen Haus ins Internet gestellt: http://www.whitehouse.gov./news/releases/2003/01/20030128-19.html [4. Juni 2007]. Die Rede wurde gekürzt aufgenommen in George W. Bush,

ber George W. Bushs, *Michael Gerson*, einem Theologen aus dem evangelikalen Lager.[60] Seine Entwürfe griffen die von George W. Bush gesprochene Sprache auf und wurden vom Präsidenten, bevor er sie hielt, noch einmal durchgesehen. In den ersten Teilen geht die Rede auf die notwendige Stimulierung der amerikanischen Wirtschaft, auf bezahlbare medizinische Versorgung für alle Amerikaner, auf eine unabhängige Energieversorgung und auf die Fürsorge für Arme und Kranke ein. Alsdann wendet sich die Rede von den natürlichen Übeln den – wie es heißt – von den Menschen selbst gemachten zu.

»Es gibt Tage«, erklärte George W. Bush, »an denen unsere Mitbürger keine Nachrichten vom Krieg gegen den Terror hören. Es gibt keinen einzigen Tag, an dem ich nicht von einer weiteren Bedrohung höre oder Berichte über laufende Operationen empfange oder Befehle erteile in diesem globalen Krieg gegen ein verbreitetes Netzwerk von Mördern.«[61]

Die Sprache, mit der die Gegner beschrieben werden, ist bizarr. Von irgendwelchen Gründen für ihre Handlungen wird nichts gesagt, nicht einmal in Andeutungen. Die Vertreibung von ungezählten Muslimen in Palästina von ihrem angestammten Land, die Ausbeutung der arabischen Ölvorkommen zu Gunsten westlicher Wirtschaftsunternehmen, die Verletzung religiöser Gefühle durch amerikanische Militärpräsenz im Land der beiden Heiligen Stätten: Alle diese muslimischen Klagen treffen auf taube Ohren. Die Terroristen haben keine Heimat und keine Ideologie, sie handeln allein aus Hass. Sie kennen nur eine Ambition: grenzenlose Grausamkeit und Mord.[62] Jedoch werde es unter der Führung des amerikanischen Präsidenten gelingen, die schreckliche Bedrohung der gesamten zivilisierten Welt abzuwehren.

»Die Bedrohung ist neu; Amerikas Pflicht vertraut. Im ganzen 20. Jahrhundert haben kleine Gruppen von Männern die Kontrolle über große Nationen an sich gerissen, Armeen und Waffenarsenale aufgebaut, haben sich daran gemacht, die Schwachen zu beherrschen und die Welt einzuschüchtern. Jedes Mal war ihr Verlangen nach Grausamkeit und Mord grenzenlos. Jedes Mal wurden die Absichten von Hitlerismus, Militarismus und Kommunismus von der Willenskraft freier Völker, von der Stärke großer Allianzen und von der Macht der Vereinig-

---

We will Prevail. President George W. Bush on War, Terrorism and Freedom. Selected and edited by National Review, New York 2003, S. 214—221.

60. Berichte über ihn in USA Today vom 4. April 2001 u. 11. Dezember 2004 http://www.usatoday.com/life/2001-04-11-bush-speechwriter.htm [4. Juni 2007], http://www.washingtonpost.com/wp-dyn/articles/A57915-2004Dec11.html [4. Juni 2007].

61. G. W. Bush, We will Prevail (s. o. Anm. 59, S. 231 in diesem Band), S. 214 (Übersetzung HGK).

62. Ebd., S. 216; vgl. auch S. 46 zum grundlosen Hass.

ten Staaten besiegt. [...] Der Ruf der Geschichte ist an das richtige Land ergangen.«[63]

Andere Reden von George W. Bush weisen ähnliche rhetorische Strukturen auf: Der Feind ist die Verkörperung des metaphysisch Bösen, der Kampf gegen ihn steht im Dienst des metaphysisch Guten.[64] Obwohl in Wirklichkeit überhaupt kein Anschlag mehr stattgefunden hat, hält der Präsident die Bedrohung rhetorisch am Leben. Die angeblich zehn Anschläge, die verhindert worden sein, entpuppten sich bei näherer Betrachtung als aufgebauscht.[65] Mit Hilfe der evangelikalen Theologie erhält der islamistische Überfall vom 11. September eine prämillenarische Rahmung, mit der zugleich auch das politische und militärische Handeln der USA eine Legitimation erhält.

Als Präsident Bush den Krieg gegen den Terror eröffnete, unterzeichnete er im Februar 2002 ein internes Memorandum, das aus dem amerikanischen Konzept des Terroristen völkerrechtliche Konsequenzen zog:

»Betrifft: Humane Behandlung von al Qa'eda- und Taliban-Gefangenen [...] Der Oberkommandierende und Chief Executive der Vereinigten Staaten ordnet an: »Keine der Regeln der Genfer Konvention trifft auf unseren Konflikt mit al Qa'eda in Afghanistan oder anderswo in der Welt zu, da – neben anderen Gründen – al Qa'eda keine Vertragpartei von Genf war«. Es heißt weiter, natürlich verlangen unsere Werte von uns, auch solche Gefangene human zu behandeln, die darauf keinen rechtlichen Anspruch haben. Danach aber bekräftigte der Oberkommandierende eine Anordnung seines Verteidigungsministers, »wonach die Gefangenen human und in einer Weise, die mit den Prinzipien von Genf übereinstimmt, behandelt werden sollen, *soweit dies die militärischen Notwendigkeiten* [Kursivierung HGK] zulassen.«[66]

Ohne die hervorgehobene Einschränkung wären die Praktiken im irakischen Gefängnis von Abu Ghraib sowie Guantanamo nicht gestattet gewesen. *Seymour M. Hersh* hat Debatten in der US-Regierung über Folterungen in Guantanamo recherchiert. Nicht alle Misshandlungen durch amerikanische Verhörteams würden so viel Schmerzen und Leiden hervorrufen, dass sie unter das Folterungsverbot fallen, war die einhellige Meinung.[67]

---

63. Ebd., Zitate S. 216.220.
64. Dazu Bruce Lincoln, Holy Terrors. Thinking about Religion after September 11, Chicago 2003, S. 19–33 (»Symmetric Dualisms: Bush and bin Laden on October 7«); Ders., The Cyrus Cylinder, the Book of Virtues and the ›Liberation‹ of Iraq: On Political Theology and Messianic Pretensions, in: Vasilios N. Makrides / Jörg Rüpke (Hg.), Religionen ... (s. o. Anm. 58, S. 230 i. d. Bd.), S. 248–264.
65. Ian S. Lustick, Trapped in the War on Terror, Philadelphia 2006, S. 45 f.
66. Mark Danner, Torture and Truth. America, Abu Ghraib and the War on Terror, New York 2004, S. 105 f.
67. Seymour Hersh, Chain of Command. The Road from 9/11 to Abu Ghraib, New York 2004, S. 1–20.

## Christlicher Fundamentalismus in den USA – ein neuer Kreuzzug?

Der Brief eines im Irak kämpfenden US-Offiziers an *Senator McCain* beleuchtet das Problem von einer anderen Seite her.[68] *Ian Fishback* schreibt, er habe Misshandlungen von irakischen Gefangenen miterlebt und sich daraufhin an Vorgesetzte und Dienststellen mit der Bitte gewandt, zu klären, was die Regeln für eine gesetzmäßige und humane Behandlung der Gefangenen bei Verhören im Irak seien und was nicht. Eine Antwort auf seine Anfragen habe er auch nach 17 Monaten nicht bekommen. frqq Ich bin mir sicher, dass diese Konfusion zu einem weiten Feld von Misshandlungen beigetragen hat, darunter Todesdrohungen, Schlägen, Knochenbrüchen, Mord, ungeschütztes der Witterung Aussetzen, extreme physische Anspannungen, Geiselnahmen, Entfernen der Kleider, Schlafentzug und erniedrigende Behandlung. Ich und Soldaten unter meinem Kommando waren Zeugen einiger dieser Misshandlungen in Afghanistan und im Irak.«

Der Kongress hat daraufhin ein gesetzliches Verbot solcher Misshandlungen erlassen, der Präsident es bei seiner Unterschrift durch ein *signing statement* jedoch verwässert. Dieser Fall zeigt, dass Bezeichnungen nicht Schall und Rauch sind. Wer von Terroristen spricht, spricht den so Bezeichneten elementare Rechte ab. Sie sind eine Manifestation des Bösen auf dem endzeitlichen Kriegsschauplatz.

Die Aufarbeitung des 11. September wäre anders verlaufen, wenn die Terrorakte als Verbrechen international verfolgt worden wären. Und diese Alternative bestand.[69] Nur war in der prämillenarischen Rahmung des Angriffes vom 11. September für ein solches internationales Vorgehen kein Platz mehr, obwohl alle Instrumente, die dafür nötig gewesen wären, vorhanden waren.[70] Die Höherbewertung religiöser Weltbilder über die Geltung internationalen Rechts zeigt die bedrohliche Seite einer Anbindung der Außenpolitik der USA an den protestantischen Prämillenarismus.

---

68. The Washington Post, 28. September 2005. Der Text ist im Internet nachzulesen.

69. James T. Sterba (Hg.), Terrorism and International Justice, New York / Oxford 2003.

70. Daniele Archibugi / Iris Maron Young, Envisioning a Global Rule of Law, in: J. Sterba, Terrorism and International Justice (s. o.), S. 158–170 (UNO; eine Kooperation polizeilicher und geheimdienstlicher Organisationen; Kontrolle der Finanzströme; ein internationaler Gerichtshof für Menschenrechte).

# Christlicher Fundamentalismus in Ländern der Dritten Welt

Frank Kürschner-Pelkmann

Es wird Sie nicht überraschen: Gerade in den Ländern der Dritten Welt ist der Fundamentalismus von anderen Formen des Christentums schwer abzugrenzen. Es gibt fundamentalistische Strömungen in praktisch allen Formen des Christentums, in den

- aus der europäischen Missionsarbeit hervorgegangenen Kirchen, einschließlich der römisch-katholischen Kirche,
- unabhängigen afrikanischen oder asiatischen Kirchen, die sich unter Protest von den etablierten Kirchen getrennt haben,
- charismatischen Gruppen und Bewegungen innerhalb und außerhalb der etablierten Kirchen,
- den evangelikalen Kirchen und Gruppen,
- den Pfingstkirchen.

Damit ist bereits gesagt: Nicht alle Evangelikalen und Pfingstler im Süden der Welt sind Fundamentalisten. Und nicht alle Fundamentalisten gehören evangelikalen oder Pfingstkirchen an. Gleichzeitig reicht das, was hierzulande als Fundamentalismus angesehen wird, bis weit in die etablierten Kirchen im Süden der Welt hinein. Anfang des 20. Jahrhunderts haben Lyman und Milton Steward in ihrer Schriftenreihe *The Fundamentals: A Testimony to the Truth* in den USA einige fundamentale Dogmen aufgestellt, die zur Grundlage des Fundamentalismus geworden sind.
   Dazu gehören:

- die Fehlerlosigkeit der Heiligen Schrift,
- die Jungfrauengeburt,
- das stellvertretende Sühneopfer Christi,

- seine leibliche Auferstehung und Wiederkunft,
- die historische Authentizität der Wunder.

Gemessen an diesen Maßstäben müsste man die deutliche Mehrheit der afrikanischen Christinnen und Christen in die Kategorie der Fundamentalisten einordnen. Dies weist auf eine wachsende Kluft innerhalb der Weltchristenheit hin. Der historisch-kritische Umgang mit der Bibel und ein aufgeklärtes Verständnis des Christentums sind vor allem in West- und Mitteleuropa sowie Teilen der USA und in eher intellektuellen Kreisen in Lateinamerika zu Hause. Es wäre aber grundlegend falsch, alle anderen Christinnen und Christen im Süden der Welt als Fundamentalisten zu brandmarken. Aber es gilt, die Spannungen ernst zu nehmen, die es in der weltweiten Christenheit darüber gibt, ob die Bibel Wort für Wort göttlich inspiriert ist – und welche Konsequenzen dies hat. Dass dies weit mehr als eine intellektuelle Frage ist, zeigt sich gegenwärtig in der anglikanischen Weltgemeinschaft. Die Ordination eines Bischofs in den USA, der sich zu seinem Schwulsein bekennt, hat die Anglikaner an den Rand einer Spaltung gebracht. Ist die Verurteilung von Homosexualität im Alten Testament zeitbedingt und heute nicht mehr verbindlich? Oder ist dies Gottes unverrückbares und nicht neu zu interpretierendes Urteil über ein abweichendes Verhalten? Dazwischen gibt es wenig Kompromisse.

Auch in vielen anderen Lebensbereichen macht es selbstverständlich einen gravierenden Unterschied, ob man die Bibel wortwörtlich als Wort Gottes versteht oder versucht, den Willen Gottes von zeitbedingten Aussagen der Autoren der Bibel zu lösen. Es gibt in diesem Konflikt ganz merkwürdige Allianzen in der weltweiten Ökumene. Unabhängige afrikanische Kirchen und konservative Kreise in orthodoxen Kirchen trennt sehr viel, aber das Bibelverständnis ist sehr ähnlich.

Was also ist nun Fundamentalismus in der Dritten Welt? Neben den erwähnten Dogmen des Fundamentalismus kommen meines Erachtens noch drei Gesichtspunkte hinzu:

- die Ablehnung einer Zusammenarbeit mit anderen Kirchen oder zumindest mit den ökumenisch orientierten Kirchen,
- die Umsetzung eines engen Verständnisses des Christentums in ein politisches Engagement, das oft rechtsgerichtete Formen annimmt,
- eine große Distanz und nicht selten eine offene Feindseligkeit gegenüber anderen Religionsgemeinschaften, insbesondere dem Islam.

Zugegebenermaßen sind diese Kriterien nicht sehr präzise, aber der Fundamentalismus im Süden der Welt lässt sich eben nicht präzise abgrenzen.

Hier zwei Beispiele für diesen Fundamentalismus: Die *Victory Lutheran Church* in Taiwan, die ich vor einigen Jahren besucht habe, liegt am Rande eines High-Tech-Industrieparks. Der Pastor sagte mir stolz, dass 134 seiner 700 Gemeindemitglieder einen Doktortitel hätten. Auch viele leitende Manager von Industriebetrieben sind in der modern gestalteten Kirche zu Hause. Dank großer Spenden der Gemeindemitglieder konnte ein achtstöckiges Gemeindezentrum gebaut werden, in dem vielfältige Bildungsangebote gemacht werden. Die charismatisch geprägte Gemeinde hat ein strikt biblizistisches theologisches Verständnis. Biotechnologie im Berufsleben und der Glaube an die wortwörtliche Wahrheit des biblischen Schöpfungsberichts im Gottesdienst lassen sich offenbar verbinden. Nur soziales Engagement hatte in der Gemeinde, als ich sie besuchte, noch keinen Platz.

Ein ganz anderes Beispiel in einem ganz anderen Teil der Welt, die *Universal Church of the Kingdom of God* mit zwei Millionen Mitgliedern in Brasilien. Unter Leitung von Bischof Edir Macedo ist sie zu einer einflussreichen religiösen, sozialen und politischen Kraft in Brasilien geworden. Dazu trägt ein mit der Kirche verbundener Medienkonzern bei. Mitglieder der Kirche sitzen im Parlament und haben wichtige politische Ämter inne. Aus taktischen Gründen ist die *Universal Church* ein Bündnis mit Präsident Lula eingegangen und hat ihn beim Wahlkampf für die Wiederwahl unterstützt. Nicht unterschätzt werden darf, wie groß der Einfluss fundamentalistischer Gruppen aus dem Westen und vor allem aus den USA in der Dritten Welt ist.

Wichtige Instrumente sind fundamentalistisch geprägte Fernsehprogramme und Radiosendungen, zahllose Bücher und Traktate, Stipendien für das Studium an Hochschulen in den USA und die finanzielle Förderung von Kirchen, die die Vorstellungen der fundamentalistischen Kirchen und Gruppen in den USA zumindest teilweise übernehmen. Damit soll nicht gesagt werden, dass alle Fundamentalisten von den USA aus gesteuert werden. Aber es wäre naiv, diesen Einfluss zu ignorieren.

Lassen Sie mich die Interaktion von eher fundamentalistisch einzuordnenden Gruppen im Norden und Süden der Welt an einem Beispiel sichtbar machen – die Arbeit des Pfingstpredigers Reinhard Bonnke. Er ist der Prediger, der vor allem in Afrika bei Großevangelisationen Millionen Menschen erreicht. Ich habe mich vor einigen Jahren auf Bitten der Evangelischen Kirche in Deutschland und des Evangelischen Missionswerks in Deutschland mit der Theologie Reinhard Bonnkes beschäftigt. Hierzu ist auf Deutsch und inzwischen auch auf Englisch eine Broschüre erschienen.

Reinhard Bonnke wurde 1940 in Königsberg geboren. Sein Vater war Prediger in Pfingstgemeinden. In seiner Kindheit und Jugend gab es einige Ereignisse und Erfahrungen, die seinen weiteren Lebensweg, seine Theologie und seine Arbeit vor allem in Afrika bestimmen sollten. Als er als Kind seiner Mutter etwas Geld aus dem Geldbeutel nahm und sie dies bemerkte, wurde er nicht geschlagen, sondern die Mutter sagte: »Reinhard, Du weißt, dass es falsch ist zu stehlen. Wenn Du das tust, bist Du auf dem Weg zur Hölle.« Von da an hat die Vorstellung von der Hölle und die Bewahrung von Menschen vor den Höllenqualen eine wichtige Rolle im Leben von Reinhard Bonnke gespielt.

Das zweite Erlebnis war der Besuch eines Missionars aus Afrika, der in Reinhard Bonnke den Wunsch entstehen ließ, selbst Missionar zu werden. Bald erhielt er, so berichtet er, tatsächlich den göttlichen Auftrag, Missionar zu werden. Wichtig wurde auch, dass der junge Reinhard in einem Gottesdienst seines Vaters die göttliche Gabe spürte, eine Frau von ihrer Krankheit zu heilen. Dieser ersten Heilung sollten viele Hundert weitere folgen. Wichtig war auch, dass Bonnke während seiner Ausbildung in Großbritannien zum Pfingstprediger die Erfahrung machte, dass er nur inbrünstig genug beten musste, und schon erhörte Gott ihn und erfüllte seine Wünsche. Nachdem er einige Jahre in Norddeutschland als Pfingstprediger gearbeitet hatte, ging er tatsächlich als Evangelist nach Afrika. Er fing bescheiden als Assistent eines Missionars in Südafrika an, begann aber bald eine eigene Evangelisationsarbeit in Lesotho. Reinhard Bonnke hörte in einem Traum Gott sagen: »Afrika soll gerettet werden!« Und er fasste den Plan, den Menschen vom Kap der Guten Hoffnung bis Ägypten die christliche Botschaft zu bringen. Reinhard Bonnke hatte die Vision, Millionen Menschen für Christus zu retten, und das gab seiner Mission eine neue Richtung. Er predigte von nun an in Fußballstadien und großen Zelten, und bald erreichte er tatsächlich Hunderttausende und Millionen. Die Begeisterung, Teil einer so großen Zahl von Gläubigen zu sein, erklärt zum Teil den Erfolg dieser Massenevangelisationen. Aber wie schaffen Reinhard Bonnke und seine Mitarbeiter bei *Christus für alle Nationen* es, so viele Menschen zusammenkommen zu lassen? Ein wichtiger Grund ist, dass Bonnke eine klare Botschaft hat. Er stellt das Reich Gottes der ewigen Verdammnis gegenüber. Gott oder der Teufel – dazwischen muss man sich entscheiden. Reinhard Bonnke ist von allem, was man als liberale Theologie bezeichnen könnte, sehr weit entfernt. Er versteht nicht nur die Bibel wortwörtlich als Gottes Wort, auch seine Interpretation der biblischen Verheißungen und Ankündigungen von Unheil und Untergang stellt er nicht zur Diskussion. So und nicht anders ist Gottes Wort heute zu verstehen. Diese klare Linie gibt seinen Predigten eine große Überzeugungskraft, die vielen abwägenden Predigern fehlt. Reinhard Bonnke würde seine Botschaft nicht als fundamentalistisch bezeichnen, aber sie hat zumindest eine Nähe zu dem, was man als christlichen Fundamentalismus beschreiben kann. Auch gibt es eine große Nähe und nicht selten auch eine Zusammenarbeit mit fundamentalistischen Gruppen in den USA, z. B. mit dem Fernsehprediger Pat Robertson. Der weiße Prediger mit der Bibel in der Hand und den eindeutigen Botschaften hat in Afrika großen Erfolg.«

Das gilt auch für viele afrikanische Prediger und einige Predigerinnen mit einer ähnlichen Botschaft. Ein Grund ist, dass die Welt der Geister in den afrikanischen

Traditionen ernst genommen wird. Die aus der Mission entstandenen Kirchen habe die Welt der Ahnen und Geister meist aus ihren Gotteshäusern verbannt. Es gibt sie nicht, lautet die Botschaft. Bonnke und ähnlichen Predigern hingegen ist die Welt böser Geister und des Teufels nicht fremd. Es findet aber keineswegs ein Synkretismus statt, keine Vermischung der christlichen Botschaft mit traditionellen religiösen Vorstellungen in Afrika. Bonnke macht seinen Zuhörerinnen und Zuhörern klar: Ja, es gibt diese bösen Geister – aber mein Gott ist stärker als sie. Wenn ihr fest an diesen Gott glaubt, können Euch die bösen Geister nichts mehr anhaben. Ihr könnt dann alles verbrennen, womit Ihr Euch vor diesen bösen Geistern schützen wollt. Gott ist stärker und vertreibt die bösen Geister. Damit eng verbunden ist der Kampf gegen Krankheiten. Wer inständig betet, hat die Aussicht, von Krankheiten geheilt zu werden. Und Krankheit ist für viele Menschen in Afrika mehr als ein rein medizinisches Problem. Krankheit wird mit eigener Schuld in Zusammenhang gebracht, aber auch mit den Beziehungen zu Verwandten, Nachbarn, aber auch Vorfahren und Geistern. Wenn Bonnke also Menschen die Hoffnung gibt, gesund zu werden, ist das ein zutiefst religiöses Geschehen. Bonnke verspricht nicht, dass jeder und jede gesund wird. Aber er verkündet, dass man die Hoffnung haben kann, gesund zu werden, wenn man ganz fest an Gott glaubt. Das ist ein bedeutsamer Unterschied. Und tatsächlich werden bei den großen Evangelisationsveranstaltungen Bonnkes immer wieder Menschen von körperlichen und seelischen Leiden geheilt. Aufgeklärte Mitteleuropäer mögen dies mit Massensuggestion und Ähnlichem erklären, für die Geheilten und ihre Verwandten ist es ein Wunder. Es ist ein Wunder, das ganz direkt an die Heilungswunder anknüpft, von denen die Bibel berichtet. Auch für viele Teilnehmerinnen und Teilnehmer der Massenevangelisationen ist dies klar.

Und auch hier ist Bonnke keine Ausnahmeerscheinung. In Tausenden von eher fundamentalistischen Gemeinden hat die Heilung von Kranken einen ganz zentralen Platz im Gottesdienstleben. Aber was, so muss die Frage lauten, ist mit all denen, die krank und mit Behinderungen zu Bonnkes Evangelisationen gekommen sind, und nicht geheilt werden? Reinhard Bonnke betont, es gäbe keine Garantie für eine Heilung. Aber die Frage der Kranken und vor allem der Verwandten lautet oft: Habe ich, hat unser kranker Verwandter nicht tief genug geglaubt, nicht inbrünstig genug gebetet? Warum kann der alte Mann dort auf der Bühne wieder laufen, unser junger Verwandter aber nicht? In Gesellschaften, in denen Menschen mit schweren Behinderungen nicht auf staatliche Unterstützung zählen können, und zeitlebens eine Belastung für ihre Familien sind, sind diese Fragen im wahrsten Sinne des Wortes sehr belastend. Viele Nicht-Geheilte sind also schlechter dran als vorher – in der eigenen Wahrnehmung und vor allem in der Wahrnehmung ihrer Familien.

Aber eine klare Botschaft und Heilungen erklären nicht allein, dass so viele Menschen zu den Evangelisationen von Reinhard Bonnke kommen.

Es spielt sicher auch eine Rolle, dass die meisten das spannende Ereignis nicht verpassen wollen. Und es spielt eine Rolle, dass es Reinhard Bonnke und seiner Organisation *Christus für alle Nationen* gelingt, viele lokale Kirchen einzubinden. Ein wichtiger Faktor dafür sind die so genannten Entscheidungskarten. Teilnehmerinnen und Teilnehmer der großen Evangelisationsveranstaltungen, die sich zu Christus bekennen, füllen mit Hilfe Tausender Freiwilliger die Karten aus, die u.a. Namen und Anschrift enthalten. Nach der Veranstaltung werden die Karten an die jeweils nächstgelegene Kirchengemeinde weitergegeben, die diese Menschen in den kommenden Wochen anspricht; Wobei natürlich nur die Gemeinden Karten erhalten, die sich an der Evangelisationsveranstaltung beteiligt haben.

Erfahrungsgemäß sind viele derer, die die Entscheidungskarte ausfüllen, bereits Mitglieder von Kirchengemeinden. Wenn sich also eine Kirche nicht an Bonnkes Evangelisationen beteiligt, muss sie fürchten, dass Gemeindemitglieder zu anderen Kirchen wechseln. Deshalb beteiligen sich oft auch lutherische und anglikanische Gemeinden an der Werbung für Bonnkes Evangelisationen. Nicht unterschätzt werden darf auch die Wirkung der so genannten Feuerkonferenzen. Dabei handelt es sich um Fortbildungsveranstaltungen für Evangelisten mit Reinhard Bonnke, bei denen er ihnen seine theologischen Vorstellungen nahe bringt. Dabei ist zu berücksichtigen, dass diese Evangelisten oft hauptberuflich tätig sind, aber keine Kirche hinter sich haben, die für ihre Gehälter aufkommt. Sie leben also davon, dass sie ausreichend Gemeindemitglieder finden, die sie mit ihren Kollekten finanziell über Wasser halten.

Nun wäre es sicher übertrieben, die Attraktivität von Reinhard Bonnke und seinen einfachen Botschaften auf den Satz zu reduzieren: *fundamentalism sells*. Aber es gibt keinen Zweifel, dass Reinhard Bonnke mit seinen Evangelisationen und seinen Fortbildungsveranstaltungen die kirchliche Landschaft in Afrika verändert. Dazu tragen auch die vielen Traktate und Schriften des Predigers bei, die bei seinen Veranstaltungen verteilt und verkauft werden. Es hat bei und nach verschiedenen Evangelisationsveranstaltungen Bonnkes in Afrika zum Teil gewaltsam ausgetragene Auseinandersetzungen zwischen Christen und Muslimen gegeben. Kritiker des Predigers sind davon überzeugt, dass dies kein Zufall ist. Die meisten Religionen der Welt nehmen für sich in Anspruch, die Wahrheit zu enthüllen, und deshalb konkurrieren diese Wahrheitsansprüche miteinander. Der große Unterschied besteht nun darin, ob die Gläubigen sagen »Für mich ist dies die Wahrheit und ich habe zu meinem Gott oder meinen Göttern gefunden« oder ob sie sagen »Meine Religion enthält als einzige die ganze Wahrheit, alle anderen sind folglich falsch.«

Von dieser zweiten Auffassung gibt es wiederum eine große Zahl von Varianten, und die Auffassung Reinhard Bonnkes gehört zweifellos zu denen, die bei den anderen uneingeschränkt die Finsternis vermuten: Bis die Bewohner dieser

Welt die Wahrheit finden und akzeptieren, durchwandern sie ausweglose Wüsten, starren in Horizonte, durch die nie eine Morgenröte bricht und suchen das undefinierbare Heilmittel »Glück«.

Diese Position wird noch durch den folgenden Satz verstärkt: »Ungläubige können nicht wirklich glücklich sein. Nur wer Gott kennt, ist wirklich glücklich.« Wenn Bonnke auf andere Religionen eingeht, geschieht dies nicht selten mit pauschalen Feststellungen wie diesen: »Jede Religion bietet einen oberflächlichen Lebensstil an, wahres Christentum aber bietet mehr und geht tiefer. Muslimische Geistliche und Religionslehrer regulieren, wie ihre Gläubigen essen, sich waschen und kleiden, Beziehungen pflegen oder beten, und tun alles, um dies durchzusetzen. Die Bibel, richtig verstanden, schreibt nichts dergleichen vor.«

Ein solches Verständnis hat Konsequenzen für die Theologie: »Die vergleichende Religionswissenschaft ist in Wirklichkeit eine Sache der Gegensätze, denn da gibt es wenig zu verknüpfen.«

Ein Dialog der Religionen, den viele als einen ganz entscheidenden Schritt zur Verhinderung eines neuen Weltkrieges ansehen, wird von Bonnke skeptisch beurteilt: »Haben Hinduismus, Islam oder Buddhismus einen Erlöser wie Jesus, den Sohn Gottes? Wenn nicht, gerät jeder Dialog zur Zeitverschwendung. Derartige Diskussionen beschäftigen sich nämlich mit oberflächlichen Themen und nicht mit dem, was wirklich zählt. Wenn es keinen zweiten Christus gibt, ist eine Debatte nicht mal möglich.«

Christen sind nach Bonnkes Darstellung im Besitz der ganzen Wahrheit: »Der christliche Glaube aber ist vollständig und absolut!« Deshalb sind sie auch nicht auf einen Dialog angewiesen:

»Wenn du die Finsternis vertreiben willst, nützt keine Diskussion mit ihr – schalte einfach das Licht an! Streit ist keine Ersatzkraft für Wahrheit und Heiligen Geist, aber das Licht einer einzigen Kerze kann durch keine noch so große Dunkelheit ausgelöscht werden.«

Das Urteil über die anderen Religionen steht fest: »Christi Lehre durchkreuzt die Weisheit dieser Welt, ob es nun Aristoteles, Plato, Buddha oder Laotse sei.« Bonnke vermeidet es in seinen Predigten, andere Religionen direkt anzugreifen und begründet das so: »Warum sollten wir den Islam oder andere Religionen angreifen, warum die Lebensweise von Leuten im Westen, Osten, Norden oder Süden attackieren? Lasst die Menschen nur den wahren Jesus sehen! [...] Jesus bleibt immer Sieger, die Menschen können nichts gegen ihn sagen.«

Nach einer Evangelisation in Gambia stellte der lokale Pastor Aganaba fest: »Als Ergebnis dieser Kampagne wissen die Menschen nun, dass Christentum und Islam sich total unterscheiden.« Es scheint für Reinhard Bonnke nur Licht und Finsternis zu geben: »Alle Menschen in dieser Welt stehen entweder auf der Seite des Glaubens oder auf der anderen Seite.« So entsteht eine Polarisierung, da müssen sich Menschen angegriffen fühlen, selbst wenn ihr Glaube nicht beim Namen genannt wird. Bonnkes Ziel, alle Völker Afrikas zu evangelisieren, wird von vielen Muslimen als Bedrohung für ihren Glauben und ihre Identität angesehen. Dass früher – wie erwähnt – in Zusammenhang mit Bonnkes Evangelisationen von Kreuzzügen die Rede war, kann bei geschichtsbewussten Muslimen nur negative Gefühle hervorrufen. Aber auch Formulierungen in den Veröffentlichungen Bonnkes können nicht dazu beitragen, den religiösen Frieden zu fördern. So heißt es in einer Zwischenüberschrift in einem Evangelisations-Brief im Zusammenhang mit einer Evangelisation in der nigerianischen Stadt Ibadan: »Bereit, Ibadan für Gott zu erobern« und in einem weiteren Brief »Gott ruft zur Mobilmachung auf«; auch das Stichwort »General-Mobilmachung« fällt.

In einem Brief an die Freunde schreibt Bonnke im April 2000: »Unser nächster Evangelisationseinsatz führt uns in ein islamisches Land. Bitte betet dafür ganz intensiv! Gott hat uns auf wunderbare Weise hier eine Tür geöffnet, und wir wollen sie im Glauben durchschreiten und das Land einnehmen.«

In Anknüpfung an den Bericht über die Eroberung Jerichos formuliert Bonnke: »Wir müssen mit dem erhobenen Schwert des Geistes, dem Worte Gottes, über die eingestürzten Mauern steigen, das Wort Gottes verkündigen und die Stadt restlos für Gott in Besitz nehmen! Jede Mauer ist in Jesu Namen bereits gefallen. Lasst uns gehen und das Land einnehmen.« Damit nicht der Eindruck entsteht, dies sei ein einzelnes Zitat, hier ein weiterer Beleg: »Wie eine hereinströmende Flut, die alle Gräben und Risse füllt, überflutet der christliche Glaube das Territorium Satans.«

Bonnke hat trotz solcher Auffassungen in einer ganzen Reihe überwiegend muslimischer Länder in Afrika bereits Evangelisationen durchführen können. Er wurde auch von den dortigen Präsidenten empfangen. Sie fürchten offenbar den Vorwurf, sie würden die Religionsfreiheit einschränken. Reinhard Bonnke hat mit seinen zahlreichen Großevangelisationen zweifellos die religiöse Landkarte Afrikas verändert. Seine Anhänger werden sagen, er hat Millionen Menschen zu Christus geführt.

Seine Kritiker werden sagen, dass er zur Verstärkung fundamentalistischer Tendenzen in Afrika beigetragen hat und durch ähnliche Evangelisationen übrigens auch in anderen Teilen des Südens der Welt. Und er hat, so wieder die Kritiker, dazu beigetragen, dass die Spannungen zwischen Christen und Muslimen in Afrika zugenommen haben. Dabei bestärken sich christliche und muslimische Fundamentalisten gegenseitig. Aber, das muss betont werden, dafür ist Bonnke bei weitem nicht allein verantwortlich. Das leisten radikale Christen und Muslime auch aus eigenem Antrieb. Und wenn erst einmal die erste Kirche und die erste Moschee gebrannt haben, ist der Weg zurück zum Miteinander lang.

Es gibt andererseits viele Beispiele dafür, dass Christen und Muslime in vielen Ländern auf nationaler und lokaler Ebene eng und harmonisch zusammenarbeiten. Das gilt wiederum nicht nur für Afrika, sondern auch für andere Teile der

Welt. Dass der christliche Fundamentalismus hierzu wenig beiträgt, liegt nicht nur an der krassen Gegenüberstellung der Welt des Lichts und des Dunkels. In Nordafrika und im Mittleren Osten spielt auch das Verhältnis zu Israel eine wichtige Rolle. Vor allem beeinflusst durch Prediger und Veröffentlichungen aus den USA hat Israel einen besonderen Platz in den religiösen Vorstellungen vieler Prediger, die im weiteren Sinne dem Fundamentalismus zuzuordnen sind. Dafür sind ganz wesentlich die Prophezeiungen in der Offenbarung des Johannes von Bedeutung. Diese Prophezeiungen haben viele eher fundamentalistisch orientierte Christinnen und Christen zunehmend zu der Überzeugung gebracht, dass das Ende der Welt nahe herbeigekommen ist. Sie suchen systematisch nach Hinweisen darauf, dass die Wiederkehr Jesu auf diese Welt nahe bevorsteht. Dieser apokalyptische Fahrplan hat auch politische Implikationen.

Viele Jahre war der Kommunismus die Gestaltwerdung des Teufels und es wurde vorhergesagt, dass eine große letzte Schlacht zwischen den Truppen Gottes und des Satans bevorsteht. Nach dem Ende der Sowjetunion ist dieses Feindbild verloren gegangen. Als neuer Feind wurde der Islam identifiziert. Und man kann ahnen, welche Wirkung solche Aufteilung der Welt in eine christliche Welt und das Reich des Bösen für das Zusammenleben von Christen und Muslimen im Nahen und Mittleren Osten hat. In der Region wird die uneingeschränkte Pro-Israel-Haltung fundamentalistischer Christen in den USA sehr aufmerksam wahrgenommen. Manche US-Prediger sind strikt dagegen, dass den Palästinensern irgendwelches Land überlassen wird. Besonders die Übergabe von Teilen von Jerusalem an einen palästinensischen Staat kommt für sie nicht in Frage. Denn Jerusalem wird die Hauptstadt des messianischen Königreichs und muss dafür unter jüdischer Kontrolle stehen. Aus diesem Grunde gibt es so etwas wie einen christlichen Zionismus. Israel hat Anspruch auf dieses Land, wird heilsgeschichtlich argumentiert. Allerdings, diese Pro-Israel-Haltung hat eine wichtige Dimension, die im Nahen Osten selbst selten wahrgenommen wird:

Zu den Heilserwartungen am Ende der Geschichte gehört für Fundamentalisten, dass die Juden Christus als ihren Heiland erkennen werden und sich zu ihm bekennen. Deshalb haben die messianischen Juden – also die Juden, die zu Christen geworden sind – eine so große heilsgeschichtliche Bedeutung für viele christliche Fundamentalisten. Muslime nehmen diese Ambivalenz im Verhältnis zum real existierenden Israel weniger wahr, als zum Beispiel die Auffassung vieler christlicher Fundamentalisten, dass der Tempel Gottes auf den Tempelberg in Jerusalem gehört und nicht die islamischen Heiligtümer Felsendom und Al-Aksa-Moschee.

Christliche Fundamentalisten aus den USA und Europa, die in überwiegend muslimischen Ländern der Region tätig sind, äußern sich verständlicherweise sehr viel zurückhaltender, ebenso die recht kleinen einheimischen Gruppen christlicher Fundamentalisten. Dagegen ist die fundamentalistische christliche

Präsenz in Israel massiv. Wie gering die Sensibilität ist, zeigte sich darin, dass der christliche Radiosender *Stimme der Hoffnung* ausgerechnet aus den von Israel besetzten Gebieten des Südlibanon sendete.

Fundamentalistische christliche Positionen haben ausgesprochen negative Konsequenzen für die lokalen christlichen Kirchen in der Region. Und deshalb distanzieren sie sich immer wieder von diesen fundamentalistischen Gruppen. Dafür, wie christlicher Fundamentalismus sich gesellschaftlich und politisch im Süden der Welt auswirkt noch ein letztes Beispiel. Es ist die *Lords Resistence Army* in Uganda. Diese Rebellenorganisation ist in den letzten Jahren immer wieder wegen ihrer rücksichtslosen Brutalität in die Schlagzeilen geraten. Erhard Kamphausen, der bis im vergangenen Jahr als Studienleiter an der Missionsakademie in Hamburg tätig war, hat sich intensiv mit den christlich-fundamentalistischen Wurzeln dieser Bewegung befasst. Hier eine knappe Zusammenfassung der Ergebnisse: Dass diese im Ursprung religiöse Bewegung einen so großen Einfluss gewinnen konnte, hat nicht nur religiöse und religionspolitische Gründe, sondern hängt auch mit der politischen Konstellation in Uganda zusammen. Das Acholi-Volk war über lange Zeit von der politischen Macht und z. T. auch der wirtschaftlichen Entwicklung ausgeschlossen. Die Chance dieses Volkes schien zu kommen, als Tito Okello 1985 durch einen Staatsstreich an die Macht kam. Er förderte sein Acholi-Volk massiv und setzte Volksangehörige in alle wichtigen Positionen in Armee und Regierung. Die Freude der Acholi über ihren plötzlichen Aufstieg währte nur kurz. Bereits Anfang 1986 wurde der Militärherrscher Tito Okello durch einen anderen Militärführer gestürzt, den heutigen Präsidenten Yoweri Museveni. Tausende Acholi-Soldaten flüchteten aus Angst vor Racheaktionen für das von ihnen begangene Unrecht in das Kerngebiet der Acholi. Die Soldaten der neuen Armee verübten viele Verbrechen an den Acholi, und dies wurde der Anlass für einen Bürgerkrieg, der bis heute andauert. Noch 1986 rief eine junge Frau eine neue religiöse Bewegung ins Leben, die den Namen *Holy Spirit Mobile Forces* erhielt. Alice Auma wurde, so berichtete sie, vom christlichen Geist Lakwena ergriffen, der als Verkörperung des Heiligen Geistes in der christlichen Trinität von Vater, Sohn und Heiligem Geist verstanden wird. Der Vater von Alice Auma war Katechet in der Kirche von Uganda, also der anglikanischen Kirche des Landes. Sie war stark von der evangelikalen Erweckungsbewegung beeinflusst, die in Uganda sehr einflussreich ist. Nachdem sie eine eigene religiöse Gemeinschaft gegründet hatte, trat Alice Auma selbst später zum Katholizismus über.

Von ihr wird berichtet: Am 2. Januar 1985 wurde sie vom Geist Lakwenas ergriffen, und nachdem sie 40 Tage in der Wildnis verbracht hatte, errichtete sie eine sakrale Kultstätte. Sie gewann als Heilerin große Anerkennung. Als Prophetin beschränkte sie sich nicht auf die Gründung einer religiösen Bewegung, sondern machte daraus 1986 eine bewaffnete Widerstandsbewegung gegen die verhasste Regierung in der Hauptstadt Kampala. Sie verkündete den Kämpfern, dass sie unbesiegbar seien, wenn sie rituell rein seien. Von Kämpfern, die in den Gefechten mit den Regierungstruppen getötet wurden, hieß es, ihre Sünden seien vor dem Kampf nicht vollständig getilgt worden. Aber auch denen, die im Kampf starben, wurde ein Platz im Himmel vorhergesagt. Und da Alice Auma es verstand, traditionelle und christliche Vorstellungen miteinander zu verbinden, bekamen auch die Geister der Vorfahren einen festen Platz in diesem Kampf und es hieß von ihnen, sie unterstützten die Bewegung in den Schlachten. Es kann nicht überraschen, dass eine solch hoch motivierte und vom göttlichen Auftrag überzeugte Armee zunächst beachtliche militärische Erfolge erzielte. Der eigene Kampf wurde als Heiliger Krieg verstanden, mit dessen Ende Gewalt und Kriege in Uganda enden würden. Die Offenbarung des Johannes wurde auch für diese religiös-politische Bewegung zur Wegweisung, wie aus Gewalt und Tod eine neue, göttliche Welt entstehen werde. Dazu kam es nicht. In einer offenen Feldschlacht mit der ugandischen Armee im Oktober 1987 wurden mehrere Tausend schlecht bewaffneter Acholi-Kämpfer von den modern ausgerüsteten Truppen der ugandischen Armee getötet. Die Prophetin hatte nun ihre geistliche Legitimität verloren und flüchtete nach Kenia. Das war aber keineswegs das Ende dieser fundamentalistischen christlichen Bewegung. Unter neuer Leitung setzte sie ihren Kampf als *Lord's Resistance Army* fort. Die religiösen Grundlagen des Kampfes wurden im Kern beibehalten, aber das militärische Konzept wurde verändert. Die *Lord's Resistance Army* vermied offene Schlachten mit den Regierungstruppen, sie ging stattdessen zu einem Guerillakrieg über. Weiterhin waren apokalyptische Vorstellungen von großer Bedeutung für die Bewegung, und es wurde zum Beispiel auch der zweite Irakkrieg als Zeichen des nahen Endes dieser Welt verstanden. Als militärische Erfolge im erhofften Umfang ausblieben, verstärkte die so genannte Armee Gottes den Terror, der sich nun auch gegen die lokale Bevölkerung richtete. Auch wurden Tausende Kinder zwangsweise als Kämpfer und Sexsklaven rekrutiert. Bündnispartner dieser auch unter den Acholi in Verruf geratenen Bewegung war ausgerechnet die eher fundamentalistisch muslimisch einzuordnende Regierung des Nachbarstaates Sudan. Was die Fundamentalisten verband, war die Gegnerschaft zur ugandischen Regierung in Kampala. Aber auch das kann gesagt werden: Es waren gemäßigte Kräfte in den christlichen Kirchen und unter den Muslimen in Uganda, die gemeinsam die Regierung und die Rebellen zum Frieden drängten. Ende August 2006 wurde ein Waffenstillstand geschlossen, der aber immer wieder verletzt wird.

Was bedeuten das Wachstum und teilweise auch die Militanz der christlichen fundamentalistischen Bewegungen im Süden der Welt für uns? Lassen Sie mich acht Punkte hervorheben:

1. Wir müssen wahr- und ernstnehmen, dass sich die Zusammensetzung der Christenheit grundlegend verändert. Fundamentalistische Bewegungen haben nicht nur in den USA, sondern auch im Süden der Welt an Bedeutung gewonnen.
2. Wenn wir die Verbindung von Christentum und Gedanken der Aufklärung und der modernen Wissenschaft für erhaltenswert ansehen, müssen wir sie pointierter in den internationalen christlichen Diskurs einbringen.
3. Damit verknüpft gilt es auch, den Gedanken des Dialogs und des Miteinanders der Religionsgemeinschaften aktiv zu vertreten und zwar gemeinsam mit dialoginteressierten Kreisen in anderen Religionsgemeinschaften. In der Auseinandersetzung mit christlichen Fundamentalisten gilt es, sich der Fundamente des eigenen Glaubens wieder stärker bewusst zu werden und diese selbstbewusst zu vertreten. Woran glauben wir, und wie kann die Bibel heute gelesen und verstanden werden?
4. Die theologische und soziologische Beschäftigung mit dem christlichen Fundamentalismus darf nicht länger ein Randthema darstellen.
5. Auf dieser Grundlage ist es möglich, fundamentalistische Positionen klarer von offeneren evangelikalen und pfingstlerischen Positionen zu unterscheiden und das Gespräch mit letzteren Kreisen im Süden der Welt zu intensivieren.
6. Im Gespräch mit Partnerkirchen im Süden der Welt sollte die Frage des christlichen Fundamentalismus und seiner Wurzeln einen größeren Stellenwert erhalten.
7. Gemeinsam gilt es nach Wegen zu suchen, wie den oft einfach formulierten Botschaften christlicher Fundamentalisten eine differenzierte, aber eben doch auch gut verständliche und überzeugende Position entgegengesetzt werden kann.
8. Wenn man dem religiösen Fundamentalismus in verschiedenen großen Religionen der Welt die Grundlage entziehen will, müssen auch die Lebensbedingungen und Lebensperspektiven von Millionen Armen im Süden der Welt grundlegend verbessert werden. Wer auf dieser Welt offenbar nicht mehr als Armut und Elend zu erwarten hat, wird leichter bereit sein, den apokalyptischen Visionen von Fundamentalisten zu folgen.

# Sind Evangelikalismus und Fundamentalismus identisch?

Reinhard Hempelmann [1]

Helmut Obst zum 65. Geburtstag am
9. Dezember 2005

Wenn deutsche Medien über Evangelikale in den USA berichten, wird in der Regel vorausgesetzt, dass Evangelikalismus und christlicher Fundamentalismus im Wesentlichen identisch sind. Verwiesen wird dafür auf die seit den 1980er Jahren zu beobachtende politische Wirksamkeit der Bewegung. Viele Evangelikale sind treue Anhänger von George W. Bush. Sie unterstützten die Republikaner nachweislich im Wahlkampf 2004. Sie üben Einfluss auf die amerikanische Außenpolitik aus. Viele von ihnen waren und sind Befürworter des Irak-Krieges. Ihre endzeitlichen Erwartungen machten sie zu engagierten Unterstützern der Siedlerbewegung und eines Groß-Israel-Konzeptes. Sie kämpfen gegen Feminismus, gegen die Evolutionslehre an öffentlichen Schulen, gegen die historisch-kritische Bibelforschung, kurz gegen die Moderne. Das Erlebnis der Wiedergeburt als persönliche Heilserfahrung und die Überzeugung der unbedingten Geltung der Heiligen Schrift hat für viele nicht nur Folgen für ihre individuelle Lebensführung, sondern beinhaltet politische Optionen. Dies entspricht einer allgemein verbreiteten Charakteristik fundamentalistischer Bewegungen: Sie antworten auf die Krise der Moderne mit dem Bemühen, »auf der Grundlage der heiligen Texte eine neue Gesellschaft aufzubauen«.[2]

Der Hang von Teilen des amerikanischen Evangelikalismus zur Verwischung der Grenze zwischen Religion und Politik kann im Blick auf Europa und Deutschland nicht bestätigt werden. Evangelikale Strömungen gewinnen zwar auch hier

---

[1]. Dieser Aufsatz ist erstveröffentlicht in: Materialdienst der EZW 1/2006, S. 4–15.
[2]. Gilles Kepel, Die Rache Gottes, München 1991, S. 271.

zunehmend an Bedeutung, allerdings vorrangig im gemeindlichen und kirchlichen Kontext, nicht im politischen. Dabei wird auch deutlich, dass sich die Evangelikale Bewegung in Deutschland – zu ihr gehören nach Angaben der Deutschen Evangelischen Allianz ca. 1,3 Millionen Christinnen und Christen hauptsächlich aus evangelischen Landeskirchen und Freikirchen – keineswegs einheitlich darstellt. Sie umfasst verschiedene Richtungen und reicht vom in den evangelischen Landeskirchen verwurzelten pietistischen Gemeinschaftschristentum bis zu enthusiastischen und separatistischen Gruppen, die in landeskirchlichen Gemeinden »unbiblische Systeme« sehen.

Im Jahr 2004 erschien das Buch »Gott ist nicht pragmatisch. Wie Zweckmäßigkeitsdenken die Gemeinde zerstört«[3]. Verfasser ist Wilfried Plock, der als »Evangelist und Gemeindeberater« tätig und seit 1995 Vorsitzender der Konferenz für Gemeindegründung ist, einer Initiative, in der sich in den letzten Jahren zahlreiche neue Gemeinden ( freie Brüdergemeinden, freie Baptisten, Biblische Missionsgemeinden etc.) netzwerkartig zusammengeschlossen haben. Plocks Buch setzt sich kritisch mit in Deutschland populären evangelikalen Initiativen und Trends auseinander. Thematisiert werden u. a. die Gemeindewachstumsbewegung, Alpha-Glaubenskurse für Erwachsene, die evangelistische Aktion ProChrist mit Satellitenübertragung in zahlreiche europäische Länder, das Konzept von besucherzentrierten Gottesdiensten (Willow Creek), die Bücher des Gründers der Saddleback Community Church, Rick Warren, »Kirche mit Vision« und »Leben mit Vision«, die auch in Deutschland intensiv gelesen und als Therapie für kleiner werdende und missionsmüde Gemeinden empfohlen werden. Plock hat den Eindruck, dass in manchen evangelikal geprägten Gemeinden Marketingmethoden mehr Gewicht haben »als die Briefe des Apostels Paulus«.[4] Er kritisiert das Zahlen- und Wachstumsfieber, spricht von »verhängnisvollen Veränderungen«, von Prozessen problematischer kultureller Anpassung und dem Verzicht evangelikaler Gemeinschaftsbildungen darauf, Kontrastgesellschaft zu sein. »Der Pragmatismus verändert zuerst die ›Verpackung‹ des Evangeliums, dann die Botschaft selbst und schließlich die Identität von Gemeinden.«[5]

Solche Anfragen sollten sich alle, die Konzepte und Strategien des Gemeindewachstums aufgreifen, gefallen lassen. Plocks Empfehlungen offenbaren allerdings seine eigene »evangelikal-fundamentalistische« Position. Dem modernen Evangelikalismus rät er zum »neutestamentlichen Gemeindemodell« zurückzukehren. Er versteht darunter die unveränderliche Predigt von Gottes Heiligkeit. Praktisch bedeutet dies u.a. den Ausschluss von Frauen aus dem Leitungs- und

---

3. Wilfried Plock, Gott ist nicht pragmatisch, Oerlinghausen 2004.
4. Ebd., S. 56.
5. Ebd., S. 128.

Lehramt für die Gemeinde. Dass in evangelikalen Initiativen Frauen Leitungs- und Lehrverantwortung innehaben, sieht er als zentrales Problem und Defizit an. Ihm geht es um die Aufrechterhaltung patriarchalischer Autorität in der Gemeinde. Wofür Plock plädiert, ist eine Liaison mit dem Zeitgeist von gestern.

In der Außenperspektive lassen sich sowohl Plocks Position wie auch die von ihm kritisch beleuchteten evangelikalen Initiativen unter dem Stichwort Evangelikalismus zusammenfassen. Das Beispiel zeigt, wie schwer es ist, von *den* Evangelikalen zu sprechen. Welche Evangelikalen sind gemeint? Die Bekenntnisbewegung »Kein anderes Evangelium«, die sich ähnlich wie Plock äußert oder die Deutsche Evangelische Allianz, die ProChrist und Willow Creek mit Nachdruck unterstützt? Stellungnahmen zur evangelikalen Bewegung und zum christlichen Fundamentalismus erfordern differenzierende Wahrnehmungen und Urteilsbildungen, insbesondere eine Klärung dessen, was gemeint ist, wenn von Fundamentalismus bzw. Evangelikalismus geredet wird.

## 1 Fundamentalismus – eine Strömung innerhalb des konservativen Protestantismus

Die augenfälligsten Formen engagierter Christlichkeit finden sich heute in denjenigen Bereichen des Christentums, die aufklärungskritisch und konservativ geprägt sind. In seiner Berner Abschiedsvorlesung meinte der reformierte Theologe und Ökumeniker Lukas Fischer: »Der Traditionalismus in allen seinen Formen – Evangelikalismus, Fundamentalismus, Integrismus [ Mit Letzterem sind fundamentalistische Ausprägungen innerhalb des Katholizismus gemeint. R.H. ] – hat bessere Chancen. Alle Positionen, die mit einem klaren Profil herkommen, können von vornherein mit einem Vorsprung an Plausibilität rechnen und vermögen Menschen auch zu übergreifenden Projekten zu mobilisieren.«[6] Innerhalb der protestantischen Landschaft ist unübersehbar, dass sich erwecklich geprägte Strömungen, deren Ziel die Wiederentdeckung urchristlicher Missionsdynamik und Gemeinschaftsbildung ist, überaus schnell und wirksam ausgebreitet haben. Auch der Katholizismus hat durch die Akzeptanz charismatischer Frömmigkeit protestantischem Erweckungschristentum in sich Raum gegeben und eklektisch aufgenommen. Zwar zeigen sich diese Entwicklungen in Afrika, Lateinamerika und Asien deutlicher als im europäischen Kontext. Sie werden jedoch auch bei uns immer mehr erkennbar und verbinden sich mit den Impulsen, die vom Pietismus, der Erweckungsbewegung und freikirchlichen Gemeinschaftsbildungen ausgehen. Während noch vor wenigen Jahrzehnten Strömungen des konservativen Protestantismus von vielen »modernen Theologen« als eine im Wesentlichen

---

6. Lukas Vischer, Wachsende Gemeinschaft – die ökumenische Bewegung zwischen Illusion und Hoffnung, in: Evangelische Theologie 53 (1993), S. 186 f.

vergangene Erscheinung angesehen wurden, zeigt sich inzwischen, dass es sich hierbei um ein dauerhaftes Phänomen handelt.

Man wird der Ausbreitung evangelikaler und pfingstlich-charismatischer Strömungen nicht gerecht, wenn man diesen Vorgang mit dem eindeutig negativ besetzten Begriff Fundamentalismus stigmatisiert. Die Konjunktur des Begriffs deutet zwar durchaus auf eine verbreitete Sache hin. Im Kontext pluralistischer Gesellschaftssysteme verstärken die Kompliziertheit und »neue Unübersichtlichkeit« des Lebens die Sehnsucht nach Einfachheit und Klarheit, nach Reduktion von Komplexität. Fundamentalistische Strömungen haben in diesem Umfeld ihre Chancen. Der gegenwärtige Gebrauch des Fundamentalismusbegriffs reicht weit über den Bereich des Religiösen hinaus. Er ist ein wichtiges Wort in der Medienöffentlichkeit geworden. Es gibt jedoch berechtigten Anlass, differenzierende Begriffsverwendungen anzumahnen. Konservative Theologen, Evangelikale, Charismatiker, Pfingstler wehren sich mit Recht dagegen, mit religiösen Fanatikern in einem Atemzug genannt zu werden, die vor der Anwendung brutaler Gewalt nicht zurückschrecken, um ihre religiös-politischen Visionen zu verwirklichen. Es ist wenig hilfreich und sowohl in historischer wie auch phänomenologischer Perspektive nicht zutreffend, den christlichen Fundamentalismus pauschal z. B. mit der evangelikalen oder charismatischen Bewegung zu identifizieren, wie dies teilweise in einer Außenperspektive durch distanzierte Beobachter wie auch in einer Innenperspektive durch einzelne Repräsentanten geschieht. Christlicher Fundamentalismus muss auch vom christlichen Konservativismus unterschieden werden. Zwischen Evangelikalismus und Fundamentalismus gibt es zwar vielfältige Zusammenhänge, »Übergänge und sich überlappende Grauzonen«[7] – beide Bewegungen sind transkonfessionell und international orientiert, beide konkretisieren sich in zahlreichen Initiativen und Werken, in beiden sind modernitätskritische Orientierungen wirksam –, der Hauptstrom des Evangelikalismus unterscheidet sich jedoch vom Fundamentalismus. Ein herkömmlicher kirchlich-theologischer Sprachgebrauch nimmt diese Selbstunterscheidung auf und bezeichnet mit fundamentalistisch denjenigen Bereich evangelikaler Frömmigkeit, der hinsichtlich des Bibelverständnisses die Auffassung ihrer wörtlichen Inspiriertheit mit den Postulaten Unfehlbarkeit und absolute Irrtumslosigkeit verbindet. (Pointiert wird ein solches Bibelverständnis von der Staatsunabhängigen Theologischen Hochschule in Basel und der Freien Theologischen Akademie Gießen vertreten.) Freilich bedarf auch eine solche Begriffsbestimmung weiterer Differenzierungen. So muss etwa unterschieden werden, ob jemand die christliche Glaubensüberzeugung mithilfe eines fundamentalistischen Bibelverständnisses zum Ausdruck bringt, sich aber offen und anerkennend in einer größeren

---

7. Erich Geldbach, Art. Evangelikale Bewegung, in: Lexikon neureligiöser Gruppen, Szenen und Weltanschauungen, Freiburg i. Br. 2005, Sp. 338.

Gemeinschaft von Christinnen und Christen bewegt und damit auch andere theologische Entscheidungen zur Bibelfrage gelten lässt, oder ob jemand seinen Glauben derart eng mit einem fundamentalistischen Bibelverständnis verbindet, dass er anderen, nichtfundamentalistisch geprägten Christen, ihr Christsein abspricht.

Auch der Rekurs auf die Anfänge der fundamentalistischen Bewegung in den USA ist ein möglicher Weg, vorläufige Begriffsklärungen herbeizuführen. Um in historischer Perspektive von Fundamentalismus im engeren Sinn des Wortes sprechen zu können, reicht das Motiv der wörtlichen Inspiriertheit und Unfehlbarkeit der Heiligen Schrift als Definitionskriterium noch nicht aus. Es müssen weitere Motive hinzukommen: die konservative politische Gesinnung und der Wille, religiös begründete Überzeugungen auch politisch durchsetzen zu wollen. Dazukommen muss also die Verbindung von Politik und Religion, bzw. das Interesse, die Ausdifferenzierung der Gesellschaft in Recht, Politik, Ethos, Wissenschaft und Religion im Namen der Religion zurückzunehmen. Der christliche Fundamentalismus in diesem engeren Sinn stellt in Deutschland, anders als in den USA, keinen hoch organisierten und politisch einflussreichen Faktor dar. Insofern ist es richtig, wenn Martin Marty und andere sagen, dass Deutschland zum »fundamentalismusschwachen Gürtel«gehöre, »der von Europa über Kanada und die nördlichen Teile der Vereinigten Staaten bis nach Japan reicht«[8]. In Deutschland artikulieren sich politisierte Formen des Fundamentalismus beispielsweise in christlichen Kleinparteien, wie der Partei Bibeltreuer Christen (PBC) oder der Christlichen Mitte (CM). Die PBC hat bezeichnenderweise einen Vorsitzenden, der aus der Pfingstbewegung kommt und wird u.a. von Pfingstlern und Charismatikern maßgeblich unterstützt. Die CM, die vor allem durch ihre anti-islamische Propaganda hervortritt, ist in rechtskonservativen katholischen Milieus verwurzelt. Aus allen bisherigen Wahlergebnissen wird sichtbar, dass beide Parteien politisch einflusslos bleiben.

Diese Hinweise bedeuten nicht, dass christlich-fundamentalistische Orientierungen in ihren politischen Implikationen bedeutungslos wären und vernachlässigt werden können, wie dies die Praxis des Homeschoolings und Plädoyers für die Aufnahme des Kreationismus in Schulbücher zeigen. Der christliche Fundamentalismus in seinen protestantischen oder katholischen Spielarten stellt sich in unserem Kontext vor allem als kirchenpolitische, seelsorgerliche und ökumenische Herausforderung dar.

---

8. Martin Marty / R. Scott Appleby, Herausforderung Fundamentalismus. Radikale Christen, Moslems und Juden im Kampf gegen die Moderne, Frankfurt a. M. 1996, S. 214.

## 2 Das Prinzip der Übertreibung und der Missbrauch von Autorität

Orientiert man die Begriffsbestimmung von »fundamentalistisch« nicht primär historisch, sondern geht von gegenwärtigen Konflikten und ihrer öffentlichen Diskussion aus, so tritt die dunkle Seite christlicher Erweckungsfrömmigkeit ins Blickfeld. Der Fundamentalismusbegriff dient dann als Bewertungsbegriff für Fehlentwicklungen christlicher Frömmigkeit.

Religiöse Hingabebereitschaft kann ausgenutzt und missbraucht werden,

- die Orientierung an charismatischen Führerpersönlichkeiten kann das Mündig- und Erwachsenwerden im Glauben verhindern,
- die Berufung auf die Bibel und auf den Heiligen Geist kann funktionalisiert werden für ein problematisches Macht- und Dominanzstreben,
- das gesteigerte Sendungsbewusstsein einer Gruppe kann umschlagen in ein elitäres Selbstverständnis, das sich scharf nach außen abgrenzt, im Wesentlichen von Feindbildern lebt und Gottes Geist nur in den eigenen Reihen wirken sieht.

Ein Grundprinzip, das in fundamentalistischen Strömungen immer wieder in Erscheinung tritt, ist das Prinzip der Übertreibung. Einsichten des Glaubens werden so übertrieben, dass sie das christliche Zeugnis verdunkeln, ja verkehren. Dies bezieht sich zwar zuerst und vor allem auf das zur Verbalinspirationslehre gesteigerte Schriftprinzip – verbunden mit der Annahme einer absoluten Unfehlbarkeit der Bibel in allen ihren Aussagen –, darüber hinaus aber auch auf andere Ausdrucksformen und Motive der Frömmigkeit:

- das Motiv des wiederhergestellten urchristlichen Lebens;
- das Motiv der Unmittelbarkeit göttlichen Handelns; es bedeutet, dass beanspruchte Gotteserfahrungen einem Prozess der Prüfung und möglicher Korrektur nicht unterzogen werden;
- das Motiv autoritativer Vor- und Nachordnungen (zwischen Eltern und Kindern, Mann und Frau, Pastor und Gemeinde ...), die als Zeichen wahren christlichen Lebens verstanden und praktiziert werden;
- das Versprechen des geheilten und erfolgreichen Lebens;
- die Behauptung der Greifbarkeit und Lokalisierbarkeit Gottes und der Mächte des Bösen;
- ein weltbildhafter Dualismus, oft verbunden mit einem deutlichen Weltpessimismus. Rettung wird nur der eigenen Gruppe zuteil, während die übrige Welt dem erwarteten Untergang anheim fällt;
- elitäres Selbst- und Wahrheitsbewusstsein, Abgrenzung von der Außenwelt; wer nicht zur eigenen Gruppe gehört, wird abgeschrieben.

Die Gewichtung der genannten Motive ergibt sich u. a. daraus, mit welcher Intensität sich das zu Grunde liegende Motiv der Unfehlbarkeit der Heiligen Schrift mit ihnen verbindet. Aus der Vielfalt möglicher Ausprägungen des Fundamentalismus haben sich insbesondere zwei Gestalten ausgebildet, die im Folgenden näher erläutert werden.[9]

## 3 Wort- und Geistfundamentalismus – streitende Geschwister

Die eine Gestalt nimmt Bezug auf das unfehlbare Gotteswort in der Bibel (biblizistische, literalistisch-legalistische Orientierungen), die andere Gestalt sucht und findet Gewissheit in außergewöhnlichen Erfahrungen des Heiligen Geistes (enthusiastische, pfingstlich-charismatische, pentekostale Orientierungen). Biblizismus und Enthusiasmus können gesteigert werden und gewinnen dabei die Gestalten von Wort- und Geistfundamentalismus. Für beide (!) Gestalten ist charakteristisch, dass sie sich auf die biblische Tradition berufen und dabei von der wörtlichen Inspiriertheit der Bibel ausgehen. Beide Gestalten können sich mit bestimmten Annahmen zur Entstehung der Welt und des Menschen verbinden (Kreationismus), ebenso mit entsprechenden Annahmen vom Ende der Welt (Millennarismus). Im kreationistischen Gedankengut ist der Widerspruch zur Darwinschen Abstammungslehre zusammengefasst. In der Chicago-Erklärung zur Irrtumslosigkeit der Bibel von 1978 heißt es: »Wir verwerfen die Ansicht, dass die Unfehlbarkeit und Irrtumslosigkeit der Bibel auf geistliche, religiöse oder die Erlösung betreffende Themen beschränkt seien, sich aber nicht auf historische und naturwissenschaftliche Aussagen bezögen.«[10]

In den millennaristischen Perspektiven und dem Glauben an das Tausendjährige Reich (Chiliasmus) artikuliert sich der Protest gegen den Fortschrittsglauben der Moderne. Beide Gestalten tendieren dazu, wertkonservative und gesetzesethische Lebensorientierungen zu vermitteln. In beiden Gestalten ist die Sehnsucht nach Rückkehr in urchristliche Verhältnisse wirksam. Enthusiastische Orientierungen machen sich durchweg auch biblizistische Anliegen zu Eigen. Die Berufung auf religiöse Erfahrungen, auf Visionen, auf Worte der Erkenntnis, auf Glossolalie (Zungenrede), auf Heilungswunder, auf unmittelbare Eingebungen Gottes [...] sind der enthusiastische Weg zur Aufrichtung von religiöser Autorität. »Wunder, göttliche Krankenheilung, Dämonenaustreibung, Umfallen, Zittern, Lachen, Ekstase, spontaner Empfang des Sprachengebetes, übernatür-

---

9. Vgl. dazu Martin Riesebroth, Die Rückkehr der Religionen. Fundamentalismus und der »Kampf der Kulturen«, München 2000, v. a. S. 97 ff.

10. Der Text der Chicago-Erklärung ist abgedruckt in: Reinhard Hempelmann (Hg.), Handbuch der Evangelistisch-missionarischen Werke, Einrichtungen und Gemeinden, Stuttgart 1997, S. 372.

lich ausgelöster Lobpreis all das sind Phänomene, die sich oft und deutlich in der Bibel finden lassen. Sie sind biblisch.«[11]

Beide, Wort- und Geistfundamentalisten, würden den so genannten fünf »fundamentals« des christlichen Fundamentalismus (Unfehlbarkeit der Heiligen Schrift, Jungfrauengeburt, Sühnetod, leibliche Auferstehung, sichtbare Wiederkunft Christi), wie sie im zweiten Jahrzehnt des 20. Jahrhunderts in den USA formuliert wurden, zustimmen, ebenso den grundlegenden Sätzen, die bereits im Vorfeld der Entstehung des protestantischen Fundamentalismus im so genannten »Niagara Creed« festgehalten wurden.[12] Der eine leitet daraus eine kreationistische Position ab und ist daran interessiert, eine alternative Biologie und Geologie aufzubauen, dem anderen liegt an einer christlichen Psychologie oder am Powermanagement in der Kraft des Heiligen Geistes. Der in einer bestimmten Dispensationalismuskonzeption (mit der Entstehung des Kanons der Schrift ist die Zeit der Wunder zu Ende) begründete Ausschluss der Zeichen und Wunder für unsere heutige Zeit beruft sich ebenso auf die Schrift wie die emphatische Forderung, sie heute zur Normalität der Frömmigkeit werden zu lassen. Geist- und Wortfundamentalismus können als streitende Geschwister verstanden werden. Da der Geistfundamentalismus sich in nahezu allen Ausprägungen gegenüber einem Wortfundamentalismus inklusiv versteht und dessen Anliegen mitvertreten kann, ist hier Streit in grundsätzlicher Weise vorprogrammiert, wofür es in historischer Perspektive wie auch im Blick auf die gegenwärtige Situation zahlreiche Beispiele gibt. Der Geistfundamentalismus bietet alles, was der Wortfundamentalismus auch beinhaltet, kennt jedoch darüber hinaus ergänzende, steigernde Elemente.

Solche Differenzierungen zeigen, dass diejenigen Recht haben, die sagen, dass der Kern des christlichen Fundamentalismus nicht allein in dem Verständnis der Heiligen Schrift liegt, sondern in einer besonderen Art der Frömmigkeit, die von Fundamentalisten als die einzig richtige angesehen wird. »Fundamentalisten sind keine Buchstaben-Gläubigen oder zumindest keine konsequenten. Man könnte

---

11. Martin Benz, Wenn der Geist fällt, Metzingen 1995, S. 49.
12. Der Text findet sich bei Ernest R. Sandeen, The Roots of Fundamentalism. British and American Millenarism 1800–1830, Chicago 1970, S. 273. Im sog. Niagara Creed (einer bekenntnisartigen Formulierung der Niagara-Konferenz 1878) heißt es: »Wir glauben, ›daß die gesamte Schrift durch Inspiration von Gott eingegeben ist‹ (2. Tim 3, 16). Wir verstehen darunter das ganze Buch, genannt die Bibel. Wir bekennen dieses nicht in dem Sinne, wie man zuweilen törichterweise sagt, daß Werke menschlichen Geistes inspiriert seien, sondern in dem Sinne, daß der Heilige Geist vor alters den heiligen Männern die genauen Wörter der heiligen Schriften eingab, und daß seine heilige Inspiration nicht in unterschiedlichen Abstufungen erfolgte sondern in völliger Gleichheit und Fülle in allen Teilen dieser Schriften, den historischen, poetischen, lehrhaften und prophetischen, und auch das kleinste Wort betrifft, selbst die grammatische Flexion des Wortes, vorausgesetzt daß dieses Wort in den Originalmanuskripten enthalten ist.« Vgl. dazu auch Hubert Kirchner, Wort Gottes, Schrift und Tradition, Göttingen 1998, S. 52.

dagegen sagen, dass das Hauptproblem für einen fundamentalistischen Exegeten in der Entscheidung liegt, welcher Abschnitt wörtlich zu nehmen ist und welcher nicht.«[13] Damit ist auch ein wichtiger Hinweis für die Erklärung des Phänomens gegeben, dass die Ausbreitung christlich-fundamentalistischer Bewegungen Hand in Hand geht mit ständig neuen Abspaltungen und Denominationsbildungen. Wenn sich gegenwärtig ein Geistfundamentalismus als chancenreicher darstellt als ein reiner Wortfundamentalismus, liegt das u. a. darin begründet, dass er an Ausdrucksformen der religiösen Alternativkultur anknüpfen kann. In der so genannten »Dritten Welt« hat der Geistfundamentalismus zusätzliche kulturelle Anknüpfungsmöglichkeiten.

## 4 Anliegen des Evangelikalismus

Die Wurzeln der evangelikalen Bewegung liegen im Pietismus, Methodismus und der Erweckungsbewegung. Vorläufer hat sie in Bibel- und Missionsgesellschaften, in der Bewegung der Christlichen Vereine junger Männer und Frauen, der Gemeinschaftsbewegung sowie der 1846 gegründeten Evangelischen Allianz. Bereits die geschichtliche Entwicklung belegt, dass der Evangelikalismus an vorfundamentalistische Strömungen anknüpft und innerhalb der Bewegung ein breites Spektrum an Ausprägungen der Frömmigkeit erkennbar wird.[14] Auf der einen Seite steht die Heiligungsbewegung, aus der die Pfingstfrömmigkeit erwuchs, auf der anderen Seite steht ein sozial aktiver Typus evangelikaler Frömmigkeit, der Beziehungen aufweist zum Social Gospel. Ähnlich weit wird das Spektrum, wenn die gegenwärtige evangelikale Bewegung in ihrer weltweiten Verbreitung und Verzweigung ins Blickfeld kommt. Sie hat in unterschiedlichen Kontinenten durchaus verschiedene Profile. In Europa geht es neben konfessionsübergreifenden missionarischen und evangelistischen Aktivitäten u. a. auch darum, überschaubare Ergänzungen und Alternativen zu landes- bzw. volkskirchlichen Einrichtungen zu entwickeln. In Südafrika und Südamerika setzen sich evangelikale Kreise kritisch mit ihrer eigenen Tradition auseinander und sind darum bemüht, Evangelisation und soziale Verantwortung in einen engen Zusammenhang zu bringen. Sowohl die Frömmigkeitsformen wie auch die theologischen Akzente im Schriftverständnis, in den Zukunftserwartungen, im Verständnis von

---

13. James Barr, Fundamentalismus, München 1981, S. 77.

14. Vgl. zum Folgenden: Erich Geldbach, Art. Evangelikale Bewegungen, in: EKL Bd. I, Sp. 1186–1191; Ders., Art. Evangelikale Bewegung, in: Lexikon neureligiöser Gruppen, Szenen und Weltanschauungen, Sp. 338–344 (dort weitere Literatur); Friedhelm Jung, Die deutsche Evangelikale Bewegung – Grundlinien ihrer Geschichte und Theologie, Frankfurt a. M. 1992; Alister McGrath, Evangelicalism and the Future of Christianity, London 1993; Derek Tidball, Reizwort Evangelikal. Entwicklung einer Frömmigkeitsbewegung, Stuttgart 1999.

Kirche und Welt weisen kein einheitliches Bild auf. Gleichwohl lassen sich gemeinsame Anliegen in Theologie und Frömmigkeit benennen.

- Für evangelikale Theologie und Frömmigkeit charakteristisch ist die Betonung der Notwendigkeit persönlicher Glaubenserfahrung in Buße, Bekehrung/Wiedergeburt und Heiligung sowie die Suche nach Heils- und Glaubensgewissheit.
- In Absetzung von der Bibelkritik liberaler Theologie wird die Geltung der Heiligen Schrift als höchster Autorität in Glaubens- und Lebensfragen unterstrichen. Entsprechend der theologischen Hochschätzung der Heiligen Schrift ist eine ausgeprägte Bibelfrömmigkeit kennzeichnend.
- Als Zentrum der Heiligen Schrift wird vor allem das Heilswerk Gottes in Kreuz und Auferstehung Jesu Christi gesehen. Der zweite Glaubensartikel wird im theologischen Verständnis und in der Frömmigkeit akzentuiert. Die Einzigartigkeit Jesu Christi wird pointiert hervorgehoben. Evangelikale Religionstheologie ist exklusivistisch geprägt.
- Gebet und Zeugendienst stehen im Mittelpunkt der Frömmigkeitspraxis. Gemeinde bzw. Kirche werden vor allem von ihrem Evangelisations- und Missionsauftrag her verstanden.
- Die Ethik wird vor allem aus den Ordnungen Gottes und der Erwartung des Reiches Gottes heraus entwickelt.

Mit diesen Akzenten in Theologie und Frömmigkeit ist der personale Aspekt des Glaubens betont, während der sakramentale zurücktritt. Das Verhältnis zwischen evangelikaler Bewegung und katholischer Kirche gestaltete sich über lange Zeit eher distanziert. Inzwischen sind von beiden Seiten zahlreiche gemeinsame Anliegen entdeckt worden, keineswegs nur in Fragen der individuellen Ethik. Durch seine Modernitäts- und Relativismuskritik spricht Papst Benedikt XVI. vielen Evangelikalen aus dem Herzen.

Kristallisationspunkt der Sammlung der Evangelikalen im deutschsprachigen Raum ist die Deutsche Evangelische Allianz, die sich zunehmend in Richtung einer evangelikalen Allianz entwickelt hat. Zentrale Dokumente der Bewegung sind die Allianz-Basis (in Deutschland/Österreich und der Schweiz in unterschiedlichen Fassungen) und die Lausanner Verpflichtung von 1974, die durch das Manila-Manifest (1989) bekräftigt und weitergeführt wurde. Vor allem mit der Lausanner Verpflichtung bekam die weit verzweigte evangelikale Bewegung ein wichtiges theologisches Konsensdokument, welches zeigt, dass sie sich nicht allein aus einer antiökumenischen und antimodernistischen Perspektive bestimmen lässt, sondern in ihr die großen ökumenischen Themen der letzten Jahrzehnte aufgegriffen werden (z. B. Verbindung von Evangelisation und sozialer Verantwortung, Engagement der Laien, Mission und Kultur). Im Unterschied zur ökumenischen Bewegung, in der Kirchen miteinander

Gemeinschaft suchen und gestalten, steht hinter der evangelikalen Bewegung das Konzept einer evangelistisch-missionarisch orientierten Gesinnungsökumene, in der ekklesiologische Eigenarten und Themen bewusst zurückgestellt und im evangelistisch-missionarischen Engagement und Zeugnis der entscheidende Ansatzpunkt gegenwärtiger ökumenischer Verpflichtung gesehen wird. Evangelikalen und pfingstlich-charismatischen Gruppen geht es nicht um die offizielle Kooperation und Gemeinschaft von Kirchen, wie dies in der Arbeitsgemeinschaft Christlicher Kirchen (ACK) geschieht, sondern um eine transkonfessionell orientierte Gesinnungsgemeinschaft auf der Basis gleichartiger Glaubenserfahrungen und -überzeugungen.

Der »Aufbruch der Evangelikalen«[15] im deutschsprachigen Raum konkretisiert sich in zahlreichen missionarischen Aktionen, Konferenzen, Gemeindetagen, theologischer Forschung (die in den letzten Jahren einen deutlichen Kompetenzgewinn verzeichnen kann) und überaus erfolgreichen publizistischen Aktivitäten, die sich z. T. in Parallelstrukturen zu kirchlichen Initiativen vollziehen. Das Profil der evangelikalen Bewegung in Deutschland ist einerseits durch das Gegenüber zur pluralen Volkskirche und Kritik an bestimmten kirchlichen Entwicklungen bestimmt, andererseits auch durch konstruktive Kooperation in verschiedenen Initiativen. Erich Geldbach weist darauf hin, dass die evangelikale Bewegung in steigendem Maße durch »intellektuelle Offenheit und irenischen Geist« gekennzeichnet ist.[16] Diese Einschätzung trifft jedoch nicht gleichermaßen auf alle Ausdrucksformen des Evangelikalismus zu.

## 5 Ausprägungen des Evangelikalismus

Auch im deutschsprachigen Kontext werden verschiedene Typen und Ausprägungen des Evangelikalismus erkennbar, die sich berühren, überschneiden, teilweise auch deutlich unterscheiden:

- *Der klassische Typ*, der sich in der Evangelischen Allianz (gegründet 1846), der Gemeinschaftsbewegung und der Lausanner Bewegung konkretisiert und vor allem Landeskirchler und Freikirchler miteinander verbindet. Dieser Strang knüpft an die »vorfundamentalistische« Allianzbewegung an und stellt den Hauptstrom der evangelikalen Bewegung dar.
- *Der fundamentalistische Typ*, für den ein Bibelverständnis charakteristisch ist, das von der absoluten Irrtumslosigkeit (inerrancy) und Unfehlbarkeit (infallibility) der »ganzen Heiligen Schrift in jeder Hinsicht« ausgeht (vgl.

---

15. Vgl. dazu Fritz Laubach, Der Aufbruch der Evangelikalen, Wuppertal 1972.
16. Erich Geldbach, ebd., S. 338.

Chicago-Erklärung [17]). Kennzeichnend ist ebenso sein stark auf Abgrenzung gerichteter, oppositioneller Charakter im Verhältnis zur historisch-kritischen Bibelforschung, zur Evolutionslehre, zu ethischen Fragen (Abtreibung, Pornographie, Feminismus etc.). Da ein fundamentalistisches Schriftverständnis unterschiedliche Frömmigkeitsformen aus sich heraus entwickeln kann, differenziert sich der fundamentalistische Typ in verschiedene Richtungen.

- *Der bekenntnisorientierte Typ*, der an die konfessionell orientierte Theologie, die altkirchlichen und die reformatorischen Bekenntnisse anknüpfen möchte und sich in der Bekenntnisbewegung »Kein anderes Evangelium« und der »Konferenz Bekennender Gemeinschaften« konkretisiert.
- *Der missionarisch-diakonisch orientierte Typ*, der die Notwendigkeit einer ganzheitlichen Evangelisation hervorhebt, in der Evangelisation und soziale Verantwortung in ihrer engen Zusammengehörigkeit akzentuiert werden. Dieser Typ ist u.a. in der »Dritten Welt« bei den »social concerned evangelicals« verbreitet, im deutschsprachigen Raum ist er eher unterrepräsentiert. Er findet seinen Ausdruck u. a. in Projekten, die an einer Kontextualisierung von Evangelisation und Mission interessiert sind.
- *Der pfingstlich-charismatische Typ*, dessen Merkmal eine auf den Heiligen Geist und die Charismen (u. a. Prophetie, Heilung, Glossolali) bezogene Frömmigkeit ist und der sich seinerseits nochmals vielfältig ausdifferenziert und mindestens drei verschiedene Richtungen ausgebildet hat: innerkirchliche Erneuerungsgruppen, pfingstkirchliche Bewegungen, neocharismatische Zentren und Missionswerke, die sich als konfessionsunabhängig verstehen, theologisch und in der Frömmigkeitspraxis eine große Nähe zur Pfingstbewegung aufweisen.

Zu allen Typen gibt es entsprechende Gruppenbildungen und entsprechende Grundlagentexte.[18] Erst in den letzten Jahren ist die Weitläufigkeit der evangelikalen Bewegung auch im deutschsprachigen Raum offensichtlich geworden, unter anderem durch die Annäherung zwischen Evangelikalen und Charismatikern. Zur ökumenischen Bewegung, wie sie durch den Genfer Ökumenischen Rat der Kirchen (ÖRK) vertreten wird, hat der oben genannte missionarisch-diakonisch orientierte Typ die größte Affinität, während der fundamentalistische Typ die größte Distanz zu ihr hat. In deutlicher Skepsis gegenüber der Ökume-

---

17. Abgedruckt in: Reinhard Hempelmann (Hg.), Handbuch der Evangelistisch-missionarischen Werke, Einrichtungen und Gemeinden, S. 370 ff.
18. Einzelne Grundlagentexte finden sich im Anhang des Handbuches der Evangelistisch-missionarischen Werke, Einrichtungen und Gemeinden, S. 349–382. Zu dem bekenntnisorientierten Typ des Evangelikalismus siehe: Weg und Zeugnis. Dokumente und Texte der Bekenntnisgemeinschaften. Kirchliche Zeitgeschichte 1980–1995 hg. Bekenntnisbewegung »Kein anderes Evangelium«, Lahr 1998.

ne stehen auch der bekenntnisorientierte Typ und der pfingstlich-charismatische Typ, v. a. der nicht konfessionsgebundene Teil der charismatischen Bewegung und große Bereiche der Pfingstbewegung. Das Selbstverständnis zahlreicher Gemeinschaftsbildungen und Aktionen als »überkonfessionell« oder »interkonfessionell« kann falsche Assoziationen wecken. Es suggeriert ökumenische Weite, dabei geht es eher um ein bestimmtes christliches Profil und weniger um die Anerkennung von Vielfalt. Vor allem dann, wenn Vertreter evangelikaler oder pfingstlich-charismatischer Bewegungen dazu neigen, ihre Glaubensform absolut zu setzen und nur evangelikal orientierte Gläubige als Christinnen und Christen anerkennen, provozieren sie Vorbehalte und Unbehagen. Die Antwort auf die Frage »Wer ist ein Christ?« lässt sich angemessen nicht allein durch Bezugnahme auf eine besondere Frömmigkeitsform beantworten. Vielmehr ist anzuerkennen, dass es eine Vielfalt und Unterschiedlichkeit von authentischen christlichen Lebens- und Frömmigkeitsformen gibt.

## 6 Fundamentalismus als Gefährdung des Evangelikalismus

Von dem Philosophen Ludwig Wittgenstein stammt das Diktum »Die Bedeutung eines Wortes ist sein Gebrauch in der Sprache«. Fundamentalismus ist im deutschsprachigen Kontext vor allem ein Bewertungsbegriff, der auf die Schattenseiten und Fehlentwicklungen protestantischer Erweckungsfrömmigkeit hinweist; er ist eine zentrale Gefährdung des Evangelikalismus. Zwar gibt es unverkennbar Überschneidungen zwischen Fundamentalismus und Evangelikalismus, eine Gleichsetzung ist jedoch weder historisch noch phänomenologisch gerechtfertigt. In historischer Perspektive war die fundamentalistische Bewegung nicht Fortsetzung des Evangelikalismus, sondern ein neues, modernes Phänomen, das »aus einer Verengung des evangelikalen Erbes des 18. Jahrhunderts hervorgegangen«[19] ist. Auch die Gründung (1942) der National Association of Evangelicals (NAE) ist nicht als Weiterführung des Fundamentalismus unter anderem Namen zu verstehen. Insofern lässt sich eine Identifikation von Evangelikalismus und Fundamentalismus auch im Blick auf die USA historisch nicht rechtfertigen, obgleich sie sich heute durch die zunehmende Politisierung evangelikaler Strömungen nahe legt.

## 7 Verhältnisbestimmung zur reformatorischen Theologie

Fundamentalistische Bewegungen beantworten die Frage nach christlicher Identität hauptsächlich und primär durch Abgrenzung – antipluralistisch, antiherme-

---

19. Erich Geldbach, Protestantischer Fundamentalismus in den USA und Deutschland, Münster u. a. 2001, S. 89.

neutisch, antifeministisch, antievolutionistisch – bei gleichzeitiger Aufrichtung starker »patriarchalischer« Autorität. Der Evangelikalismus will stärker positiv arbeiten und nicht nur negativ auf die moderne Gesellschaft reagieren. In beiden Strömungen kommen Aspekte zum Tragen, die den Protestantismus von Anfang an bestimmt haben: die Orientierung am Wort Gottes (*sola scriptura*) und die Konzentration auf das Elementare und Fundamentale – das unbedingte Vertrauen auf den einen Gott, der sich in Christus den Menschen zuwendet. Fundamentalismus und Evangelikalismus rezipieren diese Anliegen in je besonderer Weise. Wie verschieden die Rezeption erfolgen kann, zeigt die im deutschsprachigen Raum intensiv geführte Debatte über die Frage der Bibeltreue verschiedener evangelikaler Ausbildungsstätten.

Der Fundamentalismus beantwortet die offenen Fragen protestantischer Lebens- und Glaubensgestaltung in einer verzerrenden Weise, indem etwa die wahre Auslegung der Bibel durch ein Verbalinspirationsdogma gesichert werden soll. Faktisch wird damit die Unverfügbarkeit des göttlichen Wortes eingeschränkt. Die Freiheit im Umgang mit der Bibel und der historischen Wissenschaft wird verleugnet. Stilfragen werden mit kanonischen Fragen verwechselt. Beide Bewegungen, der christliche Fundamentalismus wie der Evangelikalismus, haben von Anfang an den Anspruch erhoben, das Erbe der Reformation treu zu bewahren, auch und gerade in ihrer Auffassung von der Bibel. Im Mittelpunkt theologischer Auseinandersetzung mit ihnen werden insofern immer auch Fragen der Bibelauslegung zu stehen haben. Eine theologische Kritik fundamentalistischer Strömungen wird deutlich machen müssen, warum ihre Denkformen und ihre Praxis zentrale Anliegen des christlichen Glaubens verfehlen. Bereits die so genannten fünf *fundamentals*, auf die sich die anfängliche christlich-fundamentalistische Bewegung bezieht, artikulieren in der Themenauswahl das christliche Glaubensverständnis reduktionistisch. Sie beziehen sich auf das Bibelverständnis und das Verständnis Jesu Christi, bringen jedoch nicht die Fülle des christlichen Glaubens in seiner trinitarischen Struktur zur Geltung.

In der Frage der Begründung der Glaubensgewissheit differieren reformatorisches und fundamentalistisches Bibelverständnis an einem entscheidenden Punkt. Die reformatorische Theologie verzichtete darauf, die Verlässlichkeit des göttlichen Wortes durch ein Verbalinspirationsdogma zu sichern. Ebenso verneinte sie eine prophetische Unmittelbarkeit, die sich vom Wort der Schrift und den äußeren Mitteln göttlicher Gnadenmitteilung loslöst und bestand auf der Wortbezogenheit des Geistwirkens. Gegenüber einem Wortfundamentalismus ist hervorzuheben, dass es Gottes heilvolle Nähe in seinem Wort nur in gebrochenen und vorläufigen Formen gibt. Die Bibel ist weder in den zentralen reformatorischen Bekenntnistexten noch in den altkirchlichen Symbolen Gegenstand des Heilsglaubens. In der Bibel lässt sich Gott durch Menschen bezeugen und spricht durch die fehlerhafte Grammatik menschlicher Sprache. Deshalb gibt es kein beweisbares, kein sichtbares Wort Gottes. Im christlichen Zeugnis wird der Unterschied zur Wahrheit, die es bezeugt, gewahrt. Das göttliche Wort gibt es nicht pur, es verbirgt sich im unzulänglichen Menschenwort und lässt sich darin zugleich finden. Fundamentalistische Strömungen leugnen solche Spannungen, sie ersetzen Gewissheit durch Sicherheit und lassen sich von einer Vollkasko-Mentalität beherrschen, die die Wahrheit des Glaubens an den dreieinigen Gott der Anfechtung entzieht.

## 8 Zwischen Fundamentalismus und Relativismus

Das Erstarken evangelikaler und fundamentalistischer Strömungen deutet darauf hin, dass der Nachweis von Modernitätsverträglichkeit als Zentrum christlicher Identitätsbestimmung nicht ausreicht. Zahlreiche Ausdrucksformen von Moderne und Postmoderne und kirchliche wie theologische Arrangements mit ihnen sind in die Krise geraten. Aufgabe für eine auf die Zukunft gerichtete und an den reformatorischen Bekenntnissen orientierte Theologie und Kirche kann nur sein, fundamentalistische Ideologisierungen der eigenen Glaubensbasis ebenso zu vermeiden wie eine Kapitulation vor den Dogmen gesteigerter Säkularität, die jeden religiösen Wahrheitsanspruch unter das Fundamentalismusverdikt stellt. Die christlichen Kirchen und Gemeinden können in Treue zum reformatorischen Erbe nur einen Weg zwischen Relativismus und Fundamentalismus gehen und ihre Wahrheits- und Glaubensgewissheit mit Dialogbereitschaft und Hörfähigkeit verbinden.

# Teil V

# Aspekte des islamischen Erbes Europas

# Wechselwirkungen zwischen Orient und Okzident in der Philosophie

Behzad Khamehi [1]

## 1 Einleitung

Das Streben nach Wissen und wissenschaftlichem Fortschritt genießen im Islam einen sehr hohen Stellenwert. Es gibt viele Aussprüche des Propheten Mohammed und anderer islamischer Persönlichkeiten, die dies betonen. Nur wenn diese wissenschaftlichen Errungenschaften der Schöpfung und den Geschöpfen Gottes Schaden zufügen oder den göttlichen Lehren widersprechen, sind diese Fortschritte aus islamischer Sicht abzulehnen.

In den ersten Jahrhunderten der Ausbreitung des Islams gab es deshalb sehr große und vielfältige wissenschaftliche Anstrengungen. *Baytu-l-Hikma*, das ›Haus der Weisheit‹, das ca. im 9. Jahrhundert n. Chr. in Bagdad gegründet wurde, wurde zu einem herausragenden Wissenschaftszentrum mit innovativen astronomischen Observatorien und sogar einer öffentlichen Bibliothek. Schon in der Frühzeit des Islams wurden Muslime in die unterschiedlichsten Länder entsandt, um Schriften zu sammeln und sich mit den dort bekannten Wissenschaften zu beschäftigen. Auf diese Weise gelang es den Muslimen, eine sehr große Sammlung von Büchern zur Medizin, Philosophie, Mathematik, Astronomie, Literatur und anderen Wissenschaften zusammenzutragen. So soll der Bestand der Bibliothek in Basra vier Millionen Bücher, der Bibliothek in Kairo drei Millionen Bücher umfasst haben.

Viele von muslimischen Wissenschaftlern verfasste Bücher wurden Jahrhunderte später ins Lateinische übersetzt und bildeten eine wertvolle Grundlage für die Wissenschaftler im Westen.

---

[1]. Der Vortrag wurde am 11. März 2006 auf der Tagung »Europas islamisches Erbe« der Evangelischen Akademie Rheinland gehalten.

*Jâber ibn Hayyan* (721–815) gilt z. B. als Begründer der Chemie. Die alle Zweige der Astrologie umfassenden Lehrbücher des Astrologen *Al-Balchi* (790–886) wurden dreihundert Jahre nach seinem Tod vollständig ins Lateinische übersetzt und noch im 16. Jahrhundert mehrfach gedruckt. *Al-Kindi* (ca. 800–870) beschäftigte sich in seinen ca. 240 Werken vor allem mit der aristotelischen und platonischen Philosophie. *Razi* (865–921) war Arzt, Philosoph und Alchemist in einer Person. Er verfasste ein 30bändiges Werk über die Medizin (*al-Hawi*), und sein fünfbändiges Werk über die Optik wurde 1279 ins Lateinische übersetzt und noch in der Mitte des 16. Jahrhunderts als die zuverlässigste Arbeit über das Auge, dessen Erkrankungen und deren Behandlung angesehen. *Al-Khwarizmi*, der im 9. Jahrhundert lebte, war Astronom und Mathematiker; von ihm stammen die ältesten systematischen Lehrbücher über die Gleichungslehre und über das Rechnen mit arabischen Ziffern. *Abu-l-Wafa* (940–988), ein iranischer Mathematiker und Astronom, befasste sich mit der sphärischen Trigonometrie und führte den Sinussatz und die Tangentenregel ein. *Ibn Sina* (980–1037), der im Okzident auch unter dem Namen Avicenna bekannt wurde, war Philosoph und Arzt. Sein Hauptwerk über die Medizin war die wissenschaftliche Grundlage für die Medizin des Abendlandes. Viele Jahrhunderte lang war es an den Universitäten Europas das wichtigste Lehrbuch für Ärzte.

*Ibn al-Hatham* (965–1039) gilt als der größte Physiker des Mittelalters. *Abu Rayhan al-Biruni* (973–1048) war einer der größten Gelehrten des islamischen Mittelalters. Mehr als hundert Schriften verfasste er zur Geographie, Geschichte, Astronomie, Mathematik und Pharmazie. Er erfand eine Methode, um den Radius der Erde zu messen, bestimmte spezifische Gewichte und konstruierte das erste Pyknometer [2]. *Omar Khayyam* (1048–1131) war nicht nur ein berühmter Dichter, sondern auch Mathematiker und Astronom, der die kubischen Gleichungen und ihre Wurzeln übersichtlich darstellte und sich vor allem mit der Parallelenlehre und den irrationalen Zahlen befasste.

*Ibn Rushd* (1126–1198), der im Westen unter dem Namen *Averroes* bekannt ist, war Philosoph und Arzt. Er kommentierte die Werke von Aristoteles in elf Bänden, die im 16. Jahrhundert ins Lateinische übersetzt wurden.

Der Historiker *Ibn Khaldun* (1332–1406) befasste sich mit Gesellschaften und Kulturen und versuchte, historische Veränderungen und Entwicklungen auf der Grundlage gesellschaftlicher Gesetzmäßigkeiten zu erklären. Seine Werke [3] fanden in Europa insbesondere seit dem 19. Jahrhundert und seit dem Entstehen der Soziologie als eigenständiger Wissenschaft große Beachtung.

Das sind nur einige wenige Beispiele von großen islamischen Wissenschaft-

---

2. Pyknometer sind birnenförmige Gefäße, mit denen man das spezifische Gewicht (bzw. die Dichte) von Flüssigkeiten oder festen Körpern bestimmen kann.

3. Zu seinen bekanntesten Arbeiten gehört das *Kitab al-ibâr* über die Weltgeschichte.

lern und Gelehrten, deren Werke viele Jahrhunderte nach ihrem Tod noch ins Lateinische übersetzt und in den europäischen Universitäten gelehrt wurden.

## 2 Die Bedeutung Ibn Sinas und Ibn Rushds für die Philosophie des Westens

Aus Sicht der Philosophie sind es jedoch insbesondere Ibn Sina, der in Persien lehrte, und Ibn Rushd, der in Cordoba lehrte, die Europa sozusagen geistige Entwicklungshilfe leisteten und die die antike Philosophie vor der Vergessenheit bewahrt haben. Nach dem Zusammenbruch des Römischen Reiches im fünften Jahrhundert ging ein Großteil des intellektuellen Erbes, der griechischen und lateinischen Schriften, für den Westen verloren. Die Ausbreitung des Islams im siebten Jahrhundert über den gesamten Nahen und Mittleren Osten, über Spanien bis nach Frankreich und Süditalien brachte den europäischen Universitäten eine enorme Entwicklung und inspirierte das mittelalterliche Europa zur Entwicklung seiner Fähigkeiten auf vielen wissenschaftlichen Gebieten. Nachdem Platos Akademie 529 geschlossen wurde, wechselten einige Gelehrte an die persische nestorianische Akademie Dschundischapur, und setzten dort ihre Forschungen fort. Die medizinische und philosophische Schule von Alexandria siedelte zunächst nach Antiochia, dann nach Harran und schließlich nach Bagdad über. Aber auch die Sabäer der Stadt Harran übersetzten griechische naturwissenschaftliche und philosophische Texte ins Arabische.

Viele Originaltexte der antiken Philosophie sind nicht erhalten, und die arabischen Übersetzungen und Kommentare dazu sind deshalb oftmals die einzigen verfügbaren Quellen. Daran kann man den besonderen Stellenwert und die herausragende Bedeutung dieser Philosophen und Kommentatoren für die westliche Philosophie ermessen, die oftmals als Verbindung zwischen der griechischen Philosophie und der christlichen Scholastik im Mittelalter angesehen werden. Es waren muslimische Gelehrte, die die Schätze der antiken griechischen Philosophie, Bildung und vieler anderer Wissenschaften für die Nachwelt bewahrt haben und auf deren Grundlage christliche Gelehrte nicht nur mit den Grundbegriffen der aristotelischen Metaphysik und Logik bekannt wurden, sondern auch mit dem Denken der islamischen Gelehrten und Wissenschaftler und daraus neue wissenschaftliche und kulturelle Impulse entwickelten. Ebenso wichtig wie die Vermittlung der Inhalte war aber auch die Vermittlung der Methode der Beobachtung und Erfahrung, die die muslimischen Wissenschaftler exzellent beherrschten. In diesem Sinne übernahmen sie das erlangte Wissen nicht nur, sondern sie überprüften es, verglichen es, kritisierten es und gelangten dadurch zu ausgearbeiteten Verfeinerungen und neuen Konzepten. Diese Suche nach der Wahrheit und Weisheit war nicht nur Zweck der griechischen, sondern vor allem auch der islamischen Philosophie, wenn man die eingangs erwähnte Aufforderung zur Suche nach Wissen bedenkt.

Die islamischen Philosophen kamen durch die Formulierung neuer metaphysischer Synthesen auf der Grundlage der koranischen Sichtweise zu einer Auffassung von Gott und Schöpfung, die mit der Sichtweise der Philosophie übereinstimmte. Den ersten Versuch, seine philosophische Vorstellung von Gott und der Schöpfung mit den koranischen Aussagen in Einklang zu bringen, unternahm *Al-Kindi*, der die Schöpfung als allein in dem Willen Gottes begründet und folglich keine Notwendigkeit sah, den Koran neu zu interpretieren. Im Unterschied dazu übernahmen *Al-Farabi*, der Theoretiker einer neuplatonischen emanativen Kosmologie, und *Ibn Sina* mit seiner Theorie vom Notwendig Seienden und vom Ursprung der rationalen menschlichen Seele die Ansicht von Aristoteles, wonach die Welt ewig sei, Gott Einzelheiten auf eine allgemeine Weise kenne und die Seele unsterblich sei, während die Lehre von der Auferstehung des Körpers geleugnet wurde. Nach ihrer Ansicht ist die koranische Sprache in dieser Hinsicht absichtlich figurativ, damit die koranischen Inhalte für die meisten Menschen verständlich sind. Die richtige Interpretation der koranischen Wahrheit jedoch, zu der nur der Philosoph allein befähigt ist, stimmt mit der philosophischen Wahrheit überein. In diesem Sinne muss sich also die Offenbarungssprache der Philosophie anpassen. Nach Ibn Sina kann aber jeder, dem es in seinem Leben nicht gelingt, philosophisches Wissen zu erlangen, immer noch die jenseitige Glückseligkeit erlangen, wenn er im Diesseits die offenbarten Gesetze und Vorschriften befolgt.

Diese Sichtweise stieß bei Theologen, allen voran bei *Al-Ghazali* (1058/59–1111 n. Chr.), auf vehemente Kritik und Ablehnung. In seiner bekannten Schrift *Tahâfut al-Falâsifa*, d. h. die ›Widerlegung der Philosophen‹, argumentiert er, dass diese Theorien dem Koran widersprächen und warf ihnen Unglauben vor.

Nach Al-Ghazalis Ansicht hatten sie es versäumt, ihre metaphysischen Theorien von der Einheit Gottes, dem Glauben an die Engel und Propheten Gottes usw. zu beweisen. Al-Ghazali gelang es in seiner Argumentation, die Auseinandersetzung zwischen Theologen und Philosophen zum Nachteil der Philosophen zu entscheiden, wobei er sich allerdings rationaler philosophischer Methoden und Argumente bediente.

Die umfassendste und entschiedenste Entgegnung auf Al-Ghazalis Schrift kam von Ibn Rushd. Indem er in seiner Schrift *Tahâfut at-Tahâfut*, die ›Widerlegung der Widerlegung‹, Ghazalis Text zitiert und Abschnitt für Abschnitt kommentiert, auch wenn er ihn nicht in allen Punkten widerlegt hat, hat er doch die Schwächen in den Argumentationen Al-Ghazalis aufgewiesen.

Europa hat seit dem 11. Jahrhundert begonnen, die Bücher der muslimischen Philosophen und Wissenschaftler ins Lateinische zu übersetzen. Die von Ibn Rushd übersetzten Kommentare zu Aristoteles wurden in Spanien ins Lateinische übersetzt und wurden dann in Paris z. B. von Thomas von Aquin gelesen, der 1270 in *Über die Einheit des Intellekts gegen die Averroisten* eine Kritik darauf verfasste.

Ein weiterer Philosoph, der ein völlig anderes Konzept entwarf als z. B. Ibn Rushd war *Shaykh Shihâb ad-Din Suhrawardi* (1153–1191 n. Chr). Dem religiösen Mystizismus Suhrawardis standen die orthodoxe islamische Geistlichkeit und vor allem auch die religiösen Autoritäten misstrauisch und ablehnend gegenüber.

Ein Beiname Suhrawardis ist *Shaykh al-Ishrâq*, ›Meister der Erleuchtung‹, weil seine philosophische Lehre der Erleuchtung großen Einfluss in der islamischen Welt hatte, wenngleich ihm in der westlichen Welt eine ähnliche Bekanntheit wie Ibn Sina oder Ibn Rushd versagt blieb, weil seine Werke nicht ins Lateinische übertragen wurden. Deshalb werde ich seine Ansichten etwas ausführlicher darlegen.

Zu seinen bekanntesten Werken zählen seine Abhandlungen, in denen er sich mit der aristotelischen Philosophie auseinandersetzt und seine Philosophie der Erleuchtung entwickelt.[4] Suhrawardi, der sich selbst als einen Vertreter der Peripatetik wie auch als Sufi ansah, beschreibt darüber hinaus seine Ideen in einer Reihe von kürzeren doktrinären Schriften wie z. B. *Hayâkil an-Nûr* (›Die Lichtaltäre‹).

Die symbolischen Erzählungen und mystischen Geschichten stehen nicht nur für die Eloquenz Suhrawardis, sie faszinieren darüber hinaus durch ihre eindrucksvolle Veranschaulichung der mystischen Seelenreise zu Gott.[5] Wie aus seiner Interpretation der aristotelischen Lehre deutlich wird, stand Suhrawardi unter dem Einfluss von Ibn Sina, und er hat nicht nur Schriften Ibn Sinas ins Persische übersetzt wie z. B. *Risâlat at-Ta'ir*, sondern auch Kommentare dazu verfasst.

Die Gesamtheit seiner Werke und die vielfältigen Kommentare, die darüber verfasst wurden, haben in den nachfolgenden Jahrhunderten die Philosophie insbesondere Persiens aber auch der indischen mystischen Gemeinschaften entscheidend beeinflusst. Suhrawardi verband in seiner Philosophie der Erleuchtung die Hauptströmungen der vorislamischen theosophischen Tradition des alten Iran und Ägyptens, der hermetischen Tradition und hellenistischen Lehren, neuplatonische, neupythagoreische, aristotelische und zoroastrische Aspekte und Elemente ebenso wie den Symbolismus der Alchemie.

Sein Hauptwerk zu dieser Lehre, *Hikmat al-Ishrâq*, verfasste Suhrawardi innerhalb weniger Monate fünf Jahre vor seinem Tod. Er selbst nannte es eine Ein-

---

4. Talwîhat, Muqawwamât, Mutârahât und Hikmat al-Ishrâq.

5. Hierzu zählen insbesondere *'Aql-e surkh* (›Der rote Intellekt«), *Safîr-e Sîmurgh* (›Das Flöten des Simurgh‹), *Risâlah fî al-Mirâj* (›Abhandlung über die nächtliche Himmelsreise‹), *Lughat-e mûrân* (›Die Worte der Ameisen‹), *Awâz-e par-e Jibrîl* (›Der Klang der Schwinge Gabriels‹) usw.

gebung, die nur von jenen verstanden werden könne, die selbst vom Geist und dem Licht der Gnosis erleuchtet seien. In zwei große Abschnitte unterteilt, befasst sich Suhrawardi darin mit der Logik und der Kritik der peripatetischen Philosophie, wobei er bestimmte grundlegende metaphysische und logische Aspekte der aristotelischen Lehren, wie z. B. die Definition der Essenz und die Lehre von der Materie, kritisiert. So können uns die differenzierenden Attribute eines definierten Objektes nur dann Wissen über dieses Objekt geben, wenn die Attribute in dieser Anordnung nur in diesem Objekt existieren. Er modifiziert beispielsweise die aristotelische Klassifizierung der Zufallskategorien, indem er Relation, Zeit, Ort, Lage, Aktivität und Passivität unter dem Begriff ›Relation‹ (*nisbah*) zusammenfasst und diese mit den Kategorien Qualität, Quantität, und Bewegung ergänzt.

Ein anderer zentraler Punkt ist die Frage der Priorität der Existenz (*wujûd*) gegenüber der Essenz (*mâhiyya*). Während die Anhänger der aristotelischen Lehre wie auch viele Mystiker der Existenz Ursprünglichkeit zuschreiben und der Essenz Zufälligkeit, die aus der abstrahierten Begrenzung einer äußerlich realen Existenz im Intellekt entsteht, behauptet Suhrawardi, dass die Existenz nur im Intellekt existiert. Er kommt zu dem Schluss, dass das Mögliche keine objektive Existenz hat, denn sonst müsste es zugleich als potentiell und real angesehen werden, was ein Widerspruch ist; denn wäre es Zufall, würde dies etwas bedingen, das es als Zufall erkennt, und wenn dieses Bedingte nicht Existenz ist, dann macht das deutlich, dass dieses Bedingte ohne Existenz ist.

Somit versteht Suhrawardi die Essenz als eine Seinsstufe. Die Welt ist real in ihrer Existenz und potentiell, was ihre Eigenschaften und Attribute anbelangt. Deshalb sieht Suhrawardi eine Diskussion über die Grundsätzlichkeit von Existenz und Essenz als nutzlos an.

Das Wesen oder die Essenz ist bei Aristoteles das Bleibende, weil an den vergänglichen Dingen alle Formen wechseln, und das, was bleibt, ist die unbestimmte Materie (*prote hyle*) des ›seinkönnenden Wesens‹. Das wirkliche Wesen ist die ewige Form (*eidos*).

Suhrawardi hingegen unterscheidet Körper in Form und Materie. Demnach ist ein Körper eine einfache ›äußerliche Substanz‹ (*jawhar basît*), die entweder einfach ist oder zusammengesetzt. In sich selbst jedoch, d. h. in ihrer eigenen Essenz, ist diese Substanz ein Körper (*jism*). Veränderungen sind zurückzuführen auf die Fähigkeit zu Verbindung und Trennung; das bedeutet, es entsteht zwischen den Eigenschaften der ursprünglichen Elemente des Körpers eine neue Eigenschaft. Suhrawardi unterteilt die Körper nach ihrer Akzeptanz von Licht. So gibt es beispielsweise Körper, die kein Licht eintreten lassen, andere, die dies zulassen und wieder andere, die verschiedene Intensitäten von Licht zulassen.

Im zweiten Teil von *Hikmat al-Ishrâq* widmet sich Suhrawardi der Diskussion von Licht, Angelologie, Ontologie, Physik, Psychologie, Eschatologie und der spirituellen Einheit.

*Ishrâq* (›Erleuchtung‹) ist ebenso wie *mashriq* (›Orient‹, ›Ort des Sonnenaufgangs‹) abgeleitet von *sharaqa* (›leuchten‹, ›strahlen‹, ›aufgehen‹). In historischem und metaphysischem Sinne beschreibt es den Versuch, z. B. durch Askese und Läuterung Erleuchtung zu erlangen. Suhrawardis Verständnis von *ishrâq* hingegen ist eine philosophische Lehre, die neoplatonische und aristotelische Philosophie, zoroastrische Angelologie und sufische Elemente miteinander vereint.

Ausgangspunkt seiner metaphysischen Lichtlehre ist die Vorstellung, dass alles ›Seiende‹ (*wujûd*) gleichbedeutend ist mit ›Licht‹ (*nûr:*) »Die Essenz des Ersten Absoluten Lichtes, Gott, schenkt fortwährende Erleuchtung, wodurch sie manifestiert wird, und alle Dinge ins Sein bringt, indem sie es durch ihre Strahlen mit Leben erfüllt. Alles in der Welt ist vom Licht Seiner Essenz abgeleitet, und alle Schönheit und Vollkommenheit sind die Gaben Seiner Güte; diese Erleuchtung vollkommen zu erreichen, ist die Rettung.«[6]

Dieses Licht, zugleich Symbol der Emanation und des realen Seins, steht somit für Notwendigkeit und Zufälligkeit, Sein und Nichtsein gleichermaßen. Es ist so offensichtlich, dass es keinerlei Definition bedarf. Diese absolute Realität und dieses absolute Licht, nämlich Gott, bezeichnet Suhrawardi als *nûr al-anwâr* (›Licht der Lichter‹). Alle Welten voll Licht und Dunkelheit sind nichts anderes als Manifestationen unterschiedlicher Grade der Erhellung durch dieses uranfängliche und ewige Licht.

Als Suhrawardi von einigen Freunden aufgefordert wurde, ihnen etwas über die Eigenschaft der Erhabenheit Gottes zu erzählen und ihnen Seine Schönheit und Pracht zu beschreiben, antwortete er: »Wisset! Wenn immer ihr euch etwas Schönes in euren Gedanken vorstellt, unverfälscht von irgendeiner Hässlichkeit oder etwas Vollkommenes, das nicht von Unvollkommenheit umgeben ist, da werdet ihr Ihn finden. Denn alle Schönheiten sind in Wahrheit Sein: Nun ist Er die Lieblichkeit eines jeden lieblichen Gesichtes, nun die Großzügigkeit jeder offenen Hand. Wer Ihm dient, der wird ewige Glückseligkeit finden; aber derjenige, der sich von Ihm abwendet, hat sowohl diese wie auch die nächste Welt verloren.«[7]

Suhrawardi unterscheidet substantielles und zufälliges Licht, wobei ersteres durch sich selbst besteht und letzteres von etwas anderem als sich selbst abhängt. Auf die gleiche Weise unterteilt er auch Dunkelheit und das Verständnis. Wenn ein Wesen seiner selbst bewusst ist und durch sich selbst besteht, dann ist es nach Suhrawardi körperloses Licht wie z. B. Gott, Engel oder die menschliche Seele. Bedarf es jedoch anderen Seins außer sich, um sich seiner selbst bewusst

---

6. S. H. Nasr, Three Muslim Sages, Cambridge 1963, S. 69.

7. N. S. Fatemi, Love, Beauty and Harmony in Sufism, South Brunswick/New York 1978, S. 169 f.

zu werden, dann ist es zufälliges Licht wie z. B. die Sterne oder Feuer. Besteht es drittens durch sich selbst, ist sich seiner aber nicht bewusst, dann ist es eine Dunkelheit wie beispielsweise alle natürlichen Körper. Zu der vierten Form, die durch andere als sich selbst besteht und sich ihrer nicht bewusst ist, gehören z. B. Farben, Geschmack, usw. Das absolute Licht wird in jedem Bereich repräsentiert, so z. B. durch die Sonne in den Himmeln, durch das Feuer unter den Elementen und durch das Licht des Herrn in der Seele des Menschen. Auch jede Bewegung und Veränderung im Universum ist auf Lichter zurückzuführen.

Das absolute Licht schwächt sich stufenweise ab und erreicht letztendlich die Dunkelheit dieser Welt. Diese Abstufungen setzt Suhrawardi gleich mit Ordnungen von Engeln. Die erste Erleuchtung direkt vom Licht der Lichter ist das ›nächste Licht‹ (*nûr al-aqrab*). Als nächstes entsteht ein Licht, das zwei Erleuchtungen erhält, nämlich zum einen direkt vom absoluten Licht und zum zweiten vom *nûr al-aqrab*. Auf diese Weise setzt sich der Prozess der Erleuchtung fort: Das dritte Licht wird viermal erleuchtet, nämlich einmal vom absoluten Licht, einmal vom nächsten Licht und zweimal von dem Licht, das ihm vorausgeht; das vierte Licht wird achtmal erleuchtet, nämlich einmal vom absoluten Licht, einmal vom nächsten Licht, zweimal vom zweiten Licht und viermal vom dritten Licht usw.

Es entstehen auf diese Weise senkrechte und waagerechte Ordnungen von Engeln. Die senkrechten Ordnungen sind dadurch gekennzeichnet, dass jedes höhere Licht über das niedrigere Licht herrscht und umgekehrt jedes niedrigere Licht für das höhere Licht Zuneigung und Liebe empfindet. Gleichzeitig ist jedes Licht ein trennendes ›Hindernis‹ (*barzakh*) zwischen dem jeweils höheren und dem jeweils niedrigeren Licht.

Die waagerechten Ordnungen von Engeln bezeichnet Suhrawardi als Meister der Gattungen. Diese Engel sind die Archetypen allen Seins und die wahren Regenten der Welt, denn sie lenken die Veränderungen und Bewegungen in ihr. Suhrawardi benennt diese Engel zum Teil mit Namen aus der zoroastrischen Tradition.[8]

Das Universum umfasst die ›Welt der Intellekte‹ (*'âlam al-'uqul*), die ›Welt der Seelen‹ (*'âlam an-nufûs* oder *'âlam al-malakût*) und die ›Welt der Körper‹ (*'âlam al-ajsâm* oder *'âlam al-mulûk*). Dabei werden die Himmel von den Seelen beherrscht, die Seelen von den Intellekten, diese wiederum vom universalen Intellekt und dieser wiederum vom Licht der Lichter.

Das Licht, das auf den Körper scheint, erleuchtet die menschlichen Kräfte der Vorstellung und des Gedächtnisses. Dieses Licht ist mit dem Körper verbunden durch die ›animalische Seele‹ (*an-nafs al-hayawâniyyah*), die ihren Sitz in der

---

8. So ist der Archetyp des Wassers z. B. der Engel Khurdâd, der der Mineralien der Engel Shahrwâr, der des Feuers der Engel Ordibehesht usw.

Leber des Menschen hat. Ihr werden Zorn, Begierde, Bewegung und Sehnsucht zugeordnet. Mit dem Tod des Menschen verlässt sie den Körper, um zu ihrem eigentlichen Heim in der Welt der Engel zurückzukehren. Darüber hinaus schreibt Suhrawardi dem Menschen eine ›vegetative Seele‹ (*an-nafs an-nabâtiyyah*) zu, die u. a. für Nahrung, Wachstum, Fortpflanzung, Widerwille usw. zuständig ist. Neben seinen fünf äußeren Sinnen hat der Mensch auch fünf innere Sinne, nämlich den gesunden Menschenverstand, Phantasie, Wahrnehmung, Vorstellung und Gedächtnis.

Die »intellektuelle Seele‹ (*an-nafs an-nâtiqah*) schließlich ist Teil der spirituellen Welt und ist durch diese Fähigkeiten des Menschen eine Zeit lang an dem Körper des Menschen gebunden und sozusagen darin gefangen.

Das Leben ist nichts anderes als ein Prozess, in dem die Seele ständig nach dem urewigen Licht in seiner Reinheit, nämlich dem Licht der Lichter, und damit nach Glückseligkeit strebt. Die Seele kann diese Glückseligkeit durch Läuterung und Askese erreichen. Sie erfreut sich an der Erleuchtung durch das Licht, und nach Suhrawardi hat ein Mensch, der diese Freude der Erleuchtung nie erfahren hat, Freude an sich überhaupt nicht kennen gelernt.

Gabriel ist der Archetyp oder ›Erzengel der Menschheit‹ (*rabb an nau' al-'insâni*); er hat eine Art »Vermittlerfunktion« zwischen der Welt der Engel und der Welt der Menschen und der Materie. Darüber hinaus ist jedes Licht bzw. jeder Engel einem bestimmten Menschen zugeordnet.

Die höchste Stufe der menschlichen Seele ist die der Propheten, deren Reinheit sie in die Lage versetzt, auf die gleiche Weise, in der eine einfache Seele auf den Körper wirkt, die Welt der Elemente insgesamt zu beeinflussen. Diese Form der Vollkommenheit ist nur wenigen Erwählten vorbehalten, sollte aber dennoch das Ziel jedes Menschen sein. Die Propheten bringen sowohl Gesetze für die Gesellschaft, die zwischen den Menschen Harmonie und Gerechtigkeit schaffen, als auch den Weg zur gnostischen Erkenntnis. Für Suhrawardi ist die Gnosis die beste Form des Wissens und dem Verstand überlegen. Er sagt, wer das Wissen von Gott mit Hilfe des Verstandes sucht, ist wie jemand, der die Sonne mit Hilfe einer Lampe sucht. Mohammed ist für ihn die Vervollständigung und Vollkommenheit einer Entwicklung, in der Wissen die Menschen auszeichnet, und die besten Wissenden die Propheten sind und die besten Propheten jene sind, deren Offenbarung sich unter der Menschheit verbreitet hat.

Der Zustand der Seele nach dem Tod hängt von dem Maß der Erleuchtung, Läuterung und Reinheit ab, die sie in diesem Leben erreicht hat. Die geläuterten und reinen Seelen gehen in die Welt des Lichts und kommen in den Genuss unvergleichlicher Freude, während die unreinen, bösen Seelen in die Welt der Teufel und *jinns* gehen und unaufhörlich größte Leiden zu ertragen haben. Deshalb soll Suhrawardi zufolge der Mensch die verhältnismäßig kurze Zeit, die er in dieser Welt verbringt, dazu nutzen, seine Seele so zu entwickeln, dass sie dem Bild eines Engels näher kommt und nicht dem eines hässlichen Tieres.

Suhrawardi unterscheidet vier Stufen von Wissen, angefangen von ›Demjenigen, der noch Wissen sucht‹ (*tâlib*), über den ›Philosophen‹, der zwar die diskursive Philosophie kennt, dem aber die Gnosis fremd ist, und den ›Weisen‹, der sich im Gegensatz dazu mit der Gnosis zufrieden gibt und die Philosophie außer acht lässt, schließlich zu dem *hakîm ilâhi*, der sowohl die diskursive Philosophie wie auch die Gnosis beherrscht.

In *Safîr-e Sîmurgh* verbindet er aus einer sufischen Sichtweise heraus die Stufen der Weisheit mit der göttlichen Einheit, wobei die einfachste Stufe das Bekenntnis zur Einheit Allahs in allgemeinem Sinne ist, das in der *shahâdah* mit *lâ ilâha il-Allâh* – niemand ist der Anbetung würdig außer Gott – zum Ausdruck kommt. Die zweite Stufe ist das Bekennen von *lâ huwa illa huwa*, d. h. es gibt kein er außer *Er*, womit jegliche andere Gottheit negiert wird. Die nächste Stufe der Weisheit ist das Bekennen von *lâ anta illa anta* – es gibt kein du außer *Du* d. h. nur Gott allein ist *Du*. Der Weise der vierten Stufe bekennt sich zu *lâ ana illa ana*, es gibt kein Ich als das göttliche *Ich*, d. h. nur Gott allein kann *Ich* genannt werden. Die höchste Stufe der Weisheit bzw. des Bekenntnisses zur Einheit ist schließlich *wa kullu shay'in hâlikun illa wajahu*, d. h. alle Dinge vergehen außer Seinem Gesicht und Wesen.

## 3 Ausblick

Immer wieder wurde die Frage aufgeworfen, warum diese allzu überlegene islamische Kultur bereits im ausgehenden Mittelalter ihren Höhepunkt hinter sich gelassen hat. Man kann nicht behaupten, dass mit Al-Ghazali das philosophische Denken zugunsten der Theologie verdrängt wurde. Insbesondere im persischen Sprachraum hatten Philosophen und Mystiker weiterhin großen Einfluss auf den Islam und das religiöse und philosophische Denken in der islamischen Welt. Tatsache ist jedoch, dass nach Al-Ghazali der Anteil der Theologie im gleichen Maße zunahm wie der Anteil der rationalen oder philosophischen Theologie stagnierte oder abnahm. Philosophische Erörterungen, die die Grundlage des wissenschaftlichen Diskurses in den vorangegangenen Jahrhunderten gewesen waren, wurden von Theologen zunehmend als spekulativ verworfen. Philosophischen Erörterungen wurde aus dem Weg gegangenen, weil man fürchtete, dadurch die Ansichten der Gegner zu verbreiten.

Zwar gab es in der islamischen Welt nach wie vor Diskussionen, doch Inhalt dieser Erörterungen waren immer die Meinungen älterer, verstorbener Gelehrter. Man hat falsche Auffassungen nicht studiert, um sie effektiv widerlegen zu können, sondern man hat sie überhaupt nicht thematisiert. Dadurch hat man der wissenschaftlichen Stagnation Tor und Tür geöffnet.

Aber abgesehen davon hat die Auseinandersetzung zwischen Philosophie und Religion eine lange Geschichte und auch die Auseinandersetzung der Kultur der Ratio mit religiösem Dogmatismus ist nichts Neues. Sokrates war eines der ersten Opfer; Galilei hat mit seinem Leben dafür bezahlt; Ibn Rushd wurde aus Cordoba vertrieben und seine Schriften über Logik und Metaphysik wurden verbrannt, weil er öffentlich die Meinung vertrat, Religion sei für ihn letztlich die Philosophie der ungebildeten Masse. Dem religiösen Mystizismus Suhrawardis stand die orthodoxe islamische Geistlichkeit misstrauisch und ablehnend gegenüber und sie sorgte dafür, dass Suhrawardi ins Gefängnis geworfen wurde, wo er schließlich 38jährig starb.

In diesem Sinne muss jeder die Frage selbst beantworten, ob Selbsterkenntnis zu Gotterkenntnis führt bzw. ob Gotterkenntnis ohne den Menschen überhaupt möglich ist.

# Islam in Bosnien und Herzegowina –
# Der Weg der Mitte in einem Land mitten in Europa

Musan Ahmetasevic [1]

## 1 Einleitung

Auf der Suche nach dem islamischen Erbe muss man in Bosnien und Herzegowina nicht lange suchen. Von welcher Seite man auch immer nach Bosnien kommt, fallen einem direkt die schlanken Minarette auf und man versteht direkt, dass das Erbe des Islams in Bosnien vor allem der Islam selbst ist. Hinzu kommen seine kulturellen und gesellschaftlichen Auswirkungen, die die bosnische Bevölkerung und Geschichte über einen langen Zeitraum stark geprägt haben.

In den Zeiten wo sehr viel von der Notwendigkeit eines europäischen Islams gesprochen wird, werden wir durch den Blick nach Bosnien Zeugen, dass der Islam in Europa nicht neu konzipiert und erdacht werden muss. Er kann entdeckt und erlebt werden und man kann sich von seiner Schönheit und Toleranz inspirieren lassen, ohne dabei europäischen Boden verlassen zu müssen.

Nur wie ist dieser »bosnische Islam«? Wie ist es dazu gekommen, dass auf diesen Gebieten der Islam Fuß gefasst hat? Mit welchen Herausforderungen und Problemen waren Bosniaken wegen ihrer Beziehung zum Islam konfrontiert? Wie haben sie den Islam geprägt? Was hat der Islam an ihnen verändert? Sind dadurch Erfahrungen zustande gekommen, von welchem der Rest von Europa und auch die darin lebenden Muslime profitieren können? Sind in diesen auch Lösungen vorhanden, die auf ganz Europa übertragbar sind?

Um diese Fragen zu beantworten, muss man zuerst die Geschichte von Bosnien und Herzegowina in ihren Umrissen kennen. Wie wir sehen werden, war diese Geschichte eine bewegende und immer an der Grenze zwischen den großen

---

1. Der Vortrag wurde im März 2006 auf der Tagung »Europas islamisches Erbe. Auf Spurensuche in Wissenschaft, Philosophie und Sprache« der Evangelischen Akademie im Rheinland gehalten.

Zivilisationen. Im nächsten Schritt wird die religiöse Entwicklung, die sich im Rahmen der geschichtlichen Gegebenheiten abgespielt hat, unter die Lupe genommen. Der Charakter des in Bosnien praktizierten Islams ist von zentralem Interesse und wird als nächstes untersucht. Auch die Rolle der bosniakischen Diaspora im Bezug zum deutschen Islam wird untersucht.

Als Schlussfolgerung wird nicht nur eine Bestandsaufnahme über islamische Einflüsse erwartet, sondern viel mehr konkrete Ansätze für den Umgang mit den Muslimen, die dazu führen können, den Islam und seine Anhänger zu einem integralen Teil der europäischen Gesellschaft werden zu lassen.

## 2 Bosniaken und ihr Staat durch die Geschichte

Die Geschichte Bosniens kann in drei große Epochen unterteilt werden:

1. Der feudale bosnische Staat,
2. die osmanische Herrschaft und
3. das modernes Bosnien.

Bevor es den ersten bosniakischen Staat gab, lebten auf dem Gebiet vom Balkan Illyren. Dieses Gebiet wird im zweiten Jahrhundert vor Christus von Römern erobert. Im sechsten Jahrhundert wird das Gebiet des heutigen Bosnien-Herzegowina von Slawen besiedelt. Ein Zusammenleben zwischen diesen zwei großen Völkern entwickelt sich langsam aber größten Teils gewaltfrei. Die Illyren, die zuerst in die Berge flüchteten, nehmen die Sprache der Neuankömmlinge an, kommen langsam selbst in die Täler und vermischen sich mit Slawen. Die Slawen andererseits werden durch Illyren in die europäische Kultur eingeführt. Die Grenze des geteilten Römischen Reiches deckt sich mit der heutigen östlichen Grenze Bosniens.

Der Name »Bosnien« kommt von dem illyrischen *Bosona,* was ›fließendes Wasser‹ heißt. Von einem Staat namens Bosnien, obwohl nicht einem unabhängigen, ist schon im Jahre 958 die Rede.

### 2.1 Der feudale bosnische Staat

Der erste unabhängige bosniakische Staat wird im zwölften Jahrhundert gegründet. Damit gehört das unabhängige Fürstentum zu den ältesten südslawischen Staaten und ist durch seine Lage den Einflüssen der Zentren damaliger Zivilisationen – Rom und Konstantinopel – ausgesetzt. Aus religiöser Hinsicht unterliegt es aber dem Vatikan und seine Unabhängigkeit, die sich auch auf der religiösen Ebene fortsetzte, führte dazu, dass Rom Mitte des dreizehnten Jahrhunderts einen Kreuzzug gegen das Fürstentum Bosnien startet.

Danach beugt sich Bosnien offiziell der römisch-katholischen Kirche, bewahrt aber seine staatliche und insgeheim auch religiöse Unabhängigkeit. Dieser Staat wird auf seinem Höhepunkt zwischen 1377 und 1463 zum mächtigsten Staat auf dem Balkan.

## 2.2 Die osmanische Herrschaft

Bosnien wird auf seinem Höhepunkt von den Osmanen erobert und dem Osmanischen Reich einverleibt. Im Jahre 1580 wird das bosnische Ejalet eingerichtet, was Bosnien auf die Stufe der größten Verwaltungseinheit, die aus mehreren Sandzaks bestand, befördert. Das Territorium dieser Einheit respektierte aber die Grenzen des alten bosnischen Staates und erweiterte diese sogar.

Der erste Sitz der Verwaltung ist zuerst in Banja Luka. Im Jahr 1639 zieht dieser nach Sarajevo um, um kurz danach, 1697 nach Travnik verlegt zu werden. Bis in die Mitte des 19. Jahrhunderts bleibt der Sitz dort, wonach er wieder nach Sarajevo umzieht. Gleichzeitig wird Sarajevo zu der bosnischen Hauptstadt ausgebaut. Am Anfang des 17. Jahrhunderts blüht das Leben in Sarajevo und diese Stadt wird von 80 000 Menschen bewohnt. Im Jahr 1697 wird Bosnien von Österreich angegriffen und die Truppen dringen bis nach Sarajevo durch. Sarajevo wird fast vollständig niedergebrannt und in Bosnien werden rund 6000 Moscheen zerstört. Durch diesen und andere Kriege wird das Osmanische Reich geschwächt, was zu einer Stärkung der nationalistischen Strömung im Reich führt. Die Macht des osmanischen Adels nicht- türkischer Abstammung wird beschnitten, da auch das nationale Gefühl der Türken immer stärker ausgeprägt ist. Das führt zu den Aufständen der Bosniaken gegen das Osmanische Reich Anfang des 18. Jahrhunderts. Nach den Napoleon-Kriegen gibt es zum ersten Mal eine bosnisch-französische Grenze. Französische Truppen werden sogar in Bosnien für kleinere Aufgaben vom osmanischen Sultan eingesetzt. Bosnien erklärt im Jahr 1831 nach militärischen Siegen gegen osmanische Herrscher weitgehende Autonomie, die praktisch Unabhängigkeit bedeutete. Diese dauert sehr kurz und der Anführer flieht nach Österreich. Nicht lange danach, 1878, wird Bosnien der Verwaltung Österreich-Ungarns unterstellt. Im Jahr 1908 annektiert Österreich-Ungarn Bosnien und Bosnien bleibt in seinen Grenzen bis zum Ende des ersten Weltkriegs 1918.

## 2.3 Das moderne Bosnien

In den Zeiten der österreichischen Herrschaft in Bosnien erstarken die nationalistischen Bewegungen der Serben und Kroaten. Durch diese Bewegungen verstehen sich die orthodoxen Bosniaken immer mehr als Serben und katholische Bosniaken immer mehr als Kroaten. Es gibt Versuche diesen Bewegungen entgegenzuwirken, die nur teilweise erfolgreich sind. Es kommt zu der Gründung des Königreichs von Serben, Kroaten und Slowenen. Zum ersten Mal in seiner langen Geschichte wird Bosnien geteilt. Ein Teil wird Kroatien angegliedert und der andere Serbien. Das bleibt so bis zu dem Niedergang des alten Jugoslawien 1941. Im zweiten Weltkrieg ist Bosnien- Herzegowina ein Teil des kroatischen faschistischen Staates, des ›Unabhängigen Staates Kroatien‹ (NDH).

Nach dem zweiten Weltkrieg bekommt Bosnien-Herzegowina hinsichtlich des Territoriums seine alten Grenzen. Nur die Bosniaken als Volk werden nicht anerkannt. Sie können sich als Serben oder als Kroaten äußern, oder aber als ›nicht festgelegt‹. Erst 1971 wird ihnen das Recht eingeräumt, sich eine Nationalität zu wählen und zwar unter dem Namen ›Muslime‹. Erst mit der Entstehung des neuen unabhängigen bosnischen Staats kehren sie zu ihrer ursprünglichen Bezeichnung zurück: Bosniaken.

## 3 Religion in Bosnien-Herzegowina

Die bosniakische Geschichte der Religion ist nicht einfach. Die Bosniaken gingen in dieser Hinsicht öfters ihren eigenen Weg. So auch zu den Zeiten des ersten bosnischen Staates.

### 3.1 Bogumilen

Der bosniakische Eigensinn im Bezug auf das Christentum führte den bosniakischen Staat zu einem offenen Konflikt mit dem Vatikan. Schuld daran war die bosnische Kirche. Sie war in der Bevölkerung stark verbreitet und wurde irgendwann auch von den Adligen angenommen und als Staatsreligion proklamiert. Die Angehörigen dieser bosnischen Kirche wurden auch Bogumilen genannt. Die Glaubensprinzipien und Praxis unterschieden sich deutlich von den etablierten Kirchen, der katholischen und der orthodoxen. Christus wurde überwiegend als der Heilige Geist verstanden.

Sie beteten fünf Mal am Tag. Die eigene mystische Praxis wurde als der Weg, der zu Gott führt, angesehen. Nach dem Kreuzzug wurde seitens des Vatikans stark missioniert. Das hat aber trotzdem nicht dazu geführt, dass die bosnische Kirche vollständig verschwunden ist.

### 3.2 Islam vor dem Ende des 19. Jahrhunderts

Trotz der Tatsache, dass es auf den Gebieten von Balkan und dadurch auch Bosnien Muslime schon in der vor-osmanischen Zeit gegeben hat, werden die Anfänge der islamischen Kultur in der Regel mit der Ankunft der Osmanen in diesen Gebieten in Verbindung gebracht.

Die neue Religion war für Bosniaken attraktiv, da sie in ihrer Essenz den Grundsätzen der bosnischen Kirche entsprach. Insbesondere gab es Parallelen auf dem Gebiet des Mystizismus mit dem im Islam verankerten Sufismus. Es spielten aber auch politische Gründe eine Rolle. So wollte man sich mit den siegreichen Osmanen identifizieren, eher als mit dem durch Gewalt propagierten Katholizismus. Man muss betonen, dass der Vorgang der Integration des Islams in die bosniakische Kultur nicht über Nacht erfolgte. Dieser Prozess dauerte nach Einschätzungen über 150 bis 250 Jahre und war durchgehend frei von Gewalt und Zwang.

Die Wohlhabenden haben Moscheen, bzw. andere muslimische Bauten, die als Kerne neu entstehender Städte dienten, errichtet. Der Bau solcher Objekte wurde in Form der Spende, *wakf*, uneigennützig an alle Menschen übergeben. So ist die Altstadt von Sarajevo der *wakf* eines einzigen Menschen. Das führte zu starkem Wachstum der Städte.

### 3.3 Islam in Bosnien-Herzegowina im 20. Jahrhundert

Nach dem Abzug der Osmanen blieben die Bosniaken in einer Umgebung der stärker werdenden nationalistischen Bewegungen. Diese Bewegungen führten langsam zu einer Spaltung der bosniakischen Nation. In so einer Umgebung fanden die Bosniaken verstärkt einen Rückhalt in ihrer Religion. Mit dem Beginn der österreichischen Herrschaft hielt auch die westeuropäische Kultur ihren Einzug. Dies führte zu einer starken Europäisierung der Bosniaken. Die Religion wurde zu etwas Geistigem und zog sich aus der Lebensart und Öffentlichkeit immer mehr zurück. Es wurden europäische Werte der Ethik, der gregorianische Kalender und die Arbeitsmoral in die bosniakische Gesellschaft integriert. Die Hauptelemente der bosniakischen Identität wurden zu dieser Zeit bewusst wahrgenommen und vermittelt. Diese Werte waren das Land auf welchem man sich befand, die slawische Herkunft und Sprache und der Islam, der aus der bosniakischen Sicht in keinem Widerspruch zu der Umgebung stand. Vielmehr sahen sich die Bosniaken als Vermittler zwischen dem Orient und Okzident.

Mit dem Einzug des Kommunismus schwand in allen Bevölkerungsgruppen der Hang zur Religion, insbesondere nach dem zweiten Weltkrieg. In den Zeiten des Kommunismus standen die Bosniaken unter zweifachem Druck. Einerseits wurden sie als Nation nicht anerkannt, andererseits war die freie Ausübung ihrer Religion stark eingeschränkt. Trotz des großen Drucks wurde die islamische Gemeinschaft als offizielle Organisation aber toleriert und spielte eine sehr wichtige Rolle in der Erhaltung der Bosniaken. Auch die Tatsache, dass sich sehr viele islamische Prinzipien in der Lebenspraxis und Kultur der Bosniaken niederschlugen, sicherte eine Erhaltung der islamischen Komponente bei den Bosniaken.

## 4 Das islamische Erbe

Der Islam im Osmanischen Reich war nur eine von vielen gelebten Religionen. Sie genoss aber durchaus einen besonderen Status. Von dem Verzicht der Osmanen auf Exklusivität des Islams und Zwang in der Religion haben die Angehörigen anderer Religionen profitiert, was zu einer wirklich multireligiösen Gesellschaft geführt hat. Die Menschen in den Städten waren auf ein geregeltes und integratives Miteinander angewiesen. Im Rahmen der osmanischen städtischen Gesellschaft konnte dadurch der friedliebende Charakter der Bosniaken zu voller Geltung kommen.

### 4.1 Sprache

Die Bosniaken sind Slawen und ihre Sprache ist mit den anderen slawischen Sprachen verwandt. Dennoch waren die Bosniaken selbst und die angekommenen Osmanen der gleichen Ansicht im Bezug auf die bosniakische Identität. Bosniaken wurden als ein eigenes Volk mit eigener Sprache und Kultur verstanden. Die Sprache der Osmanen hat im Laufe der Zeit aber auch die bosniakische Sprache beeinflusst. Die Namen der Völker werden z. B. nicht mehr mit der Endung ›-in‹ gebildet sondern mit ›-ak‹. So entstand aus dem *Bosnjanin* auch der heutige Name *Bosnjak*, welcher mit *Bosniak* ins deutsche übersetzt wird. Durch den alltäglichen Gebrauch und die starke Prägung der Städte durch die osmanisch-islamische Kultur finden türkische Ausdrücke in die Sprache des einfachen Volkes. Aber nicht nur aus dem türkischen, sondern auch aus dem arabischen und persischen. Die Bosniaken übernehmen auch traditionell islamische Namen. Diese bleiben aber nicht unverändert, sondern werden oft verkürzt und vereinfacht.

### 4.2 Musik

Durch die orientalische Kultur und den Islam kam es zu einer starken Trennung der Geschlechter. In dieser Umgebung entstand das typisch bosniakische Liebeslied – *Sevdalinka*. Diese Lieder wurden sehr oft von den Jungen gesungen, die sich nach ihrer Geliebten sehnten und waren von einem enormen Feingefühl durchdrungen. Diese Lieder wurden dann immer öfters in Begleitung des Saiteninstruments *saz* gesungen, und zwar immer von Männern. Erst in der neusten Zeit bewahrten wenige Sängerinnen diese bosniakische Tradition vor dem Aussterben.

### 4.3 Küche

Die Küche wurde in großem Umfang von den Osmanen übernommen. Genauso wie in der Sprache gab es aber Anpassungen des Übernommenen. So wurden manche Gerichte anders benannt und andere wiederum behielten ihre Namen, wurden aber in ihrer Zubereitung verändert.

### 4.4 Integration statt Toleranz

Das Prinzip der guten Nachbarschaft ist in Bosnien sehr stark ausgeprägt. Dabei handelt es sich nicht um einfache Toleranz, sondern um ein aktives Miteinander. So werden gute Beziehungen mit den Nachbarn als wichtiger als die Beziehungen mit Verwandten betrachtet. Diese Maxime stammt aus dem Islam, hat aber bei den Bosniaken einen sehr fruchtbaren Boden gefunden. Dieses Prinzip der guten Nachbarschaft hat dafür gesorgt, dass Bosnien unmöglich zu teilen war.

### 4.5 Gastfreundschaft

Die Gastfreundschaft ist noch ein Erbe aus dem Islam, das in Bosnien stark beherzigt wird. So werden für Gäste selbstverständlich Essen und Trinken bereitgestellt, sogar wenn es sich um einen kurzen und unangemeldeten Besuch handelt. Die Gäste werden oft auch vollständig nach den Bräuchen ihrer Kultur empfangen, sogar wenn es gegen bosniakische Tradition und Kultur verstößt.

## 5 Das bosniakische Modell

Nach Bosnien kam der Islam in seiner sunnitischen Form. Seine Hauptverbreiter waren die Osmanen. Der osmanische Islam baute auf einer langen Tradition auf und war auch von dem Sufismus geprägt. Man kann sagen, dass der Charakter des Islams sehr gut zu dem Charakter Bosniens passte. Die Grundmaximen des Islams wie Frieden, Liebe und der Weg zu Gott fanden in dem bosniakischen Volk sehr gute Resonanz. Bis zum Fall des Osmanischen Reiches waren die Bosniaken von direkten Einflüssen der westlichen Zivilisation abgeschirmt, hatten aber wegen ihrer Grenzposition immer wieder Kontakte dahin. So war Bosnien auf den Einzug von Österreich etwas vorbereitet. Die Bosniaken blieben trotz stark nationalistisch geprägter Umgebung mäßig in ihren Ansichten und ließen sich nicht von ihrem Glauben an Frieden und an das Miteinander abbringen. Dafür gibt es, wie der verstorbene ehemalige bosniakische Präsident Alija Izetbegovic sagte, drei Erklärungen. Die einfachste Erklärung wäre, dass die Bosniaken immer die Rolle von Untertanen gespielt haben und dadurch auf Integration und Zusammenleben angewiesen waren. Dies würde in vielen Punkten der Geschichte Bosniens widersprechen wie auch den aktuellen Problemen mit dem Terrorismus in der Welt, welcher in der Regel von den Schwachen und den Machtlosen im militärischen und wirtschaftlichen Sinne ausgetragen wird. Eine andere Erklärung könnte sein, dass es ein Charakterzug ist, der schon seit den Zeiten der Bogumilen in den bosniakischen Genen fest verankert ist. Eine dritte Variante wäre die Verankerung im Islam, der die Propheten Moses und Jesus anerkennt und dadurch die Zerstörung von christlichen und jüdischen Gotteshäusern verbietet. Vermutlich ist es aber so, dass die Mischung aus den genannten Faktoren, sowie die Einflüsse aus dem restlichen Europa zu einem unerschütterlichen Glaube an das Zusammenleben und Gewaltverzicht geführt hat.

Die Institution des *Reis-ul-Ulema* ist nach der Annexion Bosniens durch Österreich-Ungarn Ende des 19. Jahrhunderts entstanden und einzigartig in der Welt des Islams. Dadurch wurde der Islam in Bosnien institutionalisiert. Die Religion ist wie in allen europäischen Ländern vom Staat getrennt und die islamische Gemeinschaft in Bosnien wird durch Spenden ihrer Mitglieder finanziert.

Der Islam in Bosnien gehört der sunnitischen Glaubensrichtung an und ist vom Sufismus geprägt. Neu entstandene islamische Richtungen, die den Islam reformieren wollen, werden in Bosnien als mit der islamischen Tradition nicht vereinbar betrachtet. Es wird weder eine Vereinfachung des Islams angestrebt noch sonstige Anpassungen, da die Bosniaken der lebendige Beweis dafür sind, dass der Islam in seiner traditionellen Form die beste Formel für ein multiethnisches Miteinander und für ein friedliches Leben mitten in Europa ist.

Die bosniakischen Imame werden in Bosnien von Bosniaken ausgebildet und zwar nach der hanifitischen Rechtsschule. Nachdem Bosnien in den 90er Jahren wieder ein unabhängiger Staat wurde, war es wieder möglich, die Ausbildung der Geistlichen auf ein sehr hohes Niveau zu bringen. Dabei erfolgte die Bildung dieser Menschen in bosniakischer Sprache. Durch ihre hohe Bildung auf dem Gebiet des Islams und der weltlichen Wissenschaften wie Literatur, Sprachen und Kunst stellen diese Imame echte Autoritäten dar. Ihre hohe Bildung und lange islamische Tradition macht diese Menschen zu Weltbürgern.

Um einen kurzen Einblick in die Tradition zu geben, auf der der Islam in Bosnien aufbaut und die auch in der bosniakischen Gesellschaft kulturell stark verankert ist, seien hier ein paar Maxime vorgestellt, die direkt auf den Koran zurückzuführen sind:

*Lese und lerne!* – basiert auf dem Vers: »Lies im Namen deines Herrn, der erschuf.« (Sure 96, 1) Daraus ist der Imperativ des Erlangens von Wissen sichtbar. Das Wissen steht über dem blinden Glauben. Dabei ist nur das Wissen der Weg zu richtiger Erkenntnis und aufrechtem Glauben. Dieses Wissen soll sich nicht auf religiöses Wissen beschränken, sondern bezieht sich durchaus auch auf das weltliche.

*Glaube und arbeite!* – basiert auf dem Vers: »Verheißen hat Allah denen, die glauben und gute Werke tun: für sie ist Vergebung und großer Lohn.« (Sure 5, 9) Der Mensch lebt nicht nur in der geistigen Dimension, aber auch nicht nur in der materiellen. Er soll auf beiden Gebieten aktiv und tätig sein. Nur eine Dimension reicht für ein vollständiges Leben nicht aus.

*Sei gläubig und respektiere deine Eltern!* – basiert auf dem Vers: »Dein Herr hat geboten: Verehret keinen denn Ihn, und (erweiset) Güte den Eltern.« (Sure 17,23). Für die Institution der Familie gibt es keine Alternative. Man darf diese Institution nicht gefährden, geschweige denn zerstören.

*Sei fleißig und kämpfe!* – basiert auf dem Vers: »Und eifert in Allahs Sache, wie dafür geeifert werden soll.« (Sure 22,78). Der Erfolg in dieser und der anderen Welt kommt nicht von alleine. Man muss dem Erfolg entgegenkommen. Für seine Rechte muss man hier und jetzt kämpfen.

*Schau was morgen kommt!* – basiert auf dem Vers: »O die ihr glaubt, fürchtet Allah; und jede Seele schaue nach dem, was sie für morgen voraus schickt.« (Sure 59,18). Daraus ergibt sich das Recht, ja sogar die Pflicht, die Zukunft zu planen und daran zu glauben, dass die Zukunft besser sein wird als die Vergangenheit.

## 6 Ausblick

Bosnien und Herzegowina waren durch ihre Geschichte fast immer Bestandteile einer größeren Einheit, gingen aber in ihrer Einzigartigkeit und Selbstbestimmung nie unter. Dabei profitierten die Besatzer von Bosnien, aber auch Bosnien von den Besatzern. Im Prozess der Vermischung der Kulturen, Religionen und historischen Einflüsse entstand ein einzigartiges Land. In diesem Land wird lebendige islamische Tradition praktiziert. Die bosniakische Identität basiert auf dem Land auf welchem man sich befindet, auf der slawischen Herkunft und Sprache und auf dem Islam.

Wenn wir einen Blick nach Europa werfen und nach der Identität der dort befindlichen Muslime fragen, stellen wir in einem großen Maße fest, das die Mehrheit dieser Anhänger des Islams aus nicht-europäischen Ländern stammt. Deshalb führen sie mehrheitlich ihre Identität auf ihre Heimatländer zurück, auf ihre Nation. Dabei haben sie hier ihre Existenz aufgebaut, leisten selbstverständlich ihren Beitrag zu den sozialen Sicherungssystemen, benutzen hauptsächlich die Sprache des Landes in welchem sie sich befinden und viele fühlen sich hier zu Hause. Dass aber dennoch die Identifikation mit dem Herkunftsland so wichtig ist, trägt dazu bei, dass das Bild der Muslime in Europa ein zersplittertes ist.

Die Anwendung der Leitidee des bosniakischen Modells könnte hier vielleicht zu einer zunehmenden Identifikation mit den Ländern führen, in welchen sich Muslime in Europa befinden. Die Institutionalisierung des Islams in einem europäischen Land könnte ein entscheidender Schritt in dieser Richtung sein. Dieser Schritt soll auf Basis der Identität des Landes, in welchem man sich befindet, stattfinden, soll also in Deutschland zu einer deutschen Institution Islam führen.

Der Weg dahin ist sicherlich nicht einfach. Eine der wichtigsten Komponenten in diesem Zusammenhang ist die Ausbildung von islamischen Geistlichen auf deutschem Boden. Diese sollten auf dem Gebiet des Islams echte Autoritäten sein, was auch die Anerkennung durch die Mehrheitsgesellschaft begünstigen würde. Andererseits könnten diese Autoritäten eine Säule für die Muslime in Deutschland sein, auf welcher sie aufbauen und langsam ihre muslimische Identität in Deutschland verankert sehen können.

Vorteile ergeben sich dabei für beide Seiten. Aus europäischer Sicht wird der Islam transparenter, und es entsteht eine Chance für Europa, den Islam ohne nationale Verfärbungen aus dem Osten kennen zu lernen. Kennenlernen führt zur Verminderung des Konfliktpotenzials, zum Abbau der Ängste auf beiden Seiten und zu einem integrativen und friedlichen Miteinander.

Die Muslime können andererseits ihre temporäre Heimat endlich als ihre einzige Heimat sehen. Durch hochgebildete Geistliche entstehen für sie Möglichkeiten, den Islam vielleicht noch tiefer zu erforschen, da das kulturelle Wissen des Islams durch eine direkte Erfahrung aus seiner Quelle ersetzt wird. Auch für ihre Kinder besteht dann nicht mehr ein Konflikt zwischen der Kultur des Landes in welchem sie geboren sind und der Kultur des Herkunftslandes der Eltern, was den Konflikt der Generationen verringert und zu besseren Familienverhältnissen führt. Diese Kinder haben durch die Erweiterung der Wissenshorizonte durch zusätzliche Bildung Gelegenheit zu Weltbürgern zu werden.

Das Wissen und die Kultur sind das einzige Mittel gegen die Dunkelheit des Unwissens und der Halbwahrheiten. Das Wissen und die Kultur sind das beste Mittel gegen Angst vor Unbekanntem und gegen Kriege. Das Wissen und die Kultur sind die Plattform, auf der Europa und der Islam zueinander finden können und finden werden.

# Imago Turci anno 1683 und seine Auswirkungen auf das Türkenbild in Österreich anno 2005

Kerstin Tomenendal

## 1 Einleitende Überlegungen

Bereits anno 2004 stellte die Frage nach der Aufnahme von Beitrittsverhandlungen der Europäischen Union mit der vorwiegend muslimischen Türkei ein zentrales Thema der europäischen Politik dar. Eine europaweite öffentliche Debatte über die Präsenz und Rolle des Islams und der Muslime in Europa wurde in Gang gesetzt, die auch in Österreich in Form von häufig stark polemisch geführten Auseinandersetzungen ihre Rezeption fand.[1] Daraus resultierte in Wien im März 2005 durch die Eröffnung von *KanakAttack*, einem künstlerischen Projekt des Deutschtürken Feridun Zaimoğlu, in welchem die Kunsthalle Wien mit türkischen Fahnen verhüllt wurde, eine in den Medien ausgetragene, oftmals sehr emotional geführte Diskussion.[2] Ausgehend von dieser Debatte hat es den Anschein, dass im kollektiven Gedächtnis vieler Österreicher und Österreicherinnen nach wie vor ein Bild, ein »Image«, von den Türken präsent ist, das von den Epochen der kriegerischen Auseinandersetzungen zwischen dem Habsburgerreich und dem Osmanischen Reich – den ›Türkenkriegen‹ – mit ihrer Kulmination im Jahr 1683 geprägt wurde. Dies führte unter anderem zu Äußerungen von Vertretern politischer Parteien wie beispielsweise »Wien darf nicht Istanbul werden« bzw. »Keine dritte Türkenbelagerung Wiens« mit den entsprechenden imagologischen, diese Aussagen ergänzenden Botschaften. Diese Botschaften wurden

---

1. Vgl. im Sinne einer Berichterstattung diesbezüglich die Homepage des Österreichisch-Türkischen Wissenschaftsforums http://www.otw.co.at/otw/index.php/g/a/158 oder http://www.otw.co.at/otw/index.php/g/a/146.

2. Vgl. dazu beispielsweise die Bearbeitung dieses Themas durch die Freiheitliche Partei Österreichs unter http://www.hcstrache.at/hcman.php [27. Oktober 2005] den Comic-strip »Ausgeflaggt«.

verstärkt im Wahlkampf in Wien eingesetzt, wo am 23. Oktober 2005 gewählt wurde, etwa mit Slogans wie »Pummerin [Glocke des Stephansdom, KT] statt Muezzin« oder »Freie Frau statt Kopftuchzwang«, ebenfalls durch dementsprechende Bildbotschaften ergänzt.[3]

Der Islam stellt die in Österreich am stärksten wachsende Religionsgemeinschaft dar. Die Anzahl der Personen, die bei Volkszählungen den Islam als Religionsbekenntnis angegeben haben, hat sich in den letzten 20 Jahren vervierfacht. In Österreich lebten im Jahr 2001 an die 339 000 Muslime [4], was einen Anteil von 4,2 Prozent der Gesamtbevölkerung ausmacht. Der größte Anteil an Muslimen in der Bevölkerung ist in Vorarlberg mit 8,4 Prozent zu finden. In Wien bekennen sich immerhin mehr als 120 000 Personen, d. h. 7,8 Prozent der Bevölkerung, zum Islam.

In Österreich zählt der Islam seit 1912 ( RGBl 159/1912) zu den gesetzlich anerkannten Religionsgemeinschaften. Diese Anerkennung bezog sich zunächst auf den sunnitischen Islam des »hanafitischen Ritus«, zu dem sich die bosnisch-herzegowinischen Muslime [5] – als zu diesem Zeitpunkt einzige muslimische Bevölkerungsgruppe der Donaumonarchie – bekannten. Diese Einschränkung auf eine bestimmte Richtung des Islams wurde in den folgenden Jahrzehnten von den Muslimen zunehmend als der tatsächlichen Situation unangemessen betrachtet: Nach 1945 hatte sich die ethnische Struktur der Anhänger des Islams in Österreich grundlegend geändert: Es lebten nicht mehr ausschließlich bosnische Muslime in Österreich, sondern vielmehr Anhänger des Islams aus zahlreichen Ländern, so unter anderem aus arabischen Staaten, der Türkei und dem Iran, also durchaus nicht nur Sunniten, sondern auch Schiiten und Aleviten. Die Muslime verlangten nach einer Änderung der sie betreffenden gesetzlichen Bestimmungen. Diesem Wunsch wurde von Seite des österreichischen Gesetzgebers mit der am 30. August 1988 in Kraft getretenen Verordnung des Bundesministeriums für Unterricht, Kunst und Sport ( BMUKS, Islam-VO, BGBl 466/1988) Rechnung getragen, in der es hieß: »§ 1: Die Anhänger des Islams führen als anerkannte Religionsgesellschaft die Bezeichnung ›Islamische Glaubensgemeinschaft in Österreich‹.«

Seit der staatlichen Anerkennung des Islams als öffentlich-rechtliche Körperschaft im Jahr 1979 und der Einsetzung der Islamischen Glaubensgemeinschaft

---

3. Siehe dazu ausführlich http://www.hcstrache.at/kampagne.

4. Daten gemäß der Österreichischen Volkszählung 2001, siehe dazu detailliert http://www.statistik.at/web_de/static/bevoelkerung_2001_nach_religionsbekenntnis_und_staatsangehoerigkeit_022894.pdf [4. Juni 2007].

5. Auf dem Berliner Kongress 1878 sicherte sich Österreich-Ungarn das Mandat, Bosnien und die Herzegowina zu okkupieren, 1908 schließlich zu annektieren. Diese Aktionen trübten das Verhältnis zwischen der Habsburger Monarchie und dem Osmanischen Reich auf viele Jahre. Vgl. diesbezüglich beispielsweise Kerstin Tomenendal, Das Türkenbild in Österreich-Ungarn während des Ersten Weltkriegs im Spiegel der Kriegspostkarte, phil. Diss., Wien 2005, S. 29–31.

in Österreich (IGGiÖ)[6] im selben Jahr als direkter Ansprechpartner für den österreichischen Staat wurde eine relativ hohe Anzahl von registrierten Vereinen gegründet, wobei die in den ersten Jahren entstandenen Vereine religiös-karitativ orientiert waren, bei den neueren Gründungen hingegen eine größere Pluralität festzustellen ist.[7] Vorwiegend sind vor allem türkische Gründungen (v. a. in Wien, Tirol, Vorarlberg) aktiv, dann arabische, gefolgt von iranischen.

Seit dem Schuljahr 1982/1983 wird islamischer Religionsunterricht an den Schulen erteilt, des Weiteren bildet seit 1998 die Islamische Religionspädagogische Akademie (IRPA) islamische Religionslehrer für österreichische Pflichtschulen (Volksschule, Hauptschule) aus. 1999 wurde außerdem ein islamisches Gymnasium in Wien eröffnet – das erste derartige Schulprojekt in ganz Europa[8]: In der nächsten Zukunft soll an der Universität Wien ein Hochschulstudium Islamische Theologie angeboten werden, das islamische Religionslehrer für Gymnasien und berufsbildende höhere Schulen ausbildet.

Im Gegensatz zu der vorbildlichen akademischen Auseinandersetzung mit dem Islam und seinem rechtlichen Status herrscht in Österreich ein vorwiegend negatives Islam- respektive Türkeibild vor.

## 2 Einige Bemerkungen und Überlegungen zur Bildung von Feindbildern und Stereotypen

Der Publizist Walter Lippmann prägte im Jahr 1922 den Begriff der Stereotypie im Sinne der »subjektiv vorgefassten Meinung jeder Art«, worunter die Schlagwörter Feindbild, Freundbild, Nationenbilder, Bilder vom anderen, nationale Identität, Nationalcharakter, Image etc. beinhaltet sind: Essentiell dabei ist, dass Stereotypen nicht über Erfahrung erworben, sondern durch Erziehung, öffentliche Meinung und Sozialisation übertragen werden, wobei sich drei wesentliche Fragen ergeben:

1. Welche soziale Schicht ist Ursprung des Stereotyps?
2. Mit welchem Medium wird der Stereotyp verbreitet?

---

6. Zu den Aufgabenbereichen und Geschichte der IGGiÖ sowie deren Zusammensetzung vgl. deren Homepage http://www.derislam.at.
7. Für die Gründung und die Zielrichtungen der diversen Vereine vgl. Harald Waldrauch / Karin Sohler, Migrantenorganisationen in der Großstadt. Entstehung, Strukturen und Aktivitäten am Beispiel Wiens, Frankfurt / New York 2004.
8. Kerstin Tomenendal, Das türkische Gesicht Wiens. Auf den Spuren der Türken in Wien, Wien 2000, S. 74.

3. Welche Instrumentalisierungsabsicht besteht hinsichtlich der Mobilisierung bestimmter Bevölkerungsschichten? [9]

Handelt es sich um Gruppen, so ist der Stereotyp Ausdruck einer Überzeugung, die auf eine soziale Gruppe oder deren einzelnen Vertreter gerichtet ist. Mit dem Bild von der anderen Gruppe entsteht ein Urteil, das jener Gruppe bestimmte Eigenschaften und Verhaltensweisen zu- oder abspricht, wobei dies auf generalisierender Weise mit emotionalem Hintergrund basiert.[10] Dabei spielt auch eine Rolle, dass man eine solche Abgrenzung gegenüber dem anderen anstrebt, da man sich der anderen Gruppe überlegen fühlen will: »The aim of differentiation is to maintain or achieve superiority over an out-group on some dimensions. Any such act, therefore, is essentially competitive«.[11]

Eine Steigerungsform des Stereotyps schließlich ist das Feindbild, das ebenso schablonenhafte wie ausschließlich negative Vorstellungen übermittelt.[12]

Historische Ereignisse können für die Bildung von Stereotypen Thema sein, je nachdem, wie positiv oder negativ konnotiert diese Ereignisse sind. Des Weiteren fließen historische Erfahrungen und die damit verbundene Erwartungshaltung ein sowie der Differenzierungsgrad der sozio-politischen Schichten in den Gruppenprofilen der eigenen und der fremden Nation.

Insbesondere als die moderne Nationalbewegung entstand, wurde der Nation als Gruppe im historischen Prozess große Bedeutung beigemessen, da aus der Vergangenheit mit Hilfe der Historiographie eine »nationale Sendungsidee« aufgesetzt wurde. Das ist mit Grund, dass nationale Siege durch die Geschichtsschreiber gefeiert und Niederlagen beklagt wurden. In diesem Umfeld wurden Bilder von Erbfeindschaften aufgebaut, wesentlich seltener jedoch Bilder von Freundschaft.[13]

Insbesondere im Sinne von nationalen Identitäten ist zu bedenken, dass eine nationale Identität nur benötigt wird, wenn und indem man sich einer anderen

---

9. Arnold Suppan, Einleitung. Identitäten und Stereotypen in multiethnischen europäischen Regionen, in: Das Bild vom Anderen. Identitäten, Mentalitäten, Mythen und Stereotypen in multiethnischen europäischen Regionen (hg. Valeria Heuberger/Arnold Suppan/Elisabeth Vyslonzil), Frankfurt a. M. 1998, S. 9–20; hier S. 16.

10. Walter Peterseil, Nationale Geschichtsbilder und Stereotypen in der Karikatur, phil. Diss., Wien 1994, S. 58.

11. Wolfgang K. Hünig, British and German Cartoons as Weapons in World War I. Invectives and Ideology of Political Cartoons, a Cognitive Linguistics Approach, Frankfurt a. M. 2002, S. 31. Durch das Bild des vorwiegend negativen Stereotyps ist ein objektives Betrachten des anderen praktisch nicht mehr möglich.

12. Angelika Plum, Die Karikatur im Spannungsfeld von Kunstgeschichte und Politikwissenschaft. Eine ikonologische Untersuchung zu Feindbildern in Karikaturen, phil. Diss., Aachen 1998, S. 104f.

13. Arnold Suppan, Einleitung (s. o. Anm. 9, S. 290 in diesem Band), S. 15.

Gruppe gegenüber abgrenzt und sich zu einer dieser beiden gehörig fühlt.[14] Auf diese Art und Weise entstand – um hierbei schon auf das noch Folgende vorwegzugreifen – ja auch der Europabegriff, als sich nämlich die *res publica Christiana* gegen das muslimische Osmanische Reich, das Andere per se, abgrenzte. Damit wird Europa zum Sitz einer Christenheit, die gemeinsam gegen die Türken vorzugehen hat; Europa entwickelt sich zum Gegenbegriff zu den ›Türken‹: Es gilt in diesem Kontext, auch Nationen zu gewinnen, die aufgrund ihrer geographischen Lage eigentlich keiner Bedrohung durch die Türken ausgesetzt sind.[15]

Auf einer weiteren Ebene ergibt sich mit dem Wendepunkt 1453 noch eine Überstülpung des Begriffs ›Türke‹ über den Begriff ›Islam‹[16], wobei die Begriffe der ›Christenheit‹ und des ›Christentums‹ dem Islam gegenüber gestellt werden.[17]

## 3 Grundlegende Überlegungen zum Türkenbild in Europa

›Europa‹ war im Mittelalter keine herausragende Bedeutung im Sinne einer symbolischen Grenzziehung zugekommen, sondern verstand sich hauptsächlich als geographische Bezeichnung als einer der drei bekannten Kontinente *Africa*, *Asia* und *Europa*. Erst Enea Silvio Piccolomini, der spätere Papst Pius II. (1458–1464), erreichte mit seinem Kreuzzugsaufruf auf dem Reichstag zu Frankfurt 1453 eine gesamteuropäische Dimension[18], womit die Einheit Europas als christliches Territorium verstanden wird.

Das Türkenbild in Europa ist historisch betrachtet im Laufe der Jahrhunderte ein gespaltenes. Ab dem Fall Konstantinopels 1453 war das Osmanische Reich jedenfalls als bedrohender Faktor für Europa in aller Munde. Mit diesem Zeitpunkt lassen sich aus dem Quellenstudium und der daraus resultierenden Sekundärliteratur die Besorgnisse und Ängste der Bevölkerung, was die osmanische Präsenz auf dem Balkan und in Südost- und Mitteleuropa anbelangt, erlesen. Eine wesentliche Rolle spielte die Religionskontroverse der ideologischen Grup-

---

14. Kerstin Tomenendal, Das Türkenbild in Österreich-Ungarn... (s. o. Anm. 5, S. 288 in diesem Band), S. 74.
15. Almut Höfert, Den Feind beschreiben. »Türkengefahr« und europäisches Wissen über das Osmanische Reich 1450–1600, Frankfurt a. M. 2003, S. 65.
16. So ersichtlich beispielsweise im deutschen Sprachgebrauch: ›türckischer Glaub‹ = ›Islam‹, ›türkische Kirch‹ = Moschee, etc. Eine Aufzählung solcher Termini findet sich in: Kerstin Tomenendal, Das Türkenbild in Österreich-Ungarn... (s. o. Anm. 5, S. 288 in diesem Band), S. 81.84 f.
17. Bernard Lewis, Kaiser und Kalifen. Christentum und Islam im Ringen um Macht und Vorherrschaft, München 1996, S. 17.
18. Almut Höfert, Den Feind beschreiben (s. o. Anm. 15, S. 291 in diesem Band), S. 61; Josef Köstlbauer, Europa und die Osmanen – Der identitätsstiftende »Andere«, in: Wolfgang Schmale u. a. (Hg.), Studien zur europäischen Identität im 17. Jahrhundert, Bochum 2004, S. 45–71; hier S. 45.

penzusammengehörigkeit des Christentums, das den Islam zu bekämpfen hatte, wobei das alte Bild und Verständnis des Islams als ›mythische Erblast‹ und Fundament für die Polemik gegen die dieser Religion angehörenden Türken aufgefasst wurde. Damit geht die Erkenntnis Hand in Hand, dass der Islam Teil der europäischen Geschichte ist.[19] Aufgrund seiner Definition ist der Islam – wie bereits erwähnt – als solcher das Pendant zu sowohl ›Christentum‹ ( = die Religionsgemeinschaft) und ›Christenheit‹ ( = die christliche Zivilisation).

Gleichzeitig ist die Eroberung Konstantinopels durch die Türken am 29. Mai 1453 auch der Anfangspunkt für Turcica-Studien. Einige Punkte und Argumentationslinien existierten bereits vor diesem Datum, erst nach 1453 wurden konsequent einzelne Motive miteinander verbunden, das alte lateinische und byzantinische Islambild wurde mit Berichten über die Türken vermengt und auf das Gegensatzpaar Türken-Christen ausgerichtet.[20] Die Neuausrichtung des Europabegriffes wurde jedenfalls eine der folgenreichsten Entwicklungen dieses Datums.

Der Gegensatz zwischen Europa und den Türken im 16. Jahrhundert aus europäischer Sichtweise lässt sich in den folgenden wesentlichen Punkten zusammenfassen:

1. Ergebnis des traditionellen Gegensatzes Christentum – Islam;
2. damit einhergehend das Bewusstsein der religiösen Feindschaft;
3. Vorstellungen über die Türken von erheblicher militärischer Stärke bzw. Durchschlagskraft, Eroberungsgier und Grausamkeit gegen die Christen während des Kampfes;
4. Türken seien treulos und wortbrüchig; sie missachteten die von ihnen abgeschlossenen Verträge (diese Betrachtungsweise geht zurück auf die islamischen Termini *dâr al-harb* (›Haus des Kriegs‹) und *dâr al-islâm* (›Haus des Islams‹);
5. kultureller Gegensatz zwischen Mitteleuropa ( = Christentum) und dem Osmanischen Reich ( = Islam); das soziale Verhalten der Türken bleibt somit unverstanden;
6. Kontroversität zwischen Christen und Türken auch auf dem Gebiet der Nor-

---

19. Bassam Tibi, Kreuzzug und Djihad. Der Islam und die christliche Welt, München 1999, S. 10.16.23 f. 86; Wolfgang Schmale, Geschichte Europas, Wien/Köln/Weimar 2000, S. 11 f. weist darauf hin, dass mit ›Europa‹ als allgemeiner Bewusstseinsgröße erst im 18. Jahrhundert zu rechnen ist, sich der Begriff aber unter den Gelehrten ab der zweiten Hälfte des 15. Jahrhunderts findet. Damit einhergehen die Begriffe ›Nation‹ und ›Christenheit‹.

20. Almut Höfert, Den Feind beschreiben (s. o. Anm. 15, S. 291 in diesem Band), S. 57; Josef Köstlbauer, Europa und die Osmanen (s. o. Anm. 18, S. 291 in diesem Band), S. 48. Für das alte Islambild vor dem Auftreten der Türken vgl. beispielsweise Norman Daniel, Islam and the West. The Making of an Image, Edinburgh 1960; Ludwig Hagemann, Christentum contra Islam. Eine Geschichte gescheiterter Beziehungen, Darmstadt 1999.

men und Strukturen durch die Andersartigkeit der ständischen Ordnung im Osmanischen Reich.[21]

Maßgeblich im Sinne einer antitürkischen Propaganda waren Staat und Kirche tätig, die tunlichst darauf bedacht waren, ein Schreckensbild zu zeichnen. Die Vervielfältigungsmöglichkeiten durch den Buchdruck mit beweglichen Lettern im 15. Jahrhundert waren zudem das geeignete Medium für die Verbreitung von Botschaften: Das erste Produkt der Druckerpresse war ein Turcicum, als frühestes gesichertes Druckerzeugnis gilt ein zugunsten des Türkenkriegs gedruckter Ablasszettel vom 22. Oktober 1454. Erstaunlicherweise handelte es sich bei diesem ersten Druckwerk also nicht um die Bibel. Danach folgte im Dezember der sogenannte Türkenkalender – eine sechs Blätter umfassende Flugschrift mit Titel *Eyn manung der cristenheit widder die durken*.[22] Der Buchdruck wurde überdies mit visuellen Botschaften ausgestattet, um auch Analphabeten zu erreichen.[23] Hierbei wurden Bilder und Vorstellungen verwendet, die dem Betrachter des jeweiligen Elaborats geläufig waren, so dass sich allgemein verständliche Bilder ergaben, die einen wesentlichen Beitrag für die Meinungsbildung der Öffentlichkeit leisteten.[24] Ziel dabei war, »das Fremde auszugrenzen, das Eigene in seinem ›status quo‹ jedoch zu bestätigen«[25]

Im Fall der Auseinandersetzungen der einzelnen Staatsgebilde Europas mit dem Osmanischen Reich im Lauf der Jahrhunderte ist verständlicherweise die Frage der jeweiligen Perspektive bedeutend. So bemerkt man, dass v. a. in der Habsburger Monarchie, die die gleichen Interessen wie das Osmanische Reich in Bezug auf den Balkan verfolgte, die Propagandatätigkeiten gegen den Gegner gezielt eingesetzt wurden und dass vor allem zu den Zeitpunkten, wo tatsächlich kriegerische Auseinandersetzungen mit dem Osmanischen Reich auftraten, besonders viel antitürkische Literatur – sei es in Buchform oder als Flugschrift oder sonstiges Propagandamittel wie beispielsweise die sogenannten Türkenkalender – erzeugt wurde. Bezweckt wurde u.a. eine Mobilisierung der Öffentlichkeit, man wollte mit übertriebenen Schilderungen von türkischen Grausamkeiten Rachegefühle unter den Leuten erzeugen und diese so für den Kampf gewinnen.[26]

21. Winfried Schulze, Reich und Türkengefahr im späten 16. Jahrhundert. Studien zu den politischen und gesellschaftlichen Auswirkungen einer äußeren Bedrohung, München 1978, S. 54–55.

22. Almut Höfert, Den Feind beschreiben (s. o. Anm. 15, S. 291 in diesem Band), S. 57.

23. Ursula Gerber, Imago Turci. Das Türkenbild in illustrierten Flugblättern des 16. Jahrhunderts im deutschsprachigen Raum, Dipl. Arb., Wien 1993, S. 10.

24. Ursula Gerber, Imago Turci (s. o. Anm. 23, S. 293 in diesem Band), S. 31.35.

25. Ebd., S. 49.

26. Kerstin Tomenendal, Das Türkenbild in Österreich-Ungarn... (s. o. Anm. 5, S. 288 in diesem Band), S. 89.

Das Türkenthema erbrachte europaweit im 15. Jahrhundert über 1000 Publikationen, im 16. Jahrhundert sind es bereits über 2500 Publikationen[27], wobei die meisten dieser Publikationen aus dem deutschsprachigen Raum stammen, da England durch seine isolierte Lage von der Türkenfurcht unbelastet war, Frankreich[28] hingegen durch seine Zangenpolitik dem Habsburger Reich gegenüber im Jahre 1536 einen Freundschaftsvertrag mit dem Osmanischen Reich abschloss. Damit bildete Frankreich aber auch die Grundlage für weitere Verträge des Osmanischen Reiches mit anderen europäischen Staaten.[29]

Die europäischen Schriften über das Osmanische Reich entstanden also im Kontext der militärischen sowie ideologischen Auseinandersetzungen zwischen den Osmanen und den diversen europäischen Mächten und wurden dementsprechend von den jeweiligen Autoren in den jeweils gültigen politischen Rahmen eingebettet.[30] Es finden sich verschiedene Genres, die ebenfalls einen unterschiedlichen Zugang zu der Materie aufweisen: Aus Perspektive der Reiseliteratur und -berichte ist besonders zu beachten, dass sie die Interaktion zwischen dem Osmanischen Reich und Europa reflektieren[31], wobei *Fikret Adanir* in seinem Aufsatz darauf hinweist, dass die Reisebeschreibungen oft mehr Schlüsse über die Heimat des Autors geben als über das fremde Land, in dessen Geheimnisse der Reisende eigentlich eingedrungen zu sein glaubt.[32] Almut Höfert führt in diesem Sinne weiter aus, dass Reiseberichte das Bemerkenswerte (*le cose memorabile*) beschreiben, nicht jedoch das Selbstverständliche.[33] Im allgemeinen werteten die Autoren sehr subjektiv, verglichen ihr Herkunftsland mit dem Osmanischen Reich und konnotierten alle Abweichungen zu dem ihnen Bekannten negativ. Das Hauptaugenmerk der Beschreibungen war auf die Erläuterung der Zustände

---

27. Klaus Malettke, Die Vorstöße der Osmanen im 16. Jahrhundert aus französischer Sicht. In: Europa und die Türken in der Renaissance, hg. Bodo Guthmüller/Wilhelm Kühlmann (Frühe Neuzeit. Studien und Dokumente zur deutschen Literatur und Kultur im europäischen Kontext; Bd. LIV), Tübingen 2000, S. 388.

28. Dennoch erwähnt Delumeau, dass im Zeitraum zwischen 1480 und 1609 in Frankreich doppelt so viele Bücher über die Türken geschrieben wurden im Vergleich zu Publikationen über Nord- und Südamerika. Vgl. Jean Delumeau, Angst im Abendland. Die Geschichte kollektiver Ängste im Europa des 14. bis 18. Jahrhunderts, 2 Bde., Reinbek 1985; hier Bd. II, S. 397.

29. Kerstin Tomenendal, Das Türkenbild in Österreich-Ungarn... (s. o. Anm. 5, S. 288 in diesem Band), S. 91.93.

30. Almut Höfert, Den Feind beschreiben (s. o. Anm. 15, S. 291 in diesem Band), S. 43.

31. Ezel Kural Shaw, The Double Veil: Travelers' Views of the Ottoman Empire, Sixteenth through Eighteenth Centuries, in: English and Continental Views of the Ottoman Empire 1500–1800, Los Angeles 1972, S. 4.

32. Fikret Adanir, Wandlungen des deutschen Türkeibildes in der ersten Hälfte des 20. Jahrhunderts, in: Zeitschrift für Türkeistudien 2 (Essen 1991), S. 195–211; hier S. 195.

33. Almut Höfert, Den Feind beschreiben (s. o. Anm. 15, S. 291 in diesem Band), S. 49.

ausgerichtet. Für das Lesepublikum waren Berichte über die Lebensumstände, Kultur, neueste Geschichte, Machtverhältnisse und führende Persönlichkeiten im Osmanischen Reich von besonderem Interesse. Oftmals übernahmen die Autoren, die etwas nicht gesehen hatten oder etwas, das ihnen nicht bekannt war, von Anderen Beschreibungen, ohne jedoch die Quelle anzugeben, und so konnten sich Irrtümer lange halten und verschleppen.[34] *Daniel Wilson* bezeichnet manche der gegen Ende des 18. Jahrhunderts verfassten wissenschaftlichen Reiseberichte als Vorbereiter des französischen und englischen Imperialismus, da die Autoren die Eroberung der von ihnen beschriebenen Länder einforderten.[35]

Im 17. Jahrhundert ergeben sich aus der Sicht der Europäer das Osmanische Reich anbelangend zwei Strömungen: Dies ist zum einen eine blindwütige Ablehnung der feindlichen und andersgläubigen Macht, anderseits stellt sich eine Wissbegier, eine Reise- und Fabulierlust ein.[36] Diese Zweispaltung in den Strömungen soll sich auch in den kommenden Jahrhunderten halten, wo auf der einen Seite – ausgehend v. a. von Frankreich – in den gebildeten Schichten Turquerien[37] aufkommen, in deren Folge das gebildete Europa einer »Turkomanie« verfällt, anderseits aber – und dies gilt gerade für die Habsburger Monarchie – auf Volksebene die Türkenfurcht weiter gehegt und gepflegt wurde.[38]

Interessanterweise wurden die Reformbestrebungen und Reformen im Osmanischen Reich des 18. und 19. Jahrhunderts[39] in Europa nicht wahrgenommen,

---

34. Helga Fischer, Das Osmanische Reich in Reisebeschreibungen und Berichten des 18. Jahrhunderts, in: Das Osmanische Reich und Europa 1683 bis 1789: Konflikt, Entspannung und Austausch, hg. Gernot Heiss/Grete Klingenstein, Wiener Beiträge zur Geschichte der Neuzeit, Bd. X/1983, Wien 1983, S. 113–142; hier S. 115–117.

35. W. Daniel Wilson, Humanität und Kreuzzugsideologie um 1780. Die »Türkenoper« im 18. Jahrhundert und das Rettungsmotiv in Wielands ›Oberon‹, Lessings ›Nathan‹ und Goethes ›Iphigenie‹. (Kanadische Studien zur deutschen Sprache und Literatur; Bd. XXX), New York/Frankfurt a. M./Nancy 1984, S. 22.

36. Kerstin Tomenendal, Das Türkenbild in Österreich-Ungarn... (s. o. Anm. 5, S. 288 in diesem Band), S. 96.

37. Unter Turquerien, die überwiegend in Malerei, Graphik und angewandter Kunst anzutreffen sind, versteht man die »freie und dekorative Nachschöpfung menschlicher Figuren im türkischen Kostüm«, sie sind »eine Domäne derer, die nie den Orient sahen und ihm, der Zeit entsprechend, kein ethnographisches Interesse entgegenbrachten«. Es handelt sich hierbei nicht um imitierende Turquerien, da der Einfluss des Kunsthandwerks des Nahen Ostens auf europäisches Kunsthandwerk schon ins Mittelalter zurückreichte. Vgl. dazu Maria Elisabeth Pape, Turquerie im 18. Jahrhundert und der »Recueil Ferriol«, in: Europa und der Orient 800–1900, hg. Gereon Sievernich,/Hendrick Budde, Gütersloh/München 1989, S. 305–323; hier S. 306–307.

38. Kerstin Tomenendal, Das Türkenbild in Österreich-Ungarn... (s. o. Anm. 5, S. 288 in diesem Band), S. 100.

39. Der Beginn dieser Reformen ereignet sich 1793 unter Sultan Selim III., die sogenannte Nizam-i Cedid (›Neuordnung‹); diese bezieht ihre Impulse aus der Französischen Revolution (1789) und

sodass sich auch das Türkenbild infolgedessen nicht änderte.[40] Im 18. Jahrhundert machte sich in Europa der Gedanke breit, dass die europäische Kultur dem Orient überlegen sei, oder wie *Asli Çirakman*: »In comparison to the Europeans, Turks are represented as despotic, slavish, effeminate, ignorant, proud and corrupt, whereas when compared to the oppressed minorities of the empire, they are imagined to be stupid, fanatical, intolerant, oppressive and hateful.«[41] Aus diesem Überlegenheitsgefühl des europäischen Konzertes leitete sich schließlich das Recht ab, das Gebiet des Osmanischen Reiches zu kolonialisieren.

Das 19. Jahrhundert schließlich präsentierte sich als das Jahrhundert der großen nationalen Strömungen und die »Orientalische Frage«[42] kulminierte unter dem Konzert der Europäischen Mächte in den 1870er Jahren zur »Orientalischen Krise«, das Osmanische Reich mutierte vollends zum »Kranken Mann am Bosporus«[43]. Die Lage Österreich-Ungarns zu diesem Zeitpunkt war ebenfalls eine äußerst drastische, es regierte genauso wie das Osmanische Reich über eine Vielzahl von Völkern, konnte es also dem Osmanischen Reich nachfühlen, als sich im 19. Jahrhundert verschiedene Völkerschaften vom Osmanischen Reich abspalteten, und konnte dem Osmanischen Reich mit Sympathie begegnen: Es wird in diesem Kontext in Österreich-Ungarn sogar vom guten und gerechten Türken gesprochen bzw. von der religiösen Toleranz und dem Verständnis des Osmanischen Staates.[44] Außerdem war man in Österreich-Ungarn zur Überzeugung gelangt, dass das Osmanische Reich als Nachbar auf dem Balkan die beste Lösung für die Donaumonarchie sei, da die Balkanstaaten mit ihrem Nationa-

findet ihre Fortsetzung im Osmanischen Reich im 19. Jahrhundert in der sogenannten Tanzimat-Ära (1839–1876).

40. Asli Çirakman, From the «Terror of the World« to the «Sick Man of Europe«. European Images of Ottoman Empire and Society from the Sixteenth Century to the Nineteenth (Studies in Modern European History Bd. XLIII), Frankfurt a. M. et al. 2002, S. 105.

41. Ebd., S. 110–174.

42. Der Begriff der »Orientalischen Frage« wird auf dem Kongress von Verona 1822 gebildet. Vgl. dazu Klaus-Detlev Grothusen, Die Orientalische Frage als Problem der europäischen Geschichte – Gedanken zum 100. Jahrestag des Berliner Kongresses, in: Die Türkei in Europa. Beiträge des Südosteuropa-Arbeitskreises der Deutschen Forschungsgemeinschaft zum IV. Internationalen Südosteuropa-Kongress der Association Internationale d'Études du Sud-Est Européen. Ankara, 13.–18. August 1979, hg. Klaus-Detlev Grothusen, Göttingen 1979, S. 79-96, hier S. 86.

43. Das Idiom ›der kranke Mann am Bosporus‹ wurde durch Zar Nikolaus I. geprägt und entstand im Zuge seines Gesprächs mit dem englischen Gesandten Seymour in Petersburg 1853. Seit diesem Zeitpunkt zieht sich dieser Ausdruck durch die Literatur. Vgl. Yüksel Kocadoru, Die Türken. Studien zu ihrem Bild und seiner Geschichte in Österreich, Klagenfurt 1990, S. 315.

44. Kerstin Tomenendal, Das Türkenbild in Österreich-Ungarn... (s. o. Anm. 5, S. 288 in diesem Band), S. 106.

lismus für beide Vielvölkerstaaten dieselbe Problematik darstellten.[45] Man war also darum bemüht, den status quo betreffend das Osmanische Reich aufrecht zu erhalten. Dieses Mitgefühl hinderte die Donaumonarchie aber nicht daran, 1878 Bosnien-Herzegowina zu okkupieren, als der Berliner Kongress des Jahres 1878 ihm dazu die Gelegenheit bot, und 1908 schließlich zu annektieren, was die osmanisch-habsburgischen Beziehungen bis zum Ausbruch des Ersten Weltkriegs, in dem diese beiden Staaten dann zu Bündnispartnern wurden, nachhaltig verschlechterte. Anderseits aber – wie bereits eingangs erwähnt – ermöglichte dieses Faktum der Habsburger Monarchie bereits früh innerhalb der eigenen Staatsgrenzen nahen Kontakt und direkten Zugang auf Regierungsebene zum Islam. Bereits 1913 sprach man von der Errichtung einer Moschee in Wien, auch Kaiser Karl soll angeblich in der kurzen Zeit seiner Regierung im Jahr 1917 zur Errichtung einer Moschee in Wien aus seinem Privatvermögen zum Bau beigesteuert haben wollen; der Zusammenbruch der Donaumonarchie machte diese Pläne jedoch zunichte.[46]

## 4 Das heutige Türkenbild in Österreich als Resultat historischer Analyse

Eine Umfrage im Jahr 2004 ergab, dass über 70 Prozent der Österreicher gegen den Beitritt der Türkei in die EU seien, nur 18 Prozent seien dafür – das ist europaweit die niedrigste Prozentzahl. In der internationalen Presse, die der Aufnahme der Beitrittsverhandlungen mit der Türkei am 3. Oktober 2005 voranging, kam deutlich zum Ausdruck, dass Österreich sich gegen den Beitritt der Türkei in die EU als Vollmitgliedstaat stellt. Bis in die Abendstunden des 3. Oktober legte Österreich auch sein Veto ein und gefährdete damit die Aufnahme der Beitrittsverhandlungen mit der Türkei.

Die Haltung Österreichs beruht zum Teil auf tief verwurzelten Ängsten und Vorurteilen, wobei mit dem Türkei-Image auch negative Einstellungen gegenüber türkischen Migranten verbunden sind. In Österreich begann die offizielle Anwerbung von Gastarbeitern in den 1960er Jahren und wurde in den 1970ern institutionalisiert; in den wesentlichen Grundprinzipien blieb dieses System bis in die 1990er Jahre aufrecht. Erst das Aufenthaltsgesetz 1992, das Mitte 1993 in Kraft trat, änderte die österreichische Migrationspolitik drastisch, da nun eine strikte Regulierung der Einwanderung eingeführt wurde, die auf die Bedürfnisse der österreichischen Wirtschaft einging. Das Anwerbeabkommen mit der Türkei

---

45. Francis Roy Bridge, Austria-Hungary and the Ottoman Empire in the Twentieth Century, in: Mitteilungen des Österreichischen Staatsarchivs 34 (Wien 1982), S. 234–271; hier S. 234.

46. Kerstin Tomenendal, Das türkische Gesicht Wiens (s. o. Anm. 8, S. 289 in diesem Band), S. 72.

wurde 1964 geschlossen, wobei die Annäherungen der Türkei an die damalige Europäische Gemeinschaft diesem Prozess entgegen kamen. Bei den Angeworbenen handelte es sich in der ersten Zuwanderungsphase v. a. um junge männliche Migranten aus ländlichen Herkunftsgebieten, die eher niedrige Bildungsabschlüsse vorwiesen und für unqualifizierte Beschäftigungen in Österreich angeworben wurden. Der Anteil der türkischen Wohnbevölkerung steigerte sich in Österreich im Zeitraum von 1961 bis 1970 von 0,2 Prozent auf 8 Prozent. Nach dem Einwanderungsstopp 1973 begann eine stärkere Verlagerung auf Familienmigration, womit auch die Anzahl von immigrierenden Frauen drastisch anstieg: Im Zeitraum zwischen 1971 bis 1981 wuchs der Frauenanteil der türkischen Bevölkerung in Österreich von 23 Prozent auf 42 Prozent. Während der 1980er Jahre kam es aufgrund von Familiennachzug nach Österreich und der in Österreich geborenen Kinder zu einem weiteren Anstieg und in der Folge auch zu permanenten Niederlassungen, wobei im Jahr 1983 bereits 42 Prozent der türkischen Kinder in Österreich geboren wurden.[47]

In den letzten Jahren werden die Emotionen und das kollektive Gedächtnis Österreichs im Sinne der zweiten Türkenbelagerung 1683 auch zunehmend durch politische Parteien für innenpolitische Zwecke ausgenutzt.[48]

Das Türkenbild war in der Habsburgermonarchie seit seinem Beginn mit dem Fall Konstantinopels 1453 kontinuierlich negativ konnotiert und änderte sich zwischen Ende des 15. Jahrhunderts bis Mitte des 18. Jahrhunderts kaum, lebte ab der zweiten Hälfte des 18. Jahrhunderts in den unteren Bevölkerungsschichten und in der Volkskultur bis in das 21. Jahrhundert fort. Speziell in Wien hat es den Anschein, wie mehrere Kampagnen österreichischer Parteien im Diskurs um einen möglichen Beitritt der Türkei in die Europäische Union aufzeigen, dass sich weiterhin das Türkenfeindbild halten wird. Das Thema Türkei wird in dieser Hinsicht also politisiert und bewusst eingesetzt. Dabei kommt es unter anderem zu Aussagen, die sich direkt auf die Türkenbelagerungen beziehen, wie bereits in der Einleitung angesprochen wurde.

Dies ist damit zu begründen, dass die Osmanen bis zum Ende des 17. Jahrhunderts eine wirkliche Bedrohung für ihre unmittelbaren Nachbarn seit 1526 in der Folge der Schlacht von Moh'acs, die Habsburger Monarchie, darstellten und man die Osmanen auch noch Anfang des 18. Jahrhunderts fürchtete, so dass

---

47. Vgl. Harald Waldrauch/Karin Sohler, Migrantenorganisationen in der Großstadt (s. o. Anm. 7, S. 289 in diesem Band), S. 84–85.229–230.233–234.

48. Vgl. dazu beispielsweise die Homepage des Parteiobmanns der FPÖ, Hans Christian Strache, wo auch im bildlichen Bereich auf alte Images und Vorurteile zurückgegriffen wird, cf. http://www.hcstrache.at/ (Rubrik »Kampagne«, [4. Juni 2007]). Seine Wahlkampagne brachte ihm bei den Wiener Wahlen am 23. Oktober 2005 erstaunliche 14,2 Prozent der Wählerstimmen ein.

sich das damit verbundene Feindbild hartnäckig halten konnte.[49] Im Falle Österreichs ergibt sich ein letzter großer Höhepunkt im Sinne der Türkenfurcht mit der Belagerung von Wien im Jahr 1683, dieses Ereignis ist bis heute im kollektiven Gedächtnis der Bevölkerung vorhanden und wird bis zum heutigen Tag als eines der Eckdaten der österreichischen Geschichte behandelt.

In diesem Zusammenhang wird immer wieder von der ›Bastion Wien‹ gesprochen. Im ausgehenden 17. Jahrhundert ist das Bild der Festung Europa, die von heidnischen Feinden bedroht wird – also wiederum der Gegensatz gegenüber den Osmanen als Mittel für die eigene Identitätsfindung – allgegenwärtig: Mit der für die Bevölkerung sicherlich traumatischen Erfahrung der Belagerung Wiens wird dieser Topos fortgesetzt, so wie auch aus dem Spruch Abraham von Santa Claras aus dem Jahr 1683 ersichtlich: »Auff, auff, und wol auff ihr liebste Christen! [...] jetzt gehet es Gottes Ehr an, jetzt gehet es das Erbgut der Braut Christi an«.[50]

Natürlich ergibt sich auch in Österreich während des 18. und 19. Jahrhunderts – wie im restlichen Europa – ein nachsichtigeres Türkenbild, was aus dem Weichen der Bedrohung durch die Türken resultiert, sowie dem vorbehaltlich positiven Türkenbild während des Ersten Weltkriegs, als Österreich-Ungarn und die Türkei Bündnispartner waren. Im Sinne der »niederen Bildungsschichten der Volkskultur«[51]: In diesen Schichten war die Volkswahrnehmung des Türken dieselbe geblieben: Es ergab sich de facto keine Änderung in der Türkenrezeption des gemeinen Volks, nur die Furcht vor den Türken war mit Ende des 17. Jahrhunderts verschwunden, was mit den permanenten Siegen über die Osmanen leicht zu erklären ist.

Am negativen Türkenbild wird permanent in verschiedenen wissenschaftlichen und pseudowissenschaftlichen Arbeiten sowie gar in Romanen und Erzählungen weitergearbeitet[52], die sich fast ausschließlich mit den Osmanen bzw. mit dem Osmanischen Reich, basierend auf kriegerischen Auseinandersetzungen, beschäftigen. Nur wenige Publikationen haben kulturelle Attribute zum Thema, die den Türken zugewiesen wurden.[53] Zum Zweiten ziehen sich unzeitgemäße Ter-

49. Maximilian Grothaus, Der »Erbfeindt christlichen Nahmens«. Studien zum Türken Feindbild in der Habsburgermonarchie zwischen 16. und 18. Jahrhundert [sic!], phil. Diss., Graz 1986, S. 115.118.

50. Josef Köstlbauer, Europa und die Osmanen (s. o. Anm. 18, S. 291 in diesem Band), S. 45–46.55.

51. Ebd., S. 68. So dokumentieren viele Sagen und Legenden in Österreich die »Türkennot«. Vgl. dazu Josef Bauer, Die Türken in Österreich. Geschichte. Sagen. Legenden, St. Pölten 1982. Im volkstümlichen Gebrauch entstehen diesbezüglich auch einige Bräuche. So beispielsweise der Hernalser Eselsritt bzw. der Bäckeraufzug, vgl. dazu Kerstin Tomenendal, Das türkische Gesicht Wiens (s. o. Anm. 8, S. 289 in diesem Band), S. 28.

52. Beispielsweise Mikro Jelusich, Bastion Europas. Roman, Wien 1966. Ein Beispiel für eine Erzählung ist Gustav Nierietz, Die Türken vor Wien im Jahre 1683. Eine geschichtliche Erzählung für die Jugend, Konstanz o.J.

53. Eine Ausstellung zu dem Thema der wenig gängigen ›türkischen‹ Attribute mit Katalog ist bei-

mini permanent durch fachspezifische Arbeiten aus unterschiedlichen Disziplinen, die sich hoffentlich unter Zuhilfenahme der neuen Forschungsansätze – wie beispielsweise *Post-Colonial Studies* und *Cultural Studies* – in Zukunft ändern werden: Im Grunde genommen unterscheidet sich das heutige Türkenbild in Österreich nicht wesentlich von der Sicht des 17. Jahrhunderts. Hinzu kommt noch, dass sich viele zeitgenössische Wissenschafter eines Vokabulars bedienen, das nicht zeitgemäß ist und Formulierungen und Wertungen in den europäischen Geschichtswissenschaften schafft und in seiner Wirkung nicht zu unterschätzen ist. Dabei handelt es sich beispielsweise um den Begriff ›Türkengefahr‹, der Ende des 19. Jahrhunderts aufkam und ursprünglich in der deutschen Regionalgeschichtsschreibung gelegentlich verwendet wurde, in den 1950er Jahren abervon der österreichischen Geschichtsforschung über die Habsburger aufgenommen wurde. In dieser Periode fand dieser Terminus auch stellenweise Eingang in die angelsächsische Forschung. Erst Winfried Schulze gebrauchte 1978 diesen Terminus als zentrale analytische Kategorie, seitdem ist er ein üblicher Terminus in der deutschsprachigen Forschung.[54] Begriffe wie ›Türkengefahr‹ führen aber auch dazu, dass mit zweierlei Maß gemessen wird, insbesondere wenn man die habsburgische Propagierung einer christlichen Universalmonarchie als legitim, die osmanischen Aspirationen hingegen als Bedrohung hinstellt.[55]

Ein weiterer Begriff, der sich hartnäckig in der einschlägigen Literatur bis zum heutigen Tage hält, ist der Begriff des ›Erbfeinds (christlichen Namens)‹, dieser Begriff wird ab Ende des 15. Jahrhunderts mit den Türken in Einklang gebracht, deriviert aus dem mittelalterlichen ›erbvint‹ und wird ursprünglich als terminus technicus für den Teufel verwendet. In der säkularen Anwendung wurde diese Vokabel sowohl für Franzosen als auch Türken benutzt, wobei im Falle der Türken der heilsgeschichtliche Charakter, den das Wort ursprünglich hatte, gänzlich beibehalten wurde. Die Bezeichnung wird zur Floskel im 16. und 17. Jahrhundert und verliert sich dann im 18. Jahrhundert, als die Türkengefahr schwindet, und wird dann hauptsächlich auf die Franzosen angewendet.[56] Daraus resultiert auch das sogenannte »Erbfeindsyndrom«, unter der Annahme, dass es einen geborenen Feind gibt, »bei dem es keines feindseligen Aktes bedurfte, um

---

spielsweise die Ausstellung des Metropolitan Museum of Art. Die dazu gehörende Publikation »The Image of the Turk in Europe« von Alexandrine N. St. Clair erschien 1973 in New York.

54. Almut Höfert, Den Feind beschreiben (s. o. Anm. 15, S. 291 in diesem Band), S. 51.

55. Ebd., S. 54.

56. Maximilian Grothaus, Der »Erbfeindt christlichen Nahmens« (s. o. Anm. 49, S. 299 in diesem Band), S. 87.

ihn zum Feind zu erklären. Türke zu sein, [sic!] genügte, um Feind der Christenheit zu sein.«[57]

Es ist des Weiteren auch festzuhalten, dass die ›runden‹ Jubiläen in Wien in bezug auf die Türkenbelagerung 1529 und die erfolgreiche Entsatzschlacht von 1683 bislang immer wieder in großem Ausmaß feierlich begangen wurden und eine Fülle von Publikationen – Monographien, Artikel, Symposiumsbände – sowie Ausstellungen mit den dazugehörigen Katalogen in jenen Jahren mit dazu beitragen, dass dieses Ereignis einen permanenten Platz im kollektiven Gedächtnis der Österreicher erlangt.[58] Besonders beim 300jährigen Jubiläum zum Entsatz der zweiten Türkenbelagerung 1983 wurde ein Schwerpunkt auf wissenschaftliche Publikationen und Symposien gelegt, die nicht unbedingt neue Forschungsergebnisse mit sich brachten. Die jeweiligen Festlichkeiten in unterschiedlichen Jahren brachten auch das eine bzw. das andere Denkmal in Wien mit sich, so wie es überhaupt in Wien sehr viele Spuren der Türkenpräsenz in Österreich gibt, die die kriegerischen Auseinandersetzungen dieser beiden Länder zum Thema haben, die durchweg negativ konnotiert sind.[59] Es ist anderseits aber auch festzuhalten, dass einige Veranstaltungen im Gedenkjahr 1983 darauf abzielten, eine ausgewogene und vorurteilslose Sicht der historischen Auseinandersetzungen mit dem Osmanischen Reich hervorzubringen und sich nicht nur auf die Ereignisse des Jahres 1683 zu beschränken.[60]

## 5 Schlussbetrachtungen

Der Europabegriff und die Identitätsfindung Europas als Einheit beginnen konkret ab dem Zeitpunkt, als der Islam im Mittelmeerraum auftrat, und zeigen seine Auswirkungen bis in die heutigen tagespolitischen Entscheidungen. Olli Rehn, der Erweiterungskommissar der Europäischen Union, bemerkt in diesem

---

57. Winfried Schulze, Reich und Türkengefahr ... (s. o. Anm. 21, S. 293 in diesem Band), S. 55.

58. Einen Rückblick auf die groß angelegten Aktivitäten im Jahr 1983, für das das Veranstaltungskomitee bereits im Jahr 1979 gebildet wurde, gibt Peter Csendes in den Wiener Geschichtsblättern 39 (1984) unter dem Titel »Rückblick auf das Türkenjubiläumsjahr« auf S. 36.

59. Vgl. dazu Kerstin Tomenendal, Das türkische Gesicht Wiens (s. o. Anm. 8, S. 289 in diesem Band). In diesem Buch werden auf den Seiten 161 bis 263 sämtliche Denkmale mit Türkenbezug in Wien ausführlich genannt und beschrieben.

60. Dies ist der Fall bei der gemeinsam von der Österreichischen Nationalbibliothek und dem Österreichischen Staatsarchiv konzeptionierten und durchgeführten Ausstellung im Gedenkjahr und dies wird im Vorwort auch dezidiert als Zielsetzung auf Seite IX angeführt. Die Exponate umfassten eine Zeitspanne vom 14. bis ins 20. Jahrhundert. Vgl. Österreich und die Osmanen. Gemeinsame Ausstellung der Österreichischen Nationalbibliothek und des Österreichischen Staatsarchivs. Prunksaal der Österreichischen Nationalbibliothek. 31. Mai bis 30. Oktober 19832, Katalog, Wien 1983.

Kontext Folgendes: »The Map of Europe is defined in the minds of Europeans. Geography sets the frame, but fundamentally it is values that make the borders of Europe.«[61]

Wir müssen uns vergegenwärtigen, dass die ›Türkenfrage als europäisches Problem‹ als solches keine originäre Fragestellung des endenden 20. und beginnenden 21. Jahrhunderts ist, »sondern ein Produkt der Türkengefahr, die Europa aus dem Dasein einer neutralen geographischen Einheit in den theologischen Rang des letzten Hortes der Christenheit erhob. An der Wiege des neuzeitlichen Europa standen also die Türken Pate – ungeachtet dessen, dass niemand die Osmanen um ihr Einverständnis für diese spirituelle Schirmherrschaft gebeten hatte. Von dieser historischen Perspektive aus wäre die Türkei also gut beraten, sich bei den Beitrittsverhandlungen zur Europäischen Union auf dieses Verdienst zu berufen.«[62]

Im Falle Österreichs bleibt zu hoffen, dass sich das Türkenbild in den folgenden Jahren nicht ausschließlich auf anno 1683 reduzieren wird.

---

61. Olli Rehn, Values define Europe, not borders, http://www.delmkd.ec.europa.eu/en/whatsnew/2005/03\%20Olli\%20Rehn\%20article\%20Values\%20define\%20Europe.htm [ 4. Juni 2007 ].

62. Almut Höfert, Den Feind beschreiben ( s. o. Anm. 15, S. 291 in diesem Band ), S. 67.

# Epilog

Jörgen Klußmann

Religionen sind gelebte Glaubensüberzeugungen, sie brauchen Menschen, um einen Dialog miteinander führen oder ins Gespräch kommen zu können. Vielleicht hilft es, sich manchmal an diese schlichte Wahrheit zu erinnern, um zu verstehen, dass Religionen nur dann für Konflikte sorgen, wenn sich ihre Anhänger bekämpfen. Das Wort Gottes wird erst durch die Auslegung durch den Menschen Gegenstand von Konflikten. Dabei geht es aber meist nicht um den Glauben, sondern um ganz irdische Bedürfnisse, also Ressourcen, Gerechtigkeit und Chancengleichheit.

Auf einem internationalen Kongress nahm ich vor Kurzem an einem Workshop über den israelisch-palästinensischen Konflikt teil, bei dem es um die unterschiedlichen Konstruktionen von Geschichte durch Israelis und Palästinenser ging. Die Teilnehmer waren aus der ganzen Welt angereist. Sie waren zum großen Teil Therapeuten, Konflikttrainer und Mediatoren, kamen z. T. aber auch aus ganz anderen Berufen. Der palästinensische Professor Sami Adwan, der an der *University of Bethlehem* lehrt und an einem israelisch-palästinensischen Geschichtsbuch arbeitet, leitete uns gemeinsam mit einer deutschen Psychologin an, ein palästinensisches und ein israelisches Team zu bilden. Dann sollten wir uns mit einem historischen Ereignis, der *Balfour Deklaration*[1] befassen und uns in unseren Gruppen jeweils überlegen, was dieses Ereignis für uns bedeutete und wie wir es bewerteten.

Es zeigte sich, dass die Gruppe, welche die Israelis repräsentierte, sich sehr schnell auf die Argumentation verlegte, dass mit der Balfour Deklaration im Grunde nur Gottes Versprechen eingelöst werde, der seinem auserwählten Volk

---

[1]. In der Balfour-Deklaration (benannt nach dem damaligen britischen Außenminister Athur James Balfour) vom 2. November 1917 erklärte Großbritannien sich einverstanden mit den zionistischen Bestrebungen, in Palästina eine »nationale Heimstätte« des jüdischen Volkes zu errichten, wobei die Rechte bestehender nicht-jüdischer Gemeinschaften gewahrt bleiben sollten.

Israel das Land versprochen habe. Die Inbesitznahme sei somit eine heilige Pflicht und könne von niemandem angezweifelt werden. Die Gruppe der Palästinenser wurde daraufhin sehr ärgerlich und reagierte mit der Antwort, dass im Heiligen Koran in der Sure 17 *al-Israa* (›Die Nachtwanderung‹) davon berichtet werde, dass der Prophet von Jerusalem aus in den Himmel gefahren sei und dass *Al-Quds* (arabischer Name von Jerusalem) somit auch für Muslime ein heiliger Ort sei, auf den sie dementsprechend ebenfalls ein Anrecht hätten.

So wogte die Diskussion eine Zeit lang hin und her ohne dass wir zu einem Ergebnis kamen. Schließlich bemerkte ein Teilnehmer, solange jedes Volk Gottes Versprechen nur für sich beanspruche, sei man machtlos, denn Gott sei schließlich zu groß und zu mächtig als dass man ihm entgegentreten könne. Vielleicht verstünden wir alle aber Gottes Versprechen falsch, denn schließlich stünde ja nirgendwo geschrieben, dass das Land ausschließlich nur dem einen Volk versprochen sei. Diese einfache Erklärung sorgte für große Nachdenklichkeit und schließlich für eine Annnäherung zwischen den Gruppen.

Für mich brachte der Workshop die Erkenntnis, dass die Religion dann zum echten Konfliktfaktor wird, wenn aus dem Absolutheitsanspruch der jeweiligen Religion das Bewusstsein abgeleitet wird »auserwählt« zu sein. Es erschwert den Dialog ungemein und kann ihn sogar völlig verhindern. Wie soll ein Dialog auf Augenhöhe möglich sein, wenn ein Partner mit dieser Haltung ins Gespräch geht? Die höhere Eigenwertigkeit führt zu einer Abwertung des Gegenübers und letztlich zu Rassismus und Fundamentalismus.

Die Folgen eines solchen Wahns sind bekannt – sie führen unweigerlich in den gewaltsamen Konflikt und machen Gerechtigkeit unmöglich.

Auf der anderen Seite kann der Absolutheitsanspruch auch eine dauerhafte Verpflichtung sein, nach der Wahrheit zu streben, ohne deren Transzendenz zu leugnen. Damit erkennen wir aber unsere Grenzen der Erkenntnis an.

Nichtsdestotrotz bleiben viele Fragen damit unbeantwortet, die in einem politisch-sozialen Kontext des toleranten Zusammenlebens und der Notwendigkeit der Koexistenz einer pragmatischen Lösung bedürfen. Die Erkenntnisse der Konfliktforschung sind hier von besonderer Bedeutung: Solange ausgegrenzt, ausgeschlossen und verschwiegen wird, ist eine Annäherung schwierig. Solange kein angemessener Ausgleich stattfindet, ist die Versöhnung unmöglich.

Ich bin der Ansicht, dass es auch heute noch im christlich-islamischen Dialog um die Wunden alter Konflikte geht, die noch nicht vollständig geheilt sind. Der unsägliche Krieg gegen den Terror macht die alten Verletzungen nicht ungeschehen, sondern fügt nur noch neue hinzu. Wenn es eine Chance für eine Annäherung und letztlich um die Gestaltung eines friedlichen und gedeihlichen Zusammenlebens gehen soll, dann gehört die Aufarbeitung offener Fragen und die gegenseitige Anerkennung zwingend dazu.

Dazu gehört auf christlicher Seite beispielsweise die Achtung des islamischen

Erbes in Europa und der Welt. Es käme einer unverzeihlichen Heuchelei gleich, den Beitrag zu leugnen, den islamische Gelehrte für die Wissenschaften, insbesondere die Philosophie, die Mathematik, Chemie, Architektur, Medizin aber auch Literatur und andere Künste geleistet haben.

Auf der anderen Seite müssen islamische Gelehrte beispielsweise anerkennen, dass es zwar einen ausführlichen Gewaltdiskurs im Islam gibt aber so gut wie keine friedensethische Antwort darauf. Eine fundierte und reflektierte Antwort aus islamisch-theologischer Sicht könnte Argumente für den Frieden und Gewaltfreiheit finden und so deeskalierend wirken.

So könnte man sicher noch eine ganze Reihe von Versäumnissen auf beiden Seiten aufführen. Konstruktiver wäre es aber, diese Versäumnisse endlich aufzuarbeiten, statt sich gegenseitig Vorwürfe zu machen. Dabei wird es hilfreich sein, dies zum großen Teil auch gemeinsam zu tun und ganz konkret weiter an gemeinsamen Projekten zu arbeiten.

Ein wichtiges und weltpolitisch bedeutendes Projekt könnte zum Beispiel sein, sich kritisch und konstruktiv mit den Folgen der Globalisierung zu befassen, wie dies auf dem Kirchentag in Köln von bedeutenden Vertreterinnen und Vertretern der großen Weltreligionen angedacht und gemeinsam gefordert wurde. Bei diesem Thema liegen die Vorstellungen einer sozial gerechten und die Schöpfung bewahrenden Wirtschaftsform sehr nah beieinander.

Auch dem Auf- und Ausbau des Friedensprojekts Europa kommt in diesem Zusammenhang eine wichtige Bedeutung zu, das gemeinsam und in Verbindung mit anderen Partnern verfolgt werden muss, wenn es erfolgreich sein soll. Europa hat durch seine einzigartige Versöhnung und Integration Vorbildcharakter. Doch die bisherigen Anstrengungen reichen bei weitem nicht aus.

Für den Integrationsprozess Europas ist es wichtig, die Rolle der Religionen anzuerkennen. Dazu gehört auch der Islam, der wie in den vorherigen Beiträgen zu lesen ist, seine Spuren schon sehr früh hinterlassen hat. Sich allein auf die christlich-jüdische Tradition zu berufen, würde bedeuten, dass dieses Erbe verleugnet würde. Damit würden wir uns aber eines wichtigen Beitrags zur europäischen Geschichte unzulässigerweise entledigen. Eine einseitige Geschichtsauslegung führt aber zu Entfremdungen.

Der Beitritt der Türkei zur Europäischen Union mag für viele ein Schreckgespenst sein und sicher sind auch noch eine ganze Reihe von politischen Problemen zu bewältigen, bevor es dazu kommen könnte. Dazu gehören offenkundig auch eine Minderheitenpolitik, die sich an europäischen Rechtsnormen orientiert sowie die Gewährung der Religionsfreiheit für Christen und andere Religionsgemeinschaften.

Die verfassten Kirchen mögen vielleicht zeitweilig an Einfluss in Europa verloren haben. Dennoch stehen religiöse Fragestellungen und Sinnsuche im Zentrum des allgemeinen Interesses. Auch in anderen Teilen der Welt haben sie

Konjunktur. Doch leider sind es dort eher die fundamentalistischen und sektiererischen Strömungen, die an Boden gewinnen. Hier kann Europa mit seiner Erfahrung der Aufklärung und deren Wirkungen auf Staat, Gesellschaft und Kirchen einen wichtigen Beitrag leisten. Die Aufklärung hat im Grunde die Toleranz im Umgang mit anderen Religionen erst möglich gemacht. Sie hat auch eine kritisch-hermeneutische und kritisch-historische Auseinandersetzung im Christentum erst eröffnet. Wenn wir uns daran erinnern, dass dies gar nicht all zulange her ist, dann erleichtert uns dies vielleicht auch den Dialog mit dem Islam. Zu diesem Dialog gibt es keine sinnvolle Alternative.

# Die Autorinnen und Autoren

*Musan Ahmetasevic* ist in Doboj (Bosnien und Herzegowina) geboren, lebt seit 1994 in Deutschland und ist stellvertretender Vorsitzender des Vereins »Deutsch-Bosniakisches Kulturzentrum Hajr e.V.«.

*Peter Antes*, Dr. phil. und Dr. theol., ist Universitätsprofessor für Religionswissenschaft an der Leibniz Universität Hannover.

*Heiner Bielefeldt*, Dr. phil., ist Direktor des Deutschen Instituts für Menschenrechte in Berlin und Hochschuldozent an der Universität Bielefeld.

*Ulrich Dehn*, Dr. theol., ist Professor an der Universität Hamburg und Geschäftsführender Direktor des Instituts für Missions-, Ökumene- und Religionswissenschaften. Er war von 1995 bis 2006 Religionsreferent der Evangelischen Zentralstelle für Weltanschauungsfragen (EZW) in Berlin.

*Elsayed Elshahed*, Dr. phil., ist Professor für Islamwissenschaften der deutschen Abteilung der Al-Azhar-Universität in Kairo/Ägypten und seit 2003 Direktor der »Islamische Religionspädagogische Akademie (IRPA)« in Wien/Österreich.

*Annette de Fallois* ist Mitarbeiterin in der Beratungsstelle für christlich-islamische Begegnung der Evangelischen Kirche im Rheinland und der Evangelischen Kirche von Westfalen in Wuppertal.

*Rainhard Hempelmann* ist Leiter Evangelischen Zentralstelle für Weltanschauungsfragen der Evangelischen Kirche in Deutschland in Berlin.

*Wolfgang Heyde*, Dr. jur., Ministerialdirektor a. D., ist Mitglied des Ausschusses für öffentliche Verantwortung der Evangelischen Kirche im Rheinland.

*Horst Kannemann* ist Pfarrer der Evangelischen Kirchengemeinde Lützellinden und Synodalbeauftragter des Kirchenkreises Wetzlar für das Christlich-islamische Gespräch.

*Behzad Khamehi*, Dr. phil., ist Mitarbeiter des Orient-Okzident-Vereins Hamburg. Seine Dissertation erschien unter dem Titel »Die schiitischen doktrinären

Grundlagen des politischen Systems der Islamischen Republik Iran« (Münster 2003).

*Bertold Klappert*, Dr. theol., war von 1974 bis 2004 Professor für Systematische Theologie an der Kirchlichen Hochschule in Wuppertal und Mitherausgeber der Werke von Leo Baeck.

*Jörgen Klußmann*, M. A., ist seit 2004 Studienleiter an der Evangelischen Akademie Rheinland und verantwortet die thematischen Schwerpunkte Europäische Integration, Friedenspolitik und Konfliktbearbeitung, Entwicklungspolitik, Integration und Migration sowie den christlich-islamischen Dialog.

*Wilfried Neusel* ist Oberkirchenrat der Evangelischen Kirche im Rheinland.

*Hans G. Kippenberg*, Dr. phil., ist seit 1998 Fellow am Max-Weber-Kolleg der Universität Erfurt. Von 1989 bis 2004 war er Professor für Religionswissenschaft mit dem Schwerpunkt Geschichte und Theorie der Religionen an der Universität Bremen.

*Manfred Kock* war von 1997 bis 2003 Präses der Evangelischen Kirche im Rheinland und Vorsitzender des Rates der Evangelischen Kirche in Deutschland.

*Frank Kürschner-Pelkman*, Diplom-Politologe, war seit 1975 Mitarbeiter im Evangelischen Missionswerk in Deutschland (Hamburg) und ist in den letzten zehn Jahren überwiegend als freier Journalist tätig.

*Hamideh Mohagheghi* ist islamische Theologin und Juristin. Sie ist zweite Vorstandsvorsitzende des Huda-Netzwerks für muslimische Frauen, Mitbegründerin und Vorstandsvorsitzende der Muslimischen Akademie in Deutschland und Lehrbeauftragte an der Universität Paderborn im Fachbereich Evangelische Theologie.

*Jürgen Schmude*, Dr. jur., war von 1969 bis 1994 Mitglied des Deutschen Bundestages, 1974–1976 Parlamentarischer Staatssekretär im Bundesinnenministerium, 1978–1983 nacheinander Bundesminister für Bildung und Wissenschaft, der Justiz und des Innern; 1985 bis 2003 Präses der Synode der Evangelischen Kirche in Deutschland.

*Dirk Chr. Siedler*, Dr. phil., ist Pfarrer der Evangelischen Gemeinde zu Düren und Synodalbeauftragter für das christlich-islamische Gespräch im Kirchenkreis Jülich. Von 1999 bis 2003 war er Wissenschaftlicher Angestellter an der »Arbeitsstelle interreligiöses Lernen« an der Universität Duisburg-Essen.

*Kerstin Tomenendal*, Mag. Dr., ist seit 2001 Obfrau des Österreichisch-Türkischen Wissenschaftsforums und Assistenzprofessorin am Department of History der University of Economics and Technology of the Turkish Union of Chambers and Commodities Exchanges, Ankara/Türkei.

Zum Themenkreis »Interreligiöser Dialog«
sind im Alektor Verlag ebenfalls erschienen:

*Folkert Rickers · Dirk Chr. Siedler (Hg.)*
**Interregligiöses Lernen in den Niederlanden**
Ein Beitrag zur Vergleichenden Religionspädagogik
ISBN: 978-3-88425-072-3 · Berlin 2001 · 107 S. · Broschur · 1 Abb.

*Dirk Chr. Siedler · Holger Nollmann (Hg.)*
**»Wahrhaftig sein in der Liebe!«**
Christliche und islamische Perspektiven zum interreligiösen Dialog
ISBN: 978-3-88425-073-0 · 2., korr. Aufl. Berlin 2002 · 179 S. · Broschur · 3 Abb.

*Dirk Chr. Siedler (Hg.)*
**Religionen in der Pluralität**
Ihre Rolle in postmodernen transkulturellen Gesellschaften. Wolfgang Welschs
Ansatz in christlicher und islamischer Perspektive
ISBN: 978-3-88425-078-5 · Berlin 2003 · 144 S. · Broschur · 3 Abb.

*Dirk Chr. Siedler*
**Paul Tillichs Beiträge zu einer Theologie der Religionen**
Eine Untersuchung seines religionsphilosophischen, religionswissenschaftlichen
und theologischen Beitrags
ISBN: 978-3-88425-074-7 · 1999 · 266 + XXII S. · Broschur

**Nähere Informationen zu diesen Bänden finden Sie unter www.alektor.de**

**Wir bitten um freundliche Beachtung der Hinweise
auf den folgenden Seiten!**

*Johannes Brückmann · Willibald Jacob*

# Arbeiterpfarrer in der DDR

Gemeindeaufbau und Industriegesellschaft
Erfahrungen in Kirche und Betrieb 1950–1990

Arbeiter und Pfarrer. Das ist das Thema dieses Bandes.

Für die Kirche ein schwieriges, hatte sie doch von Anfang an Mühe mit dem »Vierten Stand«, den Arbeitern und ihrem Leben. In der Evangelischen Kirche bestimmte das Bürgertum den Geist der Gemeinden – Arbeiter waren kaum vertreten.

Im Umfeld der DDR-Gesellschaft verstärkte sich die Differenz zwischen Kirche und Arbeiterschaft, weil »Arbeit« zum Lebenselement geworden war. Eines Tages gingen dort die ersten Theologen trotz aller Steine, die ihnen Kirche und Staat in den Weg legten, in Betriebe. Dort, nicht in der Kirche, waren sie hauptamtlich beschäftigt, verdienten ihr Geld, sammelten Erfahrungen. Nebenher, in ihrer Freizeit, waren sie in der Kirche aktiv. Also: Arbeiter und Pfarrer.

Warum taten sie das? Was erlebten sie? Was änderte sich? Einige gaben uns ihre Unterlagen und so können die Herausgeber authentische Zeitzeugenberichte von Betriebs- und Gemeindeerfahrungen aus den Jahren von 1950 bis 1990 anbieten – zum Stöbern und Staunen.

Mit ergänzenden Beiträgen von Petra Junghans, Thomas Dietrich Lehrmann, Jakob Moneta, Bruno Müller, Ulrich Peter, Claus-Dieter Schulze, Franz Segbers, Anne Stickel, Fritz Vilmar und Claus P. Wagener

Berlin 2004 · 523 S. · Broschur · ISBN 978-3-88425-081-5

Mit 7 Holzschnitten von Herbert Seidel

*Bestellungen werden erbeten über den Buchhandel, direkt an den Verlag oder über unseren Online-Shop* **www.alektor.de**

---

**Alektor Verlag** • An der Buche 20, 13465 Berlin
Fon/Fax: 0941 - 5992 - 88425 • E-Mail: post@alektor.de

*Dietmar Gerts · Andrea Richter*

## Anschaulich Predigen
Mit Geschichten und Gedichten

Jede Predigerin und jeder Prediger weiß um ihre bzw. seine »Pflicht zur Anschaulichkeit« (W. Trillhaas). Es ist aber alles andere als einfach, z.B. »Gnade«, »Vergebung« und »Nachfolge« anschaulich zu entfalten. Jede Predigerin und jeder Prediger teilt auch M. Luthers Erfahrung: »Wenn man vom Artikel Rechtfertigung predigt, so schläft das Volk und hustet; wenn man aber anfähet Historien und Exempel zu sagen, so reckts beide Ohren auf, ist still und höret fleißig zu«. Predigtarbeit ist stets damit verbunden, stimmige »Historien«, Gleichnisse und Metaphern zu finden, die die Aufgabe, »Verheißung und Wirklichkeit miteinander zu versprechen« (E. Lange), unterstützen.

»Anschaulich predigen. Mit Geschichten und Gedichten« regt an, das Gespräch zwischen Theologie und Literatur aufzunehmen und weiter zu entwickeln.

Ein »Homiletischer Zettelkasten« bietet dafür 49 Geschichten und Gedichte, jeweils verknüpft mit einem Bibeltext aus der »Ordnung der Lesungen und Predigttexte«. Kurze Auslegungen der literarischen Texte und der Bibeltexte zeigen eine mögliche Schnittmenge auf und geben Empfehlungen für die Predigt. Die Bezeichnung »Homiletischer Zettelkasten« weist über sich hinaus und lädt ein, die vorgelegte Sammlung selbst zu ergänzen. Die Autorin und der Autor stellen sich darüber hinaus mit eigenen Predigtbeispielen. Auch sie sind kein fertiges Material, sondern unterstreichen den Werkstatt-Charakter des Buches: Das Thema wird u.a. allein mit sprachlichen Mitteln variiert. Diverse Register – Stichworte, Predigttexte, Kirchenjahr – dienen dazu, den größt-möglichen praktischen Nutzen aus dem Buch zu ziehen.

Autorin und Autor: Andrea Richter ist Gemeindepfarrerin in der Evangelischen Kirchengemeinde Konradshöhe-Tegelort in Berlin. Sie ist Sprecherin der »Arbeitsgemeinschaft Judentum und Christentum« der Evangelischen Kirche Berlin-Brandenburg-schlesische Oberlausitz. Dietmar Gerts ist, nach Gemeinde- und Schulpfarramt und der Leitung der Arbeitsstelle für Konfirmandenunterricht in Berlin, seit 1991 Studienleiter im Vorbereitungsdienst der Evangelischen Kirche Berlin-Brandenburg-schlesische Oberlausitz.

Berlin 2007 · 263 S. · Klappbroschur · ISBN 978-3-88425-084-6

Mit 5 Graphiken von Brigitte Trefflich

*Bestellungen werden erbeten über den Buchhandel, direkt an den Verlag oder über unseren Online-Shop* **www.alektor.de**

**Alektor Verlag** • An der Buche 20, 13465 Berlin
Fon/Fax: 0941 - 5992 - 88425 • E-Mail: post@alektor.de

*Dirk Chr. Siedler (Hg.)*

# Wilhelm Wester

Ein Dürener Pfarrer in Zeiten des Umbruchs

Beiträge von Heinz W. Homrighausen, Lorenz Peter Johannsen, Dirk Chr. Siedler, Karl Ventzke und Wilhelm Wester

Wilhelm Wester, von 1927 bis 1959 Pfarrer der Evangelischen Gemeinde zu Düren, hat – bis zu seiner Ausweisung durch die Gestapo – die Gemeinde in den Auseinandersetzungen während des »Dritten Reiches« mutig begleitet. An ihrer Geschichte werden beispielhaft die Konflikte einer Kirchengemeinde in dieser Zeit deutlich, und wie ihr Pfarrer sowohl durch die »Deutschen Christen« als auch durch die »Bekennende Kirche« die »Freiheit des Glaubens« gefährdet sah. Zwei biographische Aufsätze von Karl Ventzke und Dirk Chr. Siedler werden ergänzt durch Predigten Westers und seinen Vortrag »Glaube und Wirklichkeit«. Außerdem wurde dem Band eine umfangreiche Bibliographie beigegeben.

Dieser Sammelband erinnert auch an die kirchenhistorischen Verdienste des Presbyters Karl Ventzke (1933–2005) durch eine persönliche Würdigung sowie eine Bibliographie seiner Veröffentlichungen.

Der Herausgeber, Dirk Chr. Siedler, ist Pfarrer der Evangelischen Gemeinde zu Düren.

Berlin 2007 · 209 Seiten · Leinen · ISBN 978-3-88425-086-0

Mit zahlreichen Abbildungen

*Bestellungen werden erbeten über den Buchhandel, direkt an den Verlag oder über unseren Online-Shop* www.alektor.de

**Alektor Verlag** • An der Buche 20, 13465 Berlin
Fon/Fax: 0941 - 5992 - 88425 • E-Mail: post@alektor.de